计算机"十三五"规划教材

中文版 Excel 2013 在财务管理中的应用

邓丽萍 刘 娜 张 华 编著

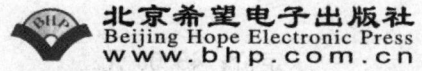
北京希望电子出版社
Beijing Hope Electronic Press
www.bhp.com.cn

内 容 简 介

本书通过项目任务的编写方式详细地介绍了使用 Excel 2013 进行财务管理的方法与技巧,能够帮助读者快速掌握 Excel 财务管理实用技能。本书内容划分为 11 个项目,主要包括 Excel 财务管理入门,公式与函数的应用,财务数据图表的应用,财务数据排序、筛选与汇总,数据透视表与数据透视图的应用,员工薪酬管理,产品库存管理,制作凭证记录表,财务分析管理,流动与固定资产管理,以及财务预算与预测管理。

本书既可作为应用型本科院校、职业院校、会计培训班的教材使用,也可作为会计与财务管理从业人员的参考用书,还适合广大的 Excel 爱好者和自学读者阅读。

图书在版编目（CIP）数据

中文版 Excel 2013 在财务管理中的应用 / 邓丽萍,刘娜,张华编著. -- 北京 : 北京希望电子出版社,2016.8（2023.8 重印）

ISBN 978-7-83002-391-1

Ⅰ.①中… Ⅱ.①邓… ②刘… ③张… Ⅲ.①表处理软件－应用－财务管理 Ⅳ.①F275-39

中国版本图书馆 CIP 数据核字（2016）第 163710 号

出版：北京希望电子出版社	封面：赵俊红
地址：北京市海淀区中关村大街 22 号	编辑：李 萌
中科大厦 A 座 9 层	校对：毛德龙
邮编：100190	开本：787mm×1092mm 1/16
网址：www.bhp.com.cn	印张：15.75
电话：010-82626270	字数：403.2 千字
传真：010-82702698	印刷：唐山唐文印刷有限公司
经销：各地新华书店	版次：2023 年 8 月 1 版 2 次印刷

定价：48.00 元

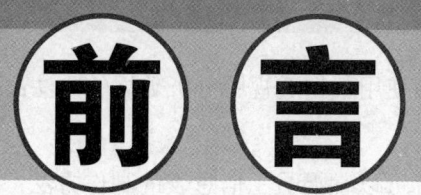

在日常财务管理工作中,如何制作会计报表,如何填制记账凭证,如何进行财务数据的排序、筛选和汇总,如何进行员工薪酬和资产管理,如何进行财务分析和财务预算……如果能够熟练地运用 Excel 软件,那么这些问题都会迎刃而解。

为了帮助广大财务管理人员提高工作效率,我们特别组织了多位具有丰富实战经验的 Excel 应用专家精心编写了本书。通过对本书的阅读和练习,不仅可以帮助读者快速提高 Excel 的使用水平,还可以把书中的各个案例应用于实际工作中,使会计与财务管理工作更加得心应手,游刃有余。

本书特点

为帮助广大读者快速掌握 Excel 2013 在财务管理中的应用技能,我们精心策划并编写了《中文版 Excel 2013 在财务管理中的应用》一书。本书主要具有主要以下几个特点:

(1)全面介绍 Excel 2013 在财务管理中的实际应用,以各种重要财务管理表格为主线,并对如何使用 Excel 制作这些表格进行详细介绍。

(2)运用全新的项目任务的写作手法和写作思路,使读者在学习本书之后能够快速掌握 Excel 办公操作,真正成为 Excel 2013 财务管理的行家里手。

(3)全面讲解 Excel 2013 软件功能,内容丰富,步骤讲解详细,实例效果精美,读者通过学习能够真正解决实际财务管理工作和学习中遇到的难题。

(4)以实用为教学出发点,以培养读者实际应用能力为目标,通过通俗易懂的文字和手把手的教学方式讲解 Excel 财务管理中的要点与难点,使读者全面掌握 Excel 应用技能。

本书结构安排

本书结构安排如下:

项目一 Excel 财务管理入门。通过对本项目的学习,读者可以掌握工作簿和单元格的基本操作方法;掌握数据的输入与编辑方法;掌握单元格的操作与美化方法。

项目二 公式与函数的应用。通过对本项目的学习,读者可以了解什么是公式和函数;掌握引用单元格的方法;掌握应用公式和函数的方法。

项目三 财务数据图表的应用。通过对本项目的学习,读者可以掌握创建财务数据图表的方法;掌握美化图表格式的方法;掌握编辑图表布局的方法。

项目四 财务数据排序、筛选与汇总。通过对本项目的学习,读者可以掌握数据排序的方法;掌握筛选数据的方法;掌握分类汇总数据的方法。

项目五 数据透视表与数据透视图的应用。通过对本项目的学习,读者可以掌握数据透视表的基本操作方法；掌握编辑数据透视表的方法；掌握使用数据透视图分析数据的方法；掌握编辑数据透视图的方法。

项目六　员工薪酬管理。通过对本项目的学习，读者可以掌握员工信息表的制作方法；掌握员工工资明细表的制作方法。

项目七　产品库存管理。通过对本项目的学习，读者可以掌握基本资料代码表的制作方法；掌握产品入库表框架的创建方法；掌握管理产品出库的方法；掌握管理库存总账的方法。

项目八　制作凭证记录表。通过对本项目的学习，读者可以掌握会计科目表的制作方法；掌握记账凭证表的制作方法；掌握凭证明细表的制作方法；掌握总账表的制作方法。

项目九　财务分析管理。通过对本项目的学习，读者可以掌握各种财务报表的分析方法；掌握对财务进行分析的方法。

项目十　流动与固定资产管理。通过对本项目的学习，读者可以掌握制作货币资金管理类表格的方法；掌握制作交易性金融资产管理类表格的方法；掌握制作固定资产管理类表格的方法；掌握制作固定资产变动单的方法。

项目十一　财务预算与预测管理。通过对本项目的学习，读者可以掌握制作日常财务预算表的方法；掌握制作现金预算表的方法；掌握制作财务预测管理表的方法。

本书编写人员

本书由湖南民族职业学院的邓丽萍、阜新高等专科学校的刘娜和南京工程高等职业学校的张华担任主编，由揭阳广播电视大学的林俊喜、武汉船舶职业技术学院的刘辉玲和北京市第一七九中学的张媛媛担任副主编。其中，邓丽萍编写了项目一、二和六，刘娜编写了项目三、四和五，张华编写了项目七和八，林俊喜编写了项目十，刘辉玲编写了项目九，张媛媛编写了项目十一。本书的相关资料可扫描微信二维码或登录 www.bjzzwh.com 下载获得。

本书适合对象

本书既可作为应用型本科、职业院校、会计培训班的教材，也可作为会计与财务管理从业人员的参考用书，还可适合广大的 Excel 爱好者和自学读者阅读。

本书在编写过程中，难免有疏漏和不当之处，敬请各位专家及读者不吝赐教。

编　者

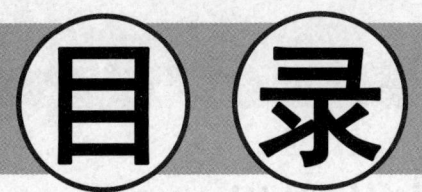

Preface

项目一　Excel财务管理入门

任务一　Excel在财务管理中的应用 1
　一、认识会计电算化 2
　二、Excel在财务管理中的应用 2

任务二　Excel工作簿的基本操作 ... 5
　一、新建与保存工作簿 5
　二、打开与关闭工作簿 7
　三、新建和删除工作表 8
　四、移动和复制工作表 10
　五、拆分与冻结工作表 12

任务三　单元格的基本操作 13
　一、选择单元格 13
　二、插入与删除单元格 14
　三、合并与拆分单元格 16

任务四　财务数据的输入与编辑 17
　一、输入文本型数据 17
　二、输入负数和分数 18

　三、输入日期和时间 20
　四、输入货币型数据 20
　五、自动填充数据 21
　六、修改数据 23
　七、移动与复制数据 23
　八、查找与替换数据 25

任务五　设置单元格格式 26
　一、设置字体格式 26
　二、调整行高与列宽 27
　三、设置单元格的对齐方式 29
　四、设置边框和底纹 29

任务六　设置数据表样式 31
　一、使用单元格样式 31
　二、使用条件格式 32
　三、使用表格样式 33

项目小结 34
项目习题 35

项目二　公式与函数的应用

任务一　认识公式和函数 36
　一、公式的应用规则 37
　二、函数的组成与分类 39

任务二　单元格的引用 40
　一、单元格引用样式 40
　二、相对引用 40
　三、绝对引用 41
　四、混合引用 41

任务三　公式的应用 42

　一、输入公式 42
　二、编辑公式 45
　三、审核公式 49

任务四　函数的应用 50
　一、插入函数 50
　二、函数嵌套 51
　三、常用函数的应用 52

项目小结 56
项目习题 57

项目三　财务数据图表的应用

任务一　图表的结构与类型.............58
　一、图表的结构.............................58
　二、图表的类型.............................59

任务二　创建财务数据图表.............61
　一、创建图表.................................61
　二、调整图表位置与大小.............62
　三、更改图表类型.........................63

任务三　美化图表格式.....................64
　一、应用预设样式.........................64
　二、设置图表区格式.....................65
　三、设置绘图区格式.....................67

任务四　编辑图表布局.....................68
　一、设置图表标题.........................68
　二、设置图表图例.........................69
　三、设置图表坐标轴.....................69
　四、添加趋势线.............................71
　五、添加误差线.............................72

项目小结...73
项目习题...73

项目四　财务数据排序、筛选与汇总

任务一　对数据进行排序.................74
　一、简单排序.................................74
　二、多关键字排序.........................75
　三、自定义排序条件.....................76

任务二　对数据进行筛选.................77
　一、自动筛选数据.........................77
　二、自定义筛选数据.....................78
　三、高级筛选.................................79

任务三　对数据进行分类汇总.........81
　一、创建分类汇总.........................81
　二、删除分类汇总.........................82
　三、多工作表的数据汇总.............82

项目小结...86
项目习题...86

项目五　数据透视表与数据透视图的应用

任务一　数据透视表的基本操作.....88
　一、数据透视表的用途.................89
　二、创建数据透视表.....................89
　三、更改数据源.............................90
　四、删除数据透视表.....................91

任务二　编辑数据透视表.................91
　一、设置数据透视表布局.............92
　二、设置数据透视表样式.............93

任务三　使用数据透视图分析数据...95
　一、认识数据透视图.....................95
　二、创建数据透视图.....................96
　三、删除数据透视图.....................97

任务四　编辑数据透视图.................97
　一、添加数据标签.........................98
　二、添加或删除数据字段.............98
　三、筛选数据.................................99

四、刷新数据透视图 100
　　五、更改数据透视图类型和布局 101
项目小结 101
项目习题 102

项目六　员工薪酬管理

任务一　制作员工信息表 103
　　一、制作员工基本信息表 103
　　二、制作员工当月信息表 105
任务二　员工工资明细表 106
　　一、创建员工工资表框架 107
　　二、计算员工应得工资 108
　　三、计算员工出勤工资 111
　　四、计算代扣社保和公积金 113
　　五、计算员工实发工资 115
项目小结 116
项目习题 116

项目七　产品库存管理

任务一　产品入库与出库管理 117
　　一、制作基本资料代码表 118
　　二、创建产品入库表的框架 121
　　三、引用并计算数据 123
　　四、产品出库管理 126
任务二　库存总账管理 129
　　一、创建库存管理表 129
　　二、录入本期入库与出库数据 131
　　三、计算期末库存 132
项目小结 133
项目习题 133

项目八　制作凭证记录表

任务一　制作会计科目表 134
　　一、创建会计科目表的框架 135
　　二、冻结窗格 136
任务二　制作记账凭证报表 137
　　一、导入数据 137
　　二、计算借方金额 140
　　三、计算贷方金额 143
任务三　制作凭证明细表 144
　　一、创建凭证明细表的框架 145
　　二、输入表格数据 146
　　三、试算平衡 148
任务四　制作总账表 150
项目小结 152
项目习题 153

项目九　财务分析管理

任务一　制作财务报表 154
　　一、制作资产负债表 154

二、制作利润表 161
三、制作财务比率分析表 164

任务二 财务分析 167
一、财务趋势分析 168
二、财务比较分析 172

三、制作财务比率综合分析表 173
四、制作杜邦分析表 175

项目小结 179
项目习题 179

项目十　流动与固定资产管理

任务一 货币资金管理 180
一、创建现金持有量分析表 181
二、计算最佳现金持有量 182

任务二 交易性金融资产管理 183
一、交易性金融资产购入核算 183
二、交易性金融资产处置核算 185

任务三 存货管理 187
一、创建存货管理表的框架 187
二、计算产品的各项明细数据 189
三、制作存货目录表 193

任务四 固定资产管理 195

一、创建固定资产管理表框架 195
二、添加固定资产记录 198
三、计算固定资产折旧 199
四、固定资产折旧的汇总处理 201
五、制作固定资产清理表 204

任务五 制作固定资产变动单 207
一、制作固定资产变动单 207
二、绘制并设置组合框 209
三、引用数据 211

项目小结 212
项目习题 213

项目十一　财务预算与预测管理

任务一 日常财务预算 214
一、制作销售预算表 214
二、制作生产预算表 216
三、制作直接材料和采购预算表 218
四、制作直接人工成本预算表 221
五、制作制造费用预算表 222
六、制作成本预算表 222
七、制作销售及管理费用预算表 224

任务二 现金预算 225

一、引用日常预算表 225
二、预算现金 227
三、利润预算 229

任务三 财务预测管理 231
一、销售预测 231
二、利润预测 234
三、成本预测 241

项目小结 243
项目习题 243

项目一　　Excel 财务管理入门

项目概述

对于中小企业来说，编制大量的财务数据时如果使用文字记录太浪费时间，如果使用专业财务软件成本又太高，这时就可以使用 Excel 电子表格进行记录与数据管理，在使用 Excel 处理财务数据时，数据的输入与编辑是最重要的基本操作。本项目将介绍如何使用 Excel 在财务管理中的应用，如何输入与编辑数据，并介绍如何对单元格进行操作和美化。

项目重点

- Excel 在财务管理中的应用。
- Excel 工作簿的基本操作。
- 单元格的基本操作。
- 输入与编辑数据。
- 操作单元格。
- 美化单元格。

项目目标

- 掌握工作簿的基本操作方法。
- 掌握单元格的基本操作方法。
- 掌握数据的输入与编辑方法。
- 掌握单元格的操作与美化方法。

任务一　　Excel 在财务管理中的应用

任务概述

会计是企业中不可或缺的重要职位，主要工作内容是核算和监督一个单位经济活动的一种经济管理工作。利用 Excel 可以很方便地编制各种会计报表、处理数据、进行分析和预测等。

任务重点与实施

一、认识会计电算化

会计电算化又称计算机会计，是把电子计算机和现代数据处理技术应用到会计工作中的简称，工作原理是用电子计算机代替人工记账、算账和报账，以及部分代替人脑完成对会计信息的分析、预测、决策的过程，目的是提高企业的财务管理水平和经济效益。

二、Excel 在财务管理中的应用

Excel 具有强大的数据存储和数据分析的功能，会计人员可以使用 Excel 进行会计账务处理，如制作记账凭证、编制明细账目、总账和财务报表等。而且 Excel 软件中提供有专业的财务函数，方便处理财务数据时调用。图 1-1 和图 1-2 所示分别为使用 Excel 制作的差旅费报销单和资产负债表。

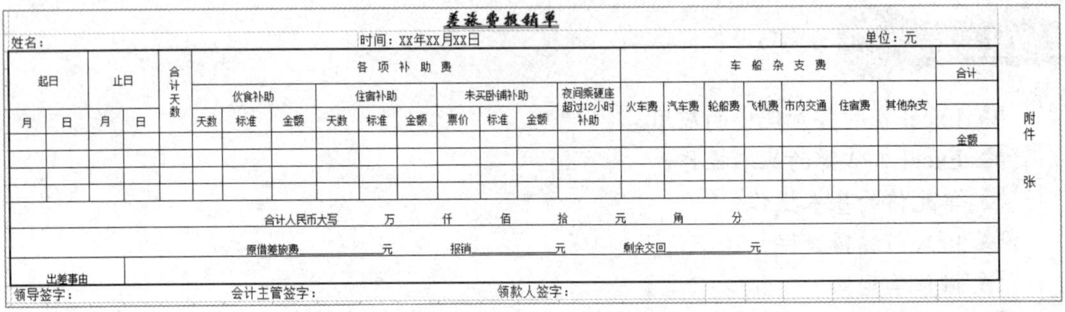

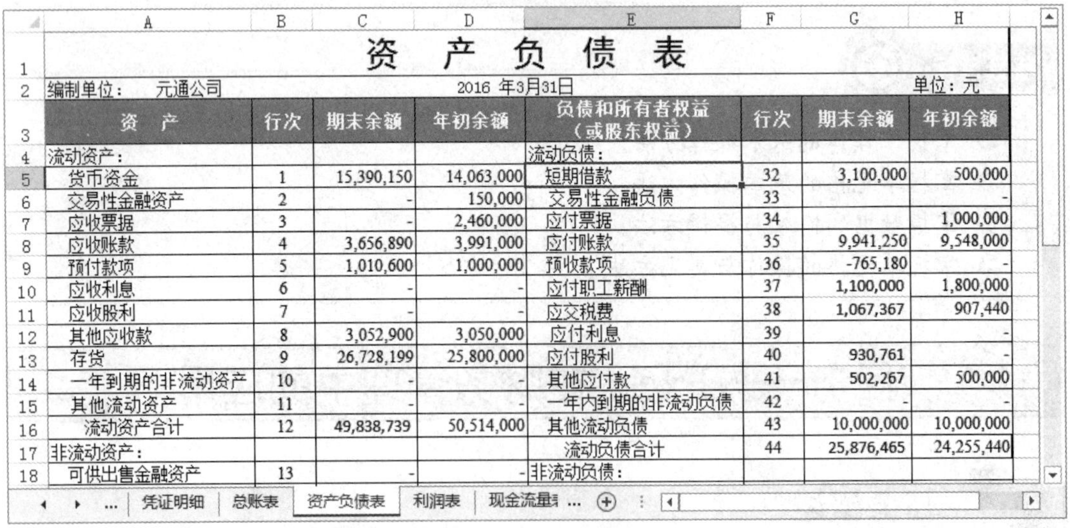

差旅费报销单

姓名：　　时间：XX年XX月XX日　　单位：元

起日		止日		合计天数	各项补助费										车船杂支费							合计
					伙食补助			住宿补助			未买卧铺补助			夜间乘硬座超过12小时补助	火车费	汽车费	轮船费	飞机费	市内交通	住宿费	其他杂支	
月	日	月	日		天数	标准	金额	天数	标准	金额	票价	标准	金额									金额

合计人民币大写　万　仟　佰　拾　元　角　分

原借差旅费＿＿元　报销＿＿元　剩余交回＿＿元

出差事由

附件　张

领导签字：　　会计主管签字：　　领款人签字：

图 1-1　差旅费报销单

资　产　负　债　表

编制单位：　元通公司　　2016 年3月31日　　单位：元

资　产	行次	期末余额	年初余额	负债和所有者权益（或股东权益）	行次	期末余额	年初余额
流动资产：				流动负债：			
货币资金	1	15,390,150	14,063,000	短期借款	32	3,100,000	500,000
交易性金融资产	2	-	150,000	交易性金融负债	33		-
应收票据	3	-	2,460,000	应付票据	34		1,000,000
应收账款	4	3,656,890	3,991,000	应付账款	35	9,941,250	9,548,000
预付款项	5	1,010,600	1,000,000	预收款项	36	-765,180	-
应收利息	6	-	-	应付职工薪酬	37	1,100,000	1,800,000
应收股利	7	-	-	应交税费	38	1,067,367	907,440
其他应收款	8	3,052,900	3,050,000	应付利息	39		-
存货	9	26,728,199	25,800,000	应付股利	40	930,761	-
一年到期的非流动资产	10	-	-	其他应付款	41	502,267	500,000
其他流动资产	11	-	-	一年内到期的非流动负债	42	-	-
流动资产合计	12	49,838,739	50,514,000	其他流动负债	43	10,000,000	10,000,000
非流动资产：				流动负债合计	44	25,876,465	24,255,440
可供出售金融资产	13	-	-	非流动负债：			

凭证明细　总账表　资产负债表　利润表　现金流量表

图 1-2　资产负债表

财务软件主要通过固定的管理界面对企业账目、企业资金账户及企业收支状况等进行管理。财务软件专业性比较强，可以自动记账，有凭证，有会计科目，还具有出报表等功能。目前较为常见的用于财务管理的软件有用友、金蝶和管家婆等。

这些财务软件虽然操作简单,但管理模式较为固定,对于一些特殊情况不能采取较好的应对措施。Excel 最大的优点是使用灵活,能在不同的情况下制作出最为适合的表格,使财务管理更加灵活、便捷,是财务管理中不可或缺的辅助工具。

Excel 表格是一种办公用的通用表格,它有十分丰富和强大的函数系统,支持 VBA 编程,几乎可胜任日常的全部表格类工作。

Excel 与财务软件的区别主要有以下几个方面:

- **灵活性:** Excel 可以为表格数据添加样式,可对表格进行美化和自定义设置,且 Excel 中提供了专门的财务函数,可以针对不同的业务选择专门的函数进行计算。
- **安全性:** Excel 中可由用户自定义输入内容,还可以分别对工作簿、工作表和单元格进行加密保护,并进行权限分配。
- **简单性:** Excel 工作界面简洁大方、操作简单、入门即会,只要掌握了其基础工具的使用方法,就能对数据进行各种操作。

财务管理水平高低直接影响到企业管理的水平高低,进而影响到企业经济效益的好坏,因此会计人员应该及时并经常整理公司的财务数据。在 Excel 中可以进行的财务数据管理包括财务分析与审计、资产管理、财务预算和决算等。

1. 财务分析和审计

财务分析主要是对企业过去和现在有关筹资活动、投资活动、经营活动、分配活动的盈利能力、营运能力、偿债能力和增长能力状况等进行分析与评价。图 1-3 所示为使用 Excel 对产品销售进行统计的效果图。

财务审计主要是对企业资产、负债、损益的真实、合法、效益进行审计监督,对被审计企业会计报表反映的会计信息依法做出客观、公正的评价,形成审计报告,出具审计意见和决定,其目的是揭露和反映企业资产、负债和盈亏的真实情况。图 1-4 所示为使用 Excel 制作的财政、财务收支审计情况审核表。

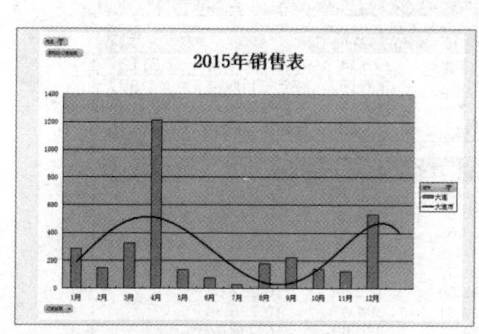

图 1-3 销售统计表　　图 1-4 财政、财务收支审计情况审核表

2. 资产管理

资产管理包括对固定资产进行管理,以及对流动资产进行管理。固定资产广义上是指价值较大、使用年限较长的劳动资料。图 1-5 所示为使用 Excel 制作的固定资产明细表。

固定资产明细表

图 1-5 固定资产明细表

流动资产是指企业可以在一年或者超过一年的一个营业周期内变现或运用的资产。图 1-6 所示为使用 Excel 制作的存货明细表。

存货明细表

月份	货品名称	期初存货		本月采购		本月销售		期末存货			备注
		数量	金额	数量	金额	数量	金额	数量	加权采购价格	存货占用资金	
3	机箱	10	25000.00	45	111450.00	15	33760.00	40	2476.67	99066.67	
3	主板	0	0.00	40	19930.00	15	8390.00	25	498.25	12456.25	
3	显示器	5	8400.00	33	49350.00	25	42000.00	13	1495.45	19440.91	

图 1-6 存货明细表

3. 财务预算与决算

财务预算是反映企业未来一定预算期内预计的财务状况和经营成果,以及现金收支等价值指标的各种预算的总称,具体包括现金预算、预计利润表、预计资产负债表和预计现金流量表等内容。图 1-7 所示为使用 Excel 制作的投资收益模拟测算器。

投资收益模拟测算器

数据设定		快速预览	
投资金额	10,000.00	5年末本金 12834	15年末本金 21137
年投资收益率	50.00%	5年末月收益 533	15年末月收益 877
投资年限	20	10年末本金 16470	20年末本金 27126
月收益再投资	10.0%	10年末月收益 683	20年末月收益 1126

月份	月初本金	月收益	本息合计	月支取	月末余额	
1	10,000.00	416.67	10,416.67	375.00	10,041.67	
2	10,041.67	418.40	10,460.07	376.56	10,083.51	
3	10,083.51	420.15	10,503.65	378.13	10,125.52	
4	10,125.52	421.90	10,547.42	379.71	10,167.71	
5	10,167.71	423.65	10,591.37	381.29	10,210.08	
6	10,210.08	425.42	10,635.50	382.88	10,252.62	
7	10,252.62	427.19	10,679.81	384.47	10,295.34	
8	10,295.34	428.97	10,724.31	386.08	10,338.24	
9	10,338.24	430.76	10,768.99	387.68	10,381.31	
10	10,381.31	432.55	10,813.87	389.30	10,424.57	
11	10,424.57	434.36	10,858.92	390.92	10,468.00	
12	10,468.00	436.17	10,904.17	392.55	10,511.62	<--1年
13	10,511.62	437.98	10,949.60	394.19	10,555.42	
14	10,555.42	439.81	10,995.23	395.83	10,599.40	
15	10,599.40	441.64	11,041.04	397.48	10,643.56	
16	10,643.56	443.48	11,087.04	399.13	10,687.91	

图 1-7 收益模拟测算器

财务决算是对预算经费执行情况的总结，与部门预算不可分割。图 1-8 所示为使用 Excel 制作的财政一般预算收支决算总表。

财政一般预算收支决算总表

单位：万元

收入			支出		
预算科目	调整预算数	决算数	预算科目	调整预算数	决算数
一、增值税	30822	29903	一、基本建设支出	11625	9302
二、营业税	19365	23485	二、企业挖潜改造资金	13427	9425
三、企业所得税	17460	15541	三、地质勘探费		
四、企业所得税退税			四、科技三项费用	2812	2662
五、个人所得税	3213	3833	五、流动资金	460	
六、资源税	584	627	六、支援农村生产支出	5544	4938
七、固定资产投资方向调节税	13	13	七、农业综合开发支出	1268	1268
八、城市维护建设税	8106	8344	八、农林水利气象等部门的事业费	7133	6913
九、房产税	3766	4269	九、工业交通等部门的事业费	417	416
十、印花税	651	668	十、流通部门事业费	5	
十一、城镇土地使用税	740	552	十一、文体广播事业费	8107	7866
十二、土地增值税		2	十二、教育事业费	40599	40551
十三、车船使用和牌照税	343	294	十三、科学事业费	616	511
十四、屠宰税	1060	678	十四、卫生经费	8945	8943
十五、筵席税			十五、其他部门的事业费	9291	7664
十六、农业税	10435	11082	十六、抚恤和社会福利救济费	6978	6939
十七、农业特产税	13	21	十七、行政事业单位离退休经费	16327	16327
十八、牧业税			十八、社会保障补助支出	12665	12160
十九、耕地占用税	323	193	十九、国防支出		
二十、契税	767	877	二十、行政管理费	31194	31006
二十一、国有资产经营收益	2812	2261	二十一、外交外事支出		

图 1-8　财政一般预算收支决算总表

任务二　Excel 工作簿的基本操作

任务概述

使用 Excel 进行数据处理、图表制作等工作主要是在工作表中完成的，每个工作表都是由行和列组成的二维表格，多个工作表就构成了工作簿。下面将详细介绍工作簿的基本操作方法。

任务重点与实施

一、新建与保存工作簿

要制作一张表格，首先要新建一个工作簿。可以新建空白的工作簿，也可以使用模板来创建新的工作簿，对工作簿进行操作后，需要对其进行及时保存，具体操作方法如下：

Step 01 启动 Excel 2013，进入最近使用文档界面，单击"空白工作簿"，如图 1-9 所示。

Step 02 创建空白工作簿，单击"文件"按钮，如图 1-10 所示。

中文版 Excel 2013 在财务管理中的应用

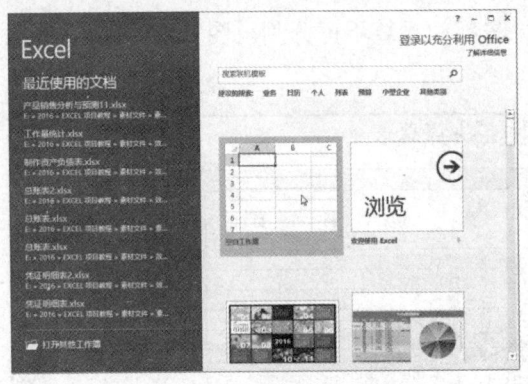

图 1-9　单击"空白工作簿"

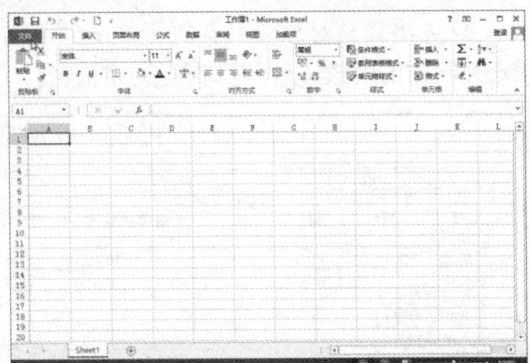

图 1-10　单击"文件"按钮

Step 03　此时即可切换到"文件"选项卡并进入"打开"界面，在左侧选择"新建"命令，如图 1-11 所示。

Step 04　进入新建界面，此时显示各类模板，单击需要的模板，如图 1-12 所示。

图 1-11　"文件"选项卡

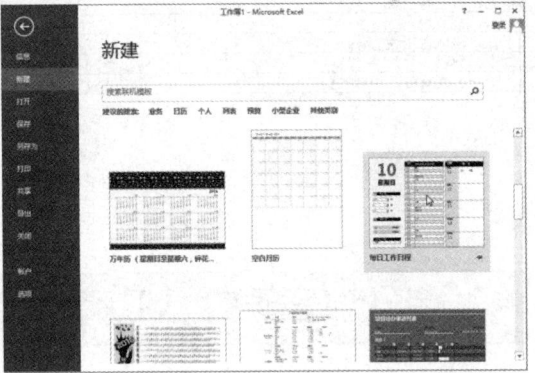

图 1-12　选择模板

Step 05　在弹出的窗口中预览效果，单击"创建"按钮，如图 1-13 所示。

Step 06　下载完毕后，即可查看创建的模板工作簿，如图 1-14 所示。

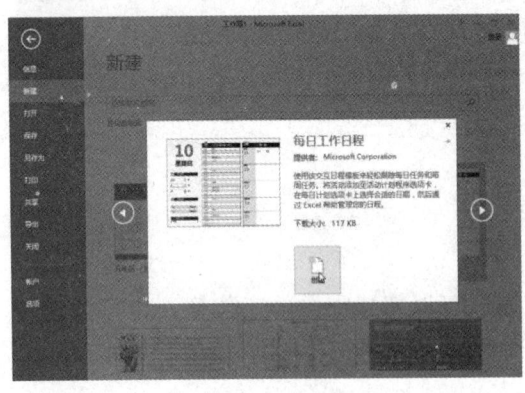

图 1-13　预览效果

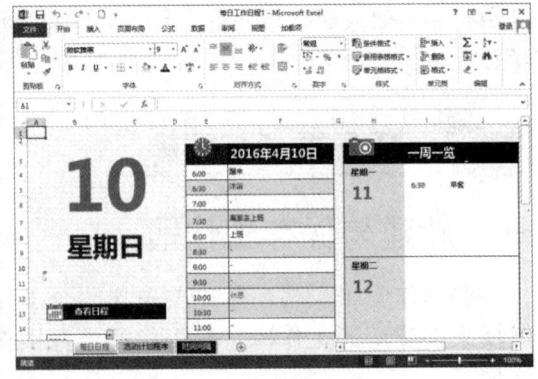

图 1-14　查看模板效果

Step 07　完成工作簿编辑后，单击"文件"按钮，如图 1-15 所示。

Step 08　在弹出的界面左侧选择"保存"命令，如图 1-16 所示。

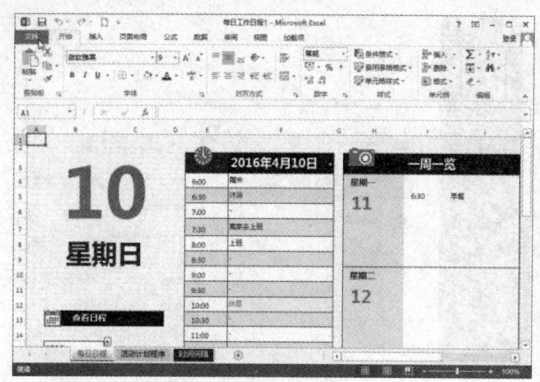
图 1-15　单击"文件"按钮

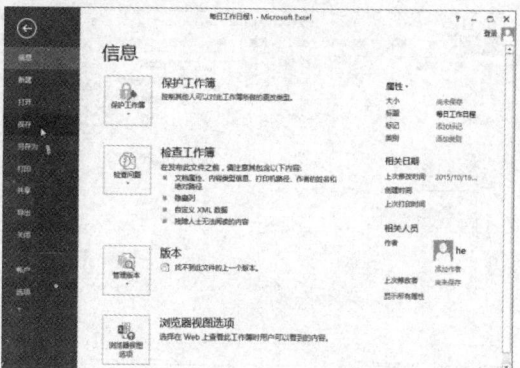
图 1-16　选择"保存"命令

Step 09 进入"另存为"界面，选择保存在计算机或云端，也可保存在之前保存过的位置，在此单击"浏览"按钮，如图 1-17 所示。

Step 10 弹出"另存为"对话框，选择要保存的位置，输入文件名称，然后单击"保存"按钮即可，如图 1-18 所示。

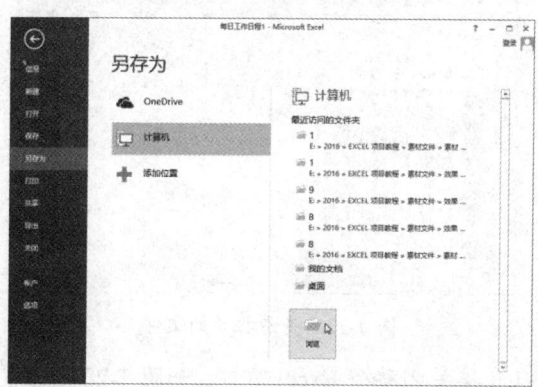
图 1-17　选择保存位置

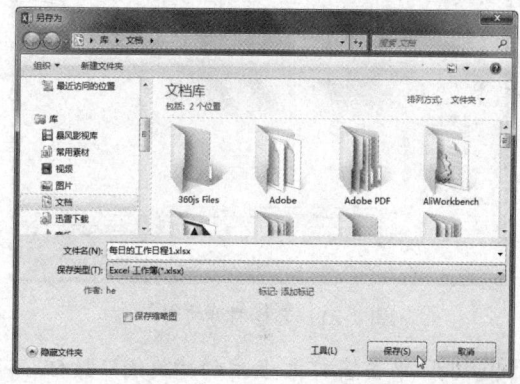
图 1-18　输入文件名称

专家指导
Expert guidance

　　要新建一个空白的工作簿，也可在文件夹的空白位置右击，在弹出的快捷菜单中选择"新建"｜"Microsoft Excel 工作表"命令。

二、打开与关闭工作簿

　　在工作中经常需要打开以前保存的工作簿，同时当工作簿编辑完成并保存之后，即可将其关闭，下面将介绍两种常用的打开与关闭工作簿的方法。

Step 01 在空白工作簿中单击"文件"按钮，如图 1-19 所示。

Step 02 在弹出的界面左侧选择"打开"命令，选择"计算机"选项，单击"浏览"按钮，如图 1-20 所示。

中文版 Excel 2013 在财务管理中的应用

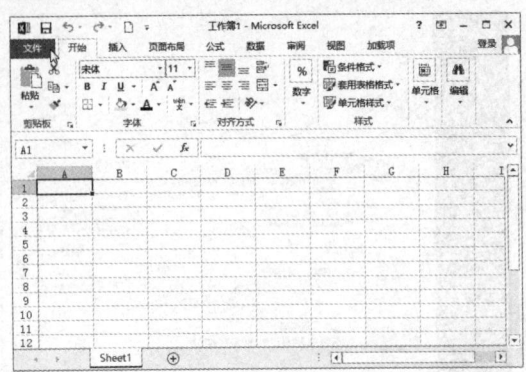

图 1-19 单击"文件"按钮

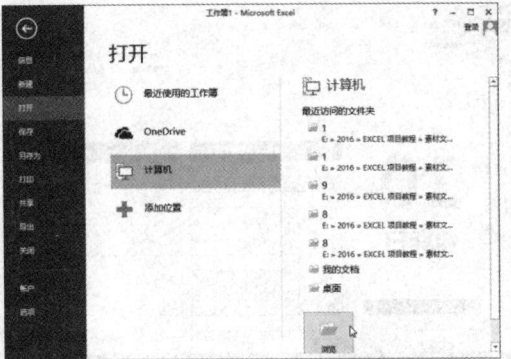

图 1-20 选择"计算机"选项

Step 03 弹出"打开"对话框，选择需要打开的文件，单击"打开"按钮，如图 1-21 所示。

Step 04 此时即可查看打开的文件，如图 1-22 所示。

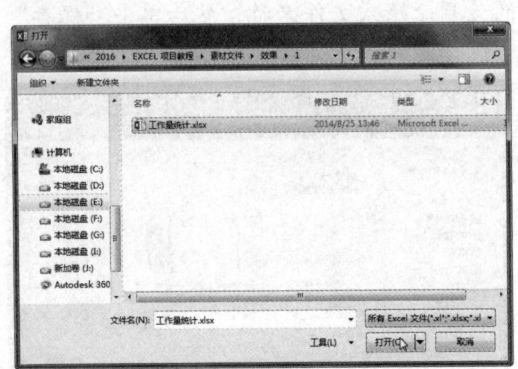

图 1-21 选择打开文件

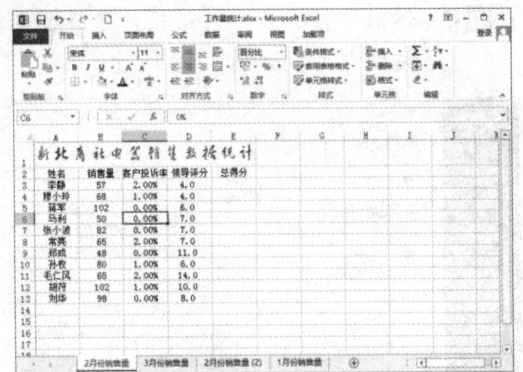

图 1-22 查看打开的文件

Step 05 单击窗口右上角的"关闭"按钮，可以直接关闭整个 Excel 窗口，如图 1-23 所示。

Step 06 单击"文件"按钮，在弹出的界面左侧选择"关闭"命令，也可关闭工作簿，如图 1-24 所示。

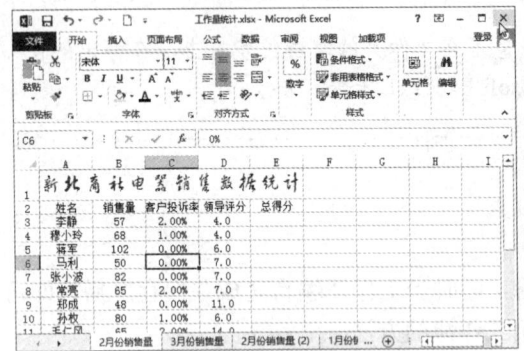

图 1-23 单击"关闭"按钮

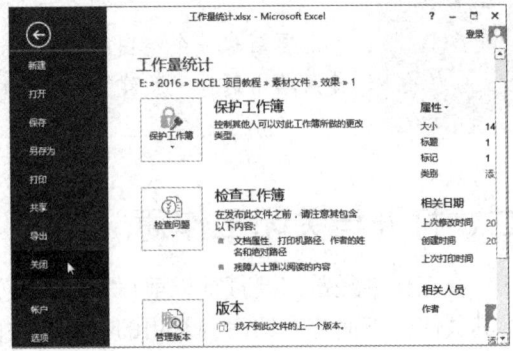

图 1-24 选择"关闭"命令

三、新建和删除工作表

在 Excel 2013 中，新建的空白 Excel 工作簿只有 1 个工作表，用户可以根据需要添加或删除工作表，具体操作方法如下：

Step 01 若要快速插入一张新的工作表，可直接单击工作表标签右侧的"新工作表"按钮⊕，如图 1-25 所示。

Step 02 新插入的工作表会自动名命名为 Sheet2，如图 1-26 所示。

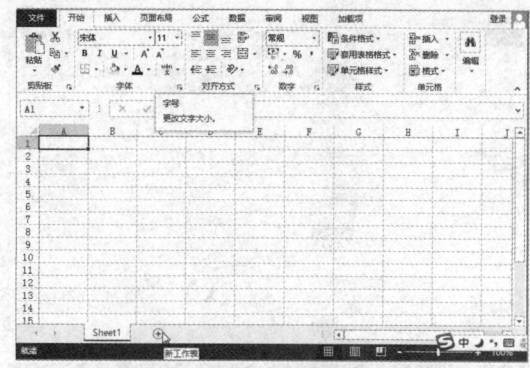

图 1-25　单击"新工作表"按钮　　　　　图 1-26　新建工作表

Step 03 若要在当前工作表之前插入一张新的工作表，则单击"开始"选项卡下"单元格"组中的"插入"下拉按钮，选择"插入工作表"选项，如图 1-27 所示。

Step 04 或右击任意工作表标签，在弹出的快捷菜单中选择"插入"命令，如图 1-28 所示。

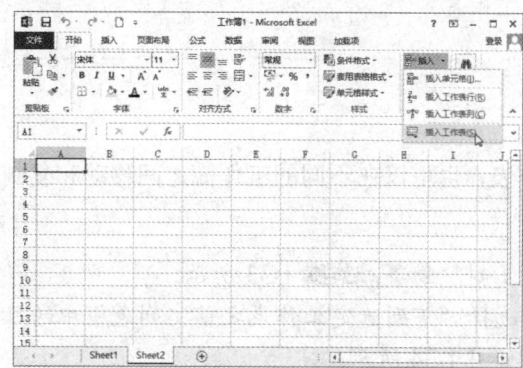
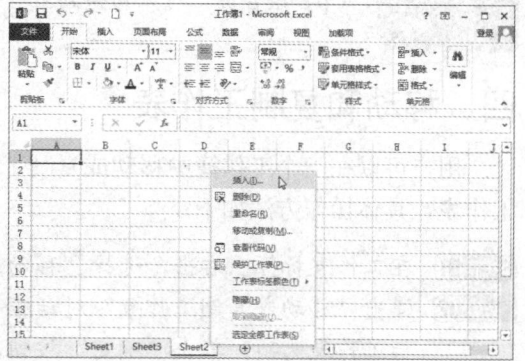

图 1-27　选择"插入工作表"选项　　　　图 1-28　选择"插入"命令

Step 05 弹出"插入"对话框，在"常用"选项卡下选中"工作表"图标，单击"确定"按钮，如图 1-29 所示。

Step 06 此时即可插入工作表，新插入的工作表会按照顺序自动命名，如图 1-30 所示。

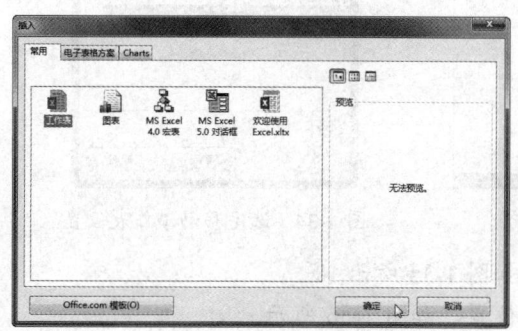
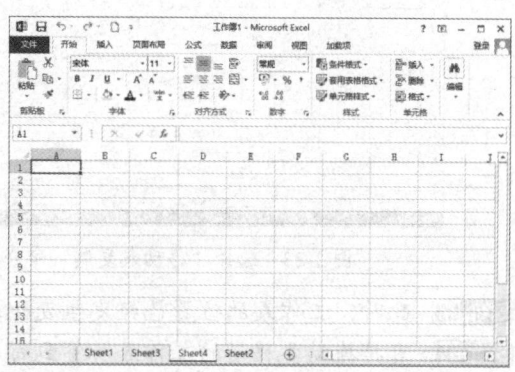

图 1-29　选择插入内容　　　　　　　　图 1-30　插入工作表

Step 07 单击"开始"选项卡下"单元格"组中的"删除"下拉按钮，选择"删除工作表"选项，如图1-31所示。

Step 08 此时查看工作簿，该工作表即被删除，如图1-32所示。

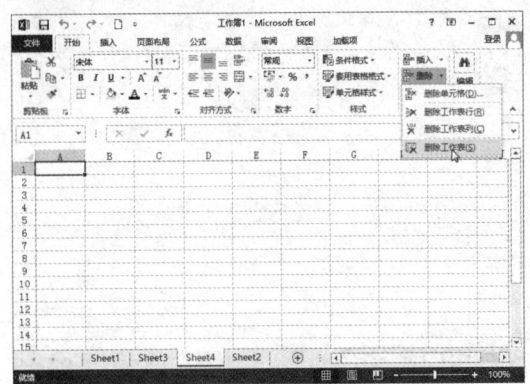

图1-31　选择"删除工作表"选项　　　　图1-32　删除工作表

> **专家指导**
> Expert guidance
>
> 按【Ctrl+PageDown】组合键，可以切换到下一个工作表；按【Ctrl+PageUp】组合键，可以切换到上一个工作表。

四、移动和复制工作表

用户可以在一个工作簿中移动或复制工作表，也可以在不同的工作簿之间移动和复制工作表，具体操作方法如下：

Step 01 在工作表标签上右击，选择"移动或复制"命令，如图1-33所示。

Step 02 弹出"移动或复制工作表"对话框，选择"下列选定工作表之前"列表框中的目标工作表选项，单击"确定"按钮，如图1-34所示。

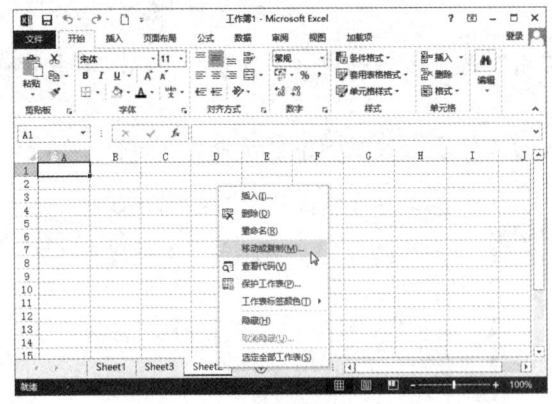
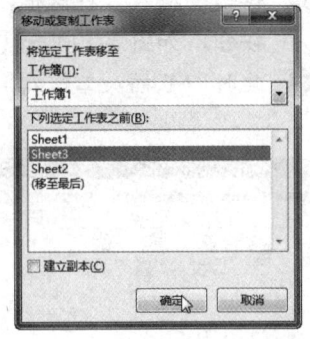

图1-33　选择"移动或复制"命令　　　　图1-34　选定移动工作表位置

Step 03 此时，工作表的位置已经发生变化，如图1-35所示。

Step 04 直接拖动要移动的工作表标签到目标位置，如图1-36所示。

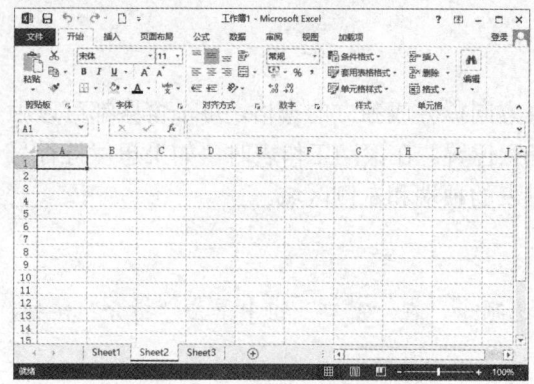
图 1-35 查看移动效果
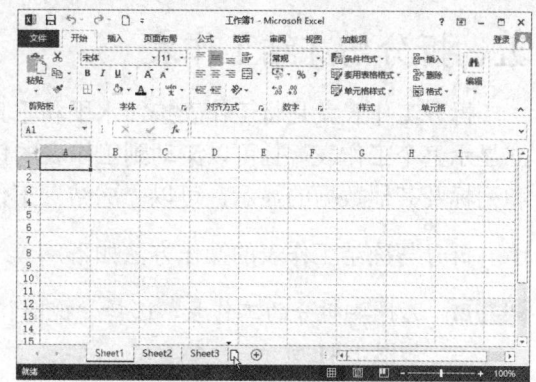
图 1-36 移动工作标签

Step 05 松开鼠标,也可完成工作表的移动操作,如图 1-37 所示。

Step 06 单击"开始"选项卡下"单元格"组中的"格式"下拉按钮,选择"移动或复制工作表"选项,如图 1-38 所示。

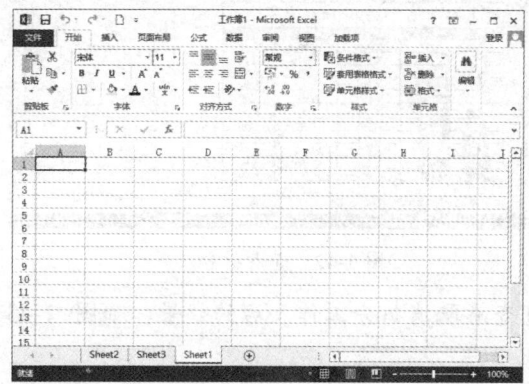
图 1-37 查看移动效果
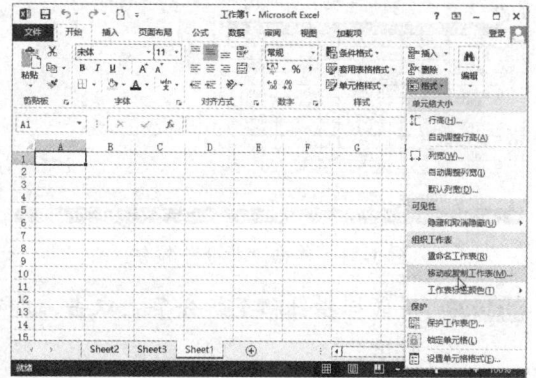
图 1-38 选择"移动或复制工作表"选项

Step 07 弹出"移动或复制工作表"对话框,选择"下列选定工作表之前"列表框中的一个工作表选项,选中"建立副本"复选框,然后单击"确定"按钮,如图 1-39 所示。

Step 08 此时即可在所选工作表前创建工作表副本,如图 1-40 所示。

图 1-39 设置复制选项
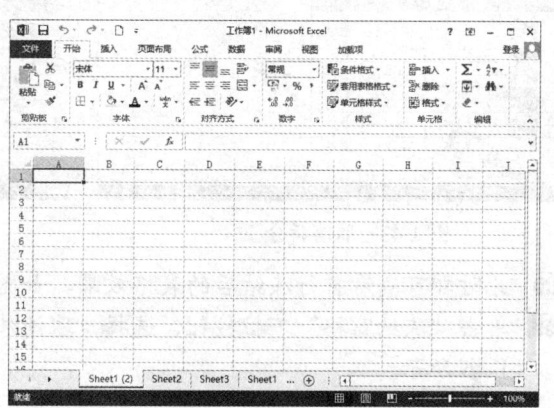
图 1-40 查看复制效果

五、拆分与冻结工作表

拆分工作表就是将工作表按照水平和垂直方向拆分成独立的窗格,每个窗格都可以独立显示整个工作表,且可以滚动到工作表的任意位置。在滚动工作表时,如果想保持行号和列标及其他数据的显示,可以"冻结"工作表的顶端和左侧区域。

拆分与冻结工作表的操作方法如下:

Step 01 选择要拆分的工作表,选择"视图"选项卡,在"窗口"组中单击"拆分"按钮,如图1-41所示。

Step 02 此时即可查看拆分工作表的效果,如图1-42所示。

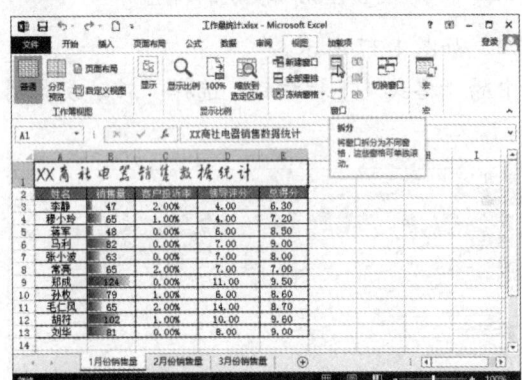
图1-41 单击"拆分"按钮

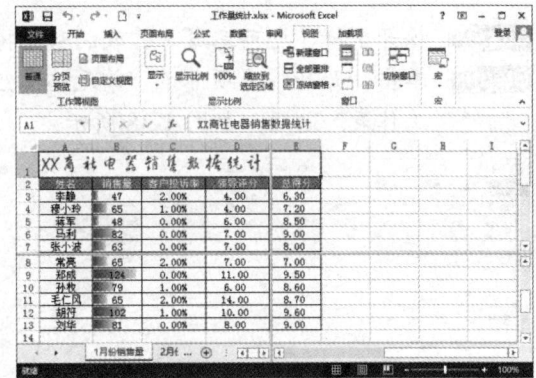
图1-42 查看拆分效果

Step 03 将鼠标指针移至拆分条上双击,即可查看取消拆分工作表后的效果,如图1-43所示。

Step 04 单击"冻结窗格"下拉按钮,选择"冻结首行"选项,如图1-44所示。

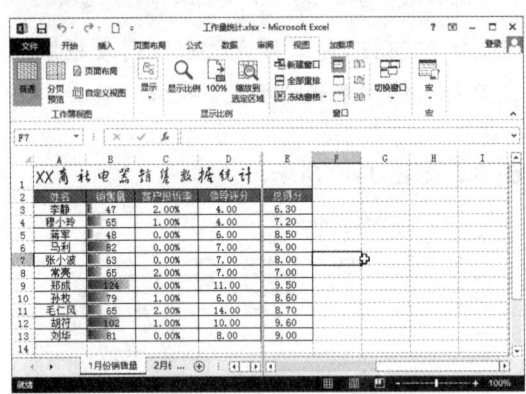
图1-43 取消拆分   图1-44 冻结首行

Step 05 此时即可查看首行冻结后的表格效果,如图1-45所示。

Step 06 单击"冻结窗格"下拉按钮,选择"取消冻结窗格"选项,即可取消冻结,如图1-46所示。

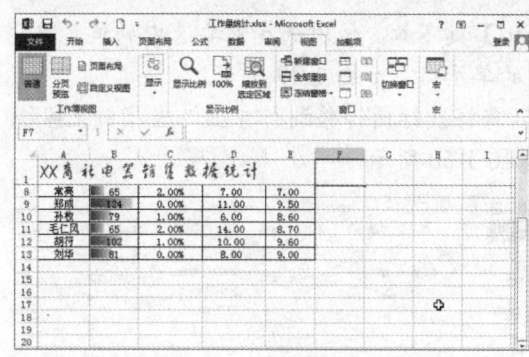
图 1-45 查看冻结效果

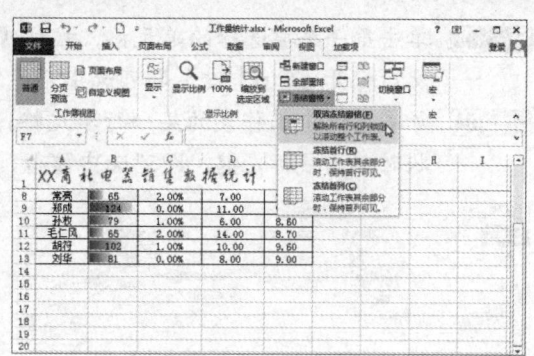
图 1-46 取消冻结窗格

任务三　单元格的基本操作

单元格操作主要包括单元格的选择、插入、删除,以及合并和拆分单元格等,这些都是在学习 Excel 时应该掌握的基础知识。

一、选择单元格

单元格是组成表格的最小单位,在单元格中进行数据处理时必须先将其选中,下面将介绍选中单元格的几种方式。

Step 01 将光标移到需要选择的单元格上,此时单击即可选中单个单元格,如图 1-47 所示。

Step 02 将光标移到第一个要选中的单元格上,按住鼠标左键不放,并向右下角拖动鼠标,拖至最后一个需要选中的单元格上后松开鼠标,即可选中连续的单元格,如图 1-48 所示。

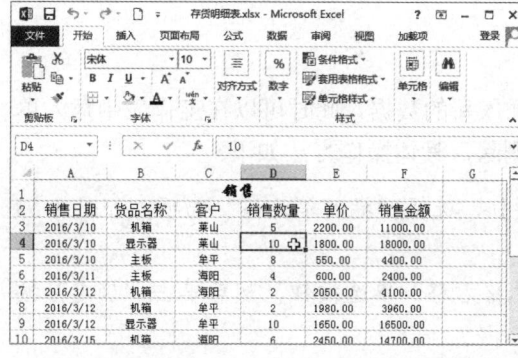
图 1-47 选中单个单元格

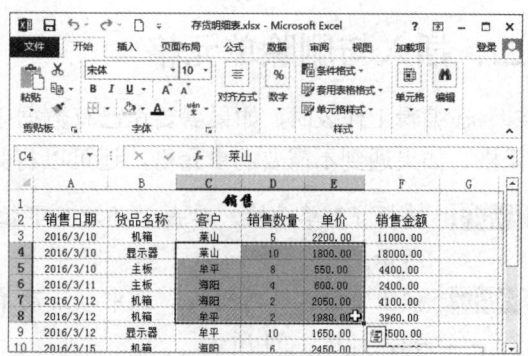
图 1-48 选中连续的单元格

Step 03 单击第一个要选择的单元格，按住【Ctrl】键不放，依次选择需要选中的单元格，然后松开【Ctrl】键，即可选中不连续的单元格，如图1-49所示。

Step 04 如果要选中工作表的某一行单元格，只需将鼠标指针移到行号上，当指针呈➡形状时单击鼠标左键，即可选中该行，如图1-50所示。

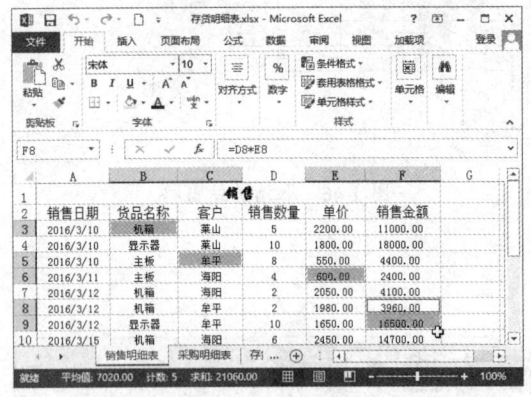
图 1-49　选中不连续的单元格

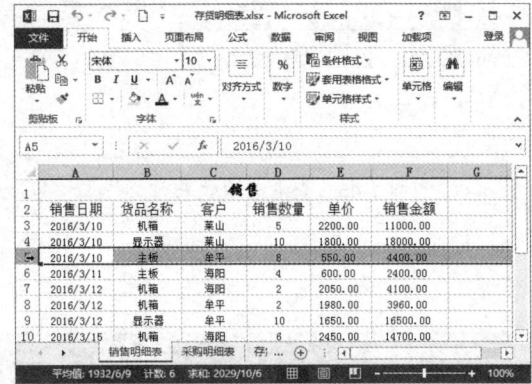
图 1-50　选中行

Step 05 如果要选中工作表的某一列单元格，只需将鼠标指针移到列标上，当指针呈⬇形状时单击鼠标左键，即可选中该列，如图1-51所示。

Step 06 将鼠标指针移至工作区左上角，当指针呈✥形状时单击鼠标左键，即可将表格全部选中，如图1-52所示。

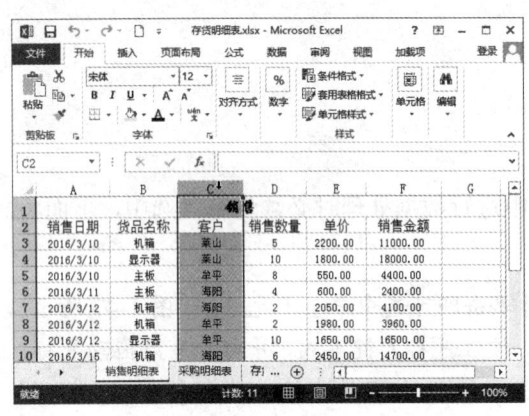
图 1-51　选中列

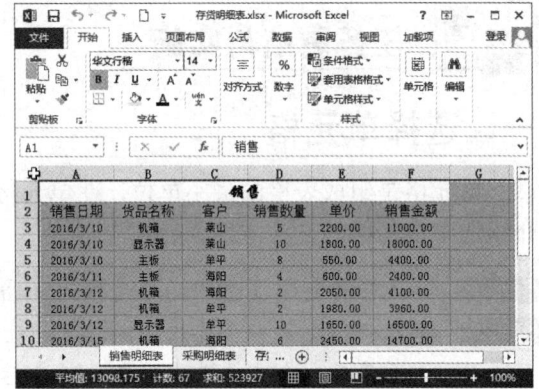
图 1-52　全部选中表格

二、插入与删除单元格

在编辑工作表时，如果需要在已有数据中插入新的数据，此时可以在工作表中插入单元格。如果遇到不需要的单元格，还可以将其删除，具体操作方法如下：

Step 01 选择F2单元格，单击"插入"下拉按钮，选择"插入单元格"选项，如图1-53所示。

Step 02 弹出"插入"对话框，选中"活动单元格右移"单选按钮，然后单击"确定"按钮，如图1-54所示。

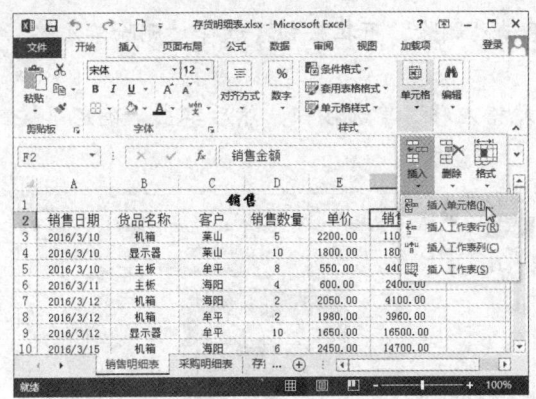

图 1-53　选择"插入单元格"选项　　　　　图 1-54　选择"活动单元格右移"选项

Step 03　此时即可在 F2 单元格中插入一个空白单元格，如图 1-55 所示。

Step 04　选中第 5 行任意一个单元格，单击"插入"下拉按钮，选择"插入工作表行"选项，如图 1-56 所示。

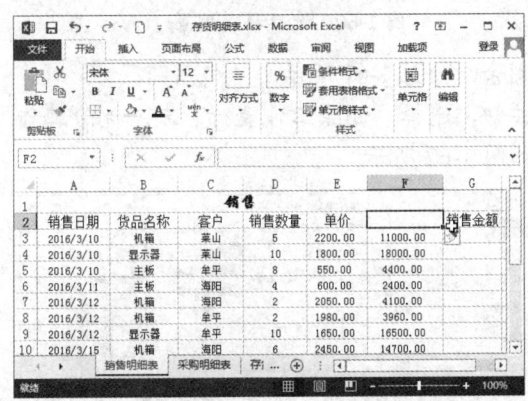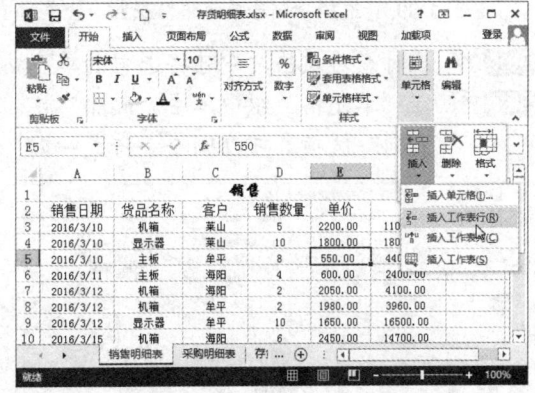

图 1-55　插入单元格　　　　　　　　　　图 1-56　插入行

Step 05　此时即可在工作表中插入一行空白的单元格，如图 1-57 所示。

Step 06　选中第 D 列任意一个单元格，单击"插入"下拉按钮，选择"插入工作表列"选项，即可插入一列空白的单元格，如图 1-58 所示。

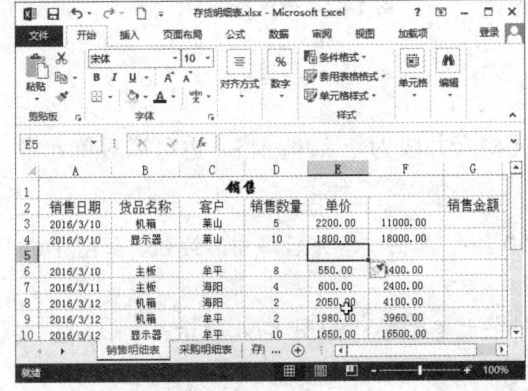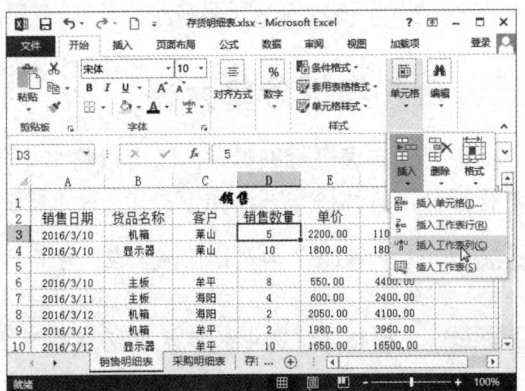

图 1-57　查看插入行效果　　　　　　　　图 1-58　插入工作表列

Step 07 选中 F2 单元格，在"单元格"组中单击"删除"下拉按钮，选择"删除单元格"选项，如图 1-59 所示。

Step 08 弹出"删除"对话框，选中"右侧单元格左移"单选按钮，然后单击"确定"按钮，如图 1-60 所示。

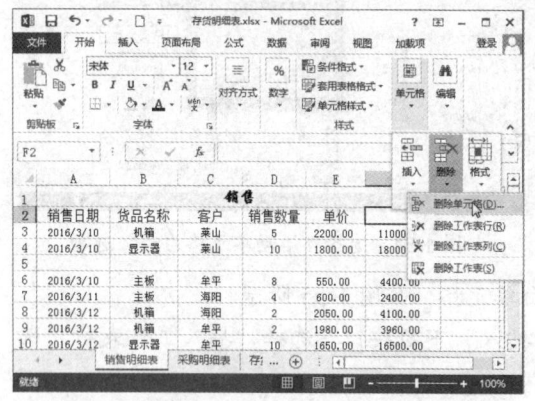

图 1-59　选择"删除单元格"选项

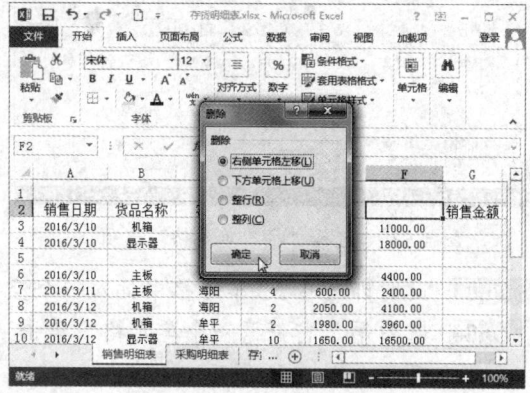

图 1-60　选择移动位置

Step 09 此时查看表格，即可将选中的单元格删除，如图 1-61 所示。

Step 10 在"单元格"组中单击"删除"下拉按钮，选择"删除工作表行"或"删除工作表列"选项，可以删除一行或一列，如图 1-62 所示。

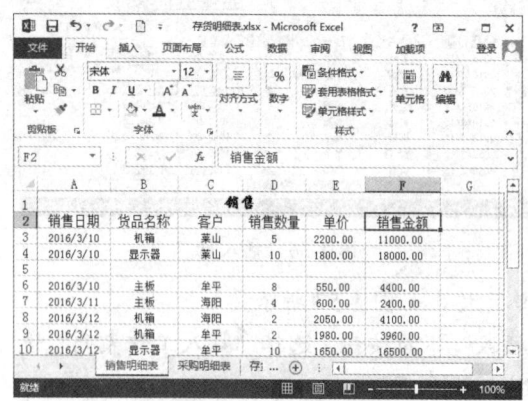

图 1-61　查看删除效果

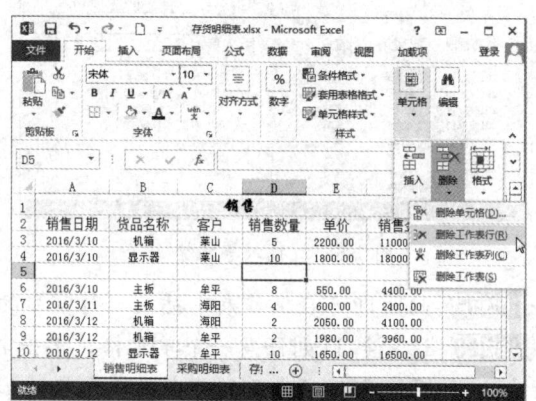

图 1-62　删除行或列

三、合并与拆分单元格

在对工作表进行编辑时，既可以将多个单元格合并成为一个单元格，也可以对单元格进行拆分，具体操作方法如下：

Step 01 选中 A1:E1 单元格区域，在"对齐方式"组中单击"合并后居中"按钮，如图 1-63 所示。

Step 02 此时即可将选中的单元格区域合并为一个大单元格，如图 1-64 所示。

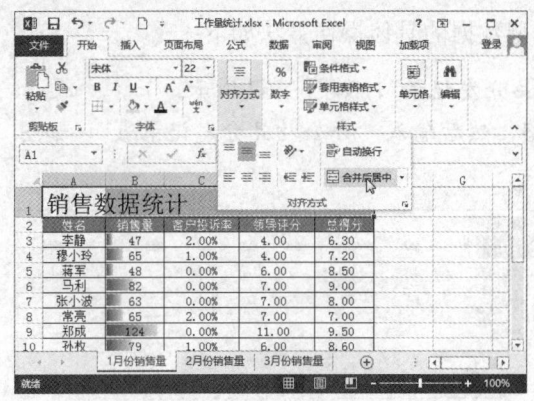
图 1-63 单击"合并后居中"按钮

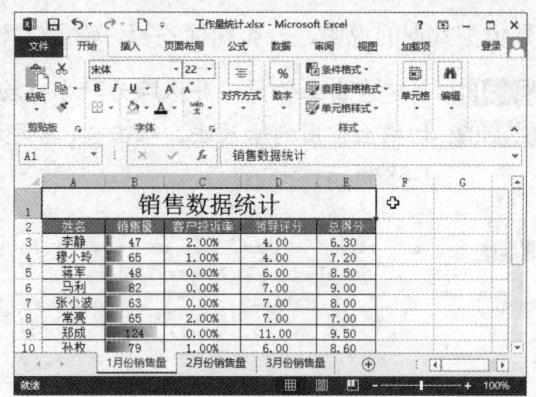
图 1-64 合并单元格

Step 03 选中 A1 单元格，在"对齐方式"组中单击"合并后居中"下拉按钮，选择"取消单元格合并"选项，如图 1-65 所示。

Step 04 此时即可看到单元格已经取消合并，如图 1-66 所示。

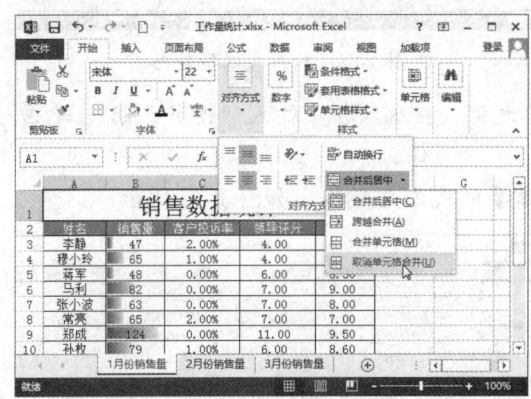
图 1-65 拆分单元格

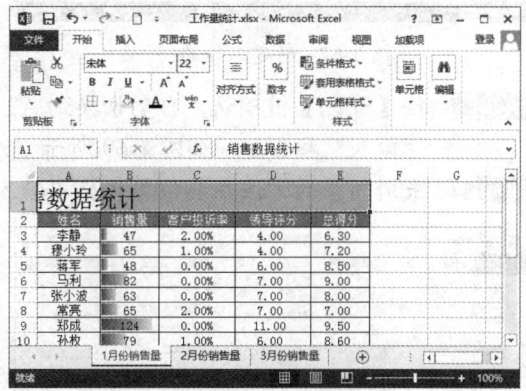
图 1-66 查看拆分效果

任务四 财务数据的输入与编辑

数据处理离不开数据的输入和编辑，包括输入不同类型的数据，对数据进行修改、移动、复制、撤销与恢复等，下面将对其进行详细介绍。

一、输入文本型数据

在工作表中输入的文本型数据一般为文本型文字。在 Excel 中，文本型数据用来作为数值型数据的说明、分类和标签等。输入文本型数据的具体操作方法如下：

Step 01 新建空白工作簿，并保存为"办公物品分发记录"，如图1-67所示。

Step 02 切换至常用的输入法，双击A1单元格，然后输入"办公物品分发记录表"，如图1-68所示。

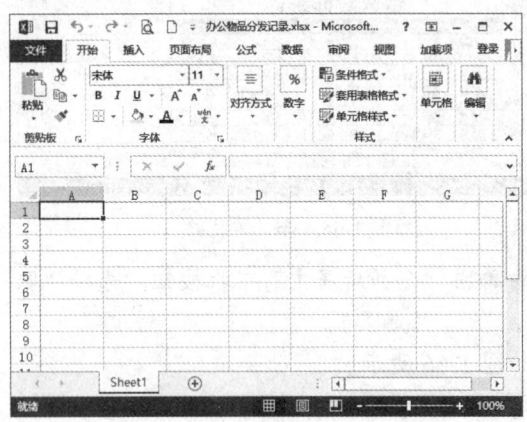

图1-67　新建工作簿　　　　　　　　图1-68　输入文本型数据

Step 03 按【Enter】键确认，自动切换到A2单元格，在编辑栏中输入"领用日期"，单击"输入"按钮✔，如图1-69所示。

Step 04 采用同样的方法在其他单元格中输入需要的文本型数据，如图1-70所示。

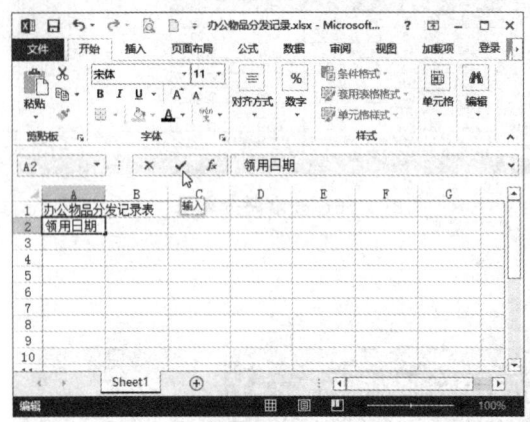
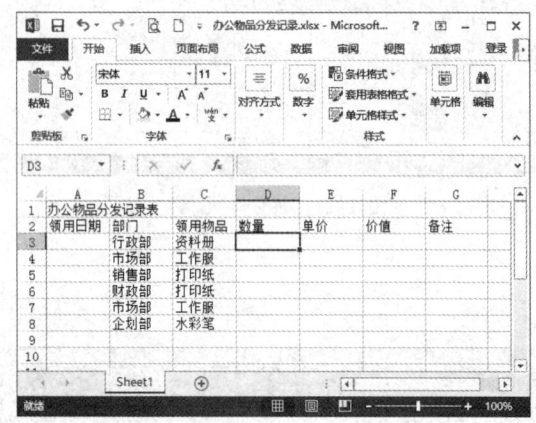

图1-69　输入文字　　　　　　　　　图1-70　输入其他文本型数据

二、输入负数和分数

在Excel 2013中输入负数和分数的方法与输入文本型的方法不同，需要运用特殊的输入方法进行输入，具体操作方法如下：

Step 01 新建空白工作簿，在单元格中输入"-30"，如图1-71所示。

Step 02 按【Enter】键确认，即可看到单元格输入的数据形式为负数，如图1-72所示。

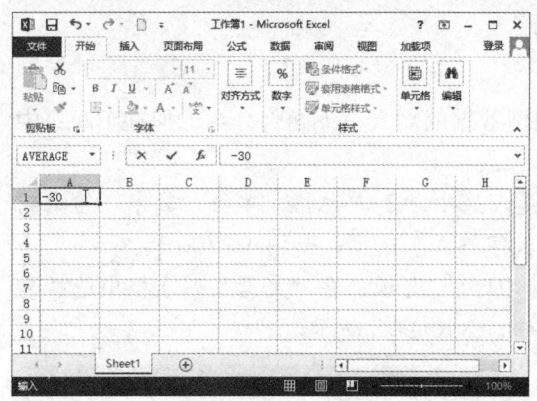
图 1-71 输入负数

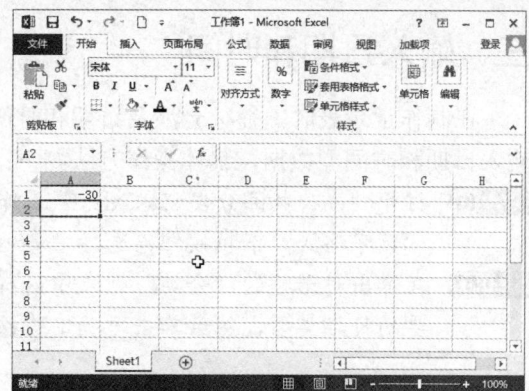
图 1-72 查看输入负数效果

Step 03 在 B2 单元格中输入 "(30)"，如图 1-73 所示。

Step 04 按【Enter】键确认，此时即可看到输入的添加括号的数据也显示为负数形式，如图 1-74 所示。

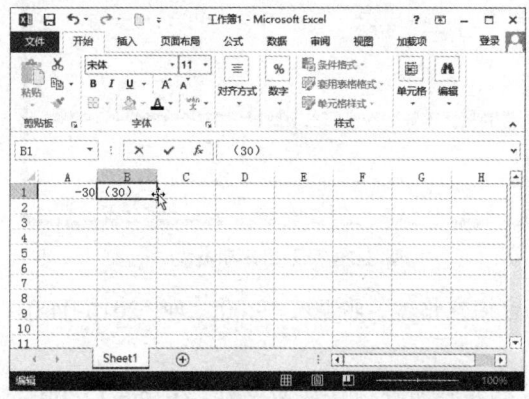
图 1-73 使用括号输入　　　　　　　　　图 1-74 查看输入负数效果

Step 05 选中 A2 单元格，在单元格中输入 0，然后按空格键，再输入 "1/2"，即 "0 1/2"，如图 1-75 所示。

Step 06 按【Enter】键确认，即可看到单元格中的数据显示为分数形式，如图 1-76 所示。

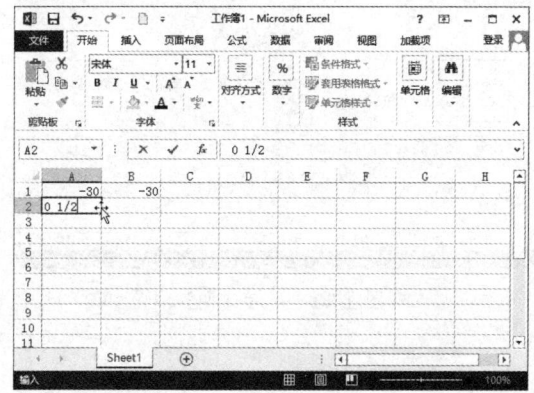
图 1-75 输入分数

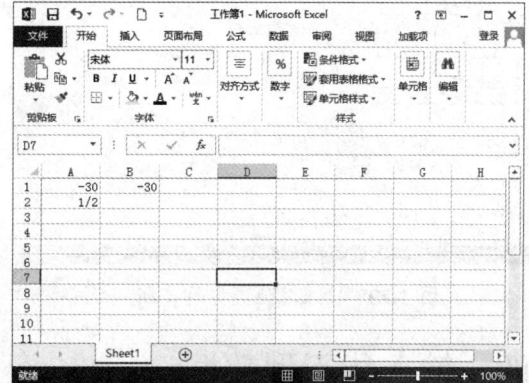
图 1-76 显示分数

三、输入日期和时间

在制作记录表时，往往会涉及日期和时间型数据的输入，下面将介绍如何在 Excel 中输入日期和时间型数据，具体操作方法如下：

Step 01 打开"办公物品分发记录.xlsx"工作簿，选中 A3 单元格，单击"数字"组中的"数字格式"下拉按钮，选择"其他数字格式"选项，如图 1-77 所示。

Step 02 在弹出对话框的"分类"列表中选择"日期"选项，在"类型"列表框中选择需要的日期类型，然后单击"确定"按钮，如图 1-78 所示。

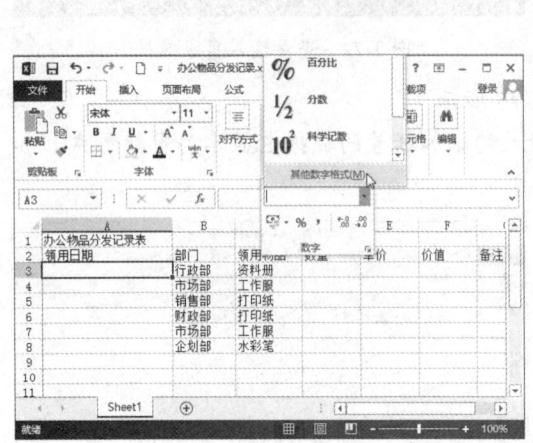 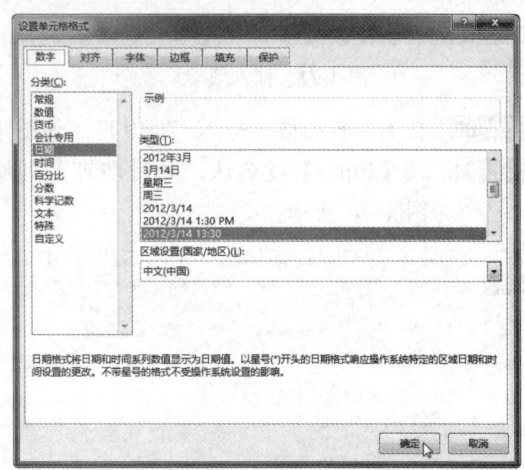

图 1-77 选择数据格式　　　　　　　　图 1-78 设置日期类型

Step 03 在 A3 单元格中输入"2016-04-01"，然后按空格键，再输入"9:00"，即"2016-04-01 9:00"，如图 1-79 所示。

Step 04 按【Enter】键确认，即可看到输入的日期和时间数据自动切换为"2016/4/1 9:00"，如图 1-80 所示。

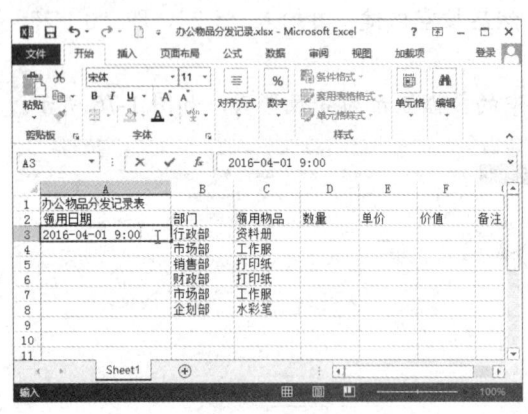 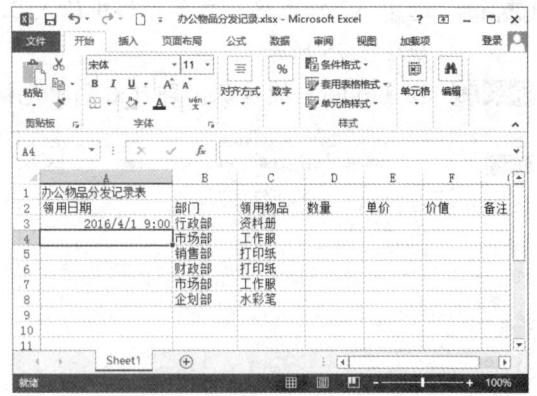

图 1-79 输入其他类型的日期　　　　　图 1-80 查看日期

四、输入货币型数据

在制作工作表时，经常会需要输入一些货币型的数据，下面将介绍如何输入货币型数据，具体操作方法如下：

Step 01 打开"办公物品分发记录.xlsx"工作簿，选中 E3 单元格，单击"开始"选项卡下"数字"组中的扩展按钮，如图 1-81 所示。

Step 02 弹出"设置单元格格式"对话框，选择"分类"列表中的"货币"选项，在"小数位数"数值框中设置小数位数，选择货币符号，在列表框中选择数据类型，然后单击"确定"按钮，如图 1-82 所示。

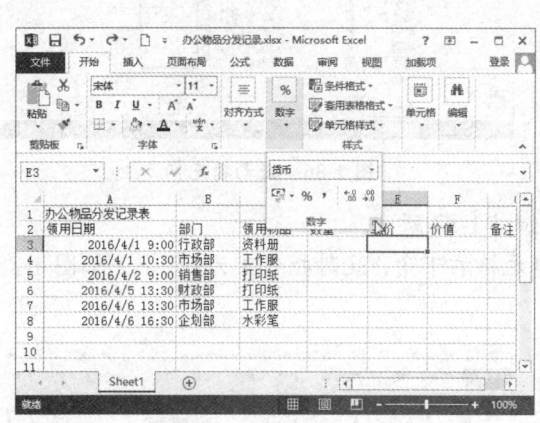

图 1-81　单击扩展按钮　　　　　　图 1-82　设置数据类型

Step 03 返回文档编辑区，在 E3 单元格中直接输入 130，如图 1-83 所示。

Step 04 按【Enter】键确认，即可看到其自动转换为货币型数据。采用同样的方法，输入其他数据，如图 1-84 所示。

 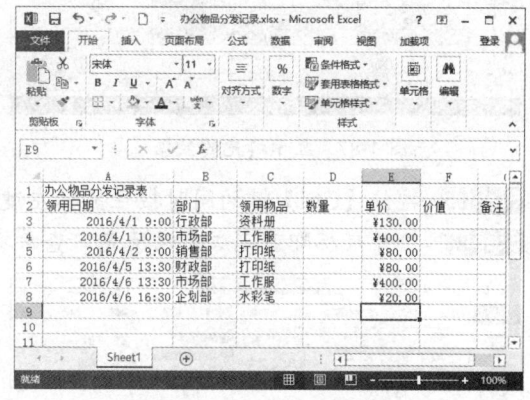

图 1-83　输入数据　　　　　　　　图 1-84　查看数据效果

五、自动填充数据

在输入数据时，经常会输入一些相同或有规律的数据，此时即可使用 Excel 的自动填充功能快速输入此类数据，以提高工作效率。自动填充数据的具体操作方法如下：

Step 01 打开"员工信息表.xlsx"工作簿，选中单元格，将鼠标指针移至单元格右下角，此时指针变为 ✚ 形状，如图 1-85 所示。

Step 02 按住鼠标左键，向下拖至所需的位置，如图1-86所示。

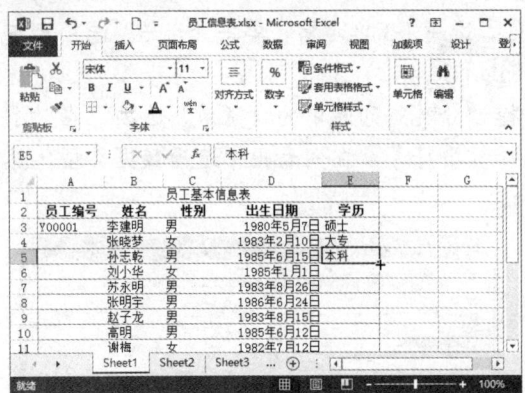

图1-85 选择单元格　　　　　　　　　图1-86 拖动填充柄

Step 03 松开鼠标，即可看到填充的数据，如图1-87所示。

Step 04 选中A3单元格，将鼠标指针移至单元格右下角，此时指针变为╋形状，如图1-88所示。

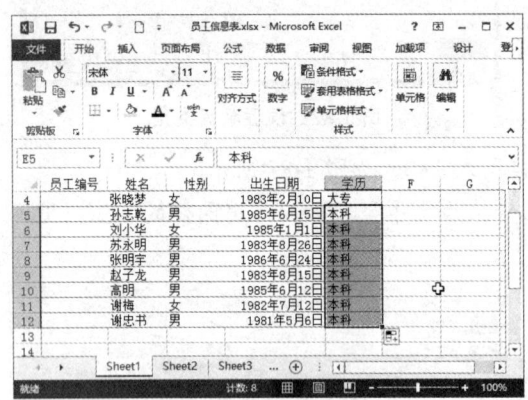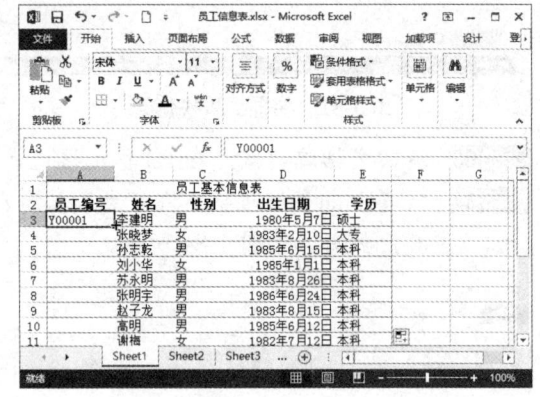

图1-87 显示填充的数据　　　　　　　图1-88 选择单元格

Step 05 按住【Ctrl】键的同时按住鼠标左键不放，拖至所需的位置，如图1-89所示。

Step 06 松开鼠标即可完成自动填充，查看填充效果，如图1-90所示。

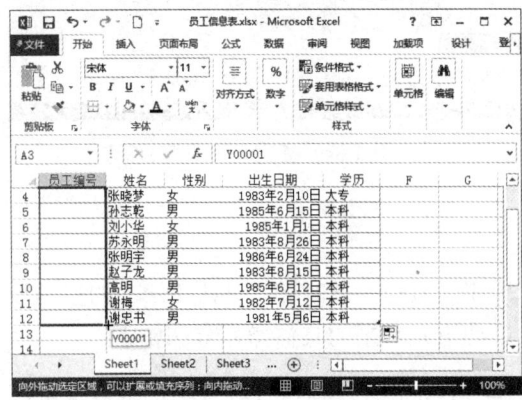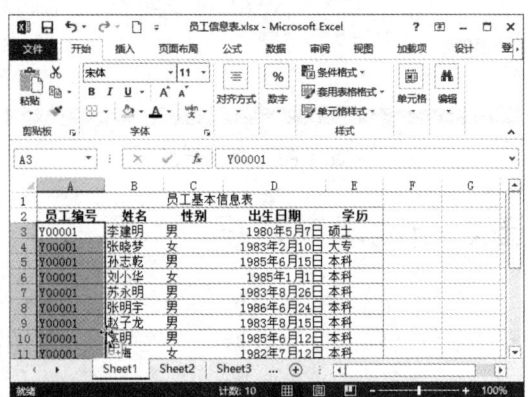

图1-89 拖动填充柄　　　　　　　　　图1-90 查看自动填充数据

六、修改数据

当在制作的表格中输入大量数据时，难免会出现输入错误的情况，此时就需要对输入的数据进行编辑，以纠正错误。修改数据的具体操作方法如下：

Step 01 打开"办公用品领用记录表.xlsx"工作簿，选中要修改的单元格，如图1-91所示。

Step 02 直接输入正确的数据，按【Enter】键或单击其他单元格确认，如图1-92所示。

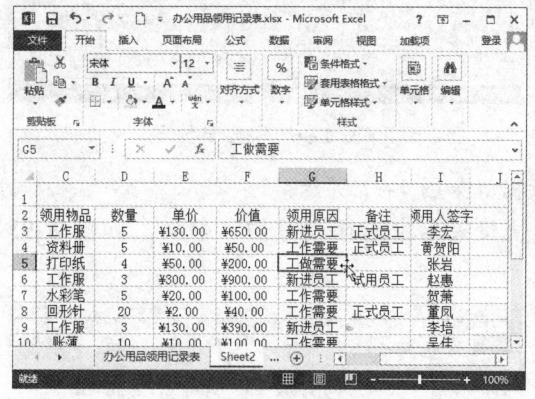
图 1-91 选择要修改的单元格

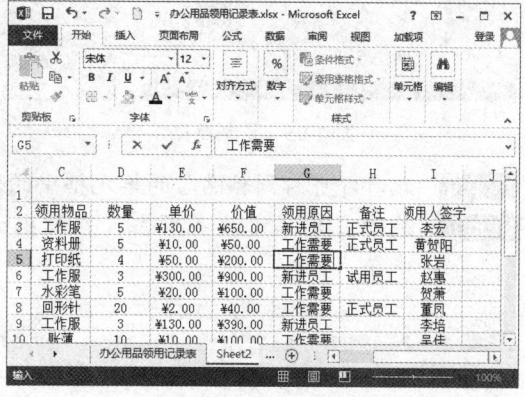
图 1-92 修改数据

Step 03 选中要修改的单元格，将光标定位至编辑栏中，如图1-93所示。

Step 04 删除错误数据，并输入正确的文本，单击"输入"按钮✓，如图1-94所示。

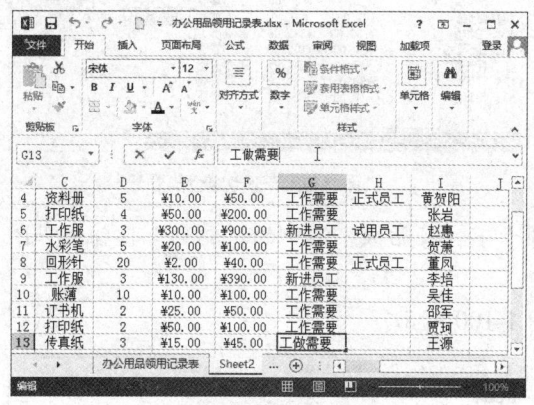
图 1-93 选中单元格

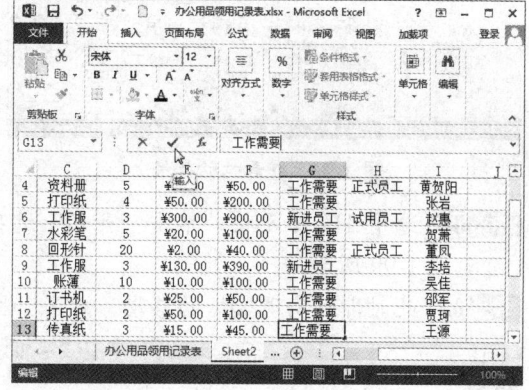
图 1-94 修改数据

七、移动与复制数据

在数据的编辑过程中，经常用到移动和复制数据的操作，熟练掌握移动和复制数据操作可以提高工作效率，具体操作方法如下：

Step 01 打开"办公用品领用记录表.xlsx"工作簿，选中H3单元格并右击，在弹出的快捷菜单中选择"复制"命令，如图1-95所示。

Step 02 选中H4单元格，单击"开始"选项卡下"剪贴板"组中的"粘贴"按钮，如图1-96所示。

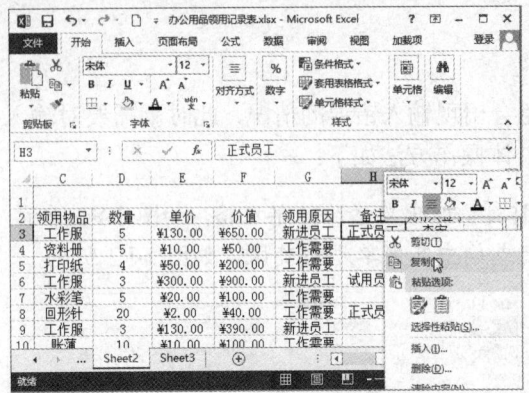
图 1-95 复制数据

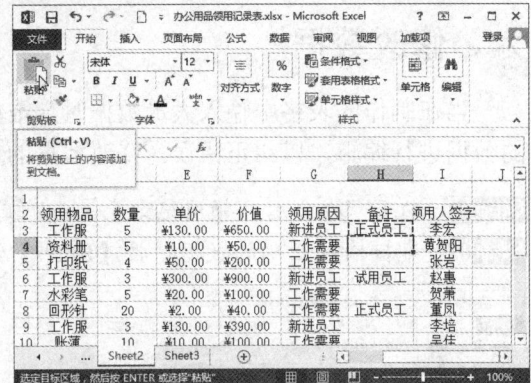
图 1-96 粘贴数据

Step 03 此时即可看到粘贴后的单元格中的数据，如图 1-97 所示。

Step 04 选中 H8 单元格并右击，在弹出的快捷菜单中选择"剪切"命令，如图 1-98 所示。

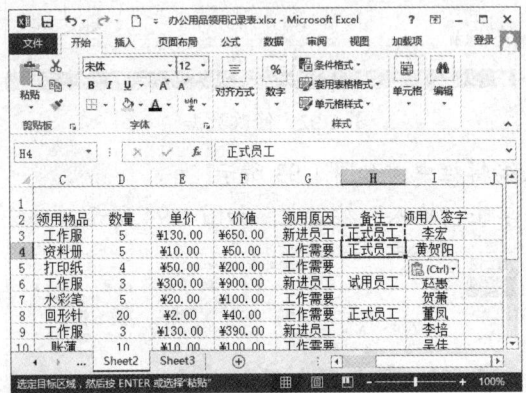
图 1-97 查看粘贴效果

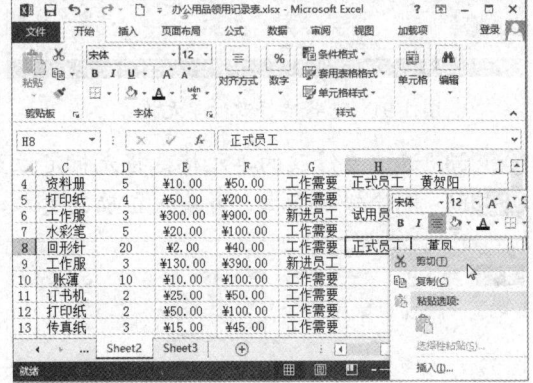
图 1-98 剪切数据

Step 05 选中 H9 单元格，单击"开始"选项卡下"剪贴板"组中的"粘贴"按钮，如图 1-99 所示。

Step 06 此时即可实现数据的移动，效果如图 1-100 所示。

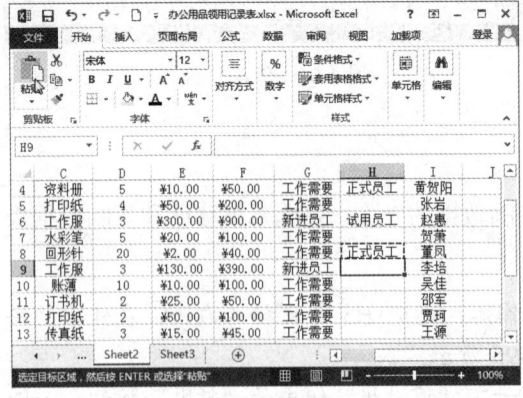
图 1-99 粘贴数据

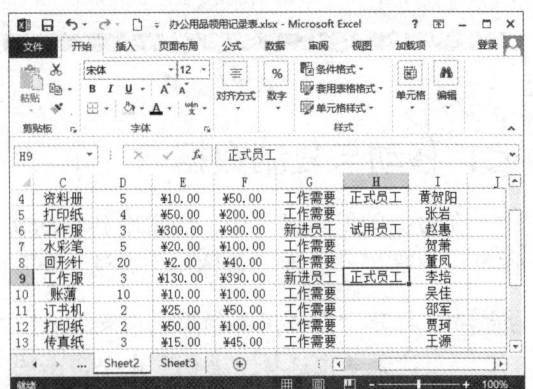
图 1-100 查看移动数据效果

八、查找与替换数据

在制作包含大量数据的工作表时，有时会遇到需要大量改动具体某一项数据的情况，此时可以使用查找和替换操作来完成，具体操作方法如下：

Step 01 打开"查找和替换.xlsx"工作簿，单击"编辑"组中的"查找和选择"下拉按钮，选择"替换"选项，如图1-101所示。

Step 02 弹出"查找和替换"对话框，在"查找内容"下拉列表框中输入"研究生"，在"替换为"下拉列表框中输入"硕士"，然后单击"查找下一个"按钮，如图1-102所示。

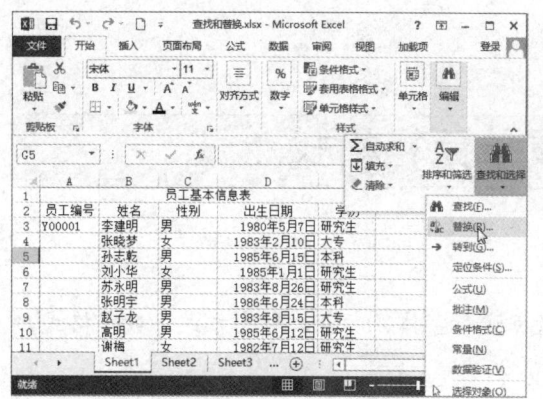
图1-101 选择"替换"选项

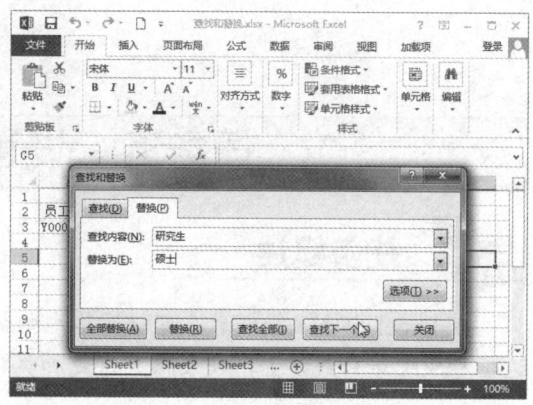
图1-102 输入查找和替换内容

Step 03 此时即可看到查找到的包含"研究生"的单元格，单击"查找和替换"对话框中的"替换"按钮，如图1-103所示。

Step 04 此时即可看到该单元格中的"研究生"替换为"硕士"，并自动查找下一处包含该内容的单元格，单击"替换"按钮，如图1-104所示。

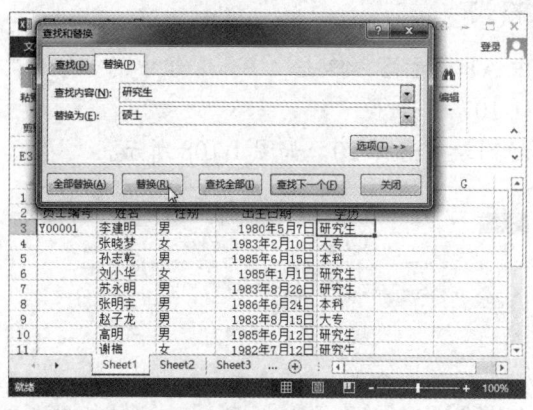
图1-103 单击"替换"按钮

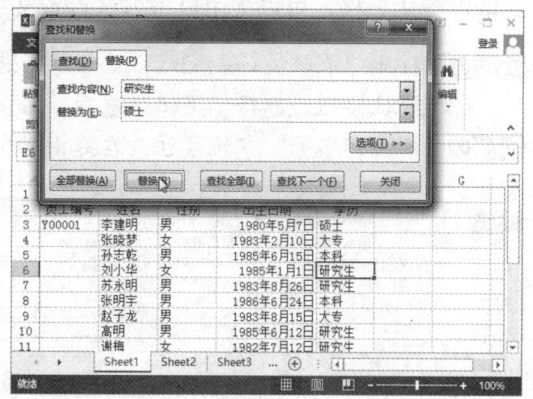
图1-104 继续单击"替换"按钮

Step 05 查看替换后的效果，单击"查找和替换"对话框中的"全部替换"按钮，如图1-105所示。

Step 06 弹出提示信息框，单击"确定"按钮，完成替换操作，如图1-106所示。

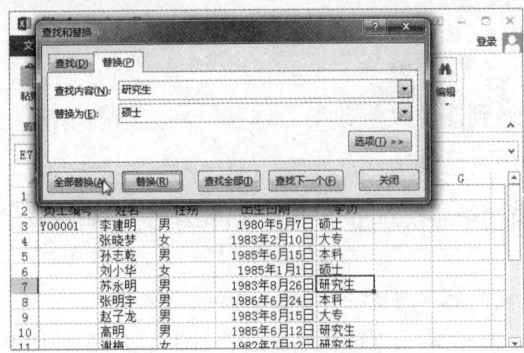

图 1-105 查看查找内容

图 1-106 替换内容

任务五　设置单元格格式

任务概述

在 Excel 中输入数据后，可以对单元格数据进行字体、颜色、对齐方式、数字格式、边框和底纹等格式设置，使表格显得更加美观。

任务重点与实施

一、设置字体格式

在单元格中输入数据后，其默认的字体为"宋体"，字号为 11 磅。设置单元格文字格式能够美化表格，可以采用以下方法设置文字格式：

Step 01 打开"录取统计表.xlsx"工作簿，选中 A1 单元格，单击"字体"组中的"字体"下拉按钮，选择"黑体"选项，如图 1-107 所示。

Step 02 单击"字号"下拉按钮，在弹出的下拉列表中选择 20，如图 1-108 所示。

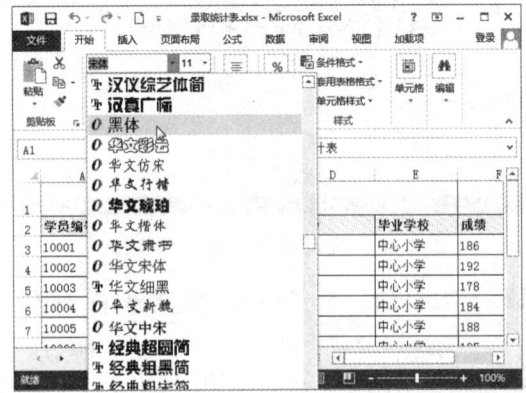

图 1-107 选择字体

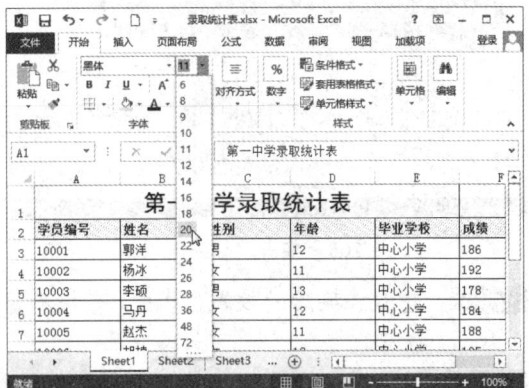

图 1-108 选择字号

Step 03 单击"字体颜色"下拉按钮，在弹出的颜色面板中选择合适的颜色，如图 1-109 所示。

Step 04 返回工作表编辑区域，即可看到设置字体格式后的表格效果，如图 1-110 所示。

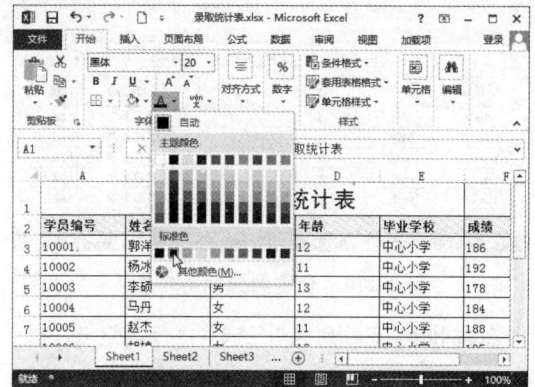
图 1-109 设置字体颜色

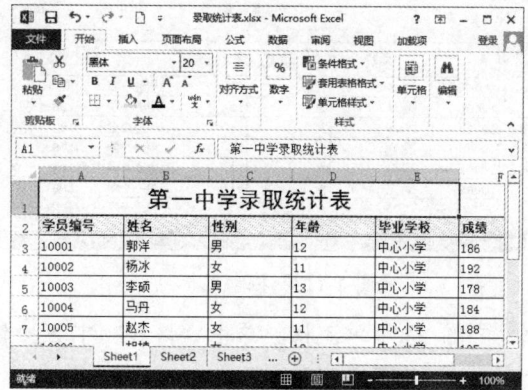
图 1-110 查看设置效果

Step 05 选中要设置字体格式的单元格并右击，在弹出的快捷菜单中选择"设置单元格格式"命令，如图 1-111 所示。

Step 06 弹出"设置单元格格式"对话框，选择"字体"选项卡，设置字体格式，然后单击"确定"按钮，如图 1-112 所示。

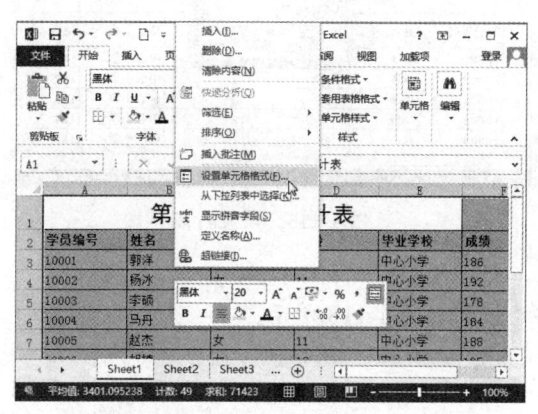
图 1-111 选择"设置单元格格式"命令

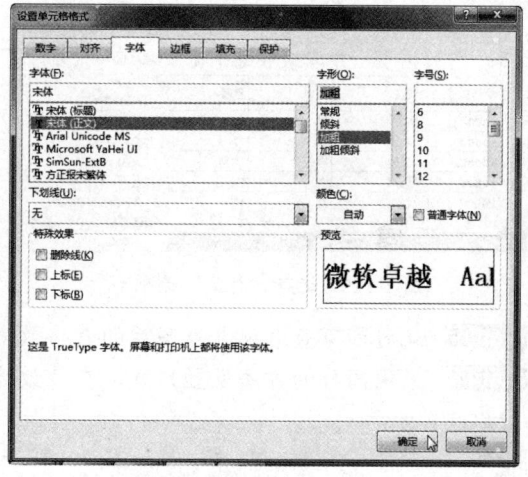
图 1-112 设置格式

二、调整行高与列宽

通过调整行高和列宽可以在单元格中输入更多的信息，可以通过多种方法调整行高和列宽，具体操作方法如下：

Step 01 打开"录取统计表.xlsx"工作簿，将鼠标指针置于行号下边界处，当指针变为 ✢ 时按住鼠标左键并拖动，如图 1-113 所示。

Step 02 松开鼠标，即可调整行高，查看调整效果，如图 1-114 所示。

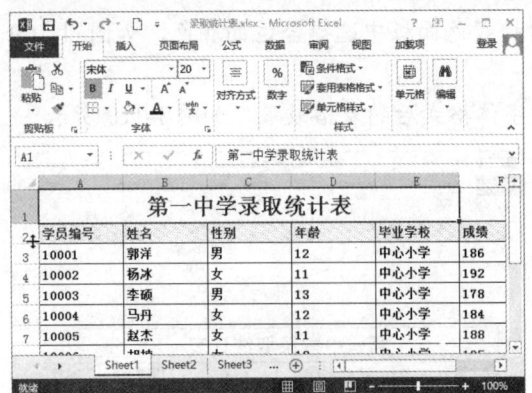

图 1-113　拖动鼠标　　　　　　　　图 1-114　查看调整行高效果

Step 03　选中单元格，单击"格式"下拉按钮，在弹出的下拉列表中选择"行高"选项，如图 1-115 所示。

Step 04　弹出"行高"对话框，输入"行高"值为 30，然后单击"确定"按钮，如图 1-116 所示。

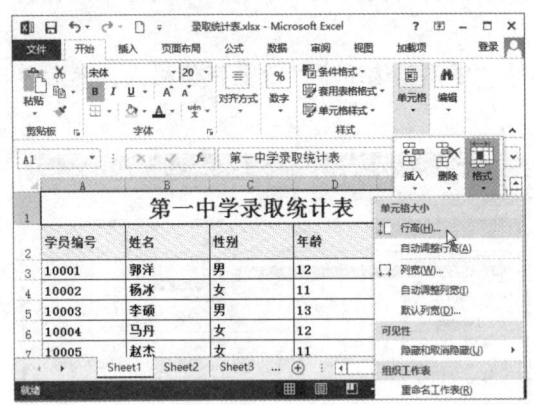 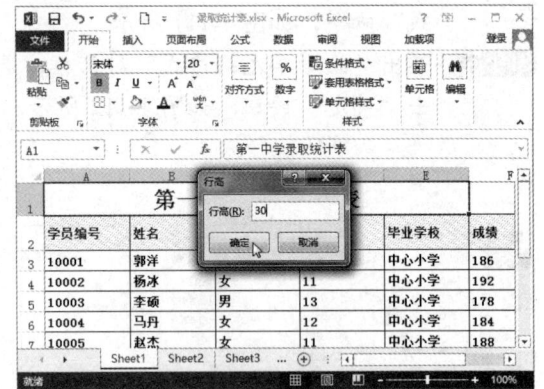

图 1-115　选择"行高"选项　　　　　图 1-116　设置行高

Step 05　此时即可查看设置行高后的表格效果，如图 1-117 所示。

Step 06　采用同样的方法设置列宽，查看最终效果，如图 1-118 所示。

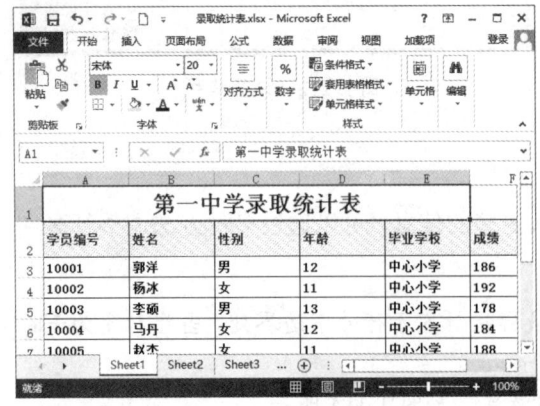 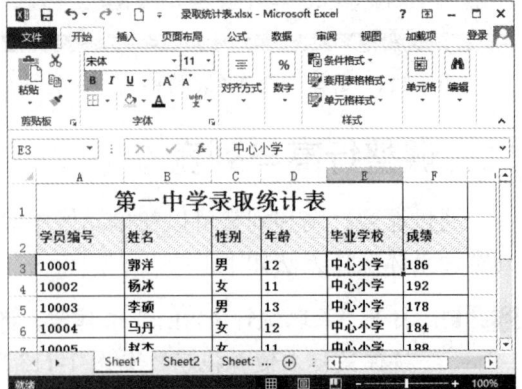

图 1-117　查看设置效果　　　　　　图 1-118　设置列宽

三、设置单元格的对齐方式

在 Excel 2013 中，输入的数据内容不同，其在单元格中的对齐方式也不相同，为了使单元格中数据的对齐方式整齐一致，可以根据需要对其进行设置，具体操作方法如下：

Step 01 打开"录取统计表.xlsx"工作簿，选中 A2:F2 单元格区域，单击"开始"选项卡下"对齐方式"组中的扩展按钮，如图 1-119 所示。

Step 02 弹出"设置单元格格式"对话框，选择"对齐"选项卡，在"水平对齐"下拉列表框中选择"居中"选项，在"垂直对齐"下拉列表框中选择"居中"选项，然后单击"确定"按钮，如图 1-120 所示。

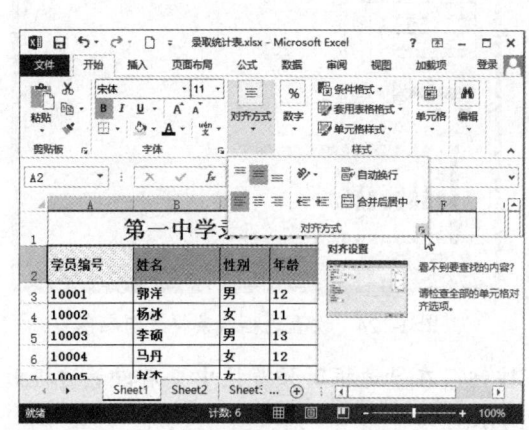
图 1-119 选中单元格区域

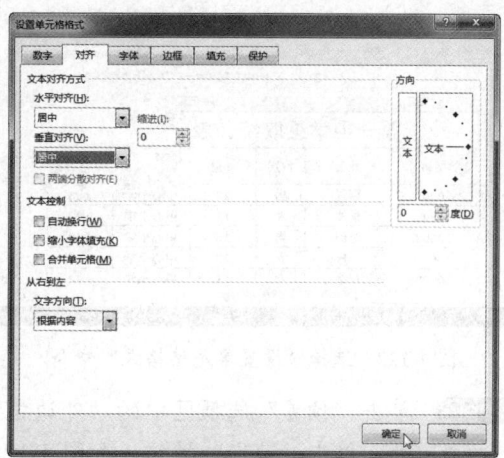
图 1-120 设置对齐方式

Step 03 返回工作表编辑区域，即可看到选中的 A2:F2 单元格区域中的文本水平和垂直都是居中显示，如图 1-121 所示。

Step 04 采用相同的方法设置其他单元格中的对齐方式，如图 1-122 所示。

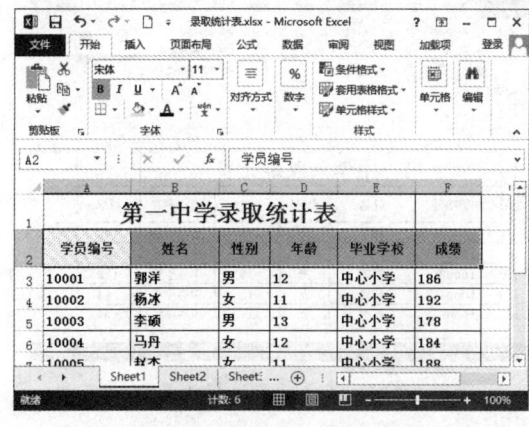
图 1-121 查看对齐效果

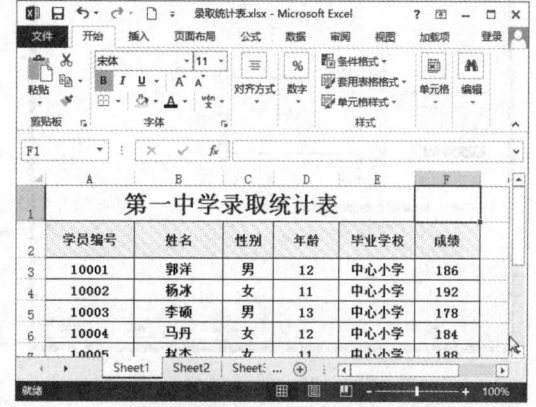
图 1-122 设置其他单元格

四、设置边框和底纹

在 Excel 中单元格边框是为方便用户存放数据而设计的，是不能将其打印出来的。若想要将单元格边框和数据一起打印出来，需要对单元格设置边框。同时，为了使单元格更有层次感，还可以为单元格设置底纹，具体操作方法如下：

Step 01 打开"录取统计表.xlsx"工作簿，选中一个单元格并右击，在弹出的快捷菜单中选择"设置单元格格式"命令，如图 1-123 所示。

Step 02 弹出"设置单元格格式"对话框，选择"边框"选项卡，在"线条"选项区中选择需要的线条样式，单击"颜色"下拉按钮，选择合适的颜色，如图 1-124 所示。

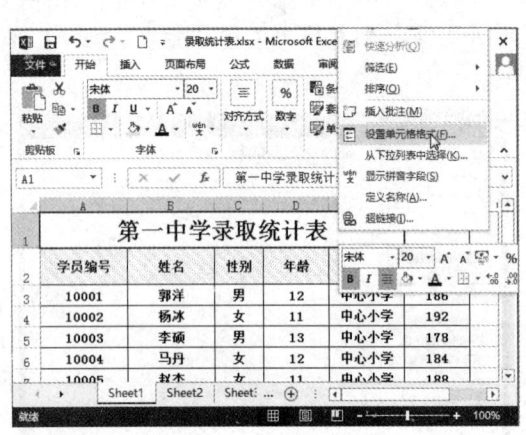
图 1-123 选择"设置单元格格式"命令

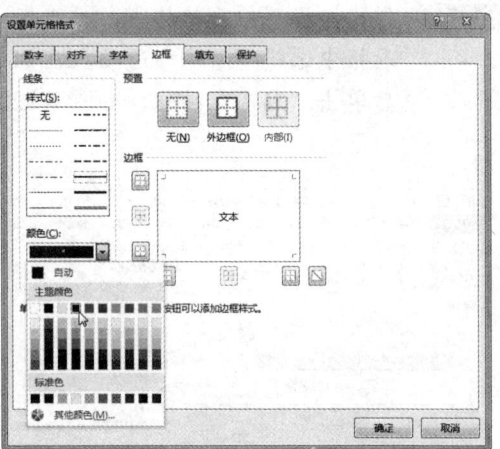
图 1-124 设置边框线条样式与颜色

Step 03 单击"预置"选项区中的"外边框"按钮，在"边框"预览区中查看设置边框效果，单击"确定"按钮，如图 1-125 所示。

Step 04 返回工作表编辑区域，即可看到选择的单元格区域设置边框后的效果。采用相同的方法，为其他单元格区域设置边框，如图 1-126 所示。

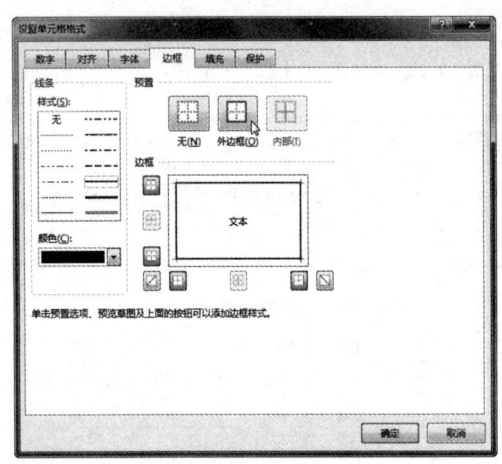
图 1-125 设置边框

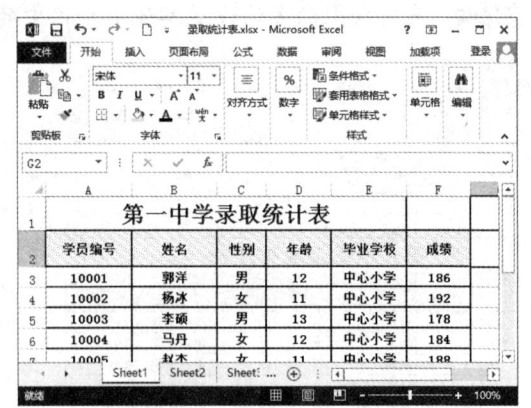
图 1-126 查看设置边框效果

Step 05 选中 A2:F2 单元格区域，单击"开始"选项卡下"字体"组中的扩展按钮，如图 1-127 所示。

Step 06 弹出"设置单元格格式"对话框，选择"填充"选项卡，在"背景色"颜色面板中选择要填充的颜色，如图 1-128 所示。

Excel 财务管理入门　　项目一

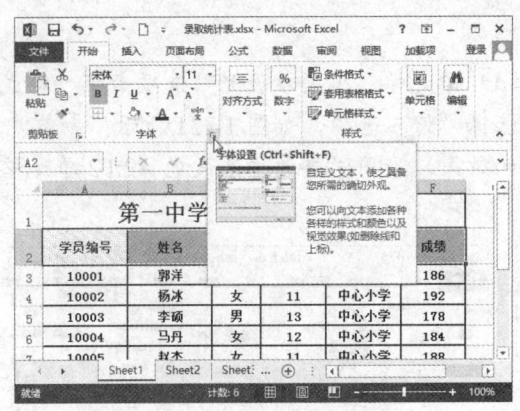
图 1-127　单击扩展按钮

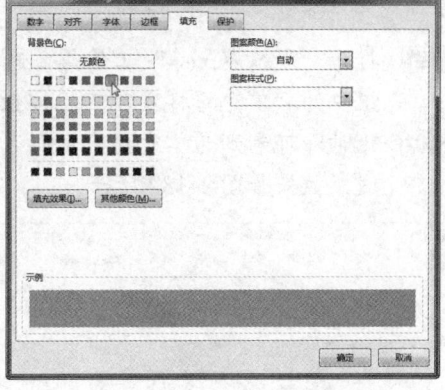
图 1-128　设置背景色

Step 07 在"图案颜色"下拉列表框中选择合适的颜色,在"图案样式"下拉列表框中选择样式,然后单击"确定"按钮,如图 1-129 所示。

Step 08 返回工作表区域,查看填充效果,如图 1-130 所示。

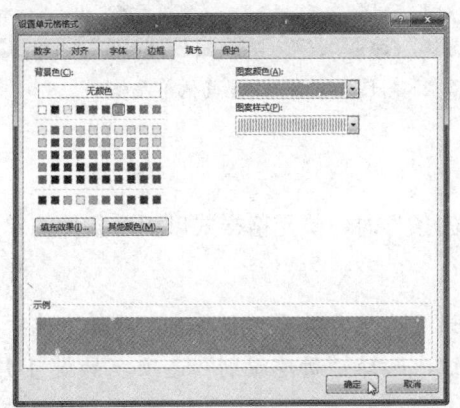
图 1-129　设置图案颜色与样式

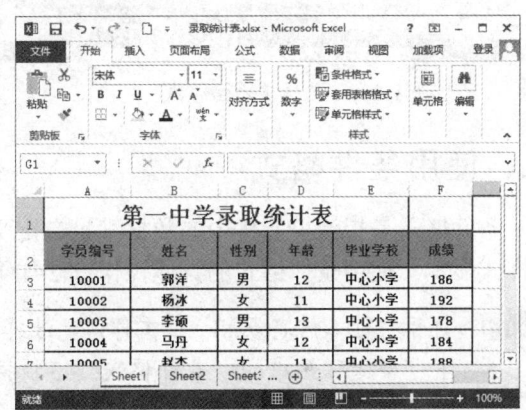
图 1-130　查看设置效果

任务六　设置数据表样式

任务概述

Excel 程序自带了几种已经设置好的表格样式,在制作表格时可以直接套用到表格中,不仅美观、专业,还可以提高制作表格的效率。下面将介绍如何设置数据表样式。

任务重点与实施

一、使用单元格样式

使用 Excel 2013 中的单元格样式功能可以设置单元格的填充色、边框色及字体格式等,

31

具体操作方法如下：

Step 01 打开"成绩表.xlsx"工作簿，选中 A1 单元格，单击"开始"选项卡下"样式"组中的"单元格样式"下拉按钮，选择"好"选项，如图 1-131 所示。

Step 02 此时即可看到为单元格应用样式后的效果，采用同样的方法设置 A2:F2 单元格区域，效果如图 1-132 所示。

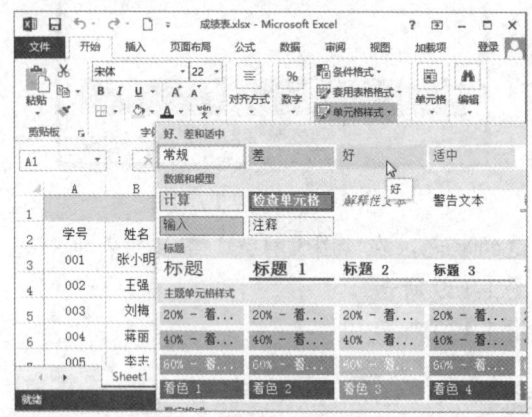 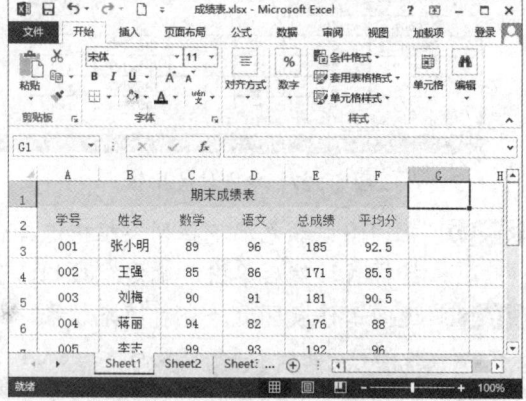

图 1-131　选择单元格样式　　　　　　图 1-132　设置其他单元格

二、使用条件格式

条件格式是指当单元格中的数据满足自定义的条件时，单元格样式以相应条件的单元格样式显示。使用条件格式的具体操作方法如下：

Step 01 打开"员工信息表.xlsx"工作簿，选择 E3:E12 单元格区域，单击"开始"选项卡下"样式"组中的"条件格式"下拉按钮，选择"新建规则"选项，如图 1-133 所示。

Step 02 弹出"新建格式规则"对话框，选择规则类型为"只为包含以下内容的单元格设置格式"，在"编辑规则说明"选项区中选择"特定文本"选项，在其右侧的文本框中输入"本科"，单击"格式"按钮，如图 1-134 所示。

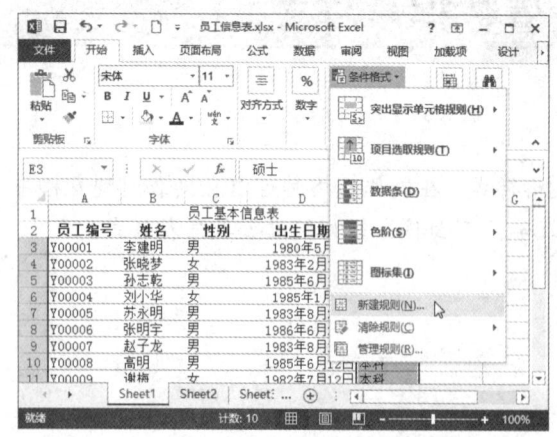 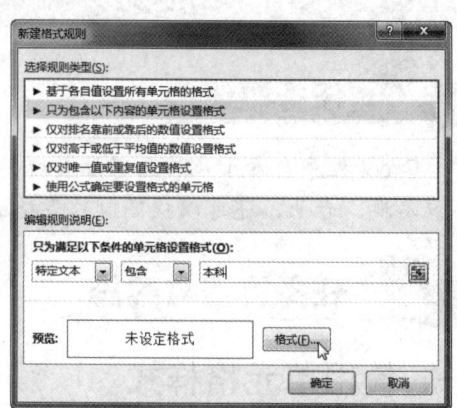

图 1-133　选择"新建规则"选项　　　　图 1-134　新建格式规则

Step 03 弹出"设置单元格格式"对话框,选择"填充"选项卡,单击"填充效果"按钮,如图 1-135 所示。

Step 04 弹出"填充效果"对话框,在"颜色 1"和"颜色 2"下拉列表框中选择所需的颜色,选中"中心辐射"单选按钮,然后单击"确定"按钮,如图 1-136 所示。

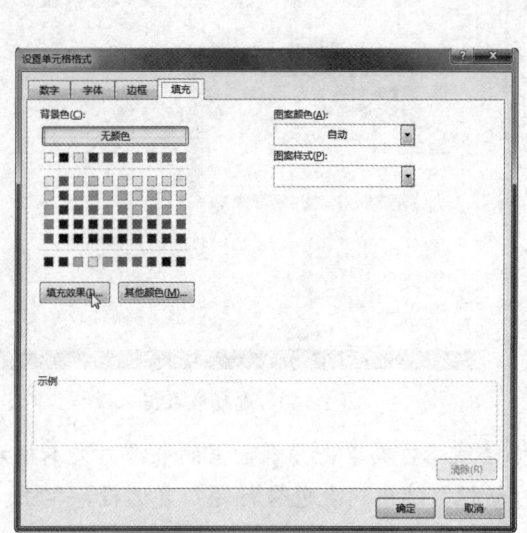

图 1-135 单击"填充效果"按钮

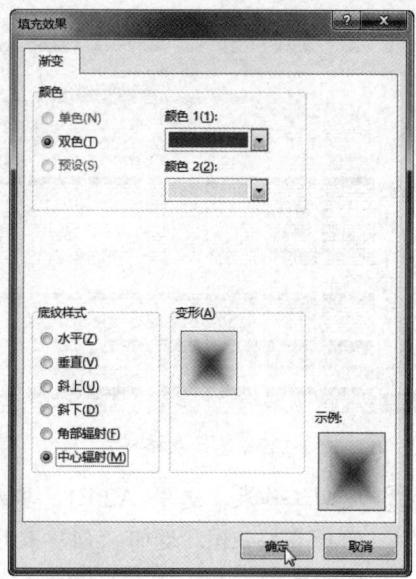

图 1-136 设置填充效果

Step 05 依次单击"确定"按钮,返回"新建格式规则"对话框,此时即可在预览区中显示格式效果,单击"确定"按钮,如图 1-137 所示。

Step 06 返回工作表编辑区域,即可看到选中的单元格区域中所有单元格中显示为"本科"的单元格都应用了样式,如图 1-138 所示。

图 1-137 预览填充效果

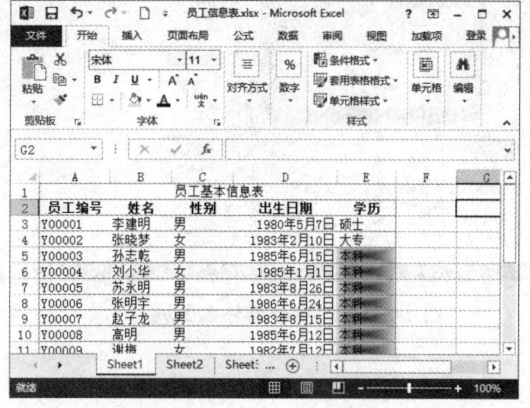

图 1-138 查看最终效果

三、使用表格样式

在表格中使用样式时,若逐一对单元格进行设置是非常浪费时间的,此时可以使用 Excel 2013 中的表格样式功能对整个表格进行样式设置,具体操作方法如下:

Step 01 打开"员工信息表.xlsx"工作簿,单击"开始"选项卡下"样式"组中的"套用表格格式"下拉按钮,选择"表样式中等深浅 5",如图 1-139 所示。

Step 02 弹出"套用表格式"对话框,同时在表格中会出现一个虚线框,单击"表数据的来源"文本框右侧的折叠按钮,如图 1-140 所示。

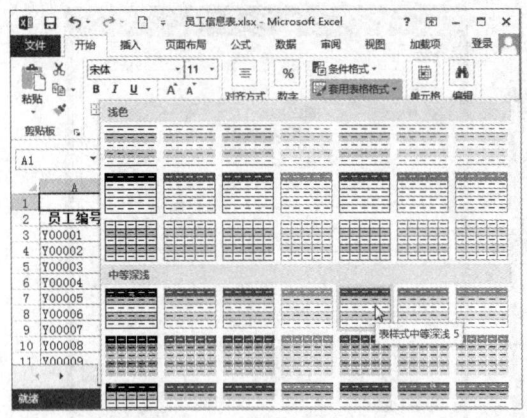

图 1-139 选择表格样式

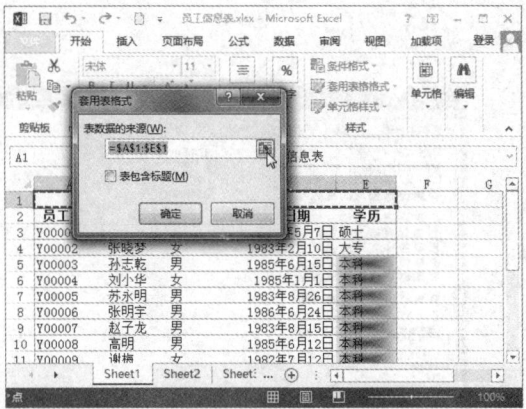

图 1-140 选择表数据来源

Step 03 返回工作表,选中 A2:E12 单元格区域,再次单击"表数据的来源"文本框右侧的折叠按钮,返回"创建表"对话框,选中"表包含标题"复选框,单击"确定"按钮,如图 1-141 所示。

Step 04 返回工作表编辑区域,即可看到所选择的单元格区域套用表格样式后的效果,如图 1-142 所示。

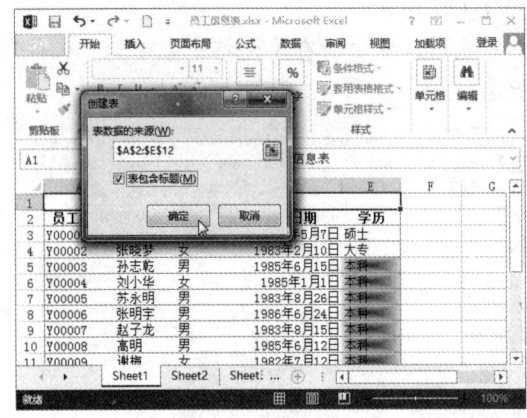

图 1-141 选择套用样式区域

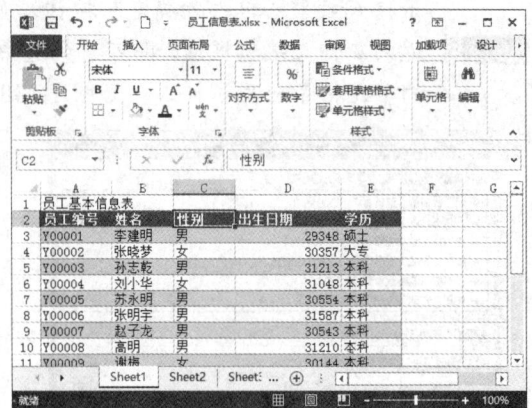

图 1-142 查看应用表格样式效果

项目小结

通过本项目的学习,读者应重点掌握以下知识:
(1)在录入大量数据尤其是行数较多时,可以使用冻结首行功能将表头冻结。
(2)学会工作簿的各种常规操作。

（3）学会单元格的各种基本操作。
（4）为了数据的有效性，要学会输入各种不同类型的数据。
（5）学会对一些数据进行简单的编辑。

项目习题

（1）输入公式 y=a-(-2*a+4*b)。

操作提示：

在输入负数时，可以先输入括号，再在括号内输入数字，如果公式内既包含负数，又包含括号，可以直接输入负数值，此时不宜使用括号负数方法。

（2）练习统一替换全文中部分带有格式的文本。

操作提示：

打开"查找和替换"对话框后，选择"替换"选项卡，单击"选项"按钮，展开高级选项区，在此可对替换或被替换内容的格式进行设置和选择。

项目二　公式与函数的应用

项目概述

在 Excel 2013 中内置了大量的函数，使用这些函数可以对工作表中的数据进行各种运算。在分析与处理数据时，公式和函数扮演着重要的角色，熟练地使用公式和函数可以大大提高工作效率。本项目将详细介绍 Excel 2013 中公式与函数的应用知识和技巧。

项目重点

- 认识公式和函数。
- 单元格的引用。
- 公式的应用。
- 函数的应用。

项目目标

- 了解什么是公式和函数。
- 掌握引用单元格的方法。
- 掌握应用公式的方法。
- 掌握应用函数的方法。

任务一　认识公式和函数

任务概述

公式与函数是 Excel 在分析与处理数据时的重要工具，下面将详细介绍函数与公式的相关知识，其中包括认识公式和函数、公式和函数的应用，以及单元格的引用等。

任务重点与实施

一、公式的应用规则

Excel 2013 中的公式可以是简单的数学公式,也可以是包含各种 Excel 函数的式子。只有准确了解公式的应用规则,才能准确地使用公式。

1. 运算符

运算符用于指定要对公式中的元素执行的计算类型,通常可以将运算符分为算术运算符、比较运算符、文本连接运算符,以及引用运算符。

（1）算术运算符

算术运算符主要用于进行基本的数学运算、合并数字,以及生成数值结果。运算符的符号见下表。

运算符	运算符名称	示例
+	加号	1+1
-	减号	1-1
-	负号	-1
*	乘号	1*1
/	除号	1/1
%	百分号	1%
^	乘幂	2^2

（2）比较运算符

比较运算符用于比较两个数值,其结果为逻辑值,即 TRUE 或 FLASE。比较运算符的符号见下表。

运算符	运算符名称	示例
=	等号	A1=A2
>	大于号	A1>A2
>=	大于等于号	A1>=A2
<	小于号	A1<A2
<=	小于等于号	A1<=A2
<>	不等于号	A1<>A2>

(3) 文本连接运算符

使用文本连接运算符"&"可以加入或连接一个或多个文本字符串形成一串文本。文本连接运算符的符号见下表。

运算符	符号名称	示例
&	连接符号	"你好"&"北京"

(4) 引用运算符

引用运算符用于表示运算符在工作表中位置的坐标,其运算符的符号见下表。

运算符	运算符名称及功能	示例
:(冒号)	区间运算符,包括两个引用单元格之间所有单元格	A1:F2
,(逗号)	联合操作符,将多个区域联合为一个引用	A1:A2,B1:B3
(空格)	交叉运算符,取两个区域的公共单元格	A1:B4 B2:C4 即是取 B2、B3、B4 单元格

2. 运算符的优先级

当计算的公式中包含多个不同的运算符时,就需要使用某种特定规则指定哪种运算符优先计算,这就涉及运算符的优先级问题,见下表。

优先级	符号	运算符名称
1	:(冒号)	区间运算符
1	,(逗号)	联合操作符
1	(空格)	交叉运算符
2	-	负号
3	%	百分号
4	^	乘幂
5	*或/	乘号或除号
6	+或-	加号或减号
7	&	连接运算符
8	=或<>	等于号或不等于号
8	>或<	大于号或小于号
8	>=或<=	大于等于号或小于等于号

二、函数的组成与分类

函数是预先定义好的公式，运用一些称为参数的特定数据值按特定的顺序或结构进行计算，运用函数进行计算可简化公式的输入过程。Excel 2013 中提供了大量的内置函数，如求和、求平均值、求最大值、求最小值等。在编辑表格时使用这些内置函数可以节省时间，从而提高工作效。

1. 函数的组成

函数必须在公式中使用，因此函数以"="开始，后面是函数名和参数。

与公式不同的是，函数的参数需要用括号括起来，即函数名（参数1，参数2，参数3……）。函数的参数可以是数值、文本、逻辑值或单元格引用，也可以是公式或其他函数。不同的函数需要的参数个数不同，有的函数需要两个或多个参数，有的函数只需一个参数，还有的函数不需要参数。这种没有参数的函数被称为无参函数。

函数的组成元素及其含义见下表。

函数的组成元素	含 义
等号"="	表示后面跟着函数（公式）
函数名	表示将要执行的操作
参数	表示函数将作用的值的单元格地址

2. 函数的分类

Excel 2013 提供了大量的内置函数，涉及许多工作领域，如数学、财务、统计和工程等，使用这些内置函数可以大大提高工作效率。根据函数的功能可以将函数分类，见下表。

函数类型	功 能
常用函数	列出了使用频率较高的函数，例如：求和、求平均值等
财务函数	用于进行财务计算
日期与时间函数	用于对日期和时间进行计算、修改和格式化处理
数学与三角函数	用于进行简单或复杂的数学计算
查找与引用函数	用于在工作表中查找特定的数据或引用公式中的特定信息
文本函数	用于在公式中处理字符串
逻辑函数	用于进行逻辑判断或条件检查
统计函数	用于对数据区域进行统计分析
工程函数	用于工程数据分析和处理，并在不同的计数体系和测量体系中进行转换

续表

数据库函数	用于对数据表中的数据进行分类、查找和计算等
信息函数	用于对单元格或公式中的数据类型进行判定

任务二　单元格的引用

任务概述

在公式中常用单元格的地址来代替单元格，称为单元格的引用。它可以把单元格的数据和公式联系起来，如"=AVERAGE（C3:F3）"。下面将详细介绍如何引用单元格。

任务重点与实施

一、单元格引用样式

默认情况下，Excel 使用 A1 引用样式，引用样式使用行列标签组合来代替单元格。A1 引用样式是默认的引用方式，不同引用内容的引用方式见下表。

引　　用	正确输入
列 A 和行 5 交叉处的单元格	A5
在列 A 和行 5 到行 10 之间的单元格区域	A5:A10
在行 5 和列 A 到列 G 之间的单元格区域	A5:G5
行 5 中的全部单元格	5:5
行 5 到行 10 之间的全部单元格	5:10
列 H 中的全部单元格	H:H
列 H 到列 J 之间的全部单元格	H:J
列 A 到列 E 和行 5 到行 10 之间的单元格区域	A5:E10

还可以引用其他工作表中的单元格，方法为：在工作表名称后加上"！"符号，如"Sheet2!A1"，表示同一个工作簿中不同工作表的单元格引用。

二、相对引用

公式中的相对单元格引用就是直接使用行列标志。如果公式所在单元格的位置改变，引用也会随之改变。默认情况下，新公式使用相对引用。相对引用的方法如下：

Step 01 打开"工资表.xlsx"工作簿,选中 E3 单元格,在编辑栏中输入公式"=B3+C3+D3",单击"输入"按钮✓,如图 2-1 所示。

Step 02 显示计算结果,使用填充柄向下填充,选中 E5 单元格,在编辑栏中可以看到填充时公式中引用的单元格地址发生了相对的变化,如图 2-2 所示。

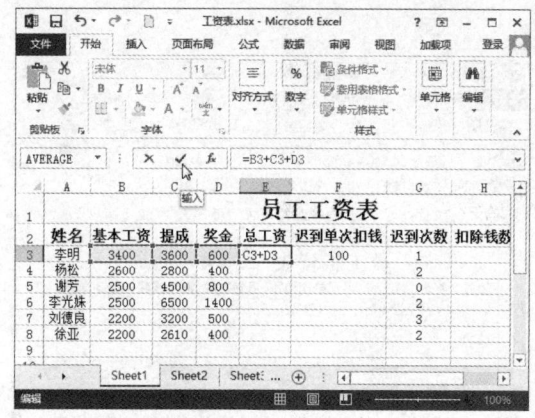

图 2-1 输入公式　　　　　　　　　图 2-2 填充公式

三、绝对引用

绝对引用就是在行列标志前加上"$"符号,保证在指定位置引用单元格。如果公式所在单元格的位置改变,绝对引用保持不变。如果多行或多列地复制公式,绝对引用将不做调整,具体操作方法如下:

Step 01 打开"工资表.xlsx"工作簿,选中 H3 单元格,在编辑栏中输入绝对引用公式"=$F$3*G3",单击"输入"按钮✓,如图 2-3 所示。

Step 02 自动向下填充公式,选中其他单元格,可以发现引用 F3 单元格不发生变化,如图 2-4 所示。

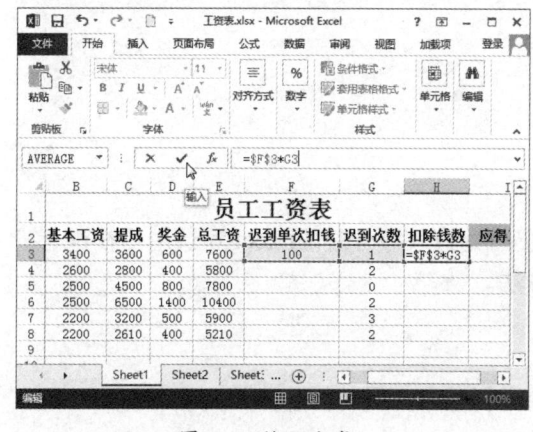
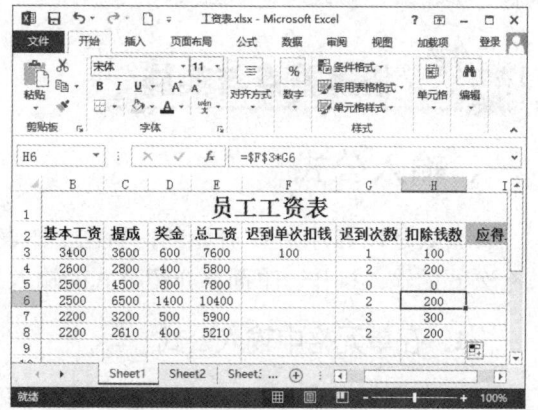

图 2-3 输入公式　　　　　　　　　图 2-4 填充公式

四、混合引用

如果一个公式既使用了相对引用,又使用了绝对引用,则称为混合引用。在使用混合引用时，一定要分清哪部分是相对引用，哪部分是绝对引用。混合引用的方法如下：

Step 01 打开"工资表.xlsx"工作簿，选中 I3 单元格，在编辑栏中输入公式"=B3+C3+D3-$F$3*G3"，单击"输入"按钮✓，如图 2-5 所示。

Step 02 自动填充下方单元格，对比其他单元格可以发现，应用的绝对引用没有变化，而相对引用发生变化，如图 2-6 所示。

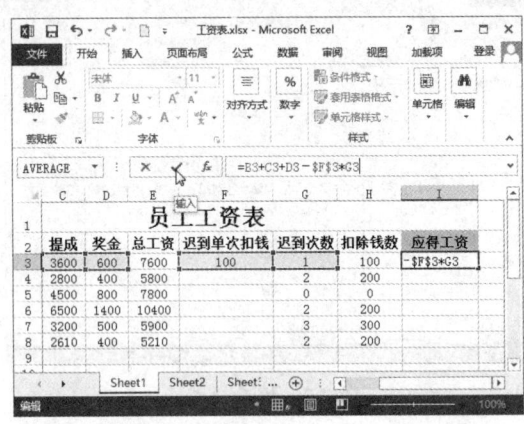
图 2-5 输入公式

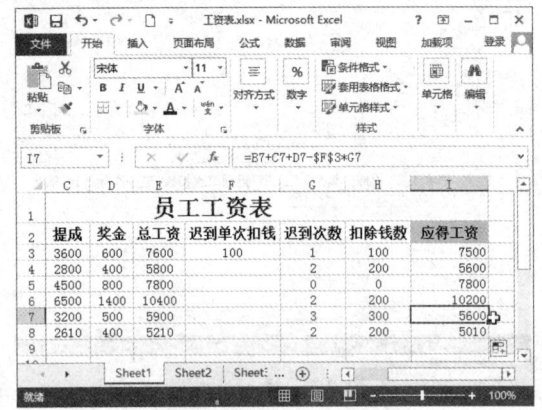
图 2-6 填充公式

任务三　公式的应用

公式的使用不同于普通的文本，有着其特定的要求。下面将介绍使用公式时必要的操作，如输入、修改与复制公式等。

一、输入公式

公式是以等号"="开始的，当在工作表空白处输入等号时，Excel 默认用户在进行一个公式的输入操作。下面将介绍公式的输入方法。

1. 在单元格中输入公式

在进行公式输入时，可以直接在单元格中进行输入，具体操作方法如下：

Step 01 打开"公司费用表.xlsx"工作簿，选中 D3 单元格，如图 2-7 所示。

Step 02 在单元格内输入公式"=B3－C3"，如图 2-8 所示。

公式与函数的应用　项目二

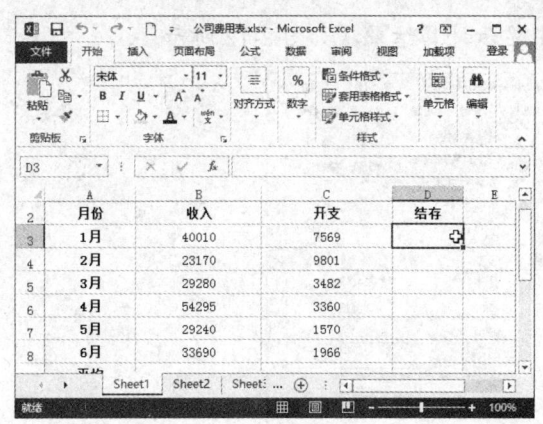
图 2-7　选中单元格

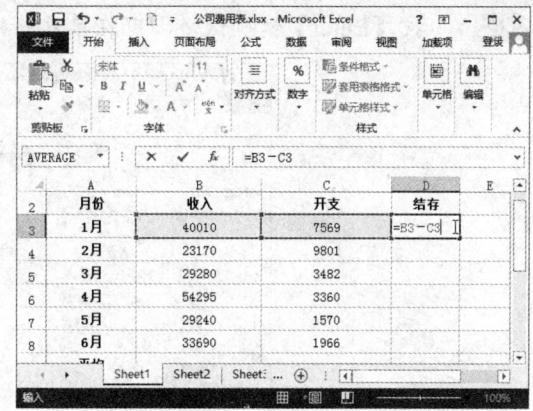
图 2-8　输入公式

Step 03 按【Enter】键确认，即可在单元格中显示计算结果，如图 2-9 所示。

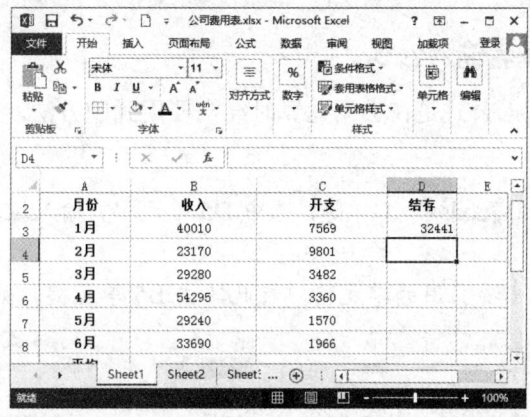
图 2-9　显示计算结果

2. 在编辑栏中输入公式

除了在单元格中输入公式外，还可以在编辑栏中输入公式，具体操作方法如下：

Step 01 打开"公司费用表.xlsx"工作簿，选中 D4 单元格，如图 2-10 所示。

Step 02 将光标定位在编辑栏中，在编辑栏中输入公式"=B4－C4"，如图 2-11 所示。

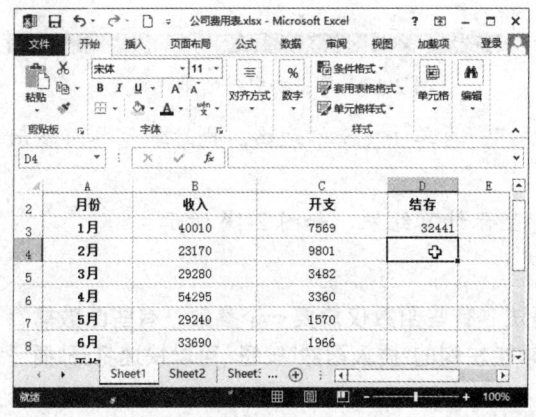
图 2-10　选中单元格

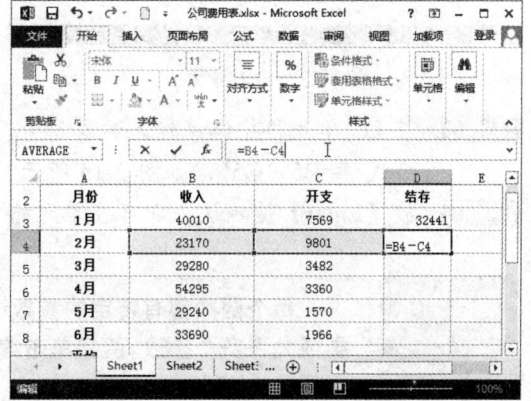
图 2-11　输入公式

Step 03 按【Enter】键确认，即可在单元格中显示计算结果，如图 2-12 所示。

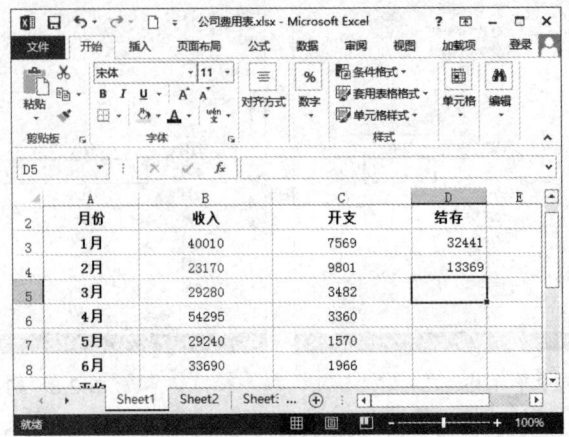

图 2-12 显示计算结果

3. 结合鼠标和键盘输入公式

结合鼠标和键盘输入公式是在数据运算时经常要用到的方法，操作起来也很简单，具体操作方法如下：

Step 01 打开"公司费用表.xlsx"工作簿，选中 D5 单元格，输入运算符号"="，如图 2-13 所示。

Step 02 在工作表中单击要引用的单元格，在此单击 B5 单元格，如图 2-14 所示。

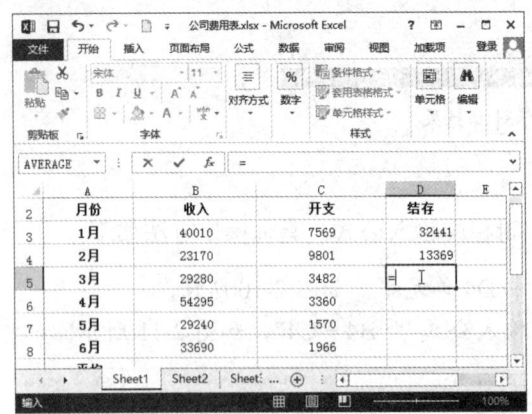
图 2-13 输入等号

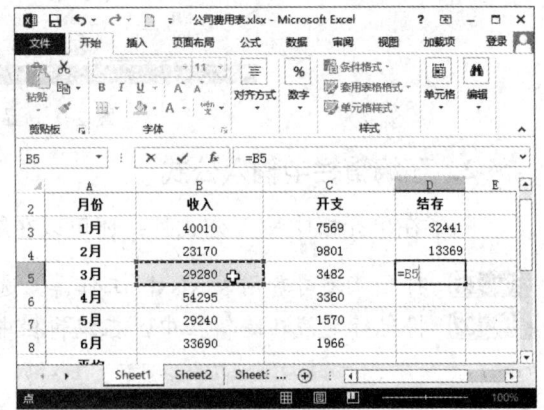
图 2-14 单击要引用的单元格

Step 03 在 D5 单元格中继续输入运算符号"-"，再单击 C5 单元格，此时单元格内显示公式"=B5-C5"，如图 2-15 所示。

Step 04 按【Enter】键确认，即可在单元格中显示计算结果，如图 2-16 所示。

> 每个函数都有特定的参数语法，有些函数仅需要一个参数，有些函数需要或允许多个参数。直接单击编辑栏左侧的"插入函数"按钮，可以快速打开"插入函数"对话框。

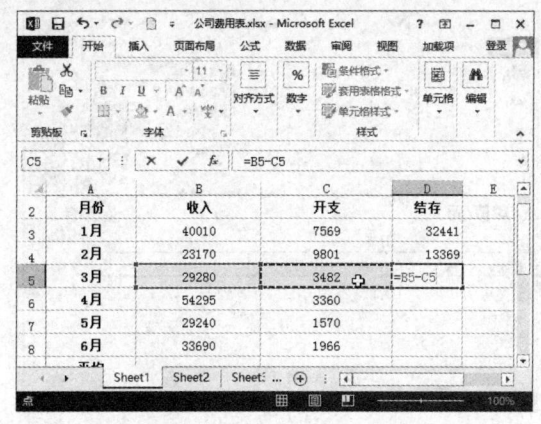
图 2-15 输入符号并选择单元格

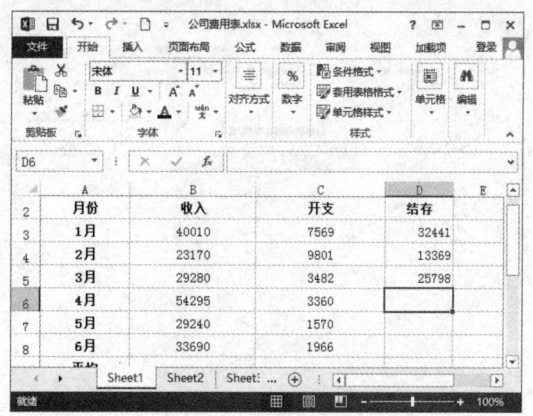
图 2-16 显示计算结果

二、编辑公式

当输入公式后,还可以根据实际情况对公式进行编辑操作。公式的编辑主要包括公式的显示、修改与复制,以及将公式转换为数值等。

1. 隐藏和显示公式

默认情况下单元格中只显示公式的计算结果,当需要查看计算出该结果的相应计算公式时,就需要将公式显示出来。下面将介绍如何隐藏和显示公式,具体操作方法如下:

Step 01 打开"公司费用表.xlsx"工作簿,选中 D3 单元格,即可在编辑栏中显示计算公式,如图 2-17 所示。

Step 02 选择"公式"选项卡,在"公式审核"组中单击"显示公式"按钮,如图 2-18 所示。

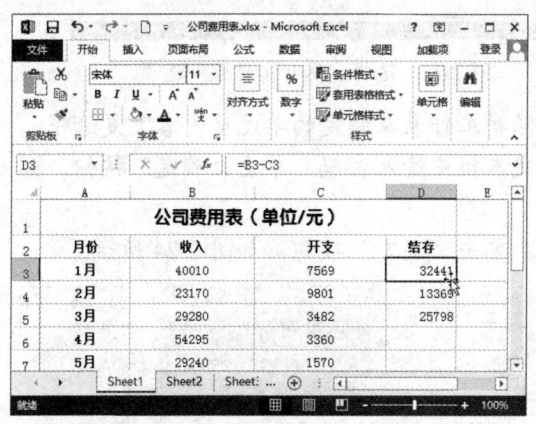
图 2-17 查看单个公式

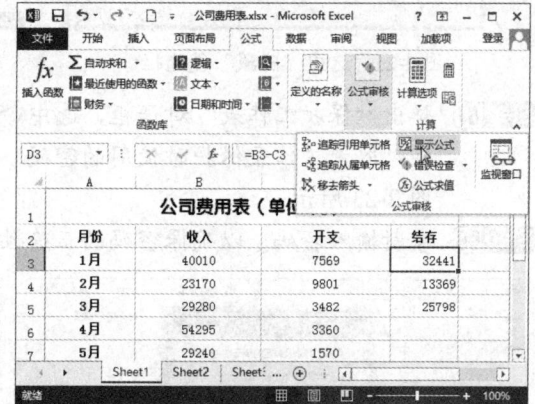
图 2-18 单击"显示公式"按钮

Step 03 此时所有单元格加宽,并在涉及公式运算的单元格中显示其公式,如图 2-19 所示。

Step 04 选中要隐藏公式的单元格,选择"开始"选项卡,单击"单元格"组中的"格式"下拉按钮,选择"设置单元格格式"选项,如图 2-20 所示。

中文版 Excel 2013 在财务管理中的应用

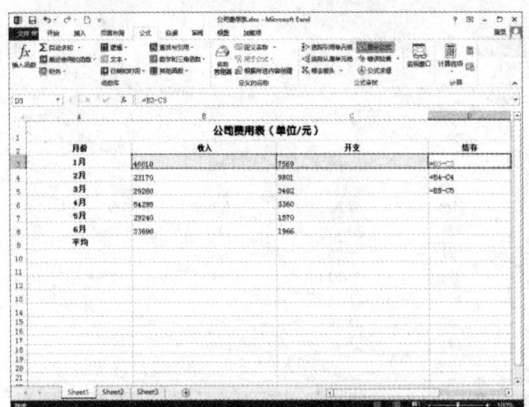

图 2-19 显示公式

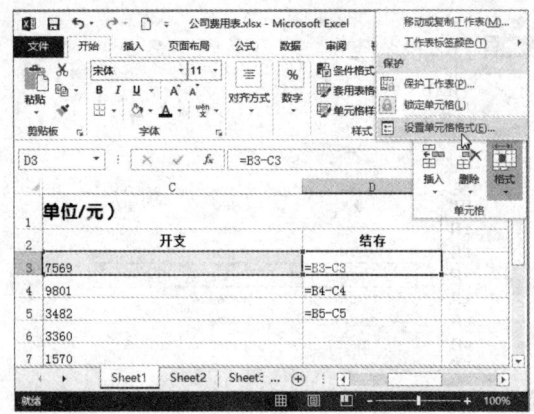

图 2-20 选择"设置单元格格式"选项

Step 05 弹出"设置单元格格式"对话框,选择"保护"选项卡,选中"隐藏"复选框,单击"确定"按钮,如图 2-21 所示。

Step 06 单击"开始"选项卡的"单元格"组中的"格式"下拉按钮,选择"保护工作表"选项,如图 2-22 所示。

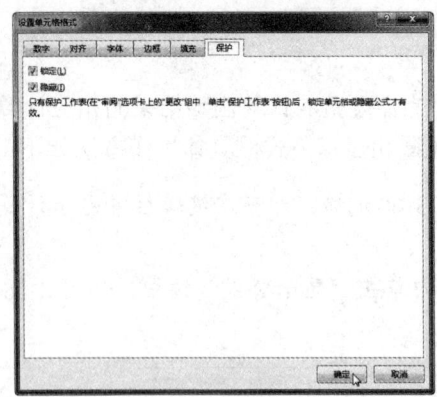

图 2-21 选中"隐藏"复选框

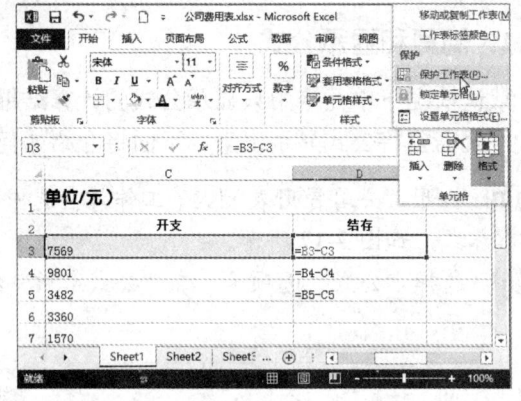

图 2-22 选择"保护工作表"选项

Step 07 弹出"保护工作表"对话框,选中"保护工作表及锁定的单元格内容"复选框,在"取消工作表保护时使用的密码"文本框中输入密码,单击"确定"按钮,如图 2-23 所示。

Step 08 重新输入密码,以确保密码的正确性,单击"确定"按钮,如图 2-24 所示。

图 2-23 设置保护工作表

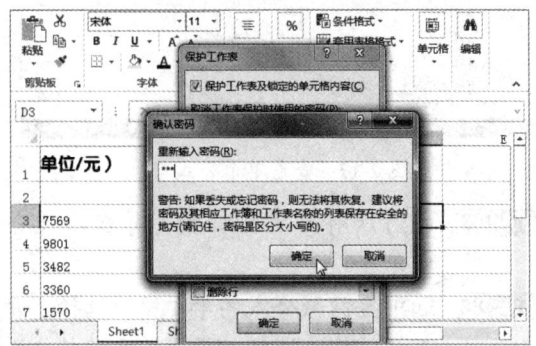

图 2-24 确认密码

Step 09 取消显示公式,单元格隐藏公式后,在编辑栏中就不会显示公式的内容,如图2-25所示。

Step 10 单击"单元格"组中的"格式"下拉按钮,选择"撤销工作表保护"选项,即可撤销保护工作表,如图2-26所示。

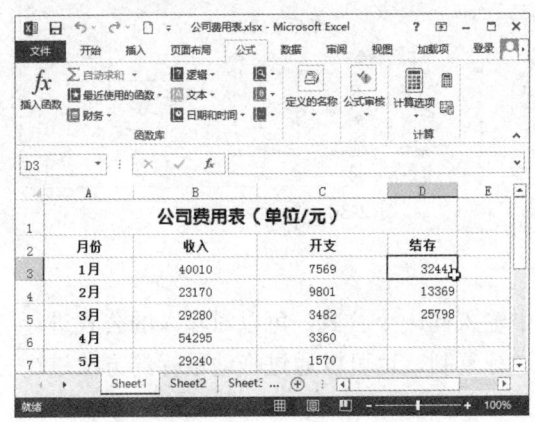 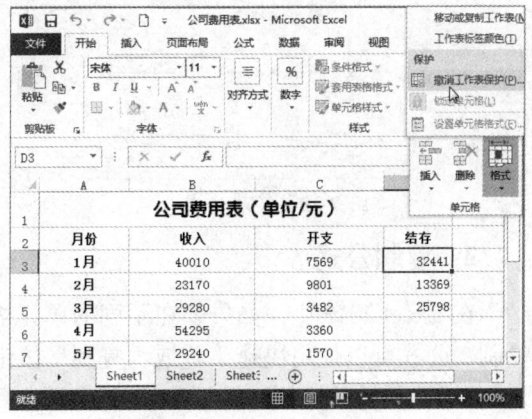

图2-25 查看隐藏效果　　　　　　　图2-26 撤销公式保护

2. 修改公式

输入公式后,若发现公式中存在错误,还可以对公式进行修改,具体操作方法如下:

Step 01 打开"成绩表2.xlsx"工作簿,如图2-27所示。

Step 02 双击要修改的F3单元格,显示公式内容,如图2-28所示。

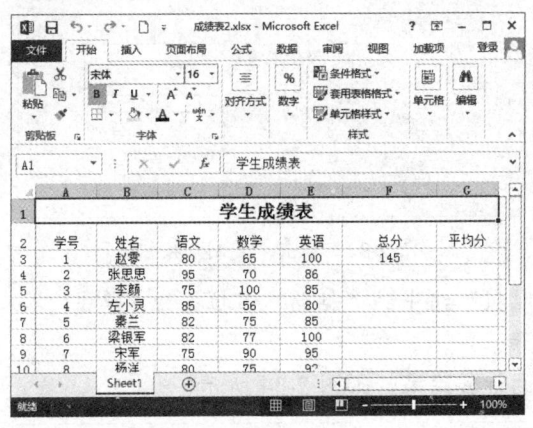 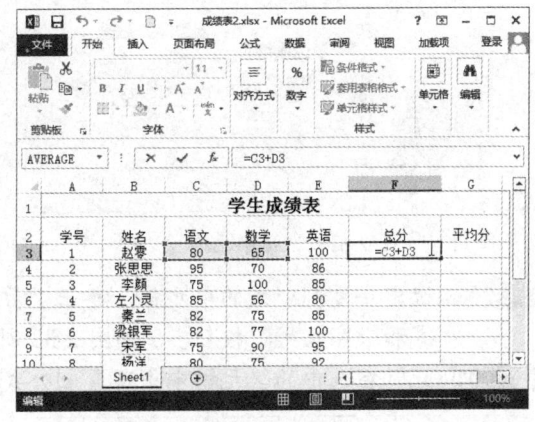

图2-27 打开工作簿　　　　　　　图2-28 查看公式

Step 03 根据需要对公式进行修改,如图2-29所示。

Step 04 按【Enter】键确认,即可显示修改后的计算结果,如图2-30所示。

专家指导
Expert guidance

在输入公式时,要注意每个公式或函数都以等号(=)开头;所有左括号和右括号匹配;用冒号表示区域;输入所有必需参数;输入正确类型的参数。

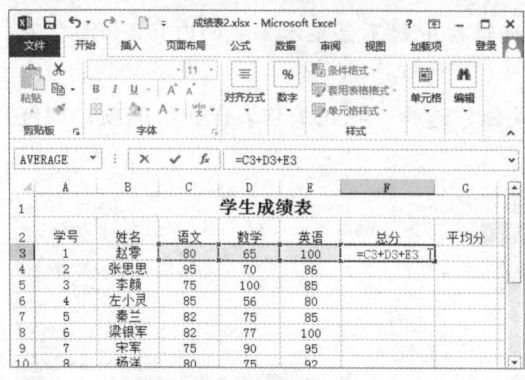
图 2-29 修改公式

图 2-30 显示计算结果

3. 复制公式

在 Excel 2013 中，如果要在不同的单元格中输入同一个公式，可以对输入的公式进行复制。公式可以使用快捷菜单或"复制"按钮进行复制，也可以通过拖动鼠标的方法进行复制，下面以使用按钮复制为例进行介绍，具体操作方法如下：

Step 01 打开"成绩表2.xlsx"工作簿，选中包含公式的单元格，如图 2-31 所示。

Step 02 单击"剪贴板"组中的"复制"按钮，如图 2-32 所示。

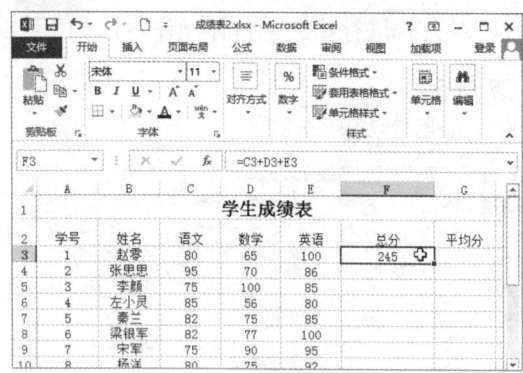
图 2-31 选择单元格

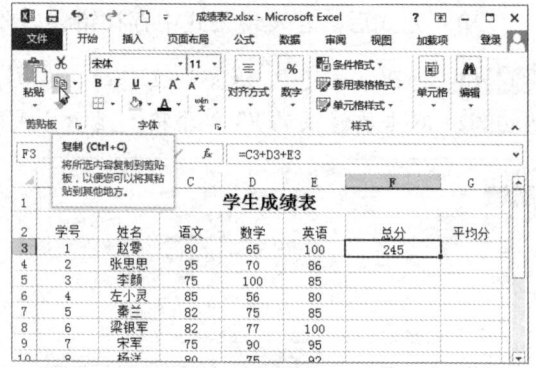
图 2-32 单击"复制"按钮

Step 03 选中要复制公式的单元格，单击"剪贴板"组中的"粘贴"下拉按钮，单击"公式和数字格式"按钮，如图 2-33 所示。

Step 04 此时在选中的单元格中出现复制公式的计算结果，如图 2-34 所示。

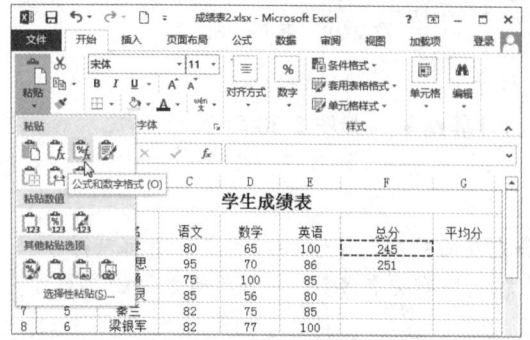
图 2-33 单击"粘贴"按钮

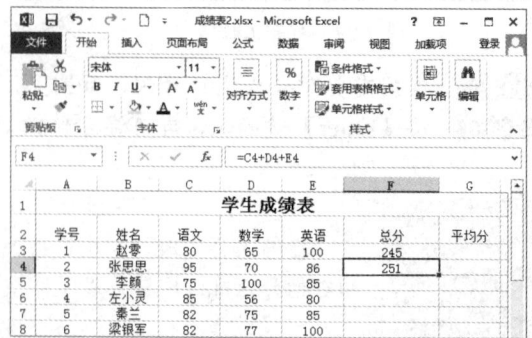
图 2-34 查看计算结果

三、审核公式

在处理表格数据时，有时会因公式或函数的设置有其他人为因素，造成单元格出现错误值。当出现错误值时，利用公式的审核功能会给出提示，并指出错误的原因。

如果输入的公式有错误，则 Excel 将显示一个错误值。在 Excel 公式中，一些常见的错误值和产生错误的原因见下表，可以根据这个表格来判断自己在哪里出现了错误，并进行相应的更改。

错误值	错误产生原因
#VALUE	需要数字或逻辑值时输入了文本
#DIV/0	除数为 0
#####!	公式计算的结果太长，超出了单元格的字符范围
#N/A	公式中没有可用的数值或缺少函数参数
#NAME?	使用了不存在的名称或名称的拼写有错误
#NULL!	使用了不正确的区域运算或不正确的单元格引用
#NUM!	使用了不能接收的参数
#REF!	删除了由其他公式引用的单元格

Excel 2013 使用一定的规则检查公式中出现的问题，这些规则对找出常见的公式错误会大有帮助。检查工作表中公式错误的具体操作方法如下：

Step 01 打开"成绩表 3.xlsx"工作簿，选择"公式"选项卡，单击"公式审核"下拉按钮，选择"错误检查"选项，如图 2-35 所示。

Step 02 弹出"错误检查"提示信息框，根据需要单击相应的按钮进行操作即可，如图 2-36 所示。

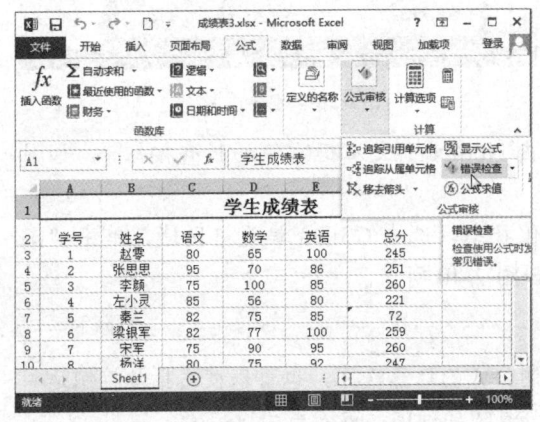
图 2-35 选择"错误检查"选项

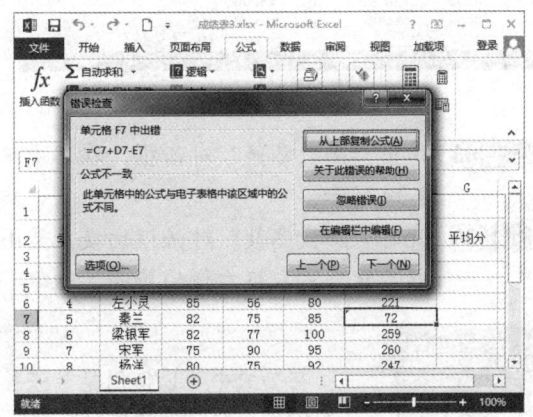
图 2-36 查看错误检查提示

中文版 Excel 2013 在财务管理中的应用

任务四　函数的应用

任务概述

在进行数据统计与计算时，往往需要用到 Excel 的函数功能，下面对函数的基本操作与应用进行简单介绍。

任务重点与实施

一、插入函数

在 Excel 2013 中使用函数计算数据时，可以直接进行手动输入，也可以使用 Excel 自带的插入函数功能进行插入。插入函数的具体操作方法如下：

Step 01 打开"提货单.xlsx"工作簿，选中 E3 单元格，选择"公式"选项卡，单击"函数库"组中的"插入函数"按钮，如图 2-37 所示。

Step 02 弹出"插入函数"对话框，在"或选择类别"下拉列表框中选择"数学与三角函数"选项，在"选择函数"列表框中选择 PRODUCT 函数，单击"确定"按钮，如图 2-38 所示。

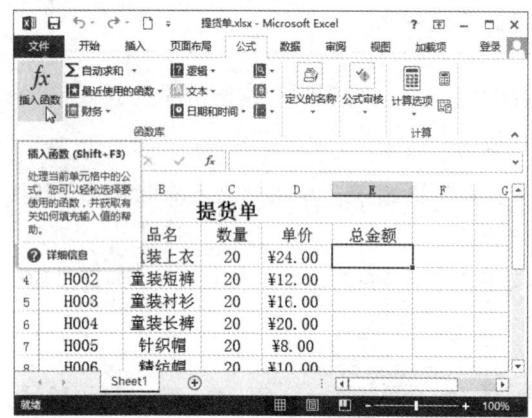
图 2-37　单击"插入函数"按钮

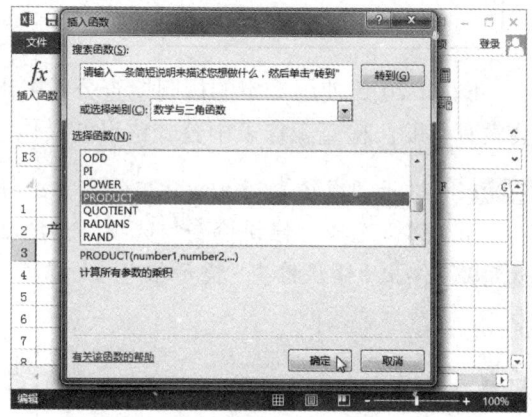
图 2-38　选择函数

Step 03 弹出"函数参数"对话框，在其中单击 Number1 文本框右侧的折叠按钮，如图 2-39 所示。

Step 04 此时"函数参数"对话框切换至最小化状态，选中 C3:D3 单元格区域，单击"函数参数"文本框右侧的折叠按钮，如图 2-40 所示。

专家指导 Expert guidance

在公式中可以使用括号来控制公式的计算次序，也可以使用括号控制运算符的优先级，括号的优先级居所有运算符优先级的第一位。

公式与函数的应用 项目二

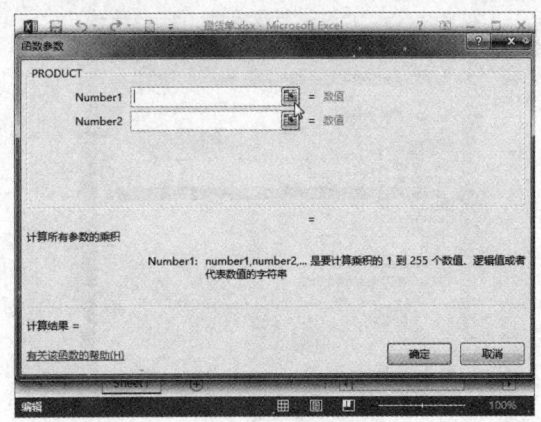

图 2-39 单击折叠按钮

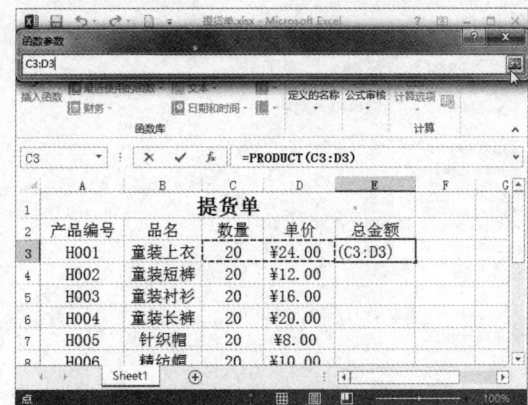

图 2-40 选中单元格区域

Step 05 返回"函数参数"对话框，即可看到 Number1 文本框右侧显示 C3 和 D3 单元格中的数据，单击"确定"按钮，如图 2-41 所示。

Step 06 返回工作表编辑区域，即可查看 E3 单元格中的计算结果，如图 2-42 所示。

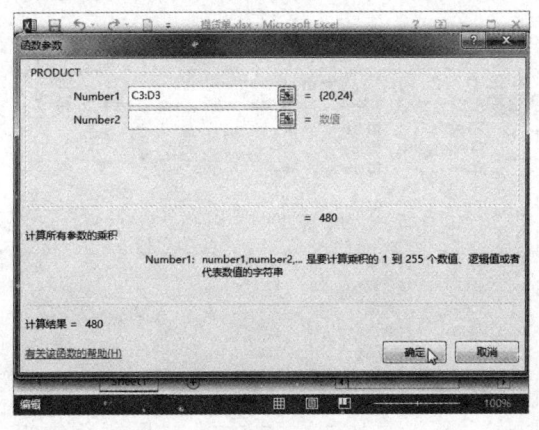

图 2-41 确认函数参数

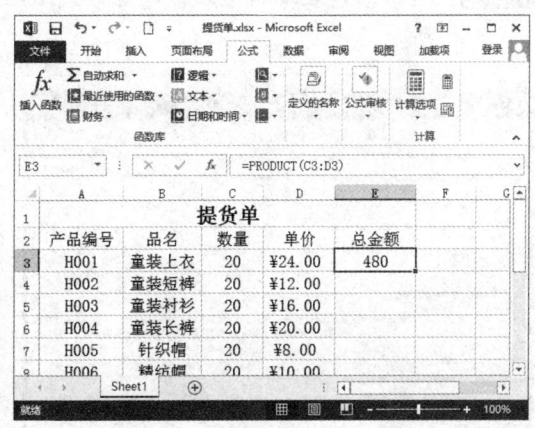

图 2-42 查看计算结果

二、函数嵌套

在使用函数计算数据的过程中，有时需要将某个公式或函数的返回值作为另一个函数的参数来使用，此类函数被称作嵌套函数，下面将介绍嵌套函数的使用方法。

Step 01 打开"提货单.xlsx"工作簿，选中 E13 单元格，选择"公式"选项卡，单击"函数库"组中的"插入函数"按钮，如图 2-43 所示。

Step 02 弹出"插入函数"对话框，在"或选择类别"下拉列表框中选择"常用函数"选项，在"选择函数"列表框中选择 SUM 函数，然后单击"确定"按钮，如图 2-44 所示。

专家指导
Expert guidance

在设置单元格区域引用时，应注意中间的"："是半角的冒号，即在英文输入状态下的冒号。当输入中文状态下的冒号"："时，Excel 将会对其自动更正。

51

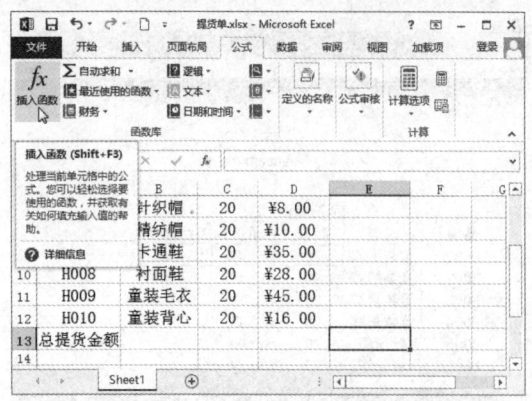

图 2-43 单击"插入函数"按钮

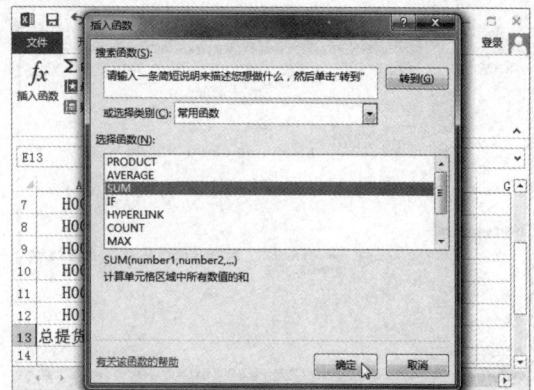

图 2-44 选择函数

Step 03 弹出"函数参数"对话框,在 Number1 文本框中输入"PRODUCT（C3:D3）",依此类推,分别设置 Number1 至 Number10 参数,然后单击"确定"按钮,如图 2-45 所示。

Step 04 返回工作表编辑区域,即可看到 E13 单元格中显示出正确的计算结果,如图 2-46 所示。

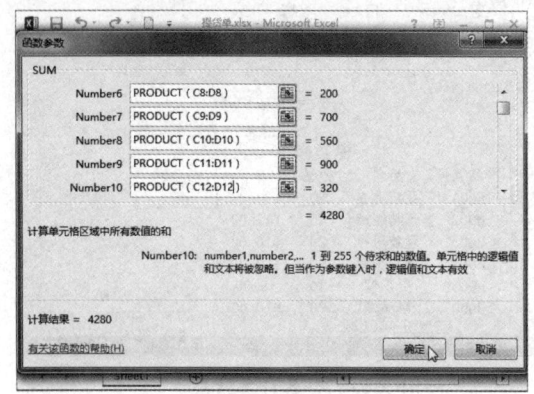

图 2-45 输入函数

图 2-46 查看计算结果

三、常用函数的应用

函数有很多种,根据不同的函数分类有着不同的用法。下面将介绍几种常见函数的用法。

1．SUM 函数的应用

SUM 函数用于计算某一单元格区域内所有数据之和,其语法结构为:SUM（Number1,Number2,...）。其中,Number1,Number2,...是要对其求和的 1~255 个参数。下面将介绍如何使用 SUM 函数,具体操作方法如下:

Step 01 打开"成绩表 1.xlsx"工作簿,选中 G3 单元格,单击编辑栏中的"插入函数"按钮,如图 2-47 所示。

Step 02 弹出"插入函数"对话框,在"或选择类别"下拉列表框中选择"数学与三角函数"选项,在"选择函数"列表框中选择 SUM 选项,然后单击"确定"按钮,如图 2-48 所示。

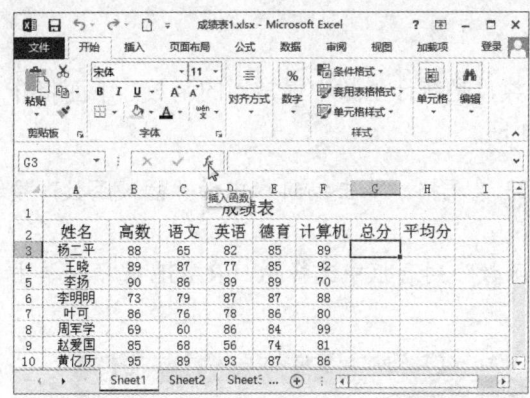
图 2-47　单击"插入函数"按钮

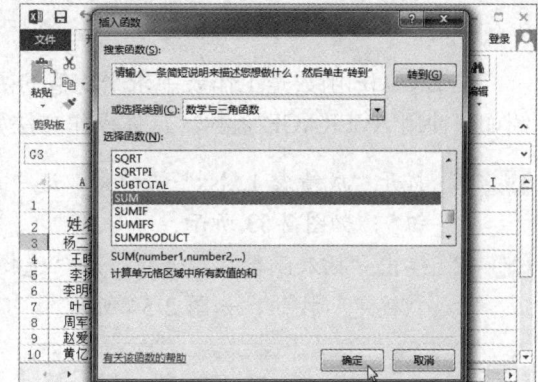
图 2-48　选择函数

Step 03　弹出"函数参数"对话框,单击"Number1"文本框右侧的折叠按钮,如图 2-49 所示。

Step 04　在工作表中选中 B3:F3 单元格区域,单击"函数参数"对话框中的折叠按钮,如图 2-50 所示。

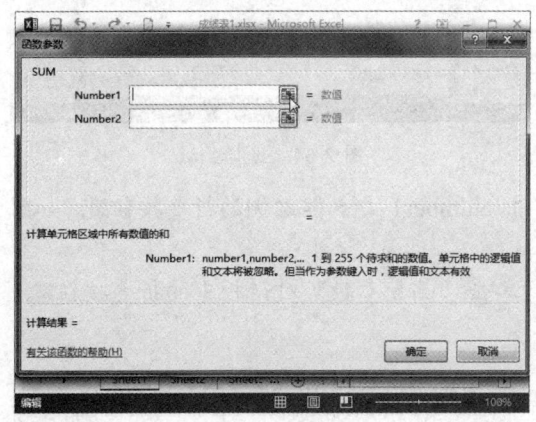
图 2-49　单击折叠按钮

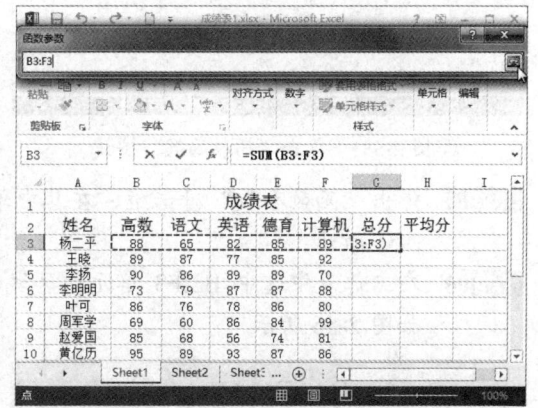
图 2-50　选择单元格区域

Step 05　返回"函数参数"对话框,单击"确定"按钮,如图 2-51 所示。

Step 06　此时即可在工作表中显示出计算结果,依次计算其他数据,如图 2-52 所示。

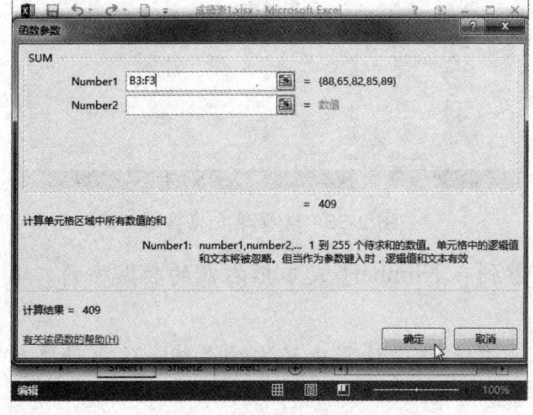
图 2-51　确认参数

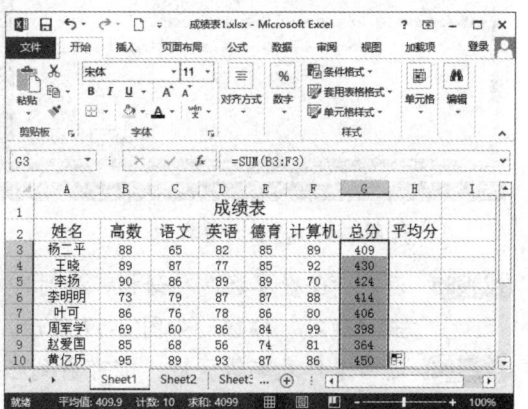
图 2-52　查看计算结果

2. AVERAGE 函数的应用

AVERAGE 函数是工作表中求平均值的函数,是统计函数中最常用的函数。下面将介绍如何使用 AVERAGE 函数,具体操作方法如下:

Step 01 打开"成绩表1.xlsx"工作簿,选中 H3 单元格,单击编辑栏中的"插入函数"按钮 f_x,如图 2-53 所示。

Step 02 弹出"插入函数"对话框,在"选择函数"列表框中选择 AVERAGE 选项,单击"确定"按钮,如图 2-54 所示。

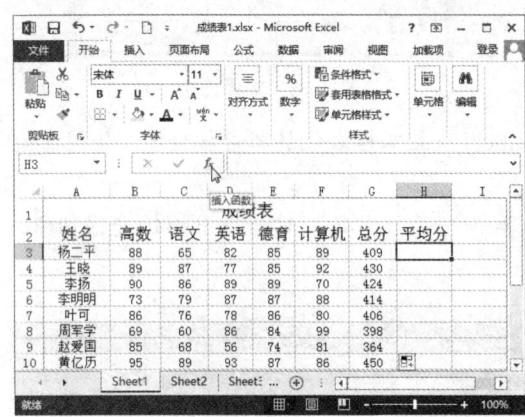
图 2-53 单击"插入函数"按钮

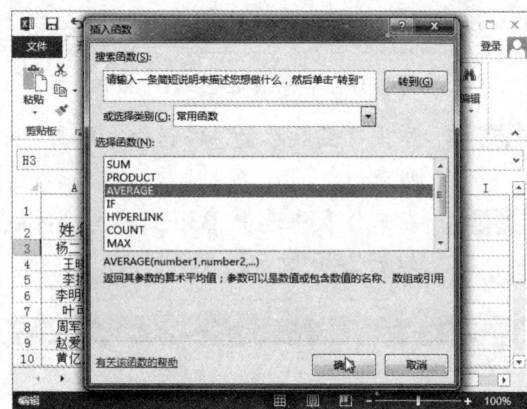
图 2-54 选择函数

Step 03 弹出"函数参数"对话框,在其中单击 Number1 文本框右侧的折叠按钮,如图 2-55 所示。

Step 04 在工作表中选中 B3:F3 单元格区域,单击"函数参数"对话框中的折叠按钮,如图 2-56 所示。

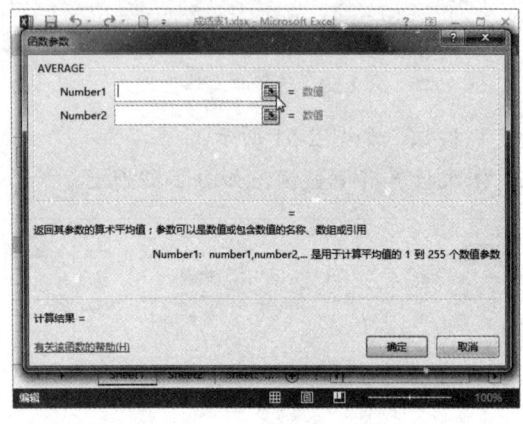
图 2-55 单击折叠按钮

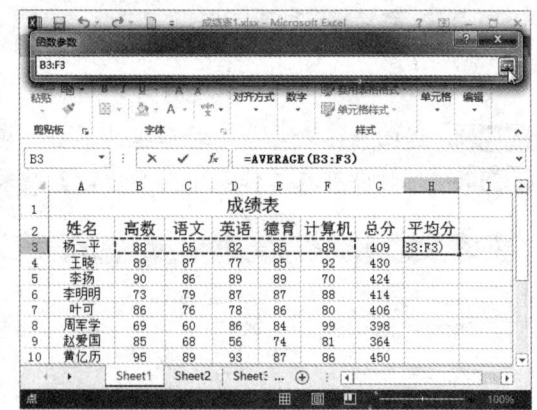
图 2-56 选择单元格区域

Step 05 返回"函数参数"对话框,此时即可看到在 Number1 文本框右侧的数据序列,单击"确定"按钮,如图 2-57 所示。

Step 06 返回工作表编辑区域,即可看到在 H3 单元格中计算出的平均成绩,依次计算其他数据,如图 2-58 所示。

公式与函数的应用　项目二

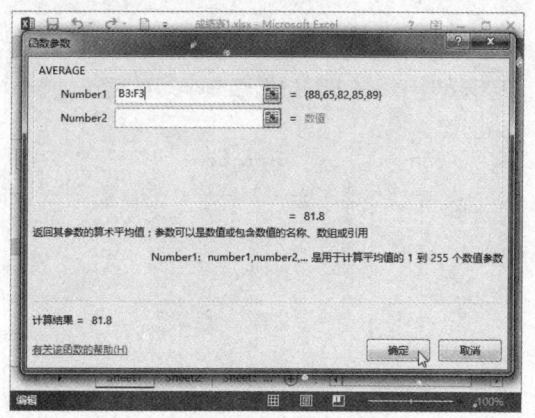
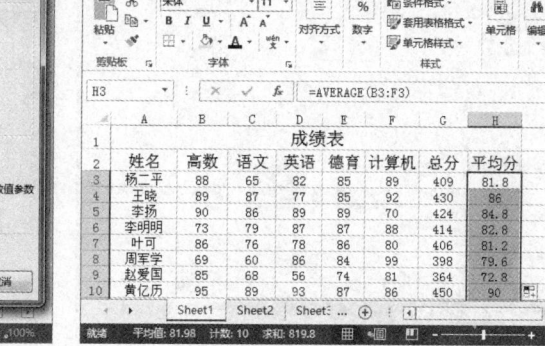

图 2-57　确认函数参数　　　　　　图 2-58　显示计算结果

3. MAX 函数的应用

MAX 函数是求一组数据的最大值，MAX 函数的使用方法如下：

Step 01 打开"成绩表 1.xlsx"工作簿，选中 B13 单元格，单击编辑栏中的"插入函数"按钮，如图 2-59 所示。

Step 02 弹出"插入函数"对话框，在"选择函数"列表框中选择 MAX 函数，单击"确定"按钮，如图 2-60 所示。

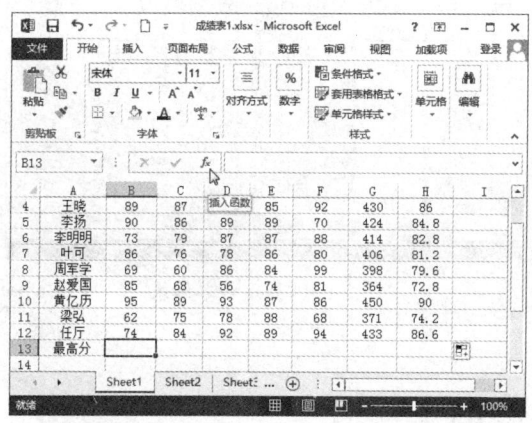
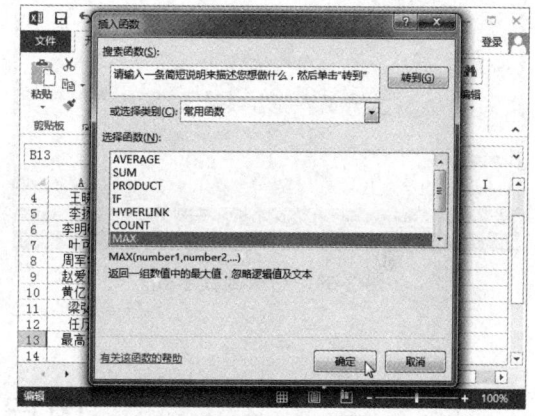

图 2-59　单击"插入函数"按钮　　　　图 2-60　选择函数

Step 03 弹出"函数参数"对话框，在其中单击 Number1 文本框右侧的折叠按钮，如图 2-61 所示。

Step 04 在工作表中选中 B3:B12 单元格区域，单击"函数参数"对话框中的折叠按钮，如图 2-62 所示。

专家指导
Expert guidance

在 Excel 中公式的灵活性是通过单元格引用来实现的。在输入公式时，选中单元格，然后按【F4】键，即可将该单元格由相对引用转换为绝对引用或混合引用。

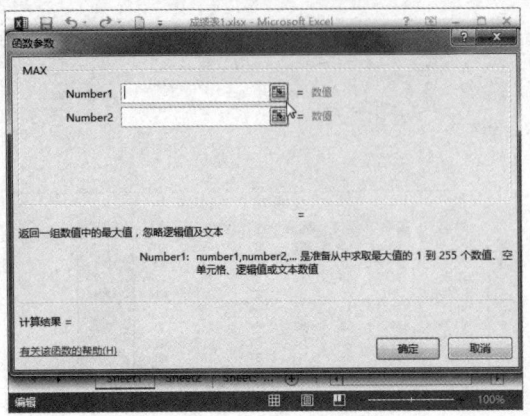

图 2-61 单击折叠按钮

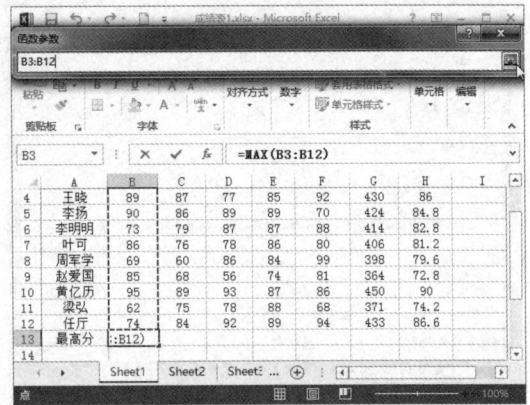

图 2-62 选择单元格区域

Step 05 返回"函数参数"对话框,即可看到在 Number1 文本框右侧的数据序列,单击"确定"按钮,如图 2-63 所示。

Step 06 返回工作表编辑区域,即可看到 B13 单元格中的计算结果,如图 2-64 所示。

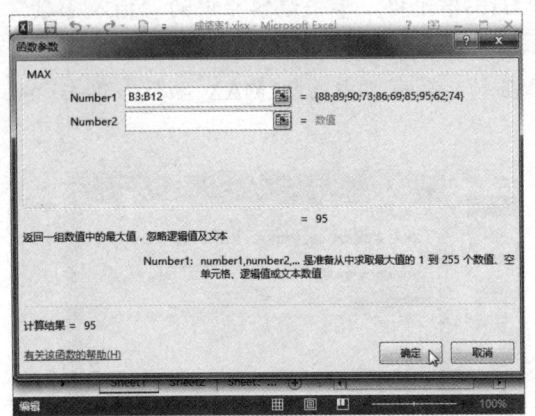

图 2-63 确认函数参数

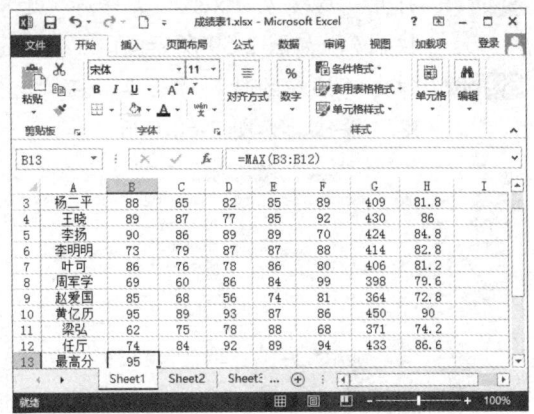

图 2-64 显示计算结果

项目小结

通过本项目的学习,读者应重点掌握以下知识:

(1)认清相对引用与绝对引用的区别,学会合理利用绝对引用符号"$"。

(2)使用文本连接运算符"&"可以加入或连接一个或多个文本字符串形成一串文本。

(3)公式是以等号"="开始的,当在工作表空白处输入等号时,Excel 默认用户在进行一个公式的输入操作。

(3)要注意函数的嵌套不超过 64 层;将其他工作表名称包含在单引号中;在公式中引用工作表名称时,在其后放置一个感叹号"!";包含外部工作簿的路径。

(4)在设置单元格区域引用时,应注意中间的":"是半角的冒号,即在英文输入状态下的冒号。

项目习题

（1）练习相对引用与绝对引用之间的相互转换。

操作提示：

在 Excel 中公式的灵活性是通过单元格引用来实现的。在输入公式时，选中单元格，然后按【F4】键，即可将该单元格由相对引用转换为绝对引用或混合引用。

（2）练习 MAX 函数的使用方法。

操作提示：

最大值函数的语法为：MAX(number1, [number2], ...)，如果参数不包含数字，函数 MAX 返回 0，如果参数为错误值或为不能转换为数字的文本，将导致错误。

项目三　财务数据图表的应用

项目概述

　　Excel 图表主要用于表现各种财务数据的走向、趋势、比例分配关系以及数据间的差异,使会计和财务报表中的数据更能直观、形象地显示,便于对数据进行分析和处理。本项目将详细介绍 Excel 图表的类型,以及如何创建与编辑图表等知识。

项目重点

- 认识图表的结果与类型。
- 创建财务数据图表。
- 美化图表格式。
- 编辑图表布局。

项目目标

- 掌握创建财务数据图表的方法。
- 掌握美化图表格式的方法。
- 掌握编辑图表布局的方法。

任务一　图表的结构与类型

任务概述

　　在 Excel 2013 中,为了更直观地表现工作簿中抽象的数据,可以在表格中创建 Excel 图表来清楚地了解各个数据的大小及变化情况,以方便对数据进行对比和分析。下面将详细介绍图表的结构与类型。

任务重点与实施

一、图表的结构

　　在 Excel 2013 中图表是重要的数据分析工具,运用图表功能可以清晰地表现工作簿中的数据，图表主要由图表区、绘图区、图例、数值轴、分类轴、图表标题、数据系列和网格线等几部分组成，如图3-1所示。

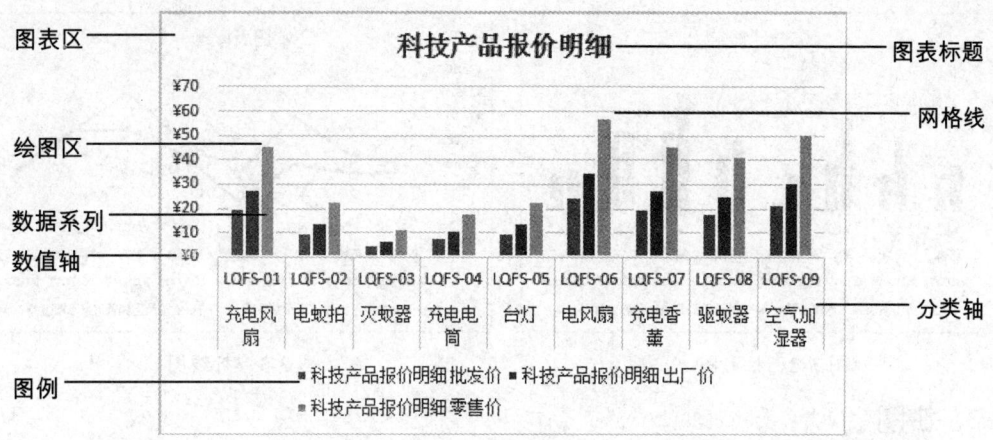

图3-1　图表结构

> **图表区**：图表区就是整个图表的背景区域，包括所有的数据信息及图表辅助说明信息。
> **绘图区**：绘图区是根据用户指定的图表类型显示工作表中的数据信息，是图表中主要的组成部分。
> **数值轴**：数值轴是根据工作表中数据的大小来自定义数据的单位长度，它是用来表示数值大小的坐标轴。
> **图例**：图例是用来表示图表中各个数据系列的名称或者分类而指定的图案或颜色。
> **分类轴**：分类轴用来表示图表中需要比较的各个对象。
> **数据系列**：数据系列是根据用户指定的图表类型以系列的方式显示在图表中的可视化数据，分类轴上的每个分类都对应着一个或多个数据，不同分类上颜色相同的数据便构成了一个数据系列。
> **网格线**：网格线包括主要网格线和次要网格线。
> **图表标题**：图表标题就是图表的名称，用来说明图表主题的说明性文字。

二、图表的类型

Excel 2013中自带有各种图表，如柱形图、折线图、饼图和条形图等，各种类型的图表都有各自适用的场合，下面将进行详细介绍。

1. 柱形图

柱形图是显示某段时间内数据的变化或数据之间比较的图表，如图3-2所示。柱形图包含二维柱形图、三维柱形图、圆柱图、圆锥图和棱锥图等形式，每个类型中又包含多种图表形式。

2. 折线图

折线图主要用于以等时间间隔显示数据的变化趋势，强调的是时间性和变动率，而非动量,如图 3-3 所示。折线图包含二维折线图和三维折线图两种类型,每个类型中又包含多种图表形式。

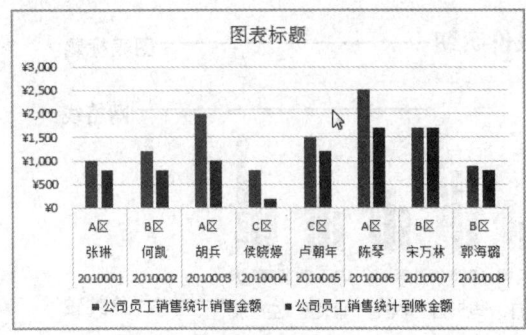

图 3-2 柱形图

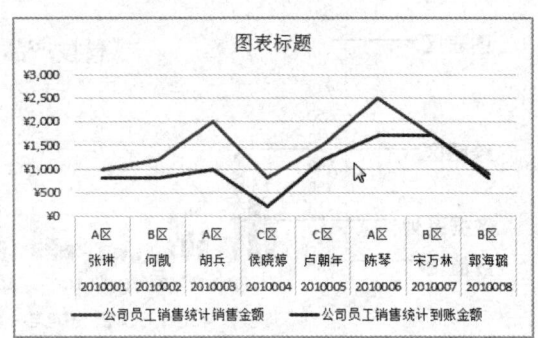

图 3-3 折线图

3. 饼图

饼图用于显示数据系列中的项目和该项目数值总和的比例关系,如图 3-4 所示。如果有几个系列同时被选择,则只会显示其中的一个系列。饼图包括二维饼图和三维饼图两种形式。

4. 条形图

条形图类似柱形图旋转 90°后的效果,是用来描绘各项目之间数据差别情况的图形,如图 3-5 所示。条形图包括二维条形图、三维条形图、圆柱图、圆锥图和棱锥图等。

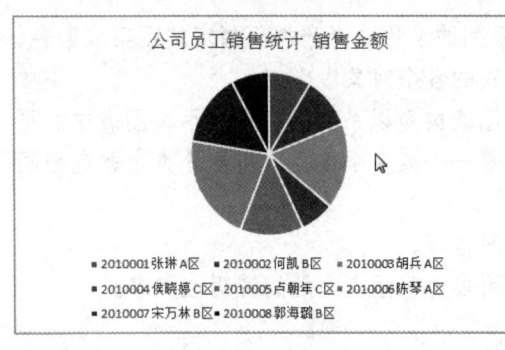

图 3-4 饼图

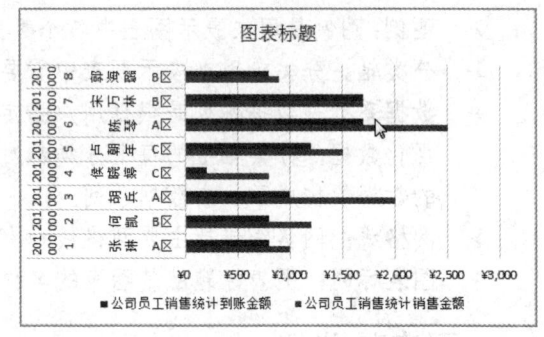

图 3-5 条形图

5. 面积图

面积图用于显示每个数值的变化量,强调数据随时间变化的幅度,如图 3-6 所示。通过显示数值的总和,还能直观地表现出整体和部分的关系。面积图包括二维面积图和三维面积图两种形式。

6. 散点图

散点图和折线图类似,用于显示一个或多个数据系列在某种条件下的变化趋势,如图 3-7 所示。散点图中包括带平滑线和数据标记的散点图、带平滑线的散点图、带直线和数据标记的散点图,以及带直线的散点图等。

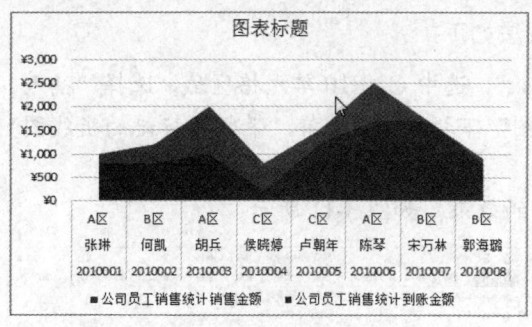
图 3-6 面积图

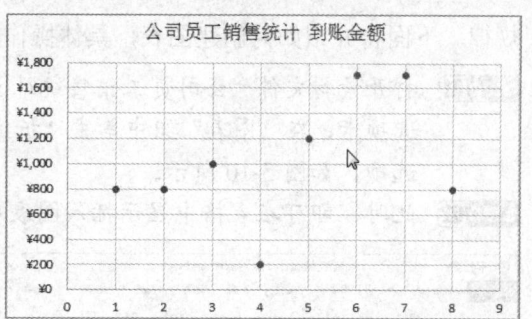
图 3-7 散点图

7. 曲面图

曲面图主要是以平面显示数据的变化趋势，用不同的颜色和图案表示在同一数据范围内的区域，如图 3-8 所示。当类别和数据系列都是数值时，可以使用曲面图。

8. 雷达图

雷达图用于显示数据中心点和数据类别之间的变化趋势，各个分类都拥有属于自己由中点向外辐射的并由折线将同一系列中的数据值连接起来的坐标轴，如图 3-9 所示。

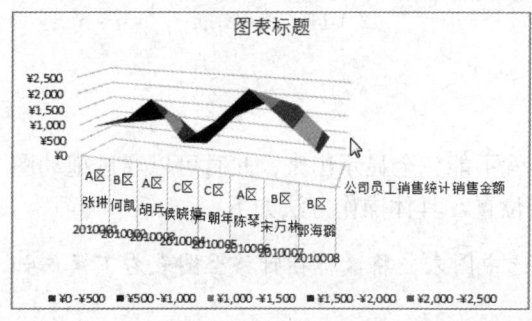
图 3-8 曲面图

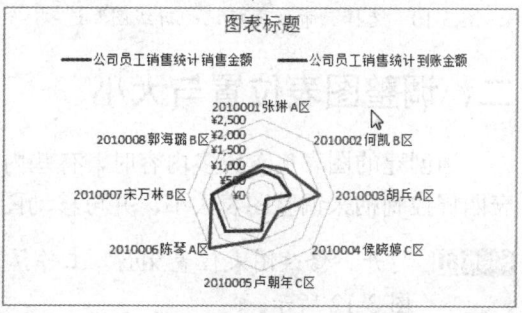
图 3-9 雷达图

任务二 创建财务数据图表

了解了图表的结构和类型后，下面将以在"公司员工销售统计.xlsx"工作簿中创建图表为例，详细介绍创建图表的方法。

一、创建图表

根据财务数据表中的数据创建出的图表可以直观地反映出数据间的关系及数据间的

规律。下面将介绍如何创建图表，具体操作方法如下：

Step 01 打开素材文件"公司员工销售统计.xlsx"，选中 C2:E10 单元格区域，选择"插入"选项卡，在"图表"组中单击"折线图"下拉按钮，选择"带数据标记的折线图"选项，如图 3-10 所示。

Step 02 此时，即可在表格中显示插入图表后的效果，如图 3-11 所示。

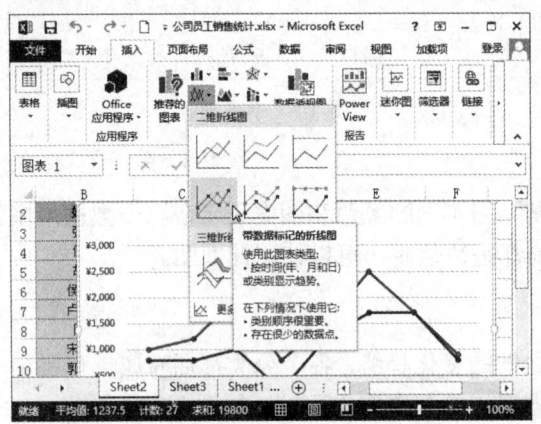
图 3-10 选择"带数据标记的折线图"选项

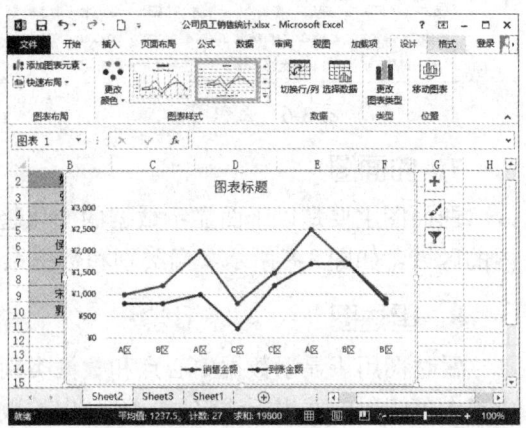
图 3-11 插入图表

二、调整图表位置与大小

当创建的图表包含较多内容时，有些内容就不能完全显示出来，此时可以通过拖动图表四周控制柄来调整图表大小，并可移动图表位置，具体操作方法如下：

Step 01 打开"修改图表位置.xlsx"工作簿，选中图表，将鼠标指针移至图表右下角，如图 3-12 所示。

Step 02 按住鼠标左键并拖动，此时鼠标指针变为✥形状，拖至合适大小后松开鼠标，即可看到改变大小后的图表效果，如图 3-13 所示。

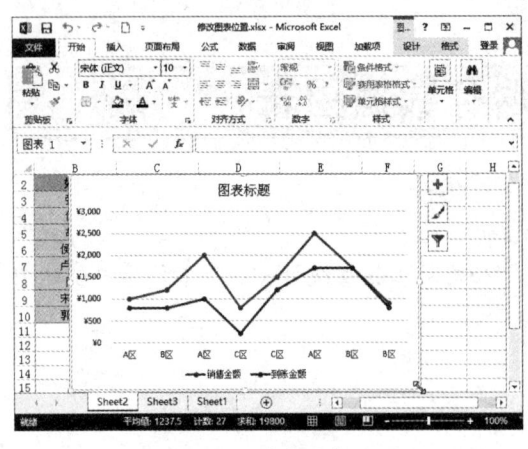
图 3-12 选中图表

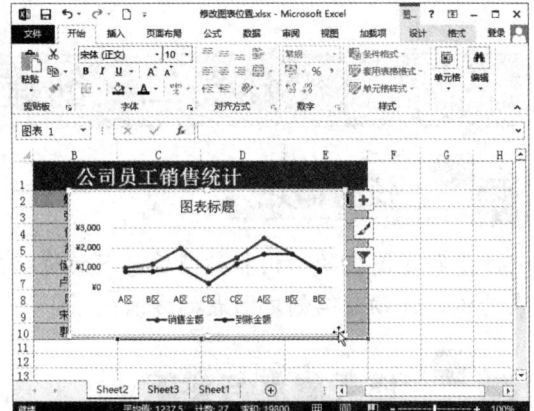
图 3-13 拖动光标

Step 03 将鼠标指针移至图表右上角的空白处，按住鼠标左键并拖动，如图 3-14 所示。

Step 04 将图表拖至需要的位置后松开鼠标，即可完成图表区移动操作，如图 3-15 所示。

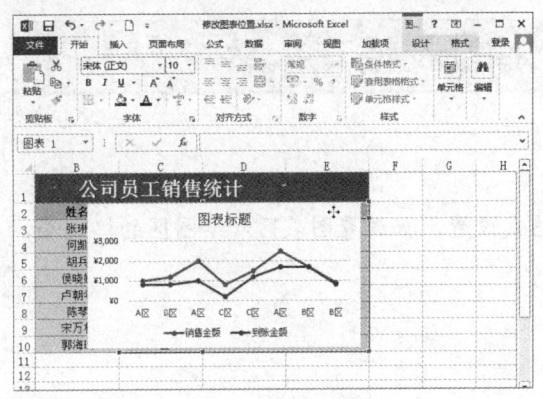
图 3-14 拖动图表

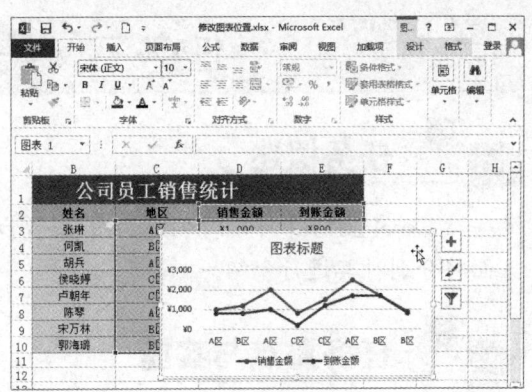
图 3-15 查看效果

三、更改图表类型

Excel 2013 中包含了多种不同类型的图表，在创建图表后若感觉不满意，可以根据需要重新选择其他类型的图表，具体操作方法如下：

Step 01 打开"更改图表类型.xlsx"工作簿，选择"设计"选项卡，单击"类型"组中的"更改图表类型"按钮，如图 3-16 所示。

Step 02 弹出"更改图表类型"对话框，在左窗格中选择"柱形图"选项，在右侧"柱形图"选项区中选择"三维簇状柱形图"选项，单击"确定"按钮，如图 3-17 所示。

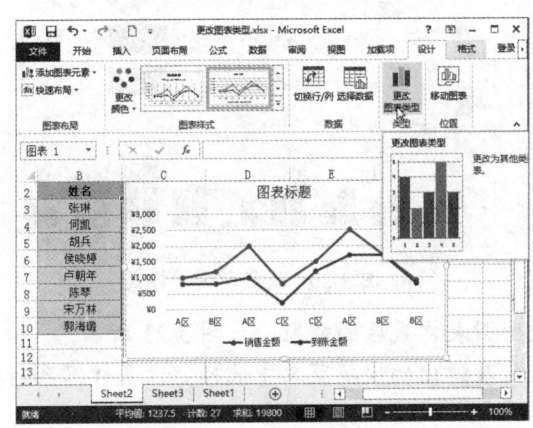
图 3-16 单击"更改图表类型"按钮

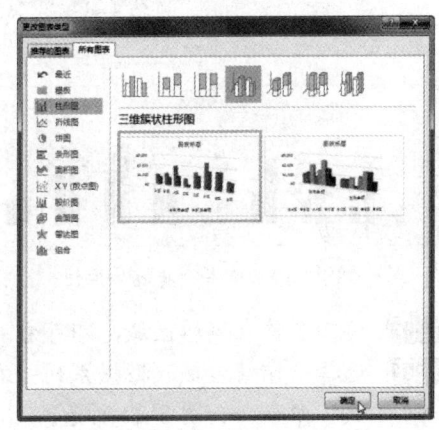
图 3-17 选择要更改的图表类型

Step 03 返回工作表编辑区域，即可查看更改类型后的图表效果，如图 3-18 所示。

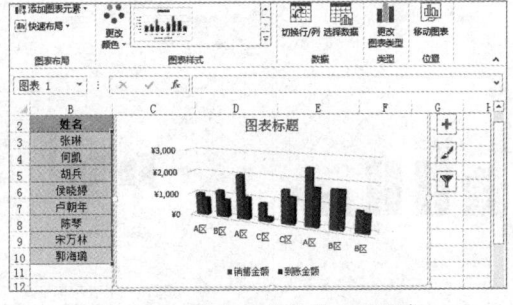
图 3-18 查看更改类型后的图表

中文版 Excel 2013 在财务管理中的应用

任务三　美化图表格式

任务概述

在 Excel 2013 中可以对创建的图表进行格式设置，如设置图表区和绘图区的格式等，下面将分别对其进行介绍。

任务重点与实施

一、应用预设样式

Excel 2013 中自带了很多图表样式，可以直接对图表应用这些样式，以达到美化图表的效果。应用图表样式的具体操作方法如下：

Step 01 打开"美化图表样式.xlsx"工作簿，选择"设计"选项卡，单击"图表样式"组中的"其他"按钮，如图 3-19 所示。

Step 02 在弹出的样式下拉列表中选择"样式 14"，如图 3-20 所示。

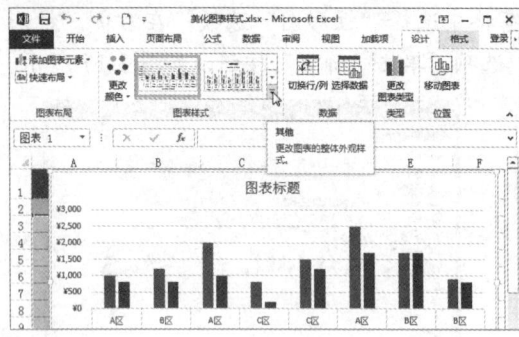
图 3-19　单击"其他"按钮

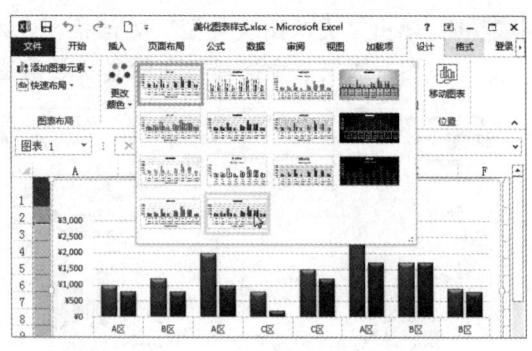
图 3-20　选择所需的样式

Step 03 返回工作表编辑区域，即可看到应用图表样式后的效果，如图 3-21 所示。

Step 04 选择"销售金额"数据系列并右击，在弹出的快捷菜单中选择"设置数据系列格式"命令，如图 3-22 所示。

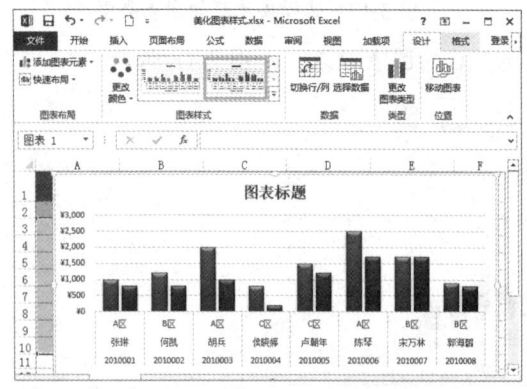
图 3-21　查看应用样式效果

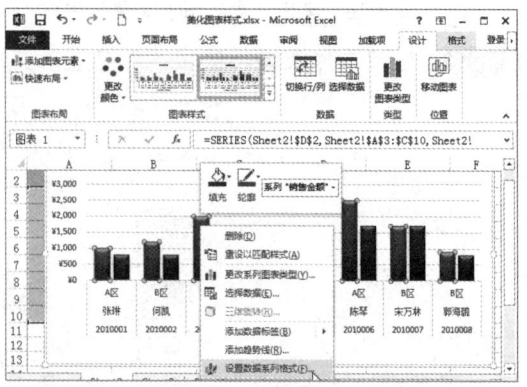
图 3-22　选择"设置数据系列格式"命令

Step 05 打开"设置数据系列格式"窗格,选择"效果"选项卡,在"阴影"组中单击"预设"下拉按钮,选择"右上斜偏移"选项,如图 3-23 所示。

Step 06 选择系列"到账金额"并右击,在弹出的快捷菜单中选择"更改系列图表类型"命令,如图 3-24 所示。

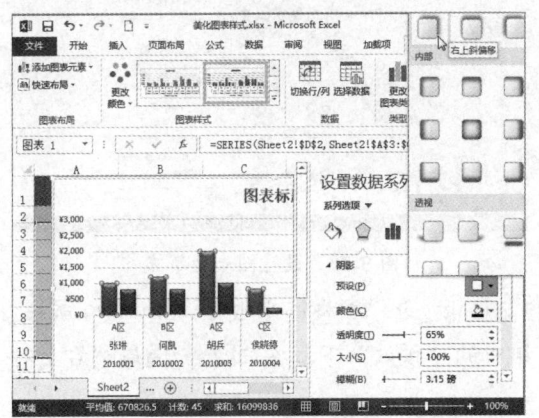
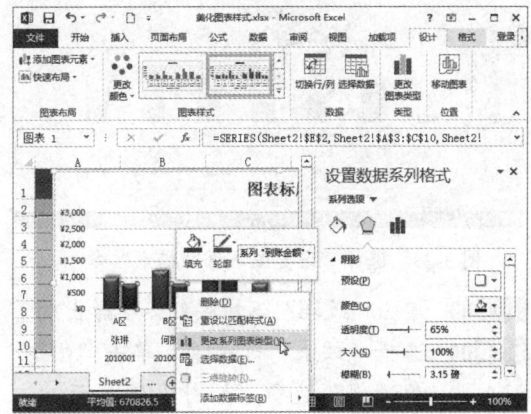

图 3-23 选择"右上斜偏移"选项　　　　　图 3-24 选择"更改系列图表类型"命令

Step 07 弹出"更改图表类型"对话框,在左窗格中选择"组合"选项,在右窗格中选择"簇状柱形图-次坐标轴上的折线图"选项,单击"确定"按钮,如图 3-25 所示。

Step 08 此时,即可查看图表美化后的整体效果,如图 3-26 所示。

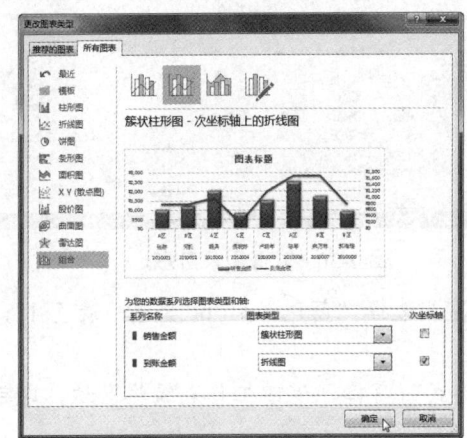
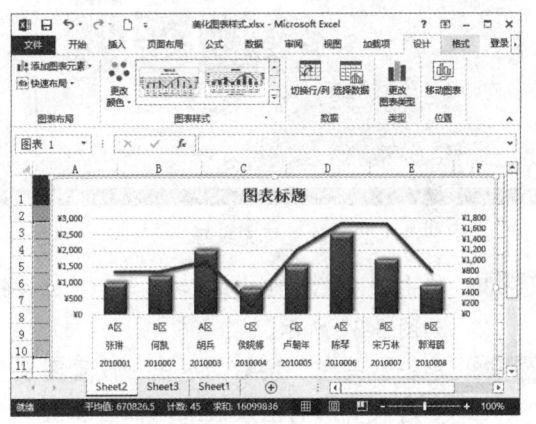

图 3-25 选择图表类型　　　　　图 3-26 查看最终效果

二、设置图表区格式

在创建的图表中,默认情况下图表区是透明无色的,为了使其更加美观,可以根据需要对其进行设置,具体操作方法如下:

Step 01 打开"设置图表区.xlsx"工作簿,选中创建的图表并右击,选择"设置图表区域格式"命令,如图 3-27 所示。

Step 02 弹出"设置图表区格式"窗格,选择"填充线条"选项卡,选中"图片或纹理填充"单选按钮,如图 3-28 所示。

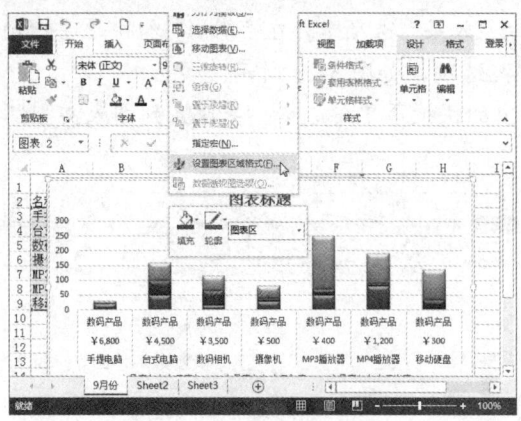

图3-27 选择"设置图表区域格式"命令　　　图3-28 设置图表区填充

Step 03 单击"纹理"下拉按钮,在弹出的下拉面板中选择"蓝色面巾纸",如图3-29所示。

Step 04 选择"效果"选项卡,单击"阴影"组中的"预设"下拉按钮,选择"右上对角透视"选项,如图3-30所示。

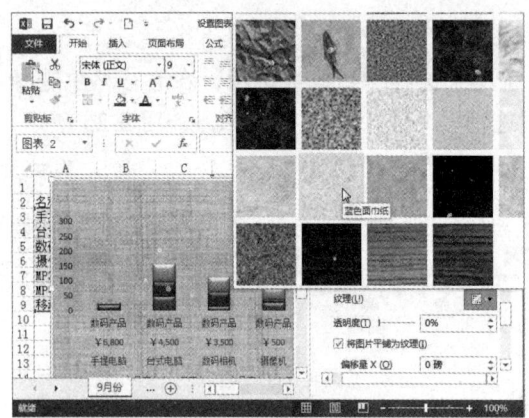

图3-29 设置填充纹理　　　图3-30 设置图表阴影

Step 05 单击"发光"组中的"预设"下拉按钮,选择"蓝色,11 pt 发光,着色1",如图3-31所示。

Step 06 单击"关闭"按钮,退出"设置图表区格式"窗格,返回工作表编辑区域,即可查看设置后的图表效果,如图3-32所示。

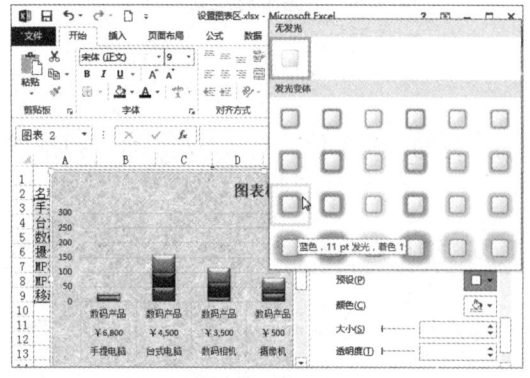 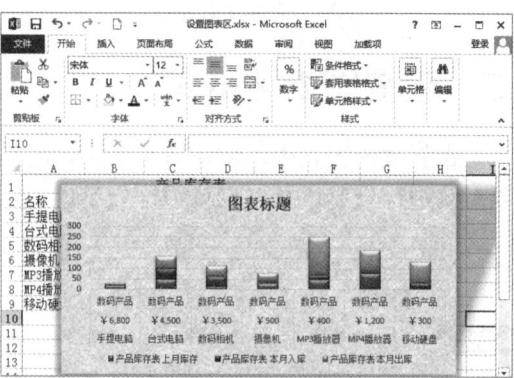

图3-31 设置发光样式　　　图3-32 查看设置效果

三、设置绘图区格式

在创建的图表中也可以对绘图区进行格式设置，其操作方法与设置图表区格式类似，具体操作方法如下：

Step 01 打开"设置绘图区.xlsx"工作簿，选中绘图区，在绘图区的空白处右击，选择"设置绘图区格式"命令，如图 3-33 所示。

Step 02 打开"设置绘图区格式"窗格，选择"填充线条"选项卡，选中"渐变填充"单选按钮，单击"预设渐变"下拉按钮，选择"顶部聚光灯，着色 6"，如图 3-34 所示。

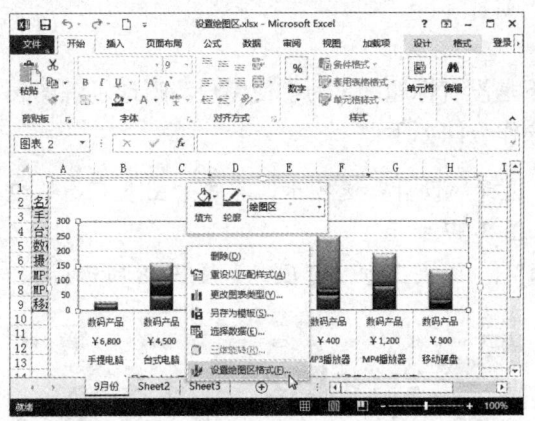

图 3-33 选择"设置绘图区格式"命令　　　图 3-34 设置绘图区填充颜色

Step 03 单击"方向"下拉按钮，在弹出的下拉列表中选择"中心辐射"选项，如图 3-35 所示。

Step 04 单击"关闭"按钮，退出"设置绘图区格式"窗格，返回工作表编辑区域，即可查看设置绘图区后的图表效果，如图 3-36 所示。

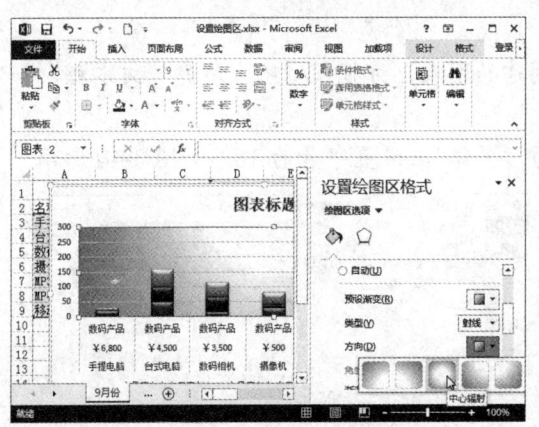
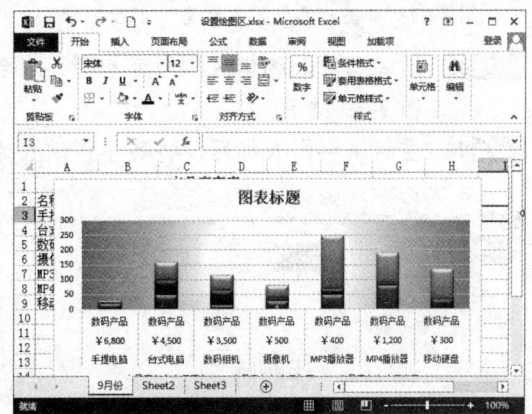

图 3-35 设置填充方向　　　图 3-36 查看图表效果

任务四 编辑图表布局

任务概述

在创建图表后，还可以根据需要对图表标签等进行设置，一般包括对图表标题、图例、图表坐标轴等进行设置，还可以在图表中添加趋势线和误差线。

任务重点与实施

一、设置图表标题

在 Excel 2013 中创建的图表在默认情况下是没有标题的，为了使用户清晰地了解图表所表达的信息，可以为图表设置标题，具体操作方法如下：

Step 01 打开"设置图表标题.xlsx"工作簿，选择"设计"选项卡，单击"图表布局"组中的"添加图表元素"下拉按钮，如图3-37所示。

Step 02 在弹出的下拉列表中选择"图表标题"|"图表上方"选项，如图3-38所示。

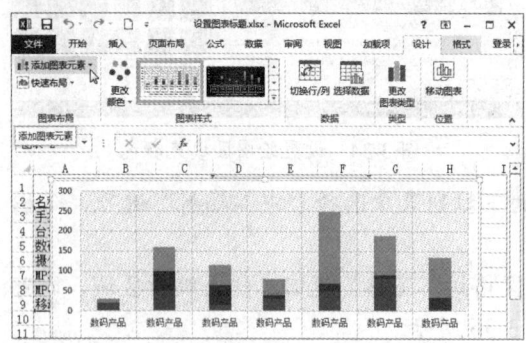
图3-37 单击"添加图表元素"下拉按钮

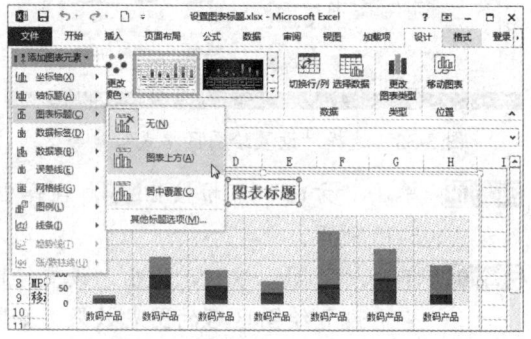
图3-38 选择"图表上方"选项

Step 03 返回工作表编辑区，即可看到已在创建的图表上方插入"图表标题"文本框，如图3-39所示。

Step 04 重新编辑图表标题，将其字体设置为"黑体"，设置字号为18，如图3-40所示。

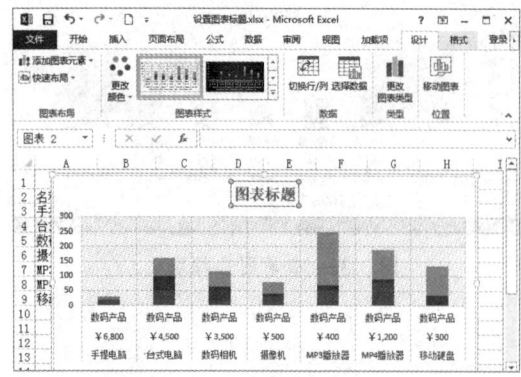
图3-39 查看图表标题

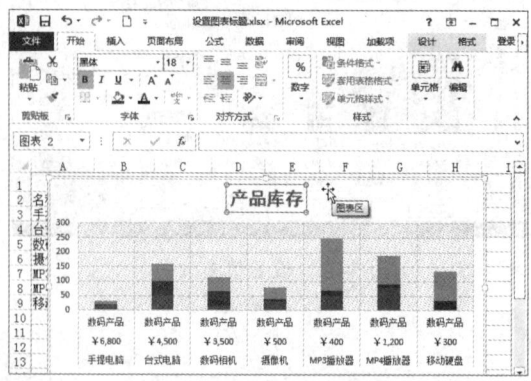
图3-40 设置图表标题格式

二、设置图表图例

在制作图表的过程中，可以根据需要对图表的图例位置、图例填充、图例边框颜色、边框样式及阴影等进行设置，具体操作方法如下：

Step 01 打开"设置图表图例.xlsx"工作簿，选中图表中的图例并右击，在弹出的快捷菜单中选择"设置图例格式"命令，如图 3-41 所示。

Step 02 打开"设置图例格式"窗格，选择"填充线条"选项卡，选中"渐变填充"单选按钮，单击"预设渐变"下拉按钮，选择"顶部聚光灯，着色 3"，如图 3-42 所示。

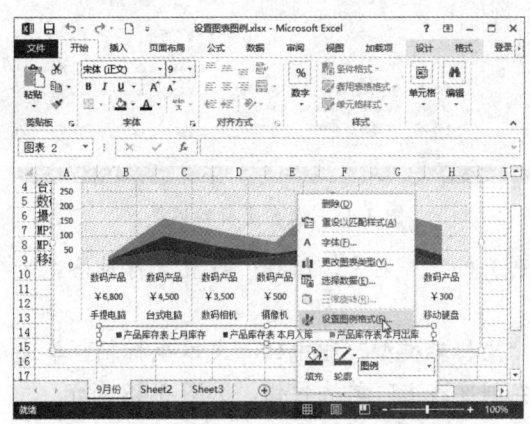

图 3-41　选择"设置图例格式"命令　　　　图 3-42　填充渐变色

Step 03 选择"边框"选项，选中"实线"单选按钮，单击"颜色"下拉按钮，选择"红色，着色 2"，如图 3-43 所示。

Step 04 返回工作表编辑区，即可查看设置图例格式后的图表效果，如图 3-44 所示。

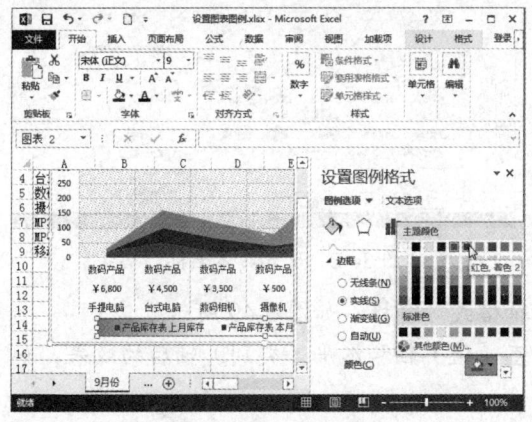 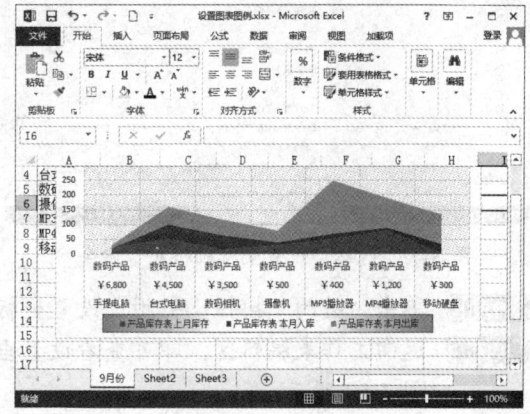

图 3-43　设置边框颜色　　　　图 3-44　查看设置效果

三、设置图表坐标轴

为了使图表坐标轴更加清楚，可以设置图表中坐标轴的刻度单位，具体操作方法如下：

Step 01 打开"设置图表坐标轴.xlsx"工作簿,选中图表中的"垂直(值)轴"并右击,选择"设置坐标轴格式"命令,如图 3-45 所示。

Step 02 打开"设置坐标轴格式"窗格,设置"最小值"为 65.0,设置"最大值"为 100.0,如图 3-46 所示。

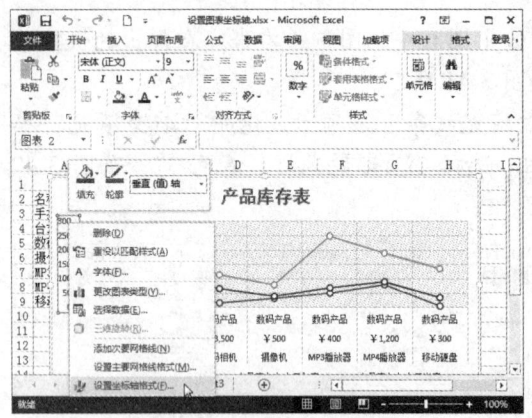
图 3-45 选择"设置坐标轴格式"命令

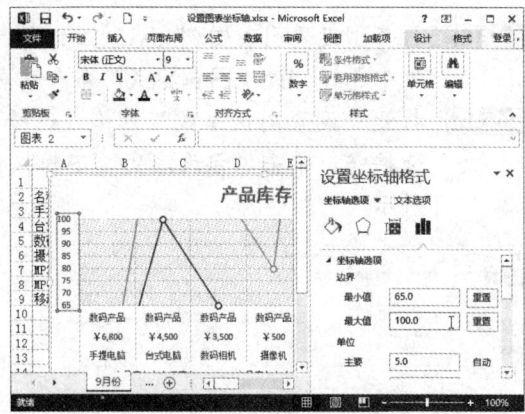
图 3-46 设置坐标轴边界

Step 03 返回工作表编辑区,选中"水平(类别)轴"并右击,选择"设置坐标轴格式"命令,如图 3-47 所示。

Step 04 打开"设置坐标轴格式"窗格,选中"坐标轴类型"组中的"文本坐标轴"单选按钮,选中"坐标轴位置"组中的"在刻度线上"单选按钮,如图 3-48 所示。

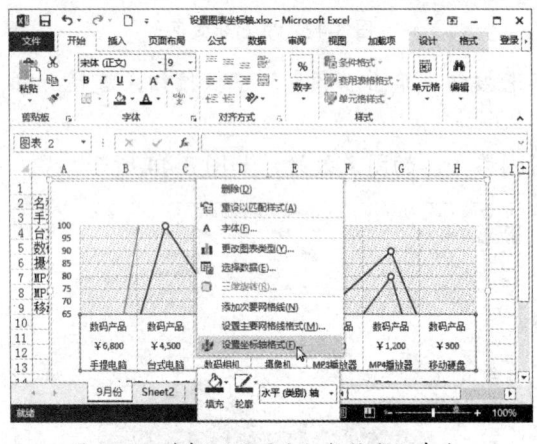
图 3-47 选择"设置坐标轴格式"命令

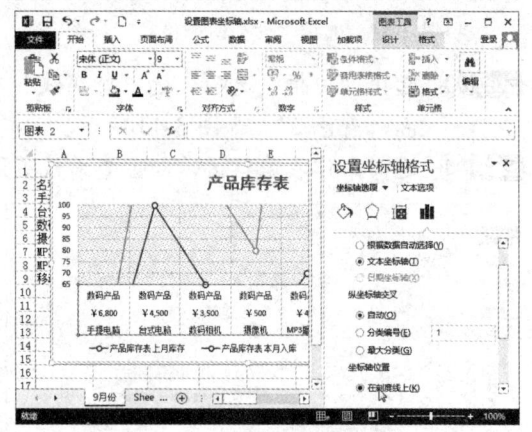
图 3-48 设置具体坐标轴格式

Step 05 单击"关闭"按钮,关闭"设置坐标轴格式"窗格,如图 3-49 所示。

Step 06 返回工作表编辑区,即可查看设置垂直(值)轴和水平(类别)轴后的效果,如图 3-50 所示。

> **专家指导**
> Expert guidance
>
> 如果只选择一个单元格,则 Excel 自动将紧邻该单元格且包含数据的所有单元格绘制到图表中。也可选择不相邻的单元格区域,只要选择的区域为矩形,便可将其添加到图表中。

财务数据图表的应用　项目三

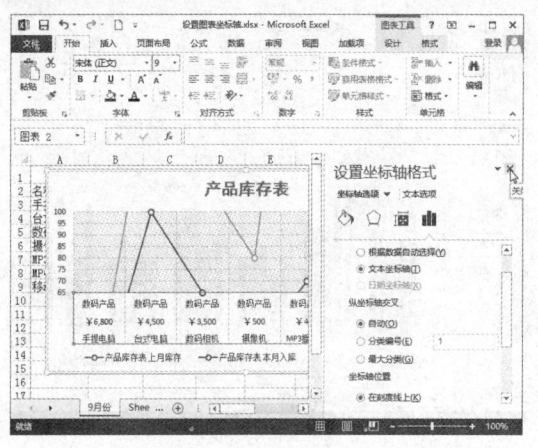
图 3-49　关闭窗格

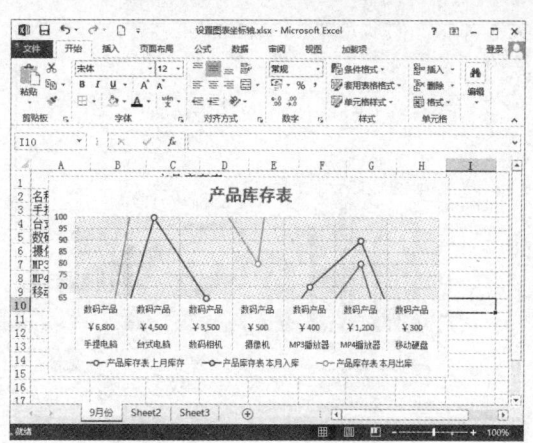
图 3-50　查看设置效果

四、添加趋势线

添加趋势线可以显示数据中的变化趋势，并进行数据预测。下面将介绍如何在图表中添加趋势线，具体操作方法如下：

Step 01 打开"添加趋势线.xlsx"工作簿，选中"空调"数据系列并右击，选择"添加趋势线"命令，如图 3-51 所示。

Step 02 打开"设置趋势线格式"窗格，选择"趋势线选项"选项卡，选中"指数"单选按钮，如图 3-52 所示。

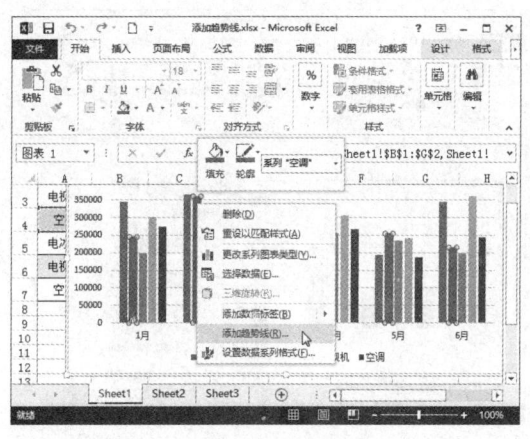
图 3-51　选择"添加趋势线"命令

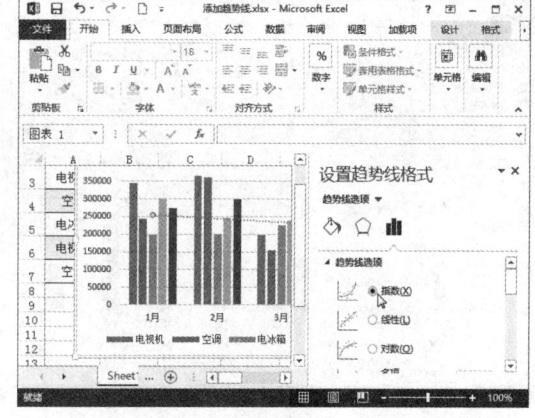
图 3-52　设置趋势线选项

Step 03 选择"填充线条"选项卡，选中"实线"单选按钮，单击"颜色"下拉按钮，选择"绿色，着色6，深色25%"，如图 3-53 所示。

Step 04 单击"关闭"按钮，退出"设置趋势线格式"窗格，返回工作表编辑区域，即可看到添加趋势线后的效果，如图 3-54 所示。

专家指导
Expert guidance

要添加趋势线，也可在图表中选择某个系列，然后选择"布局"选项卡，在"分析"组中单击"趋势线"下拉按钮，选择所需的趋势线类型。

71

中文版 Excel 2013 在财务管理中的应用

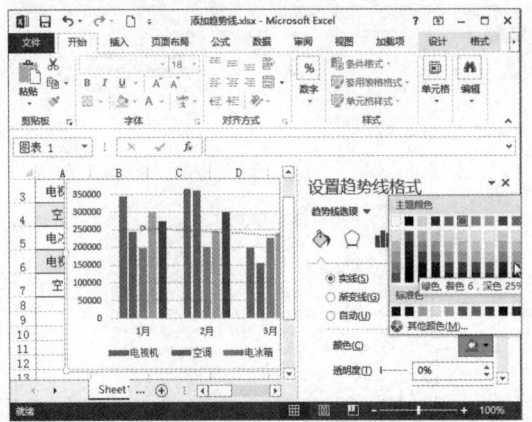

图 3-53　设置趋势线线条颜色

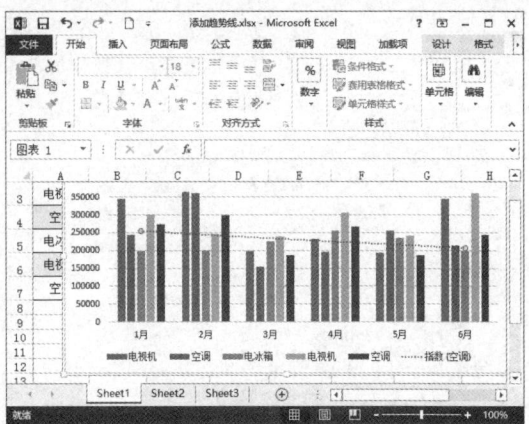

图 3-54　查看趋势线效果

五、添加误差线

添加误差线的方法与添加趋势线的方法类似，具体操作方法如下：

Step 01 打开"添加误差线.xlsx"工作簿，选中图表，选择"设计"选项卡，单击"图表布局"组中的"添加图表元素"下拉按钮，选择"误差线"|"其他误差线选项"，如图 3-55 所示。

Step 02 打开"设置误差线格式"窗格，在"垂直误差线"组中选中"正负偏差"单选按钮，如图 3-56 所示。

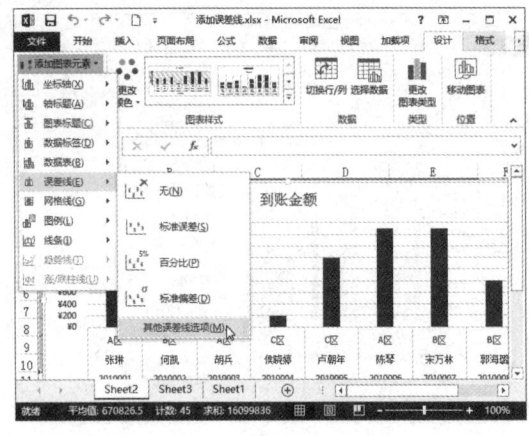

图 3-55　添加误差线

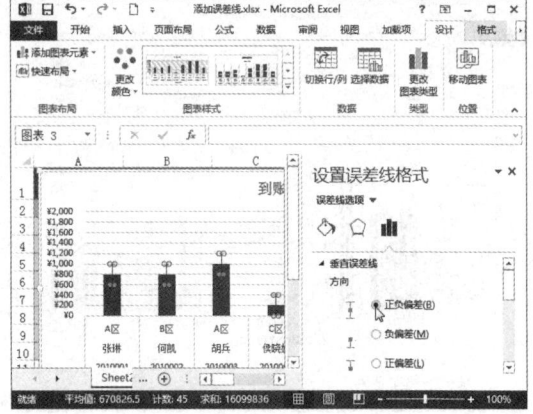

图 3-56　设置垂直误差线

Step 03 选择"线条"选项卡，选中"实线"单选按钮，单击"颜色"下拉按钮，选择"红色"，如图 3-57 所示。

Step 04 单击"关闭"按钮，关闭"设置误差线格式"窗格，返回工作表编辑区域，即可查看添加误差线后的图表效果，如图 3-58 所示。

> **专家指导**
> Expert guidance
>
> 在添加误差线时，在"误差线"列表中选择"百分比"选项后，将为图表中的各个系列分别添加误差线。

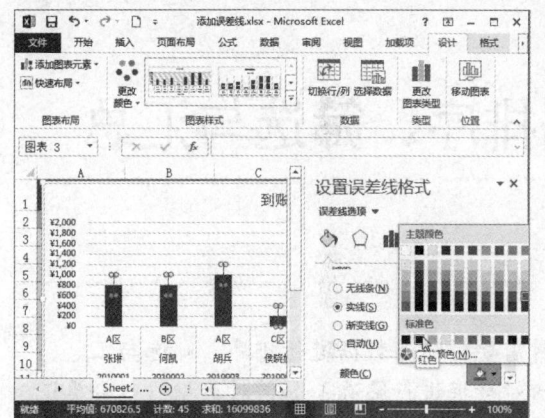
图 3-57 设置误差线颜色

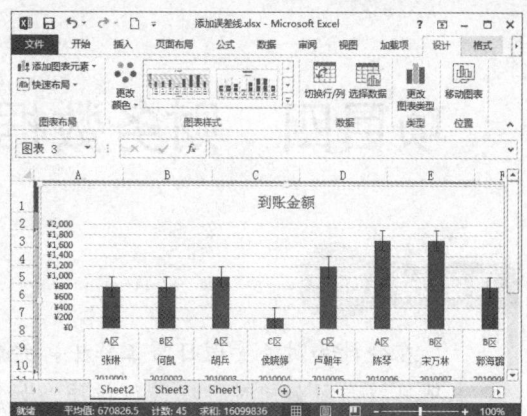
图 3-58 查看图表效果

项目小结

通过本项目的学习，读者应重点掌握以下知识：

（1）在簇状条形图中，一般沿纵坐标轴组织类别，沿横坐标轴组织值。

（2）在录入大量数据时，为了便于录入，可以使用冻结窗格功能将表头冻结。

（3）要从图表中删除数据，可以在图表中选择要删除的数据系列，然后在其上右击，选择"删除"命令即可（用户也可选择系列后直接按【Delete】键）。

（4）通过创建对工作表单元格的引用，还可以将图表标题或坐标轴标题链接到这些单元格中的相应文本。在对工作表中相应的文本进行更改时，图表中链接的标题将自动更新。

（5）在图表上单击空白位置即可选中图表区，双击图表区即可弹出"设置图表区格式"对话框进行格式设置。

项目习题

（1）为图表快速添加标题。

操作提示：

选择图表后切换到"设计"选项卡，在"图表布局"组中选择"布局 1"样式，可为图表添加标题。

（2）设置网格线格式。

操作提示：

在图表上单击网格线，即可将其选中，右击网格线，选择"设置网格线格式"命令，即可弹出网格线格式对话框，在此可对网格线的格式进行设置。

项目四　财务数据排序、筛选与汇总

项目概述

在会计和财务管理日常工作中,经常需要对财务数据进行排序、筛选与汇总。本项目将学习如何对数据进行排序、如何对数据进行筛选、如何对数据进行分类汇总,以及如何汇总多个工作表中的数据等知识,帮助读者轻松掌握对会计和财务数据进行分析与处理的方法。

项目重点

- 对数据进行排序。
- 对数据进行筛选。
- 对数据进行分类汇总。

项目目标

- 掌握数据排序的方法。
- 掌握筛选数据的方法。
- 掌握分类汇总数据的方法。

任务一　对数据进行排序

任务概述

数据排序是 Excel 最基本的功能之一,在 Excel 2013 中可以对数据表进行简单的升序或降序排序,还可以进行较高级的数据排序,如按多个关键字排序、按单元格颜色或字体颜色排序,以及按自定义序列排序等。

任务重点与实施

一、简单排序

在 Excel 2013 中,要将数据表中的数据按升序或降序排序,具体操作方法如下:

Step 01 打开"简单排序.xlsx"工作簿,选中要进行排序的任意单元格,如 F2 单元格,如图 4-1 所示。

Step 02 选择"数据"选项卡,然后单击"排序和筛选"组中的"升序"按钮,如图 4-2 所示。

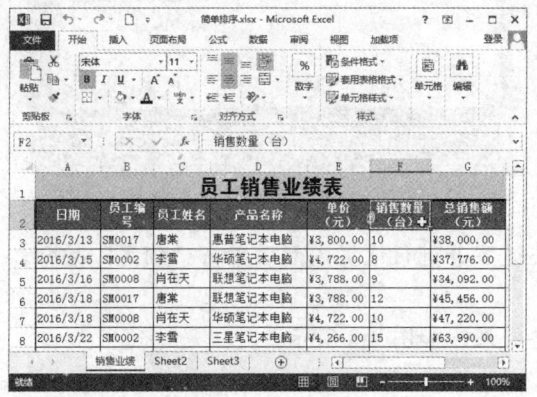 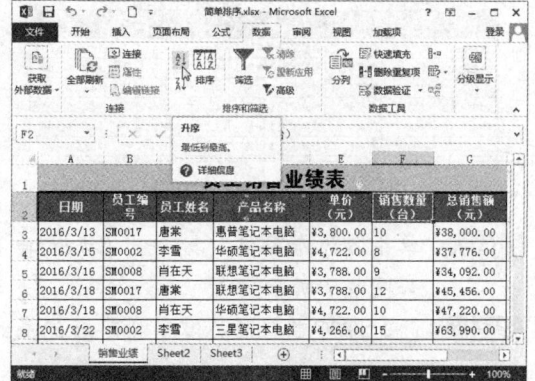

图 4-1 选择单元格　　　　　　　　图 4-2 单击"升序"按钮

Step 03 此时,表格将以所选排序列为关键字进行升序排列,如图 4-3 所示。

Step 04 选中 G2 单元格,单击"排序与筛选"组中的"降序"按钮,即可进行降序排列,如图 4-4 所示。

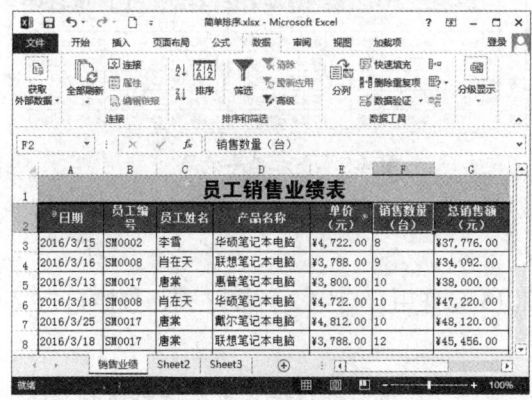 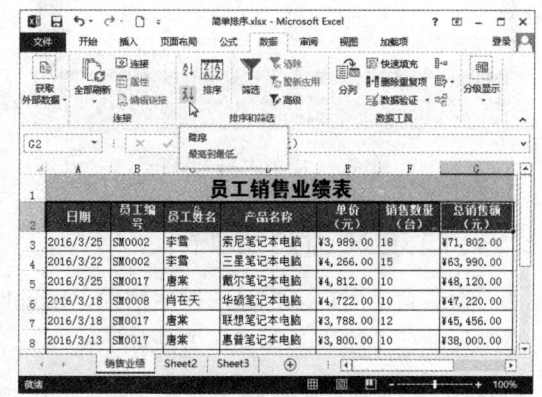

图 4-3 查看升序排序效果　　　　　　图 4-4 降序排序

二、多关键字排序

除了可以对数据表进行简单的升序、降序排序外,还可以设置多个排序字段,按照多个关键字对数据进行排序,具体操作方法如下:

Step 01 打开"多关键字排序.xlsx"工作簿,选择"数据"选项卡,单击"排序和筛选"组中的"排序"按钮,如图 4-5 所示。

Step 02 弹出"排序"对话框,在"主要关键字"下拉列表框中选择"销售数量(台)"选项,在"次序"下拉列表框中选择"升序"选项,如图 4-6 所示。

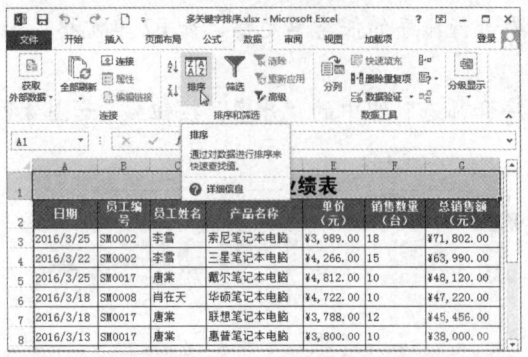

图 4-5 单击"排序"按钮

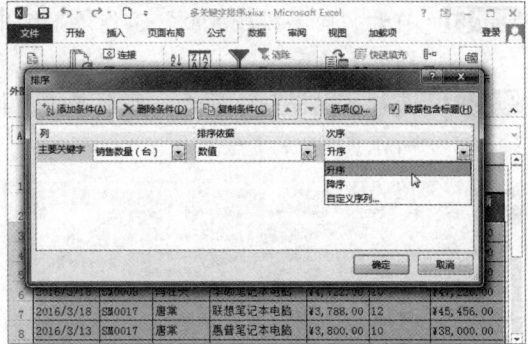

图 4-6 设置排序主要关键字

Step 03 单击"添加条件"按钮,添加次要关键字并进行设置,然后单击"确定"按钮,如图 4-7 所示。

Step 04 此时即可查看多关键字排序后的最终效果,如图 4-8 所示。

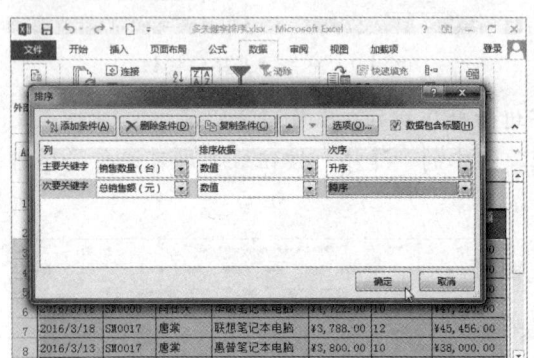

图 4-7 添加次要关键字

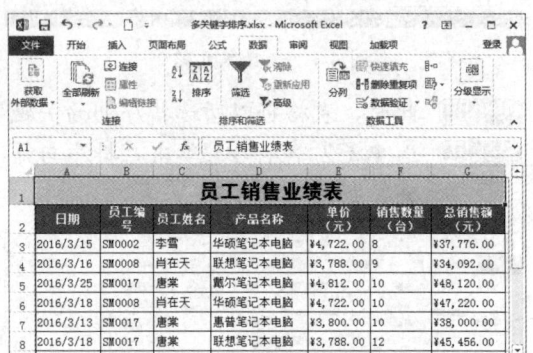

图 4-8 查看排序效果

三、自定义排序条件

为了满足用户多方面的排序需求,Excel 2013 允许用户自定义排序序列,按照自定义的序列进行排序,具体操作方法如下:

Step 01 打开"自定义排序条件.xlsx"工作簿,选择"数据"选项卡,单击"排序和筛选"组中的"排序"按钮,如图 4-9 所示。

Step 02 弹出"排序"对话框,设置"主要关键字"为"员工姓名",在"次序"下拉列表框中选择"自定义序列"选项,如图 4-10 所示。

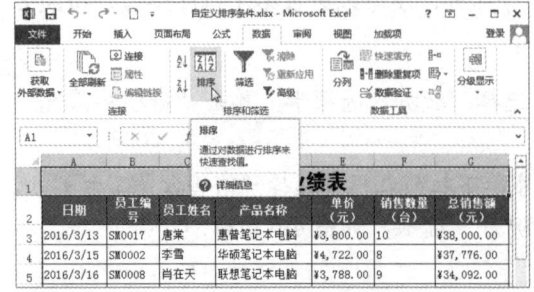

图 4-9 单击"排序"按钮

图 4-10 设置主要关键字

Step 03 弹出"自定义序列"对话框,在"输入序列"列表框中输入数据序列,依次单击"添加"和"确定"按钮,如图4-11所示。

Step 04 返回"排序"对话框,单击"确定"按钮,即可得到排序的最终效果,如图4-12所示。

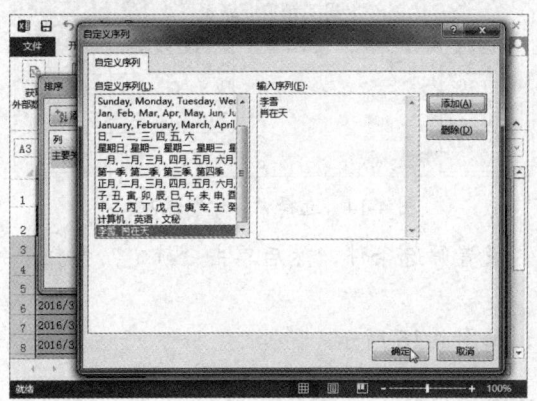

图4-11 输入数据序列

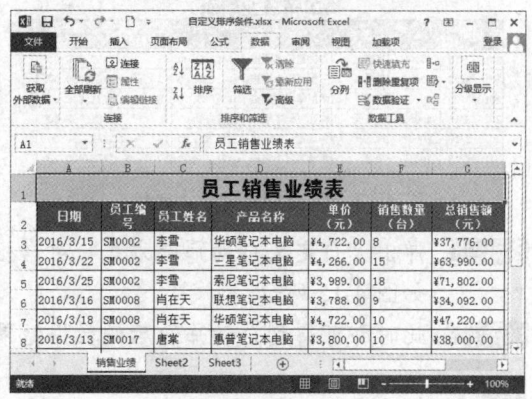

图4-12 查看排序效果

任务二 对数据进行筛选

数据筛选实际上就是将数据表中满足一定筛选条件的数据挑选出来,使用户可以更加清晰地查看所需的数据。在Excel 2013中通常的筛选方法分为:自动筛选、自定义筛选和高级筛选,下面将分别对其进行介绍。

一、自动筛选数据

使用自动筛选功能能够快速地对数据进行筛选,具体操作方法如下:

Step 01 打开"自动筛选数据.xlsx"工作簿,单击"排序和筛选"组中的"筛选"按钮,表格列标题上出现筛选按钮,如图4-13所示。

Step 02 单击"产品名称"列的筛选按钮,在弹出的下拉列表中选择"文本筛选"|"等于"选项,如图4-14所示。

> **专家指导** Expert guidance
> 在设置筛选条件时,应先输入列标题,然后在标题下方设置条件,它们之间不应有空行。

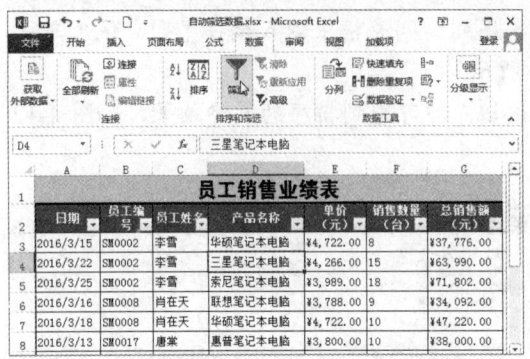
图 4-13　单击"筛选"按钮

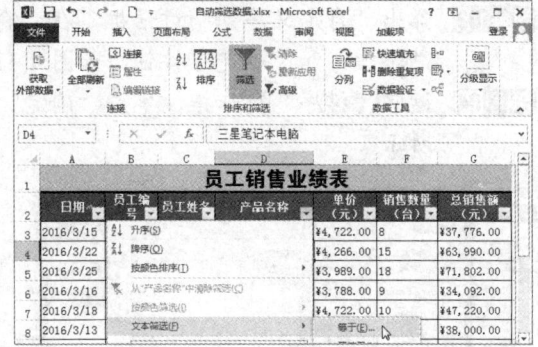
图 4-14　选择"等于"选项

Step 03 弹出"自定义自动筛选方式"对话框，设置筛选条件，然后单击"确定"按钮，如图 4-15 所示。

Step 04 此时即可得到自动筛选后的数据结果，如图 4-16 所示。

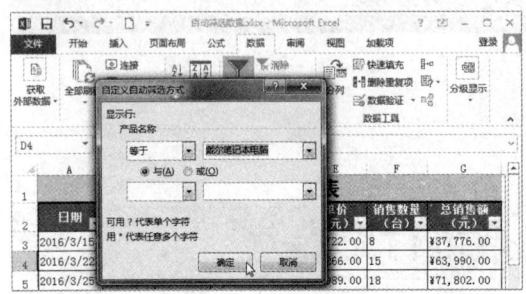
图 4-15　设置筛选条件

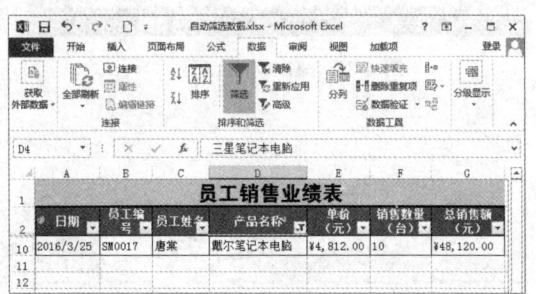
图 4-16　查看筛选数据结果

二、自定义筛选数据

自定义筛选数据的方法很简单，当开启 Excel 的筛选功能后，可以通过设置文本筛选或颜色筛选条件，将满足条件的数据筛选出来，具体操作方法如下：

Step 01 打开"自定义筛选数据.xlsx"工作簿，单击"排序和筛选"组中的"筛选"按钮，表格列标题上出现筛选按钮，如图 4-17 所示。

Step 02 单击"单价（元）"列的筛选按钮，选择"数字筛选"|"高于平均值"选项，如图 4-18 所示。

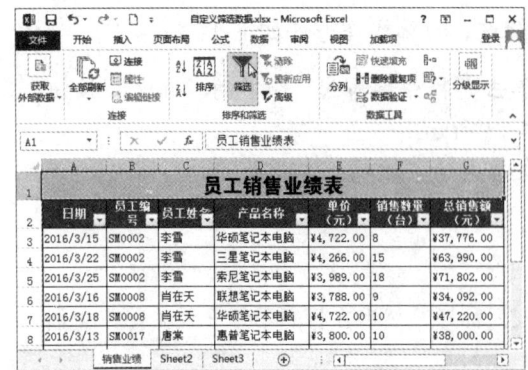
图 4-17　单击"筛选"按钮

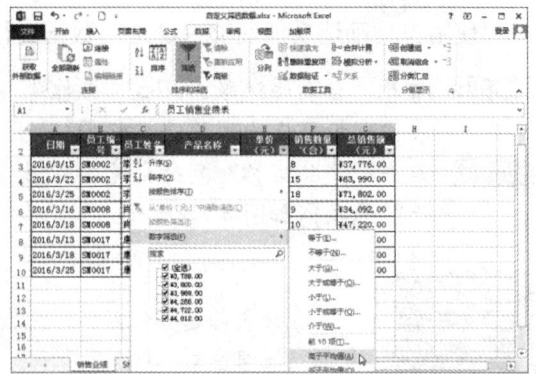
图 4-18　选择"高于平均值"选项

Step 03 此时即可查看对数据进行筛选后的结果，如图 4-19 所示。

Step 04 在对"单价(元)"进行筛选后，还可在此基础上采用同样的方法对"销售数量(台)"进行筛选，如图 4-20 所示。

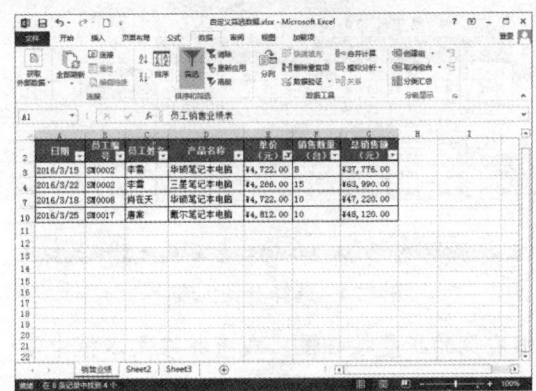

图 4-19　查看筛选结果　　　　　　　图 4-20　继续筛选

三、高级筛选

当筛选条件较多，或要将筛选结果显示在工作表的其他位置时，就需要使用 Excel 2013 中的高级筛选功能对数据表进行筛选，具体操作方法如下：

Step 01 打开"高级筛选.xlsx"工作簿，在 H3:H4 单元格区域中输入筛选条件，如图 4-21 所示。

Step 02 选择"数据"选项卡，单击"排序和筛选"组中的"高级"按钮，如图 4-22 所示。

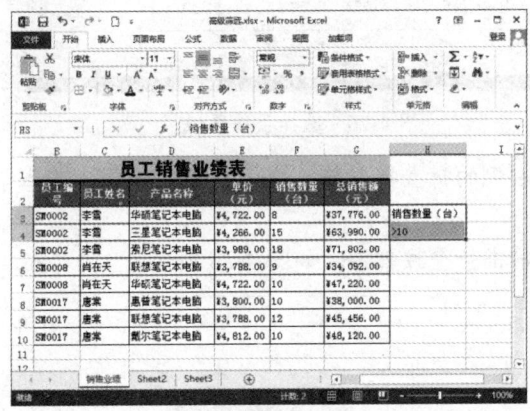 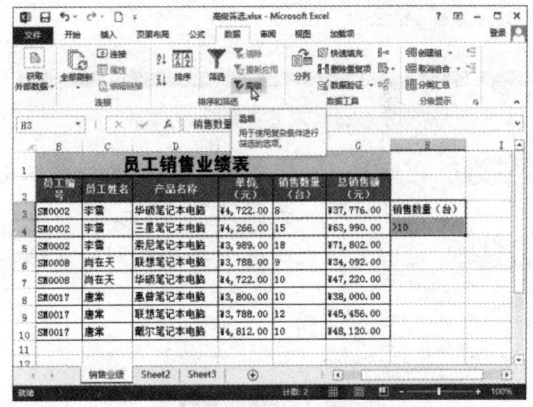

图 4-21　输入筛选条件　　　　　　　图 4-22　单击"高级"按钮

Step 03 弹出"高级筛选"对话框，选中"将筛选结果复制到其他位置"单选按钮，单击"列表区域"文本框右侧的折叠按钮，如图 4-23 所示。

Step 04 返回工作表，选择要筛选的原数据区域，再次单击折叠按钮，如图 4-24 所示。

中文版 Excel 2013 在财务管理中的应用

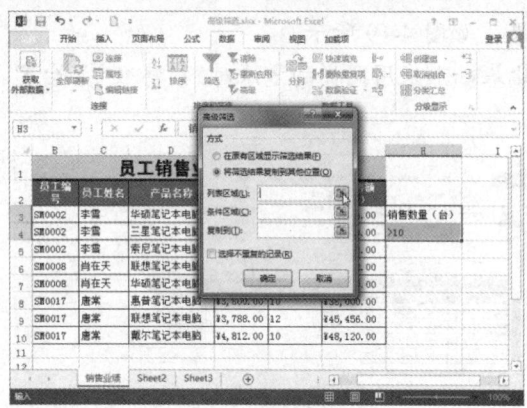

图 4-23 设置列表区域

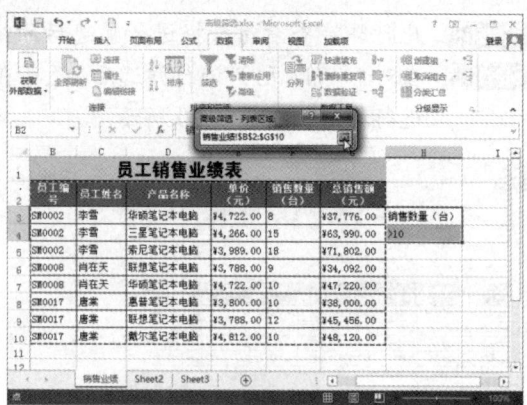

图 4-24 选择数据区域

Step 05 返回对话框,单击"条件区域"文本框右侧的折叠按钮,或直接在文本框中输入条件区域,如图 4-25 所示。

Step 06 返回工作表,选中条件区域,再次单击折叠按钮,如图 4-26 所示。

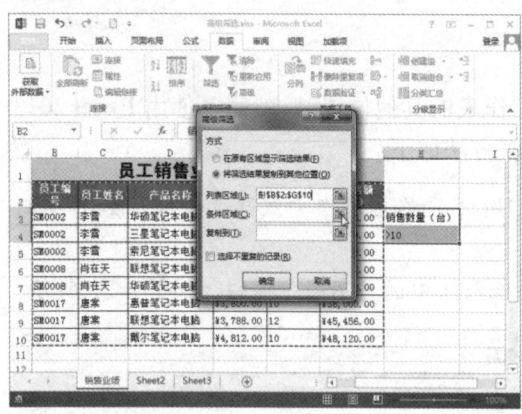

图 4-25 设置条件区域

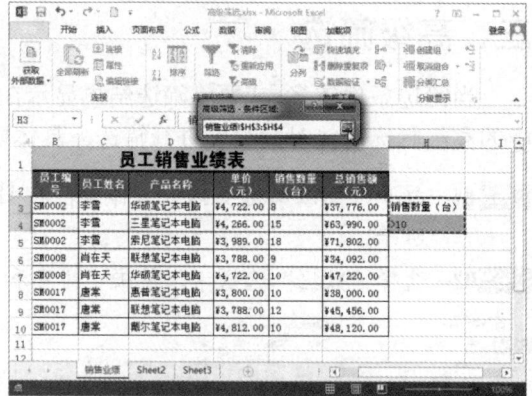

图 4-26 选择条件区域

Step 07 返回对话框,单击"复制到"文本框右侧的折叠按钮,或直接在文本框中输入条件区域,如图 4-27 所示。

Step 08 返回工作表,选中要复制到的区域,单击折叠按钮,如图 4-28 所示。

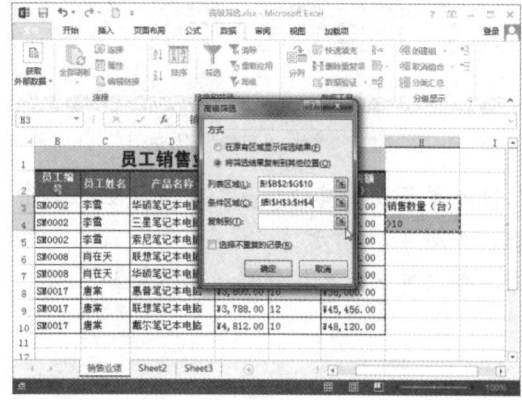

图 4-27 设置复制区域

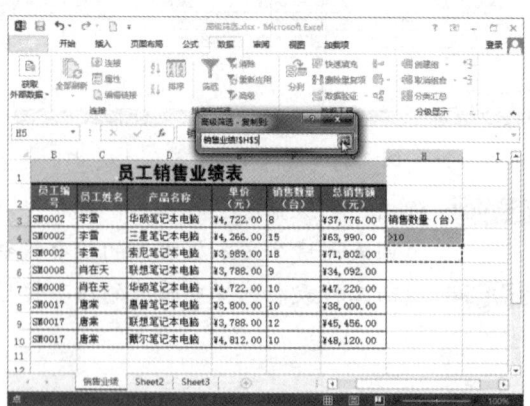

图 4-28 选择复制区域

财务数据排序、筛选与汇总　项目四

Step 09 设置好列表区域和条件区域后，其他选项可保持默认设置，单击"确定"按钮，如图 4-29 所示。

Step 10 此时即可查看经过高级筛选后的数据表，如图 4-30 所示。

图 4-29　其他设置

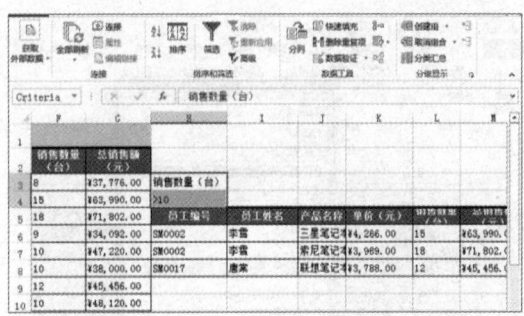
图 4-30　查看筛选结果

任务三　对数据进行分类汇总

所谓分类汇总，就是对数据按分类项目进行求和、计数或者其他方式的汇总。使用分类汇总功能可以把相关数据汇总并显示出来。

一、创建分类汇总

创建分类汇总的具体操作方法如下：

Step 01 打开"创建分类汇总.xlsx"工作簿，选中 D2 单元格，选择"数据"选项卡，单击"排序和筛选"组中的"升序"按钮，如图 4-31 所示。

Step 02 单击"数据"选项卡下"分级显示"组中的"分类汇总"按钮，如图 4-32 所示。

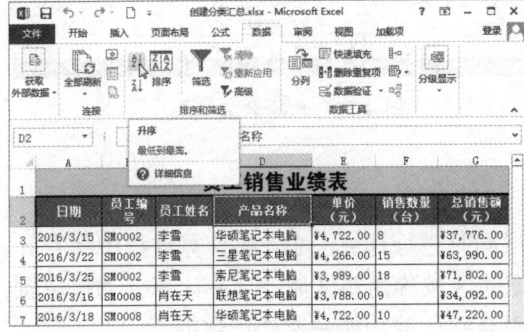
图 4-31　进行升序排序

图 4-32　单击"分类汇总"按钮

Step 03 弹出"分类汇总"对话框,设置"分类字段"为"产品名称"、"汇总方式"为"求和"、"选定汇总项"为"总销售额(元)",单击"确定"按钮,如图4-33所示。

Step 04 此时即可查看将对数据表进行分类汇总后的结果,如图4-34所示。

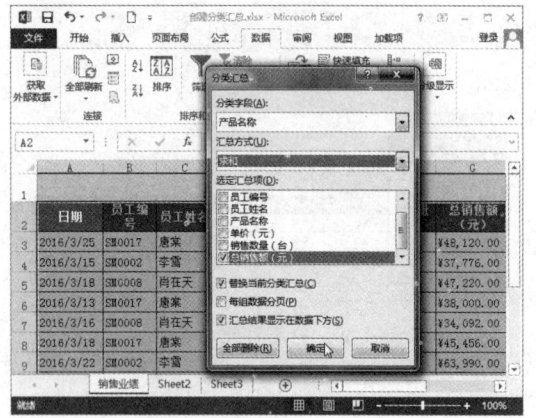

图 4-33 设置分类汇总选项　　　　　　　图 4-34 查看分类汇总结果

二、删除分类汇总

当不再需要分类汇总数据时,可以将创建的分类汇总删除。其删除方法很简单,具体操作方法如下:

Step 01 单击"分类汇总"按钮,弹出"分类汇总"对话框,单击"全部删除"按钮,如图4-35所示。

Step 02 此时即可得到删除分类汇总后的结果,如图4-36所示。

 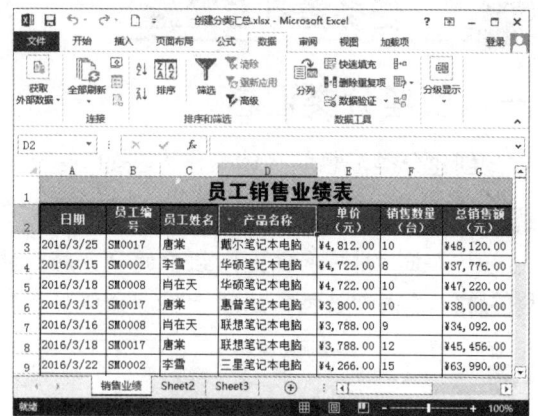

图 4-35 单击"全部删除"按钮　　　　　　图 4-36 删除分类汇总

三、多工作表的数据汇总

在 Excel 2013 中可以将多个工作表中的数据同时进行计算汇总,在计算过程中保存计算结果的工作表称为目标工作表,接受合并数据的区域称为源区域。合并计算分为按位置合并计算和按分类合并计算两种,用户可以利用合并计算功能快速处理数据。

1. 按位置合并计算

按位置合并计算要求将要进行合并计算的工作表中每条记录名称和字段名称都在相同的位置，具体操作方法如下：

Step 01 打开"按位置合并计算.xlsx"工作簿，如图 4-37 所示。

Step 02 切换到 Sheet3 工作表，选中 B3 单元格，选择"数据"选项卡，在"数据工具"组中单击"合并计算"按钮，如图 4-38 所示。

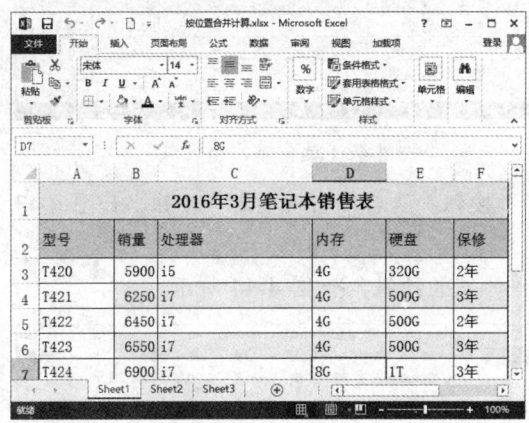

图 4-37 打开工作簿　　　　　　　　图 4-38 单击"合并计算"按钮

Step 03 弹出"合并计算"对话框，在"函数"下拉列表框中选择函数，单击"引用位置"文本框右侧的折叠按钮，如图 4-39 所示。

Step 04 切换到 Sheet1 工作表，选中 B3:B7 单元格区域，单击"合并计算 - 引用位置"对话框中的折叠按钮，如图 4-40 所示。

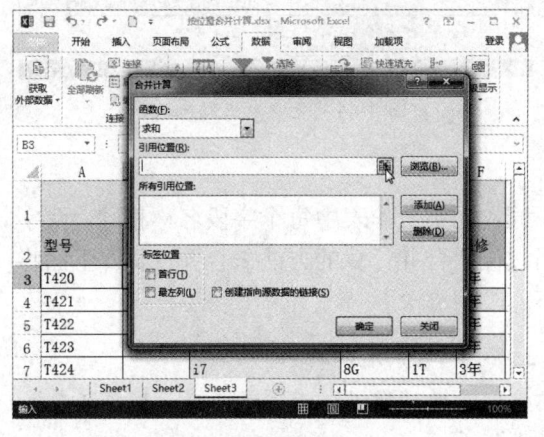
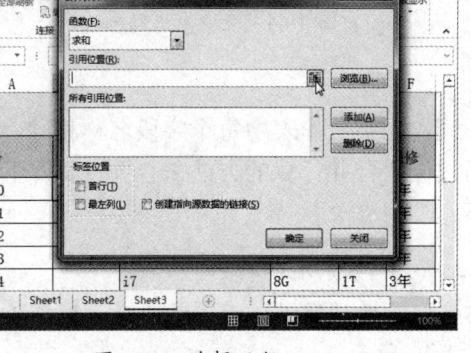

图 4-39 选择函数　　　　　　　　图 4-40 选择单元格区域

Step 05 返回"合并计算"对话框，单击"添加"按钮，单击"引用位置"文本框右侧的折叠按钮，如图 4-41 所示。

Step 06 切换到 Sheet2 工作表，选中 B3:B7 单元格区域，单击"合并计算 - 引用位置"对话框中的折叠按钮，如图 4-42 所示。

中文版 Excel 2013 在财务管理中的应用

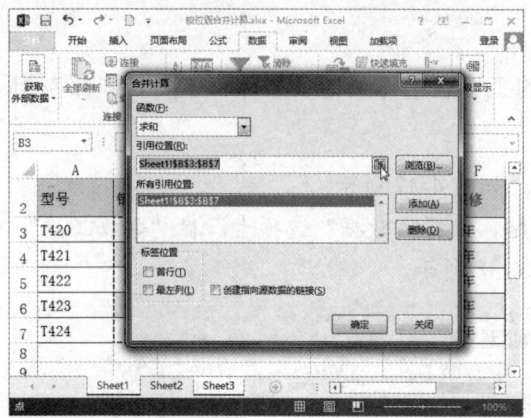

图 4-41 添加引用位置　　　　　　　　图 4-42 选中单元格区域

Step 07 返回"合并计算"对话框，单击"添加"按钮，然后单击"确定"按钮，如图 4-43 所示。

Step 08 此时即可看到目标工作表中显示出合并计算的结果，如图 4-44 所示。

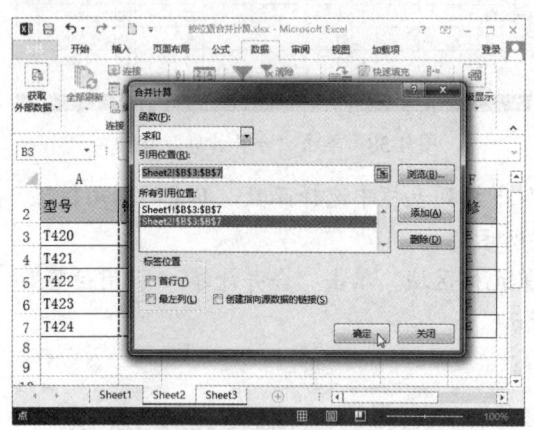
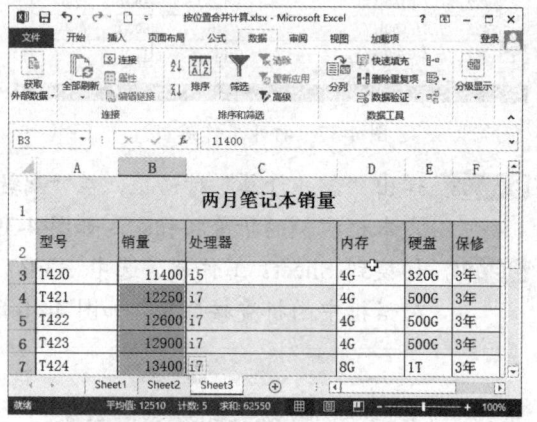

图 4-43 添加引用位置　　　　　　　　图 4-44 查看合并结果

2．按分类合并计算

按分类合并计算与按位置合并计算有所不同，如果工作表中每个字段名称相同，两字段和数据存放的位置不同时，此时就不可以用按位置合并计算的方法来合并计算。下面将介绍如何按分类合并计算，具体操作方法如下：

Step 01 打开"按分类合并计算.xlsx"工作簿，如图 4-45 所示。

Step 02 切换到 Sheet3 工作表，选中 A3 单元格，选择"数据"选项卡，在"数据工具"组中单击"合并计算"按钮，如图 4-46 所示。

> **专家指导**
> Expert guidance
>
> 在进行分类汇总前，要确保数据区域中要对其进行分类汇总计算的每个列的第一行都具有一个标签，每个列中都包含类似的数据，并且该区域不包含任何空白行或空白列。如果正在处理的是 Excel 表格，则"分类汇总"命令将会显示为灰色不可用。若要在表格中添加分类汇总，首先要将该表格转换为常规数据区域，然后添加分类汇总。

财务数据排序、筛选与汇总　项目四

图 4-45　打开工作簿

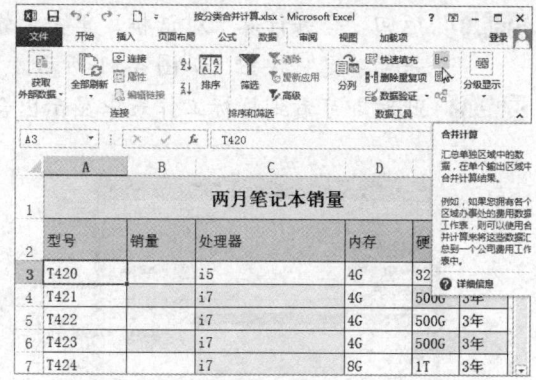

图 4-46　单击"合并计算"按钮

Step 03　弹出"合并计算"对话框,在"函数"下拉列表框中选择函数,如"求和",单击"引用位置"文本框右侧的折叠按钮,如图 4-47 所示。

Step 04　切换到 Sheet1 工作表,选中 A3:A7 单元格区域,单击"合并计算 - 引用位置"对话框中的折叠按钮,如图 4-48 所示。

图 4-47　选择函数

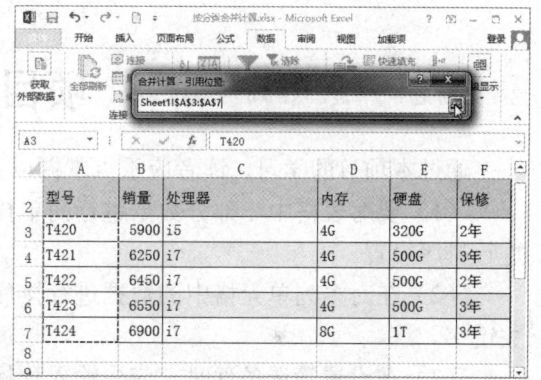

图 4-48　选择单元格区域

Step 05　返回"合并计算"对话框,单击"添加"按钮,单击"引用位置"文本框右侧的折叠按钮,如图 4-49 所示。

Step 06　切换到 Sheet2 工作表,选中 A3:F7 单元格区域,单击"合并计算 - 引用位置"对话框中的折叠按钮,如图 4-50 所示。

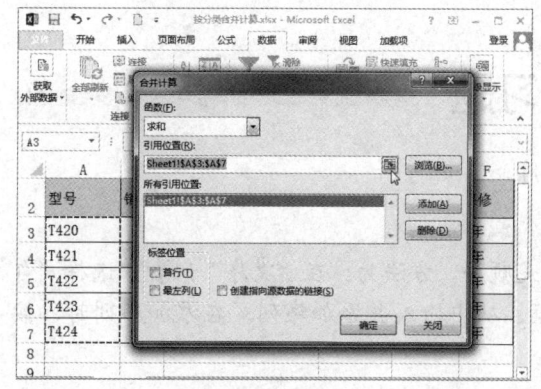

图 4-49　添加引用位置

图 4-50　选择单元格区域

Step 07 返回"合并计算"对话框,单击"添加"按钮,选中"最左列"复选框,然后单击"确定"按钮,如图4-51所示。

Step 08 此时即可看到目标工作表中显示出合并计算的结果,如图4-52所示。

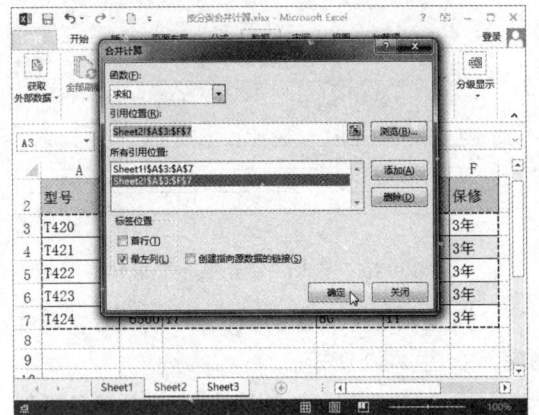
图4-51 添加引用位置

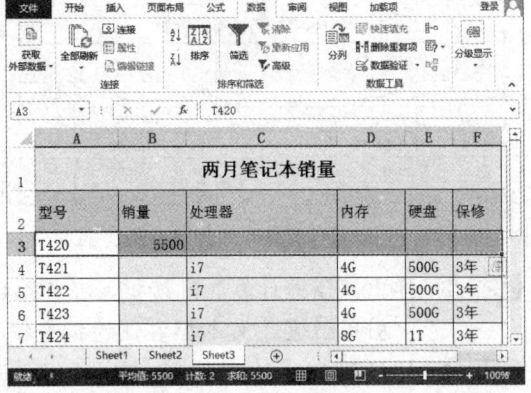
图4-52 查看合并结果

项目小结

通过本项目的学习,读者应重点掌握以下知识:

(1)要对表格中一部分数据进行简单排序,可以选中相应的单元格或单元格区域后进行排序设置。

(2)在对多列单元格中的数据进行排序时,需要以某个数据进行排列,该数据称为关键字。

(3)在设置筛选条件时,应先输入列标题,然后在标题下方设置条件,它们之间不应有空行。

(4)在输入筛选条件时,输入的字段名称应与工作表中的字段名称完全一致,包括字母的大小写,否则不能正确地筛选出结果。

(5)筛选数据后,当使用"查找"对话框搜索已筛选的数据时,只能搜索到所显示的数据,而无法搜索到未显示的数据。

项目习题

(1)对数据进行排序时,添加自定义顺序。

操作提示:

除了"升序"和"降序"外,还可以自定义顺序,方法为:在"次序"列表中选择"自定义序列"选项,弹出"自定义序列"对话框,从中输入并添加序列。在添加序列时,按【Enter】键可以分割列表条目。

（2）复制筛选数据到其他位置。

操作提示：

将筛选所得的行复制到其他位置时，可以指定要复制的列。在筛选前，将所需列的列标签复制到计划粘贴筛选行的区域的首行。当筛选时，在"复制到"文本框中输入对被复制列标签的引用。

项目五　数据透视表与数据透视图的应用

项目概述

数据透视表有机地综合了数据排序、筛选和分类汇总等数据分析的优点,可以方便地调整分类汇总的方式,是对数据的查询与分析,是深入挖掘数据内部信息的重要工具;数据透视图则是数据透视表的图形展示。本项目将详细介绍数据透视表和数据透视图的应用知识。

项目重点

- 数据透视表的基本操作。
- 编辑数据透视表。
- 使用数据透视图分析数据。
- 编辑数据透视图。

项目目标

- 掌握数据透视表的基本操作方法。
- 掌握编辑数据透视表的方法。
- 掌握使用数据透视图分析数据的方法。
- 掌握编辑数据透视图的方法。

任务一　数据透视表的基本操作

任务概述

数据透视表是一种交互式表格,它能够对大量数据快速汇总,是查询与分析数据、深入挖掘数据内部信息的重要工具。下面将学习数据透视表的基本操作。

一、数据透视表的用途

使用数据透视表可以深入分析数值数据，并且可以解决一些预计不到的数据问题。数据透视表是针对以下用途而特别设计的。

- 以多种用户友好方式查询大量数据。
- 对数值数据进行分类汇总和聚合，按照分类和子分类对数据进行汇总，创建自定义计算和公式。
- 展开或折叠要关注结果的数据级别，查看感兴趣区域摘要数据的明细。
- 将行移动到列或将列移动到行，以查看源数据的不同汇总。
- 对最有用和最关注的数据子集进行筛选、排序、分组和有条件地设置格式，使用户能够关注所需的信息。
- 提供简明、有吸引力且带有批注的联机报表或打印报表。

如果要分析相关的汇总值，尤其是在要合计较大的数字列表并对每个数字进行多种比较时，通常需要使用数据透视表。

二、创建数据透视表

在 Excel 2013 中创建数据透视表的方法很简单，具体操作方法如下：

Step 01 打开"创建数据透视表.xlsx"工作簿，选择"插入"选项卡，单击"表格"下拉按钮，单击"数据透视表"按钮，如图 5-1 所示。

Step 02 弹出"创建数据透视表"对话框，选中"新工作表"单选按钮，单击"确定"按钮，如图 5-2 所示。

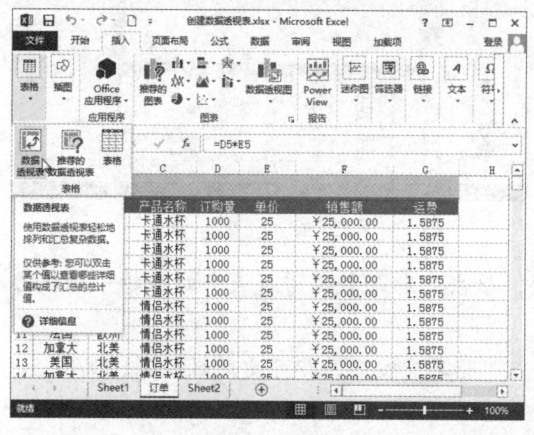

图 5-1　单击"数据透视表"按钮

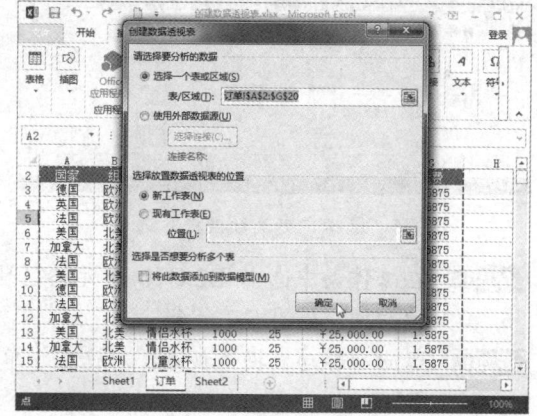

图 5-2　选中"新建工作表"单选按钮

Step 03 此时，在新的工作表中显示创建数据透视表的向导，如图 5-3 所示。

Step 04 打开"数据透视表字段"列表窗格，在"选择要添加到报表的字段"列表框中选择需要添加到报表的字段，即可看到在数据透视表中显示出相应数据，如图 5-4 所示。

图 5-3 显示数据透视表创建向导　　　　图 5-4 创建数据透视表

三、更改数据源

在创建数据透视表后，仍可以对数据源进行更改，具体操作方法如下：

Step 01 打开"更改数据源.xlsx"工作簿，选择"分析"选项卡，单击"数据"组中的"更改数据源"下拉按钮，选择"更改数据源"选项，如图 5-5 所示。

Step 02 弹出"更改数据透视表数据源"对话框，单击"表/区域"文本框右侧的折叠按钮，如图 5-6 所示。

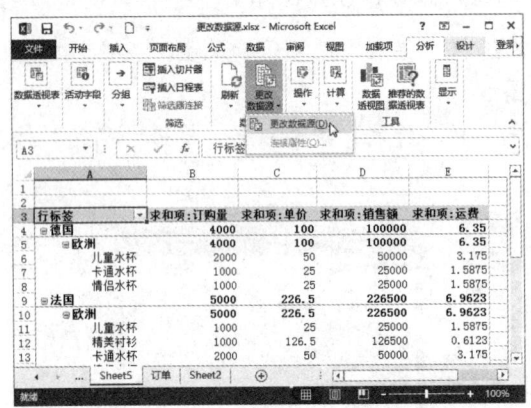

图 5-5 选择"更改数据源"选项　　　　图 5-6 单击折叠按钮

Step 03 在工作表中选中 B2:G10 单元格区域，单击"移动数据透视表"对话框中的折叠按钮，如图 5-7 所示。

Step 04 返回"移动数据透视表"对话框，单击"确定"按钮，即可更改数据源，如图 5-8 所示。

> **专家指导** Expert guidance
>
> 字段即在数据透视表或数据透视图中来源于源数据中字段的一类数据。数据透视表具有行字段、列字段、页字段和数据字段。数据透视图具有系列字段、分类字段、页字段和数据字段。

数据透视表与数据透视图的应用　项目五

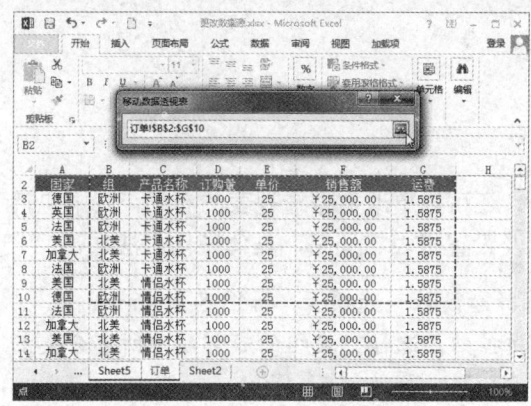 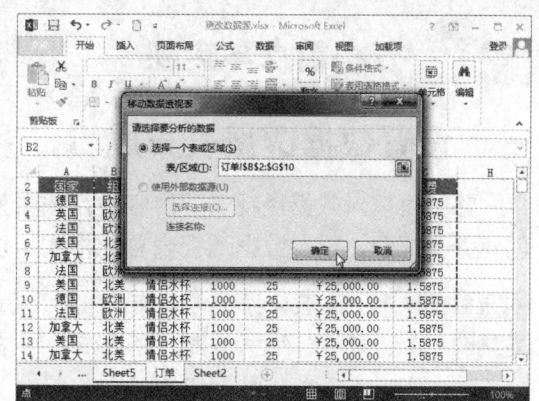

图 5-7　选择数据源　　　　　　　　　　图 5-8　确认更改数据源操作

四、删除数据透视表

若想删除数据透视表，具体操作方法如下：

Step 01 打开"删除数据透视表.xlsx"，选中任意单元格，选择"分析"选项卡，单击"操作"下拉按钮，再单击"选择"下拉按钮，选择"整个数据透视表"，如图 5-9 所示。

Step 02 选中整个数据透视表后，按【Delete】键后即可删除整个数据透视表，如图 5-10 所示。

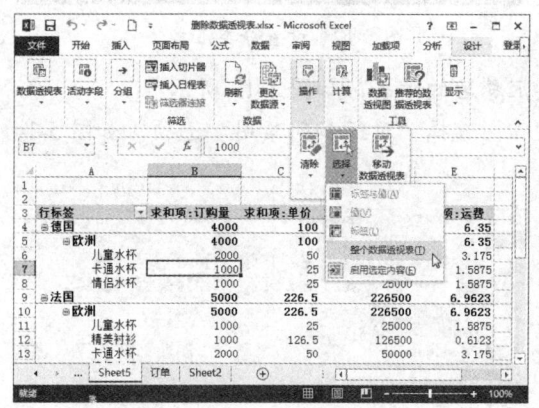 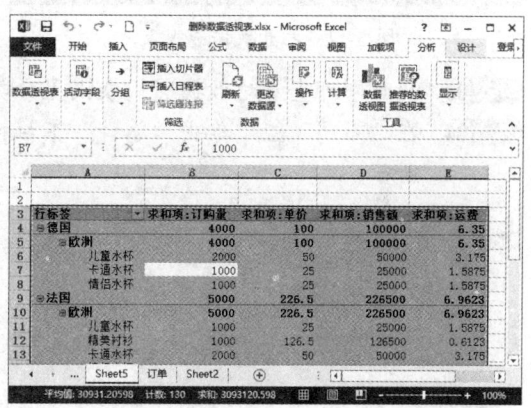

图 5-9　选择"整个数据透视表"选项　　　图 5-10　删除整个数据透视表

任务二　编辑数据透视表

成功创建数据透视表后，还可以对数据透视表的类型、布局以及样式进行编辑，下面将分别对其进行介绍。

中文版 Excel 2013 在财务管理中的应用

一、设置数据透视表布局

除了可以对数据透视表的内容进行编辑外，还可以更改数据透视表的布局，其中包括创建分类汇总，设置数据透视表总计格式，以及设置报表布局等，具体操作方法如下：

Step 01 打开"设置数据透视表布局.xlsx"，选择"设计"选项卡，如图 5-11 所示。

Step 02 在"布局"组中单击"分类汇总"下拉按钮，选择"在组的底部显示所有分类汇总"选项，如图 5-12 所示。

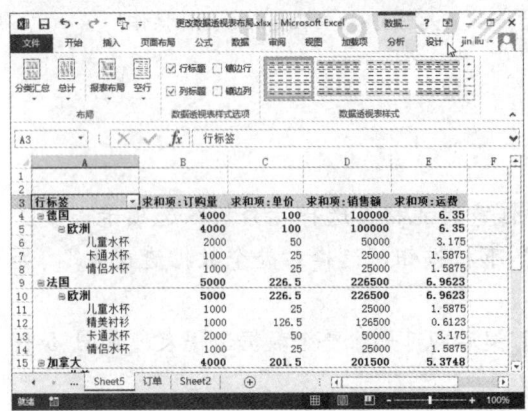

图 5-11　打开数据透视表

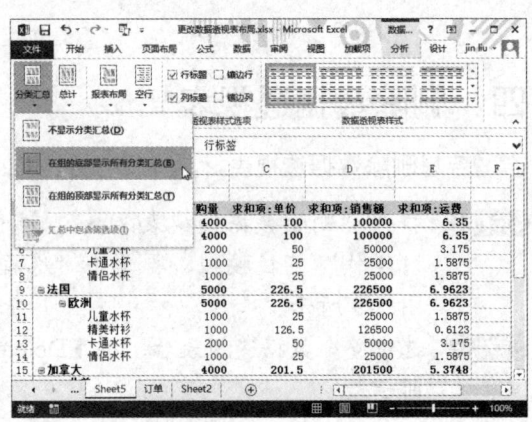

图 5-12　设置分类汇总

Step 03 此时即可查看对数据透视表设置分类汇总后的结果，如图 5-13 所示。

Step 04 在"布局"组中单击"总计"下拉按钮，选择"对行和列禁用"选项，如图 5-14 所示。

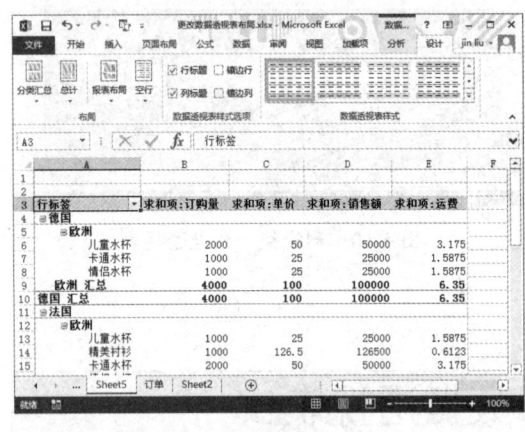

图 5-13　查看分类汇总结果

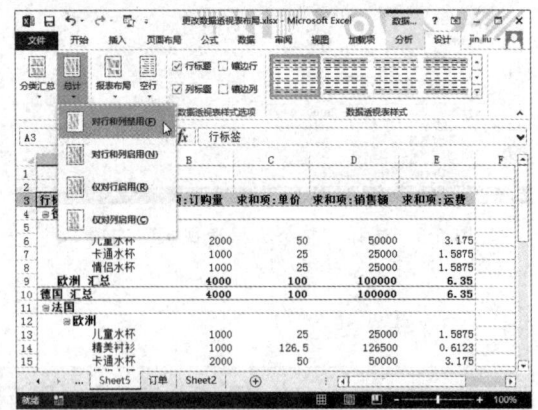

图 5-14　设置总计选项

Step 05 此时即可取消数据透视表中默认的总计显示，如图 5-15 所示。

Step 06 在"布局"组中单击"报表布局"下拉按钮，选择"以大纲形式显示"选项，如图 5-16 所示。

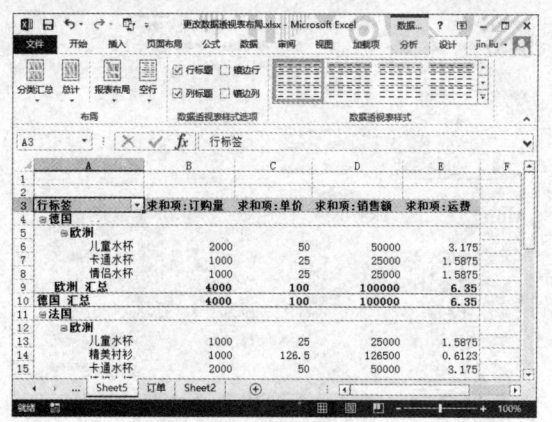
图 5-15 查看设置效果

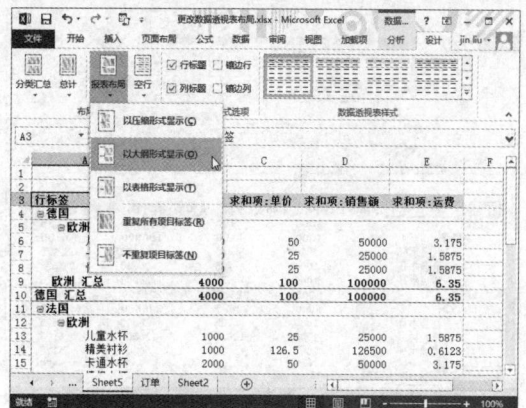
图 5-16 设置报表布局

Step 07 此时即可查看设置报表布局后的效果，如图 5-17 所示。

Step 08 单击"布局"组中的"空行"下拉按钮，选择"在每个项目后插入空行"选项，即可在每个项目后面插入一个空行，如图 5-18 所示。

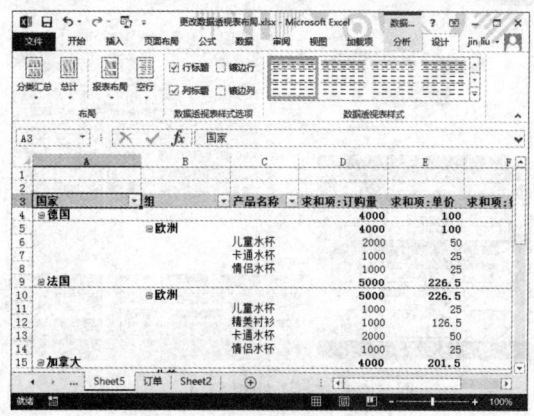
图 5-17 设置报表布局

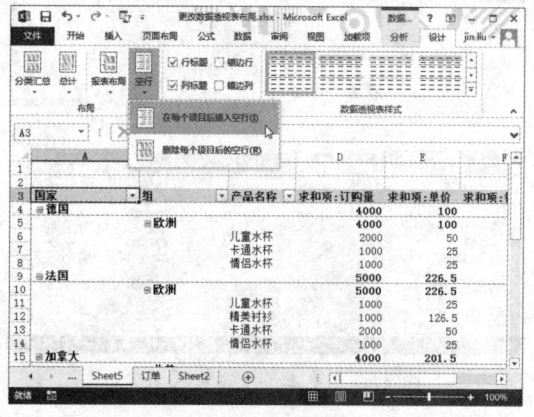
图 5-18 插入空行

二、设置数据透视表样式

用户可以通过更改数据透视表样式来达到美化透视表的目的，其操作也很简单，具体操作方法如下：

Step 01 打开"更改数据透视表样式.xlsx"，选择"设计"选项卡，单击"数据透视表样式选项"下拉按钮，如图 5-19 所示。

Step 02 在弹出的列表中选中"镶边行"和"镶边列"复选框，即可查看设置后的效果，如图 5-20 所示。

> 在设置数据透视表样式时，可以在"数据透视表样式选项"组中设置是否显示"行标题"、"列标题"、"镶边行"和"镶边列"。

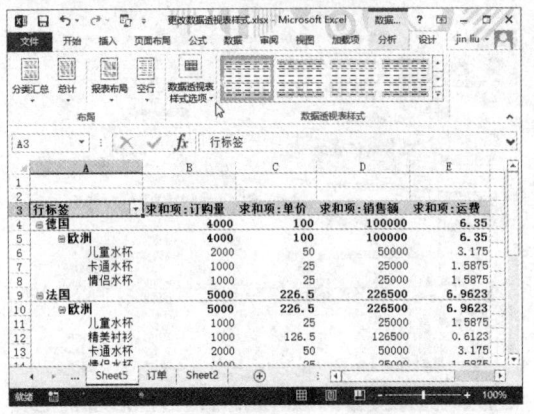
图 5-19　单击"数据透视表样式选项"下拉按钮

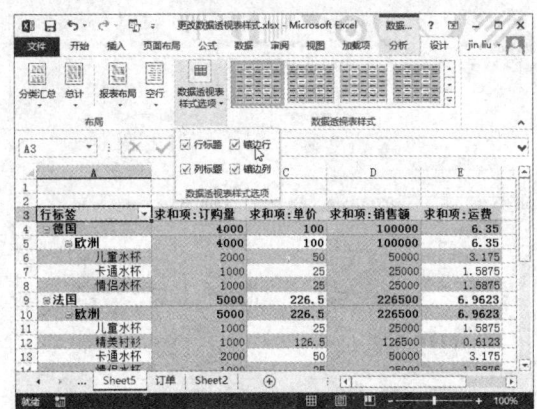
图 5-20　镶边行和列

Step 03 在"数据透视表样式"组中单击"其他"按钮，如图 5-21 所示。

Step 04 在弹出的下拉列表中选择"数据透视表样式中等深浅 2"选项，如图 5-22 所示。

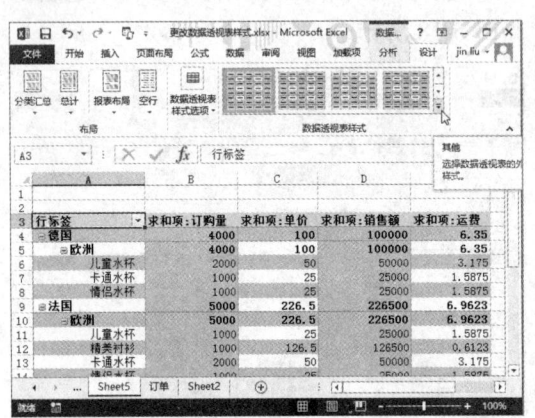
图 5-21　单击"其他"按钮

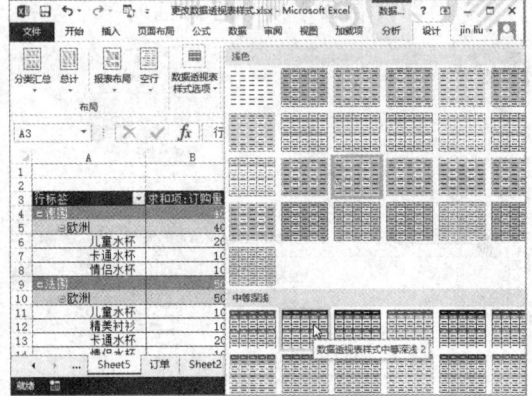
图 5-22　选择外观样式

Step 05 此时即可查看设置数据透视表样式后的效果，如图 5-23 所示。

Step 06 还可以对数据格式进行设置，选择 C3:C8 单元格区域，如图 5-24 所示。

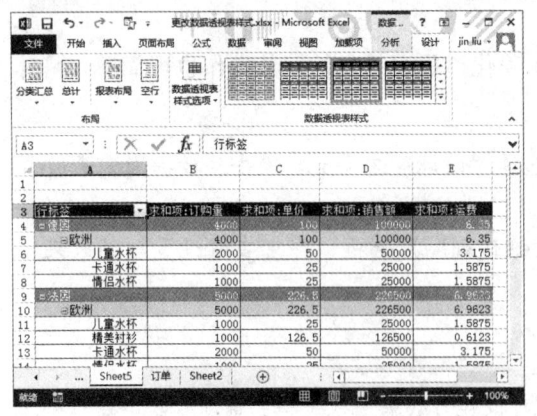
图 5-23　查看设置效果

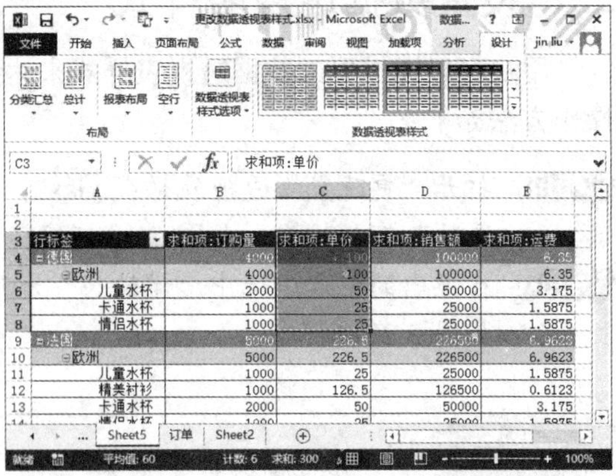

图 5-24　选择单元格区域

Step 07 选择"开始"选项卡，在"数字"组中单击"数字"下拉按钮，选择"数字"选项，如图 5-25 所示。

Step 08 此时即可查看设置数字格式后的表格效果，如图 5-26 所示。

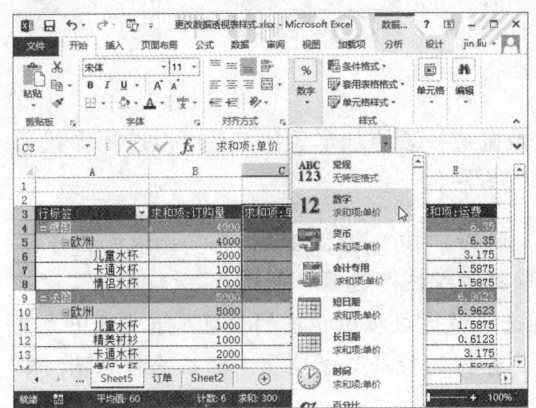
图 5-25 设置数字格式

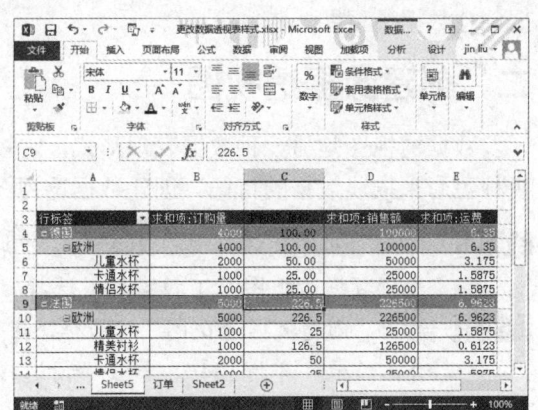
图 5-26 查看设置效果

任务三　使用数据透视图分析数据

数据透视图是以图形形式表示的数据透视表。和图表与数据区域之间的关系相同，各数据透视表之间的字段相互对应。如果更改了某一列表的某个字段位置，则另一报表中的相应字段位置也会改变。

一、认识数据透视图

在数据透视图中，除了具有标准图表的系列、分类、数据标记和坐标轴以外，数据透视图中还有一些特殊的元素，如报表筛选字段、值字段、系列字段、项和分类字段等，其中：

- 报表筛选字段是用来根据特定项筛选数据的字段。使用报表筛选字段是在不修改系列和分类信息的情况下汇总并快速集中处理数据子集的捷径。
- 值字段是来自基本源数据的字段，提供进行比较或计算的数据。
- 系列字段是数据透视图中为系列方向指定的字段，且字段中的项提供单个数据系列。
- 项代表一个列或行字段的唯一条目，且出现在报表筛选字段、分类字段和系列字段的下拉列表中。
- 分类字段是分配到数据透视图分类方向上的源数据中的字段，它为那些用来绘图的数据点提供单一分类。

首次创建数据透视表时可以自动创建数据透视图，也可以通过数据透视表中的现有数据创建数据透视图。

二、创建数据透视图

数据透视图是另一种数据表现形式，它较数据透视表更加形象化，且可以选择形状和多种色彩来描述数据的特征。创建数据透视图的方法如下：

Step 01 打开"创建数据透视图.xlsx"工作簿，选择"插入"选项卡，在"图表"组中单击"数据透视图"下拉按钮，选择"数据透视图"选项，如图5-27所示。

Step 02 弹出"创建数据透视图"对话框，在"选择放置数据透视图的位置"组中选中"现有工作表"单选按钮，单击"请选择要分析的数据"选项区中的折叠按钮，如图5-28所示。

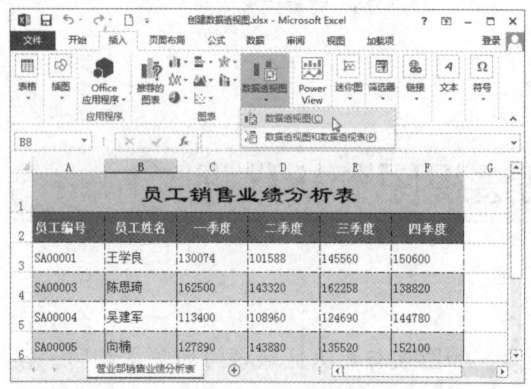
图 5-27 选择"数据透视图"选项

图 5-28 选择放置位置

Step 03 在工作表中选择A2:F7单元格区域，单击"创建数据透视图"对话框内的折叠按钮，如图5-29所示。

Step 04 返回"创建数据透视表"对话框，单击"确定"按钮，如图5-30所示。

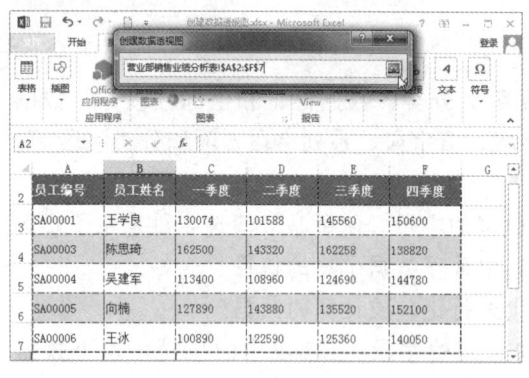
图 5-29 选择数据

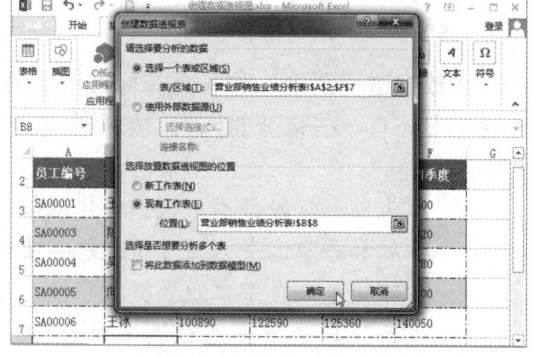
图 5-30 确认操作

Step 05 在"数据透视图字段"任务窗格中的"选择要添加到报表的字段"列表框中选中需要显示选项的复选框，如图5-31所示。

Step 06 单击窗格右上角的"关闭"按钮，即可查看创建好的数据透视图效果，如图5-32所示。

数据透视表与数据透视图的应用　项目五

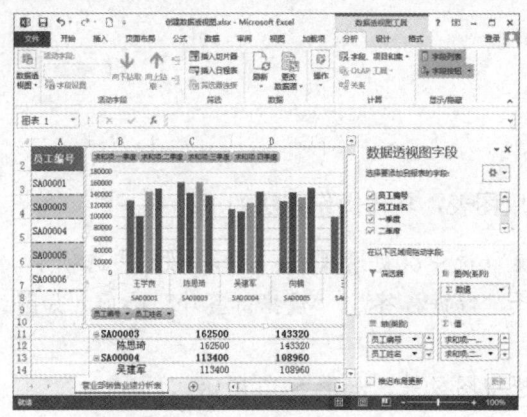

图 5-31　选择添加字段

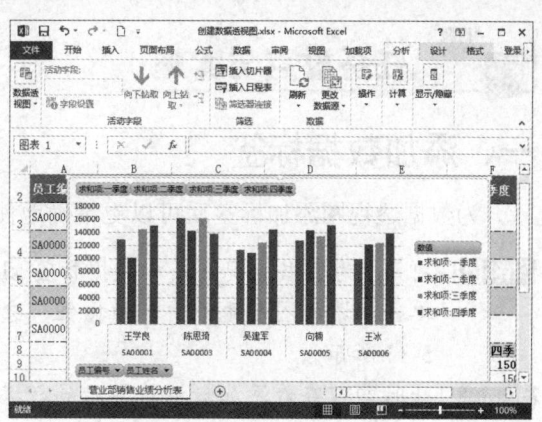

图 5-32　查看创建效果

三、删除数据透视图

当工作表中不需要使用数据透视图时，还可以将其删除，具体操作方法如下：

Step 01　继上一节进行操作，单击"操作"下拉按钮，选择"清除" | "全部清除"选项，如图 5-33 所示。

Step 02　此时即可查看删除数据透视图后的效果，如图 5-34 所示。

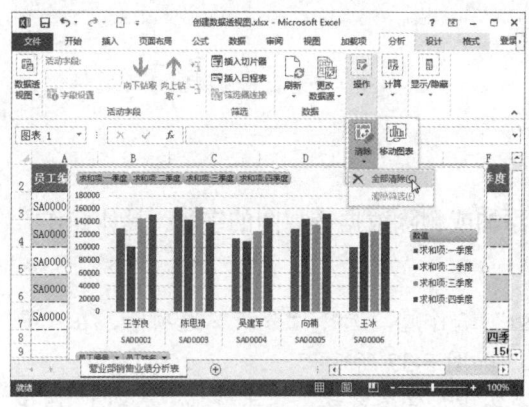

图 5-33　选择"全部清除"选项

图 5-34　查看删除效果

任务四　编辑数据透视图

任务概述

创建数据透视图后，即可对其进行相应的分析，包括透视图字段的添加和删除、数据透视图的筛选、刷新与删除等，还可以对数据透视图的类型、布局以及样式进行编辑，下面将分别对其进行介绍。

中文版 Excel 2013 在财务管理中的应用

一、添加数据标签

为数据透视图添加标签后可以更精确地使用图表，具体操作方法如下：

Step 01 打开"为数据透视图添加数据标签.xlsx"，选中数据透视图，选择"设计"选项卡，单击"添加图表元素"下拉按钮，选择"数据标签"|"数据标签外"选项，如图 5-35 所示。

Step 02 此时即可查看添加数据标签后的数据透视图效果，如图 5-36 所示。

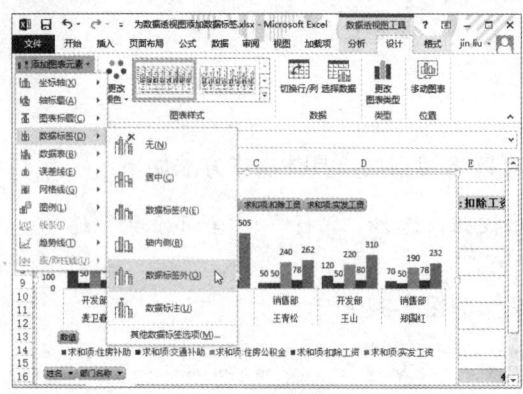
图 5-35　选择"数据标签外"选项

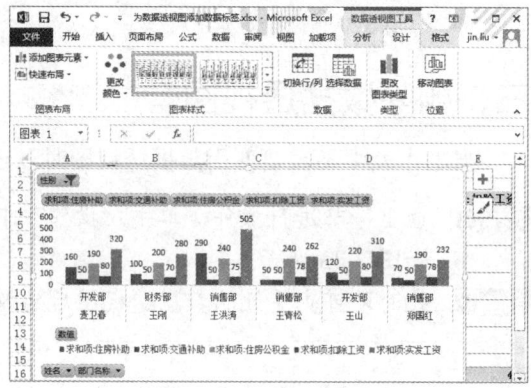
图 5-36　查看数据透视图效果

二、添加或删除数据字段

成功创建数据透视图后，有时需要动态地添加或删除数据透视图的字段，具体操作方法如下：

Step 01 打开"添加或删除数据透视图字段.xlsx"工作簿，选择"分析"选项卡，在"显示/隐藏"组中单击"字段列表"按钮，如图 5-37 所示。

Step 02 此时即可在工作表中打开"数据透视图字段"任务窗格，单击"轴（类别）"组中的"员工姓名"字段，选择"删除字段"选项，如图 5-38 所示。

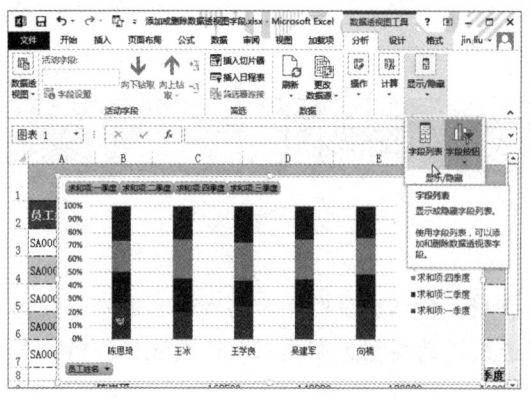
图 5-37　单击"字段列表"按钮

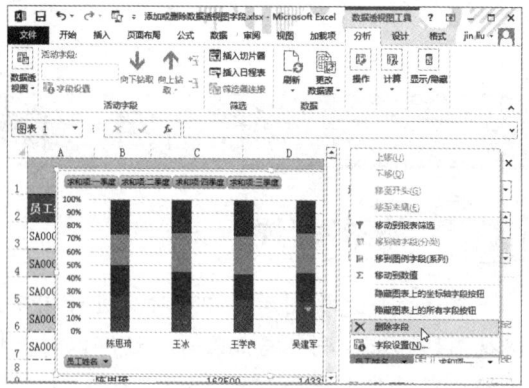
图 5-38　选择"删除字段"选项

Step 03　删除字段后，数据透视图发生相应的变化，如图5-39所示。

Step 04　在"数据透视图字段"窗格的"选择要添加到报表的字段"选项区中选择要添加的字段，数据透视图中就会添加上该字段，如图5-40所示。

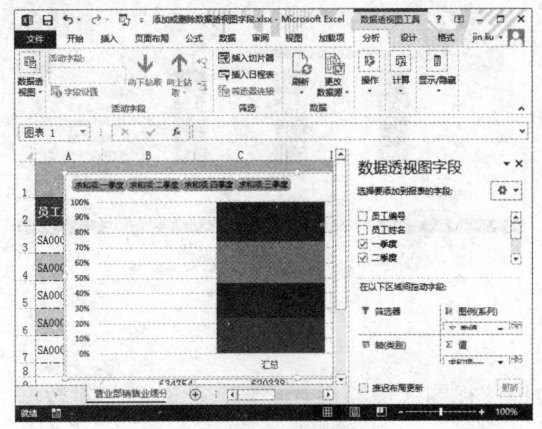

图5-39　查看删除字段效果

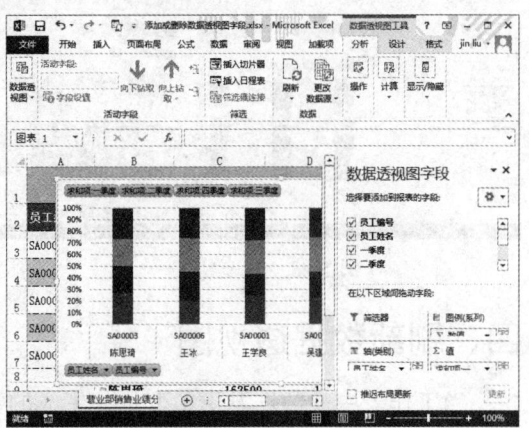

图5-40　添加字段

三、筛选数据

在对数据透视图进行编辑时，经常需要对数据透视图中的数据进行筛选，具体操作方法如下：

Step 01　打开"筛选数据透视图中的数据.xlsx"工作簿，在"数据透视表字段"列表窗格的"轴（类别）"组中单击"员工编号"字段，选择"移动到报表筛选"选项，如图5-41所示。

Step 02　此时即可将"员工编号"字段添加到"筛选器"组，工作表中的透视图也发生了相应的变化，如图5-42所示。

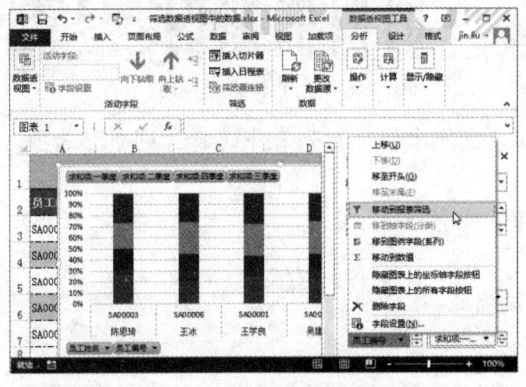

图5-41　选择"移动到报表筛选"选项

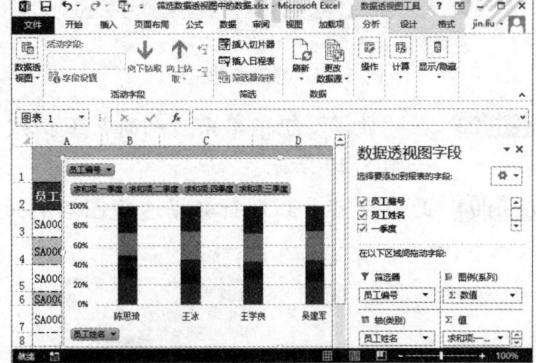

图5-42　添加"员工编号"字段

Step 03　单击"员工编号"字段右侧的"全部"下拉按钮，在弹出的列表中选中"选择多项"复选框，并取消选择不需要显示的数据，单击"确定"按钮，如图5-43所示。

Step 04　关闭"数据透视表字段"列表窗格，即可查看对数据透视图筛选后的效果，如图5-44所示。

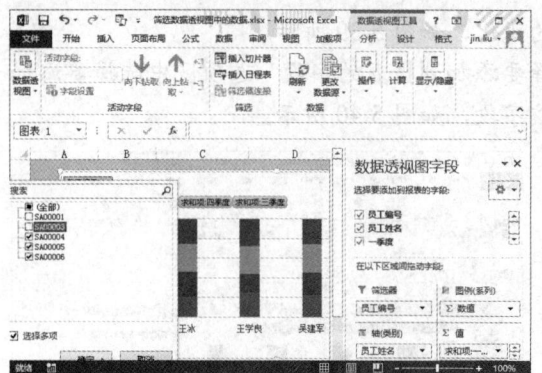

图 5-43 筛选数据

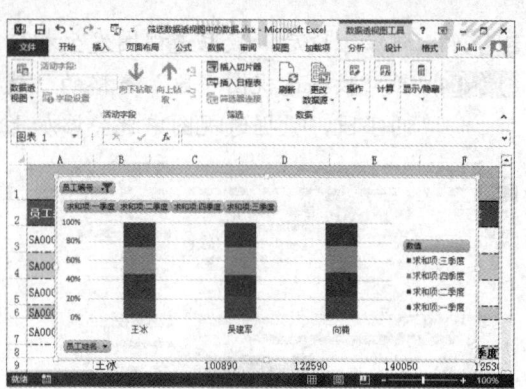

图 5-44 查看筛选效果

四、刷新数据透视图

当工作表中的数据发生了变化，生成的数据透视图就需要进行更新，此时只需对数据透视图进行刷新即可，具体操作方法如下：

Step 01 打开"刷新数据透视图.xlsx"工作簿，切换到"销售业绩分析表"工作表，在 C3 单元格中重新输入 205 000，如图 5-45 所示。

Step 02 切换到 Sheet1 数据表，选中数据透视图，选择"分析"选项卡，如图 5-46 所示。

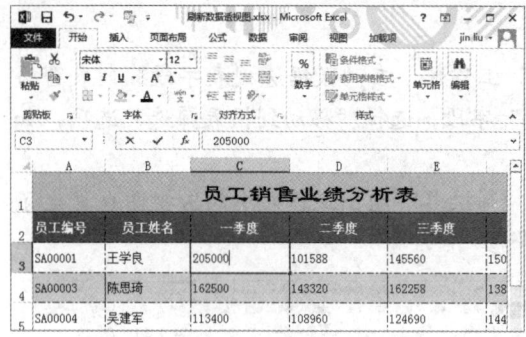

图 5-45 修改数据

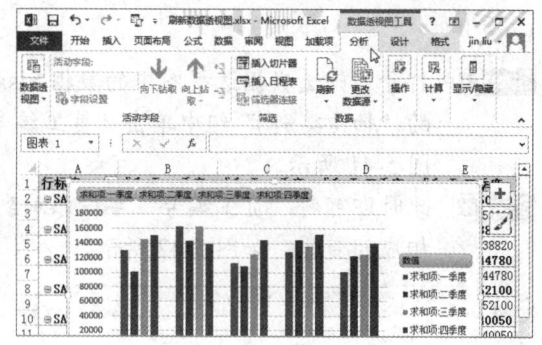

图 5-46 选中数据透视图

Step 03 在"数据"组中单击"刷新"下拉按钮，在弹出的下拉列表中选择"刷新"选项，如图 5-47 所示。

Step 04 此时即可看到刷新数据透视图后的效果，如图 5-48 所示。

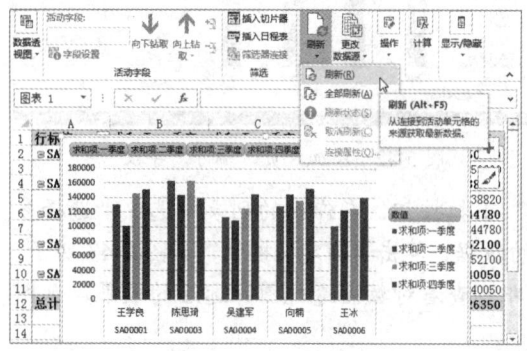

图 5-47 选择"刷新"选项

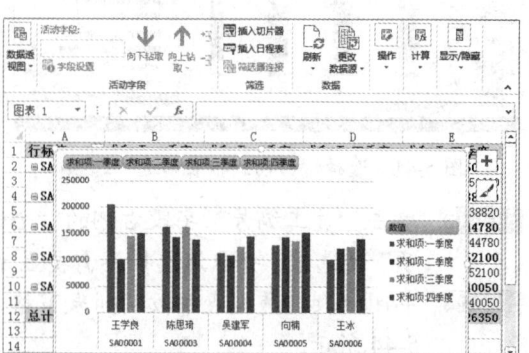

图 5-48 查看刷新效果

五、更改数据透视图类型和布局

更改数据透视图的类型和布局相对来说比较简单，具体操作方法如下：

Step 01 打开"更改数据透视图类型和布局.xlsx"工作簿，选择"设计"选项卡，单击"类型"组中的"更改图表类型"按钮，如图5-49所示。

Step 02 弹出"更改图表类型"对话框，在左侧选择"条形图"选项，在右侧选择"三维堆积条形图"选项，然后单击"确定"按钮，如图5-50所示。

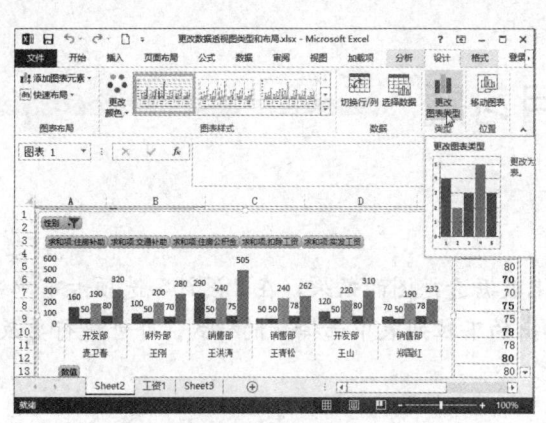

图 5-49　单击"更改图表类型"按钮　　　　图 5-50　选择图表类型

Step 03 此时即可查看更改数据透视图类型后的效果，在"图表布局"组中单击"快速布局"下拉按钮，选择"布局4"，如图5-51所示。

Step 04 此时即可查看更改数据透视图类型和布局后的最终效果，如图5-52所示。

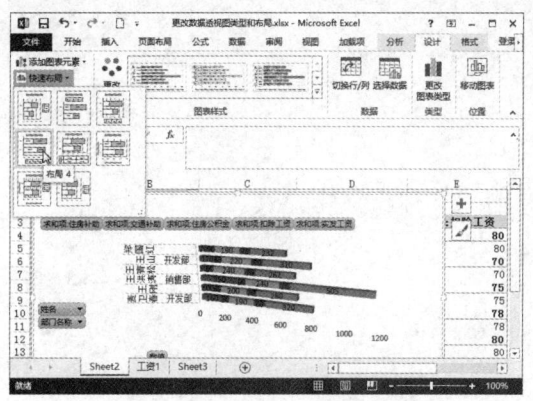 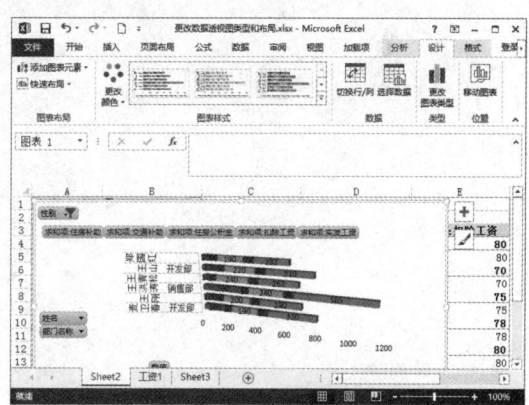

图 5-51　查看更改效果　　　　　　　　　图 5-52　更改图表布局

项目小结

通过本项目的学习，读者应重点掌握以下知识：

（1）数据透视表具有行字段、列字段、页字段和数据字段。数据透视图具有系列字段、分类字段、页字段和数据字段。

（2）删除与数据透视图相关联的数据透视表会将该数据透视图变为标准图表，将无法再透视或者更新该标准图表。

（3）与标准图表不同的是，数据透视图不可使用"选择数据源"对话框来交换数据透视图报表的行/列方向。但是，可以旋转相关联的数据透视表的行标签和列标签来实现相同效果。

（4）数据透视图与透视表的数据是一一对应的，如果改变其中的一项数据，则另一项也将随之发生变化。

项目习题

（1）更改数据透视图样式。

操作提示：

通过更改数据透视图样式可以达到美化数据透视图的效果，在"设计"选项卡下单击"图表样式"组中的"其他"按钮，在弹出的下拉列表中选择新的样式，即可进行更改。

（2）当前工作表中创建数据透视表。

操作提示：

如果想让数据透视表显示在当前工作表中，则可选择"创建数据透视表"对话框中的"现有"工作表，然后在"位置"文本框中设置存放数据透视表的起始单元格。

项目六　员工薪酬管理

项目概述

在现代企业人力资源管理中，薪酬管理是非常重要的内容，建立合理的有竞争力的薪酬体系，充分发挥薪资体系的双刃剑作用，是一项非常重要的工作。本项目将详细介绍如何使用 Excel 2013 制作员工基本信息表，以及如何制作完整、规范的员工工资明细表。

项目重点

- 制作员工信息表。
- 制作员工工资明细表。

项目目标

- 掌握员工信息表的制作方法。
- 掌握员工工资明细表的制作方法。

任务一　制作员工信息表

任务概述

员工基本信息表主要指员工的个人信息表和包含员工当月工作情况的当月信息表。通过制作员工的基本信息表和当月信息表，可以有效地查看员工的基本信息，并为计算员工工资提供依据。下面将分别制作员工的基本信息表和当月信息表，其内容主要包括员工的编号、姓名、工龄和员工的出勤情况等。

任务重点与实施

一、制作员工基本信息表

下面将制作员工基本信息表，通过员工的出生日期和入职日期来分别计算员工的年龄

和工龄,具体操作方法如下:

Step 01 新建工作簿,在 A1 单元格中输入表格标题"九天员工信息表",在 A2:J2 单元格中分别输入表格项目标题,如图 6-1 所示。

Step 02 根据公司的实际情况输入表格的基本数据,并设置相关格式,如图 6-2 所示。

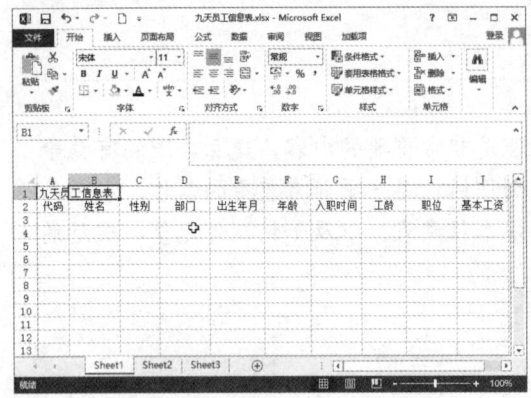
图 6-1 输入项目标题

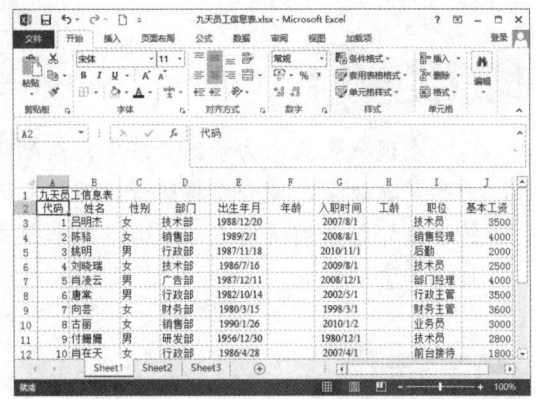
图 6-2 输入表格基本数据

Step 03 选中 F3 单元格,在编辑栏中输入公式"=RIGHT(YEAR(NOW() – E3),2)",按【Ctrl+Enter】组合键,根据当前日期计算员工的年龄,如图 6-3 所示。

Step 04 将鼠标指针移至 F3 单元格右下角,当指针变为➕形状时向下拖动鼠标至 F15 单元格后松开鼠标,计算出所有员工的年龄,如图 6-4 所示。

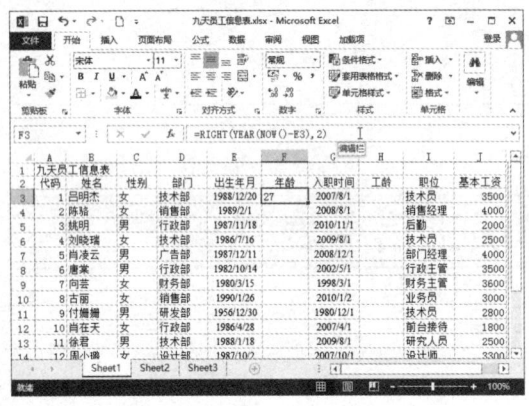
图 6-3 输入公式   图 6-4 复制公式

Step 05 选中 H3 单元格,在编辑栏中输入公式"=TRUNC((DAYS360(G3,TODAY()))/360,0)",按【Ctrl+Enter】组合键,即可根据当前日期计算员工的工龄,如图 6-5 所示。

Step 06 将鼠标指针移至 H3 单元格右下角,当指针变为➕形状时向下拖动至 H15 单元格后松开鼠标,即可计算出所有员工的工龄,设置相关格式,查看最终效果,如图 6-6 所示。

> 专家指导
> Expert guidance
>
> Excel 2013 会将最近使用过的公式添加到"公式"选项卡的"函数库"组中的"最近使用的函数"选项中,以方便用户使用。

员工薪酬管理　项目六

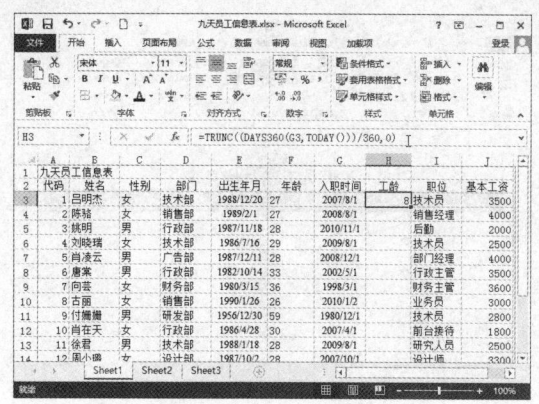

图 6-5　计算员工工龄

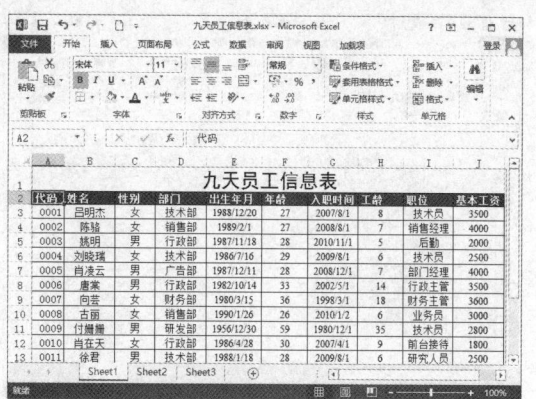

图 6-6　复制公式

二、制作员工当月信息表

员工当月信息表主要用于记录员工当月的出勤情况，是工资表的重要组成部分。为了更方便地计算员工的工资，可以将这些信息创建在一张表格中，并可根据实际情况进行修改，以便于以后其他工资表调用这些数据，具体操作方法如下：

Step 01 新建工作簿，将 Sheet1 工作表重命名为"员工当月信息表"，在 A1 单元格中输入标题"九天员工当月信息表"，在 A2:F2 单元格区域中输入项目标题，设置相关格式，如图 6-7 所示。

Step 02 打开"九天员工信息表.xlsx"工作簿，在"员工当月信息表"中输入员工代码，选中 B3 单元格，在编辑栏中输入公式"=VLOOKUP(A3,[九天员工信息表.xlsx]Sheet1!A:C,2,0)"，并按【Enter】键确认，即可自动添加员工姓名，如图 6-8 所示。

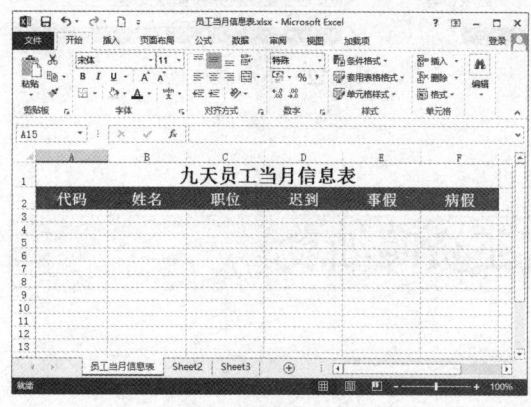

图 6-7　输入项目名称

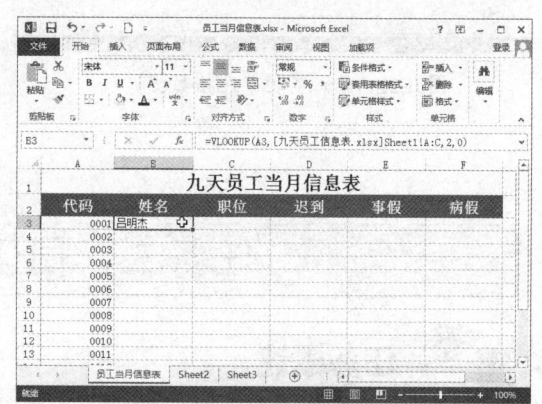

图 6-8　输入公式

Step 03 将鼠标指针移至 B3 单元格右下角，当指针变为╋形状时向下拖动鼠标至 B15 单元格后松开，即可添加所有员工的姓名，如图 6-9 所示。

Step 04 选中 C3 单元格，在编辑栏中输入公式"=VLOOKUP(A3,[九天员工信息表.xlsx]Sheet1!A:I,9,0)"，并按【Enter】键确认，自动添加员工职务，通过拖动填充柄复制公式填充所有员工的职务，如图 6-10 所示。

105

中文版 Excel 2013 在财务管理中的应用

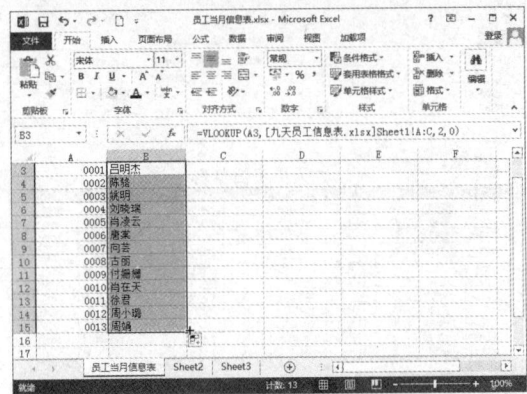

图 6-9　复制公式

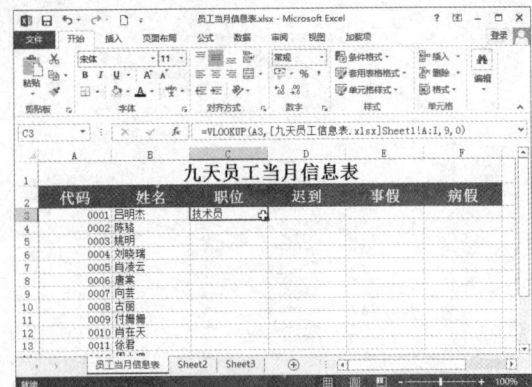

图 6-10　输入公式

Step 05 根据本月员工的实际情况，输入其他单元格的数据，选中 A1:F15 单元格区域，如图 6-11 所示。

Step 06 单击"边框"下拉按钮 ，在弹出的下拉列表中选择"所有框线"选项，为表格添加边框，如图 6-12 所示。

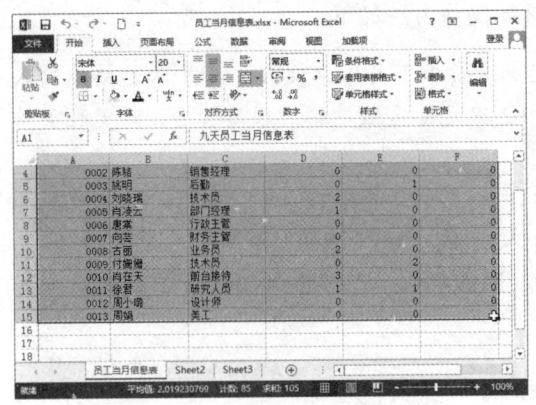

图 6-11　输入其他单元格数据

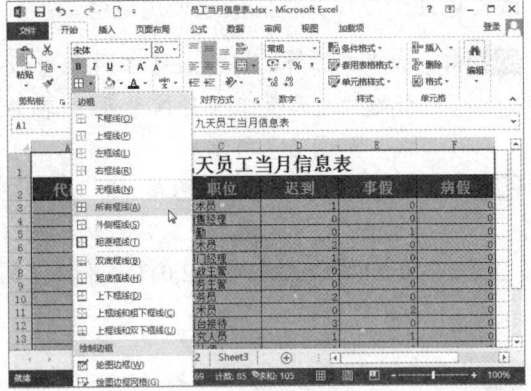

图 6-12　添加表格边框

任务二　员工工资明细表

任务概述

　　员工工资明细表是财会部门不可缺少的一种表格模板，每个月都会在发放工资之前使用，是非常重要的一种财务表格。下面将详细介绍如何快速地在 Excel 2013 中设计并制作出既美观，又准确的员工工资明细表。

员工薪酬管理 项目六

任务重点与实施

一、创建员工工资表框架

本实例的员工工资明细是为某企业销售部门制定的，因此除了一些基本的组成部分外，还应添加员工的提成工资。下面先根据这些内容创建员工工资明细表的框架，输入基本的员工信息，具体操作方法如下：

Step 01 新建工作簿，将其重命名为"员工工资明细表"，输入表格的标题和项目内容，并设置表格格式，如图6-13所示。

Step 02 打开"九天员工信息表"工作簿，将其中的员工信息复制到"员工工资明细表"工作簿中，如图6-14所示。

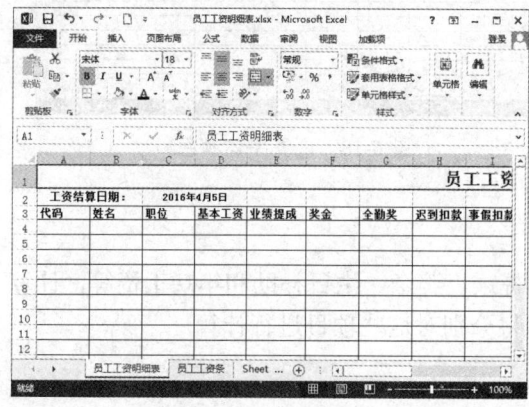

图6-13 输入表格项目　　　　　　　图6-14 复制数据

Step 03 选中E列至P列单元格区域并右击，在弹出的快捷菜单中选择"设置单元格格式"命令，如图6-15所示。

Step 04 弹出"设置单元格格式"对话框，在"数字"选项卡下的"分类"列表框中选择"货币"选项，如图6-16所示。

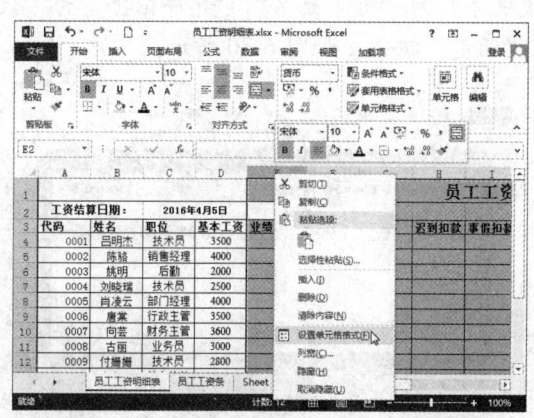 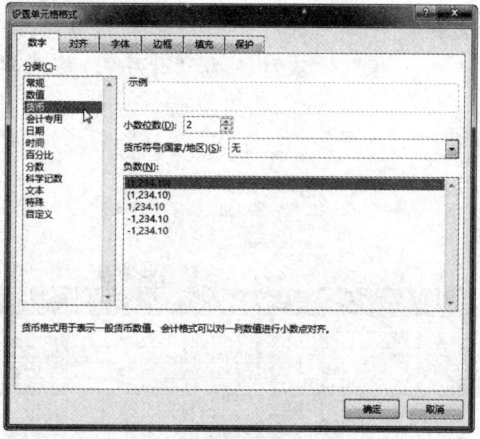

图6-15 选择"设置单元格格式"命令　　　　图6-16 选择"货币"选项

Step 05 在"货币符号(国家/地区)"下拉列表中选择"¥"选项,在"负数"列表框中选择"¥1 234.10"选项,单击"确定"按钮,如图6-17所示。

Step 06 选择H、I、J、M和O列单元格区域,单击"字体颜色"下拉按钮,设置单元格区域的字体颜色为红色,如图6-18所示。

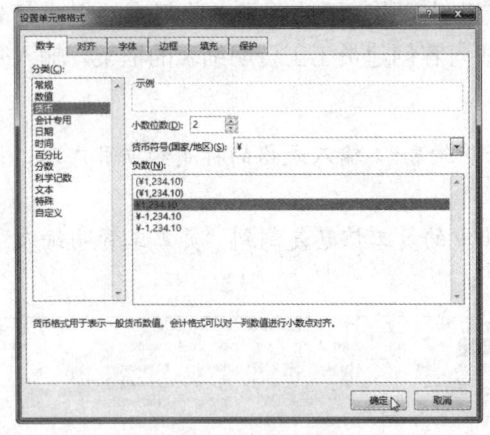

图6-17 选择货币选项

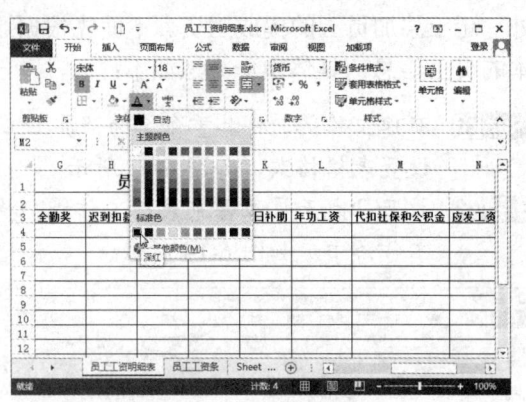

图6-18 设置字体颜色

二、计算员工应得工资

员工的应得工资主要包括基本工资、业绩提成、奖金、生日补助和年功工资等,计算这些工资需要引用其他工作簿中的数据,下面将分别对这些项目进行计算。

1. 计算员工的业绩提成

本例是基于企业销售部门制定的工资表,一般公司中销售人员和业务员的工资组成通常都包含业绩提成。在本例中,销售人员与业务员的提成是按总销售额的百分比来计算的。计算员工业绩提成的具体操作方法如下:

Step 01 打开"销售业绩表.xlsx"工作簿,选择"数据"选项卡,单击"排序和筛选"组中的"排序"按钮,如图6-19所示。

Step 02 弹出"排序"对话框,设置"主要关键字"为"员工姓名","排序依据"为"数值","次序"为"升序",然后单击"确定"按钮,如图6-20所示。

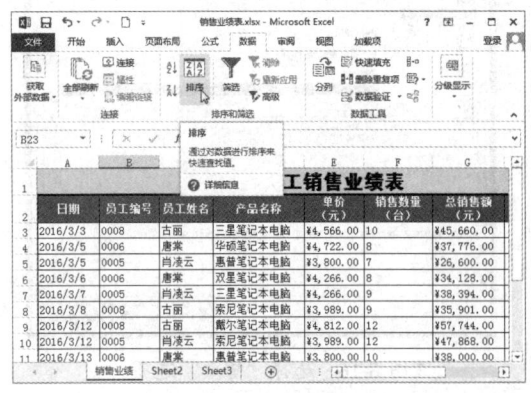

图6-19 单击"排序"按钮

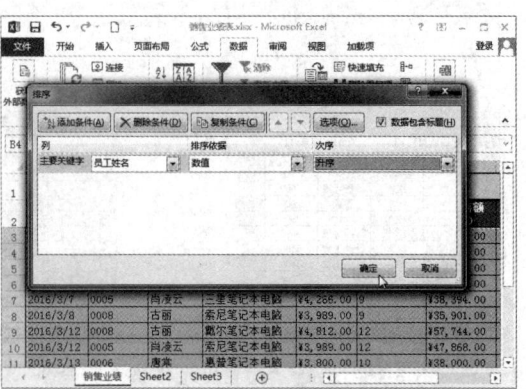

图6-20 设置排序选项

Step 03 单击"分级显示"下拉按钮,在弹出的下拉列表中选择"分类汇总"选项,如图6-21所示。

Step 04 弹出"分类汇总"对话框,设置"分类字段"为"员工姓名","汇总方式"为"求和",在"选定汇总项"列表框中选中"总销售额"复选框,然后单击"确定"按钮,如图6-22所示。

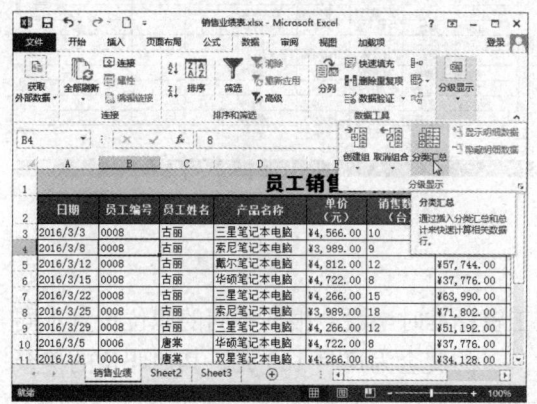
图6-21 选择"分类汇总"选项

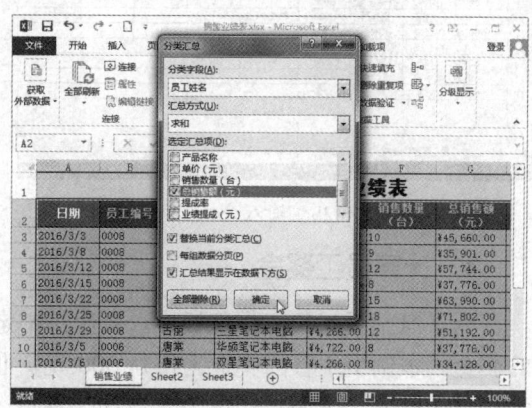
图6-22 设置分类汇总

Step 05 选中H10单元格,输入公式"=IF(G10>=300000, "3%",IF(G10>=100000, "2%", "1%"))",并按【Enter】键确认,计算销售人员的提成率,如图6-23所示。

Step 06 采用相同的方法,计算其他销售人员的提成率。选中I10单元格,输入公式"=G10*H10",计算出销售人员的业绩提成。同样,计算出所有销售人员的业绩提成,如图6-24所示。

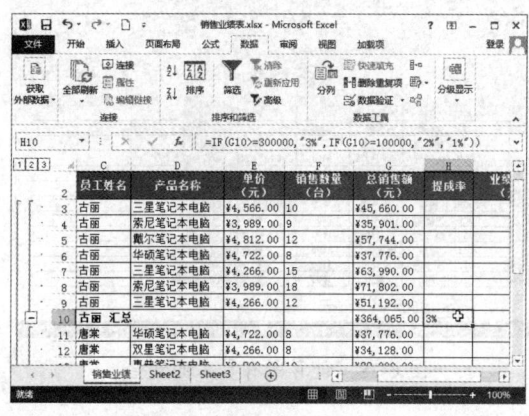
图6-23 输入公式

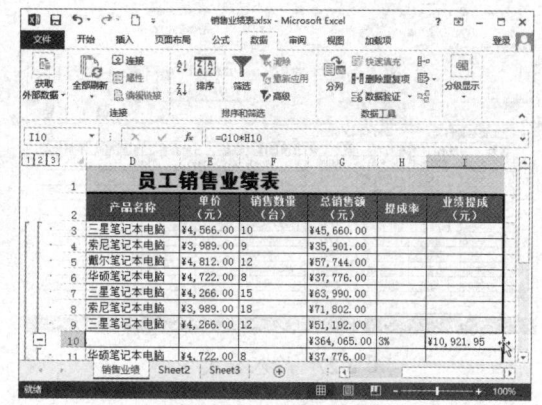
图6-24 计算人员提成

Step 07 返回"员工工资明细表"工作簿,选中E11单元格,输入公式"=[销售业绩表.xlsx]销售业绩!$I$10",将"销售业绩表"工作簿中对应的数据引用到"员工工资明细表"工作簿中,如图6-25所示。

Step 08 采用相同的方法计算出其他工作人员的业绩提成,然后将其他部门的业绩提成填充为0,如图6-26所示。

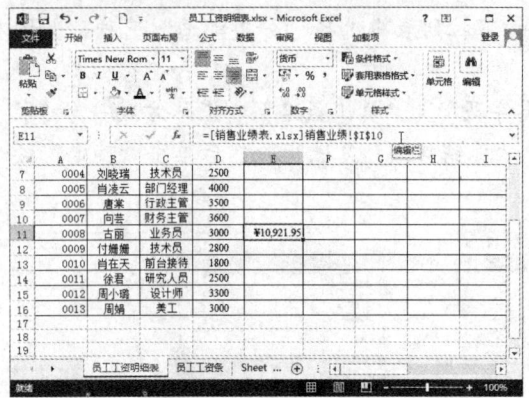

图 6-25 输入公式

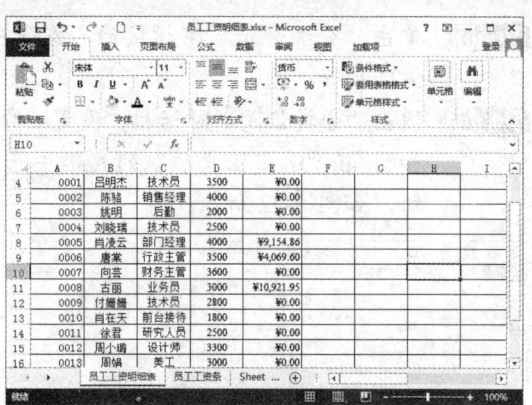

图 6-26 计算其他人员业绩提成

2. 计算员工奖金

为了激励员工的工作积极性，企业在制定工资标准时一般会根据不同的职位设置不同的奖金。本例中主管的奖金为每月 300 元，业务员的奖金为每月 100 元，其他职位的奖金为每月 200 元。下面将通过函数自动计算每个员工的奖金，具体操作方法如下：

Step 01 在"员工工资明细表"工作簿中选中 F4 单元格，输入公式"=IF(C4="业务员",100,IF(OR(C4="行政主管",C4="财务主管"),300,200))"，如图 6-27 所示。

Step 02 将鼠标指针移至 F4 单元格右下角，当指针变为 ✚ 形状时向下拖动至 F16 单元格后松开鼠标，即可快速计算出所有员工的奖金，如图 6-28 所示。

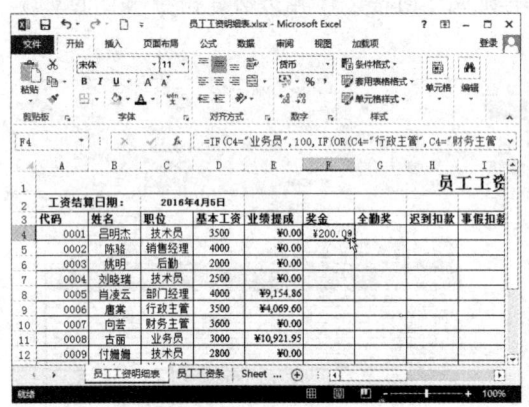

图 6-27 输入公式

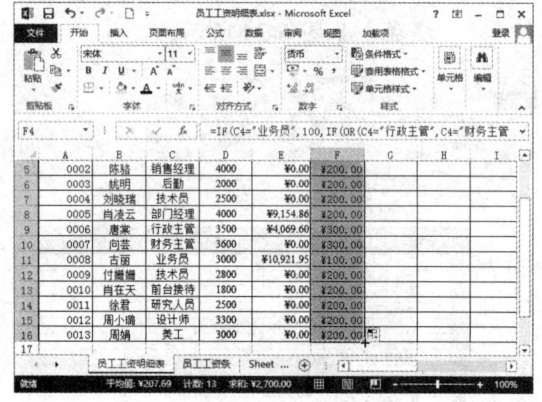

图 6-28 计算所有员工的奖金

3. 计算员工的生日补助

现在企业管理也越来越趋向人性化，有的企业在发放工资时会对过生日的员工发放一定的补助，以表明企业对员工的慰问与重视，促进企业与员工的和谐发展。计算员工生日补助的具体操作方法如下：

Step 01 打开"九天员工信息表"工作簿，返回"员工工资明细表"工作簿，选中 K4 单元格，输入公式"=IF(MONTH([九天员工信息表.xlsx] Sheet1!E3)=3,100,0)"，计算出上个月过生日员工的补助奖金，如图 6-29 所示。

Step 02 将鼠标指针移至 K4 单元格右下角，当指针变为 ✚ 形状时向下拖动至 K16 单元格后松开鼠标，快速计算出其他员工的补助奖金，如图 6-30 所示。

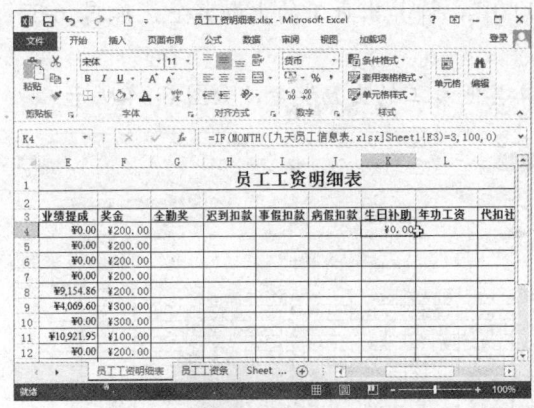
图 6-29 计算生日补助奖金

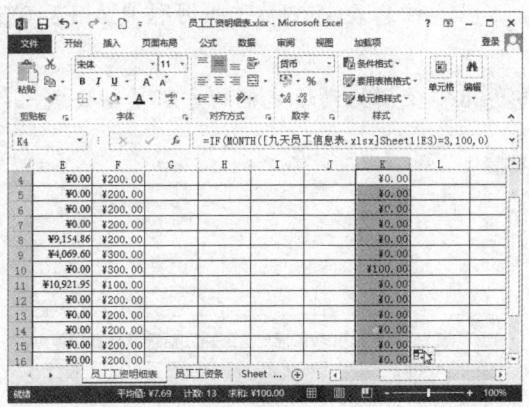
图 6-30 计算其他员工补助奖金

4. 计算员工年功工资

年功工资是根据员工在企业工作的年限，按照规定标准支付给员工的一种工资，也是企业为了挽留人才，体现企业员工贡献的一种工资形式。计算员工年功工资的具体操作方法如下：

Step 01 打开"九天员工信息表"工作簿，在"员工工资明细表"工作簿中选择 L4 单元格，输入公式"=[九天员工信息表.xlsx]Sheet1!H3*50"，计算出员工的年功工资，如图 6-31 所示。

Step 02 将鼠标指针移至 L4 单元格右下角，当指针变为 ✚ 形状时向下拖动鼠标，复制公式到 L16 单元格，快速计算出其他员工的年功工资，如图 6-32 所示。

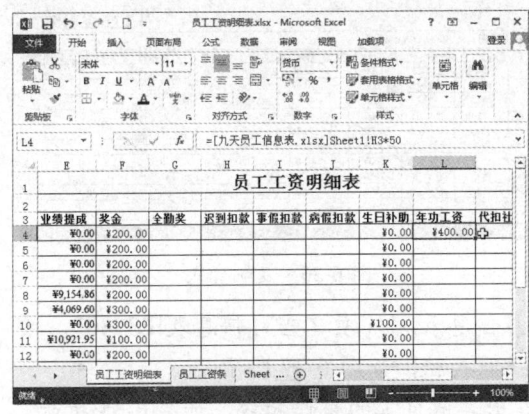
图 6-31 输入公式

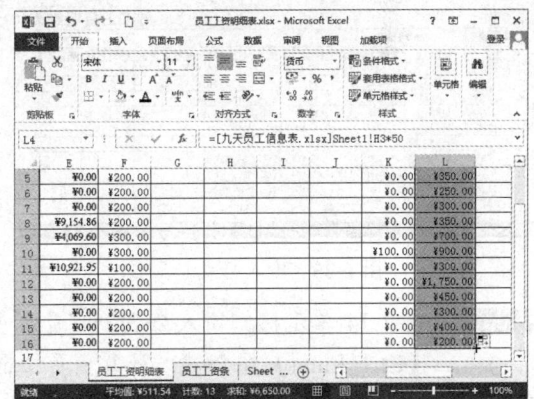
图 6-32 复制公式

三、计算员工出勤工资

员工出勤工资一般包括全勤奖和迟到、事假以及病假扣款等。其中，全勤奖是企业为了鼓励员工按时上下班给予员工的奖励，而对于出现迟到、请事假、病假的员工则处以一定的扣款处罚。计算员工出勤工资的具体操作方法如下：

Step 01 打开"员工当月信息表"工作簿,在"员工工资明细表"工作簿中选中 G4 单元格,输入公式"=IF(AND([员工当月信息表.xlsx]员工当月信息表!D3=0,[员工当月信息表.xlsx]员工当月信息表!F3=0),200,0)",计算出员工的出勤奖金,如图 6-33 所示。

Step 02 使用拖动填充柄的方法复制公式,计算其他员工的出勤奖金,如图 6-34 所示。

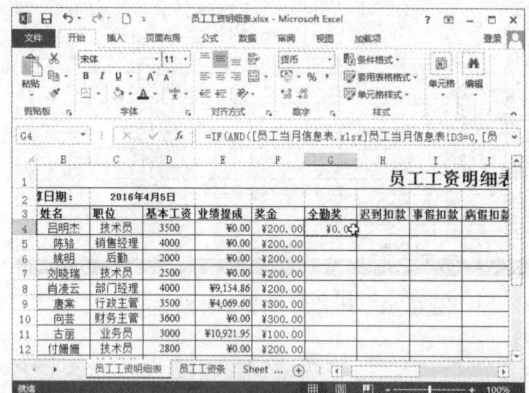
图 6-33 输入公式

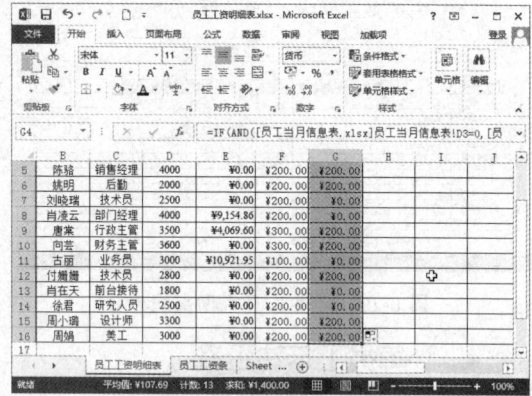
图 6-34 复制公式

Step 03 选中 H4 单元格,输入公式"=[员工当月信息表.xlsx]员工当月信息表!D3*10",计算员工的迟到扣款,如图 6-35 所示。

Step 04 使用拖动填充柄的方法复制公式,计算其他员工的迟到扣款,如图 6-36 所示。

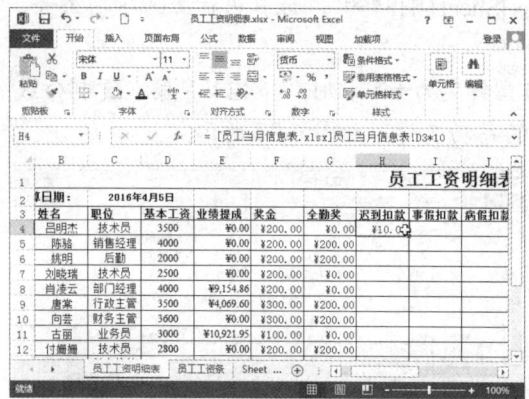
图 6-35 输入公式

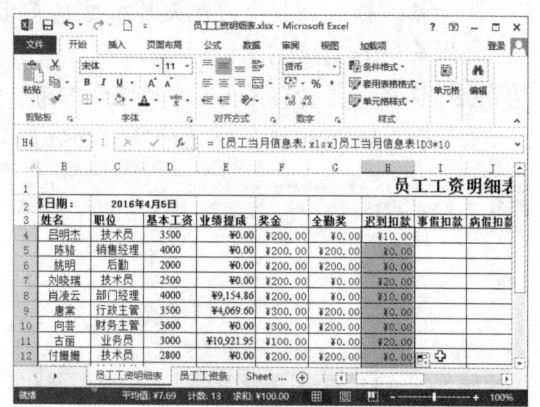
图 6-36 复制公式

Step 05 选中 I4 单元格,输入公式"=[员工当月信息表.xlsx]员工当月信息表!E3*30",按【Ctrl+Enter】组合键,计算出员工的病假扣款,如图 6-37 所示。

Step 06 使用拖动填充柄的方法复制公式,计算出其他员工的事假扣款,如图 6-38 所示。

> **专家指导**
> Expert guidance
>
> 若需要查看或编辑公式,可以双击单元格,查看或编辑公式;也可选中公式单元格,在编辑栏中进行查看或编辑。若对函数不是很了解,可单击"函数参数"对话框中的"有关该函数的帮助"超链接,在弹出的窗口中可以查看有关该函数详细的帮助信息。

员工薪酬管理　项目六

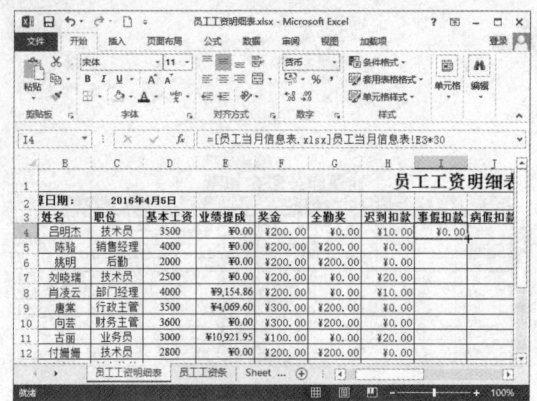

图6-37　输入公式　　　　　　图6-38　复制公式

Step 07 选中J4单元格，输入公式"=[员工当月信息表.xlsx]员工当月信息表!F3*30"，按【Ctrl+Enter】组合键，计算出员工的病假扣款，如图6-39所示。

Step 08 使用拖动填充柄的方法复制公式，计算出其他员工的病假扣款，如图6-40所示。

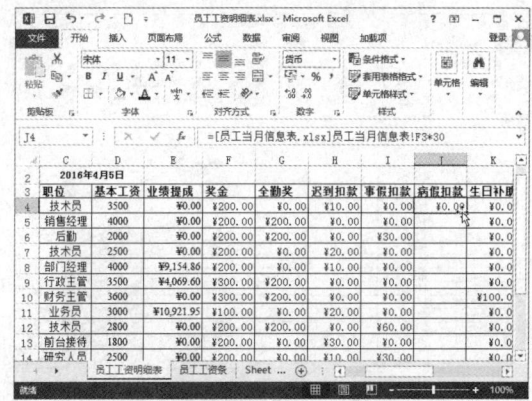 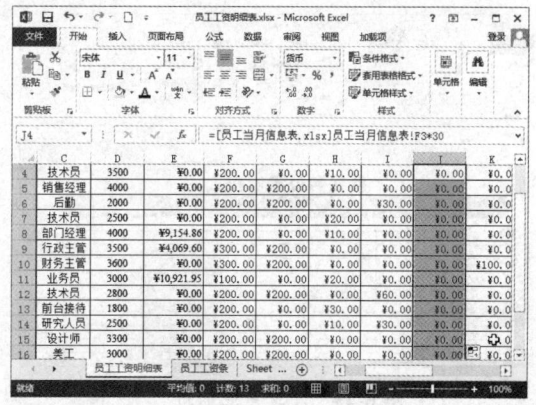

图6-39　输入公式　　　　　　图6-40　复制公式

四、计算代扣社保和公积金

本例设定企业所在地的上一年省平均工资为1 800元，市平均工资为1 900元，下面将以这两个数据为标准计算员工应缴纳的社会劳动保障金和住房公积金金额，具体操作方法如下：

Step 01 打开"社保和公积金扣款.xlsx"工作簿，选择C3:C15单元格区域，在编辑栏中输入公式"=1800*8%"，按【Ctrl+Shift+Enter】组合键，计算出员工的养老保险，如图6-41所示。

Step 02 选择D3:D15单元格区域，在编辑栏中输入公式"=1900*2%"，按【Ctrl+Shift+Enter】组合键，计算出员工的医疗保险，如图6-42所示。

专家指导
Expert guidance

当需要在工作表上显示当前日期和时间或者需要根据当前日期和时间计算一个值并在每次打开工作表时更新该值时，使用NOW函数很有用。

图 6-41 计算养老保险　　　　　　　图 6-42 计算医疗保险

Step 03 选择 E3:E15 单元格区域，在编辑栏中输入公式"=1900*1%"，按【Ctrl+Shift+Enter】组合键，计算出员工的失业保险，如图 6-43 所示。

Step 04 选择 F3:F15 单元格区域，在编辑栏中输入公式"=1900*15%"，按【Ctrl+Shift+Enter】组合键，计算出员工的住房公积金，如图 6-44 所示。

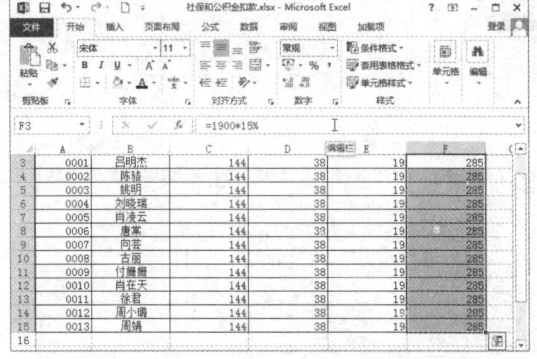

图 6-43 计算失业保险　　　　　　　图 6-44 计算住房公积金

Step 05 返回"员工工资明细表"工作簿，选中 M4 单元格，输入公式"=SUM（[社保和公积金扣款.xlsx]Sheet1! C3:F3）"，按【Ctrl+Enter】组合键，计算出员工的社保和住房公积金应扣总额，如图 6-45 所示。

Step 06 采用拖动填充柄的方法复制公式，计算出所有员工的社保和住房公积金应扣总额，如图 6-46 所示。

图 6-45 计算应扣金额　　　　　　　图 6-46 复制公式

五、计算员工实发工资

员工实发工资=应发工资-个人所得税,而应发工资=基本工资+业绩提成+奖金+生日补助+年限工资+全勤奖-迟到扣款-事假扣款-病假扣款-社保和公积金扣款。计算员工实发工资的具体操作方法如下:

Step 01 在"员工工资明细表"工作簿中选中N4单元格,在编辑栏中输入公式"=SUM(D4:G4)+SUM(K4:L4)- SUM(H4:J4)-M4",按【Ctrl+Enter】组合键,计算出员工的应发工资,使用拖动填充柄的方法复制公式,计算所有员工的应发工资,如图6-47所示。

Step 02 选中O4单元格区域,在编辑栏中输入公式"=IF(N4-3500<0,0,IF(N4-3500<1500,0.03* (N4 - 3500),IF(N4 - 3500< 4500,0.1*(N4 - 3500) - 105,IF(N4 - 3500<9000,0.25*(N4 - 3500) - 555,IF(N4 - 3500<35000,0.25*(N4 - 3500) - 1005)))))",按【Ctrl+Enter】组合键,计算出员工的代扣个税,如图6-48所示。

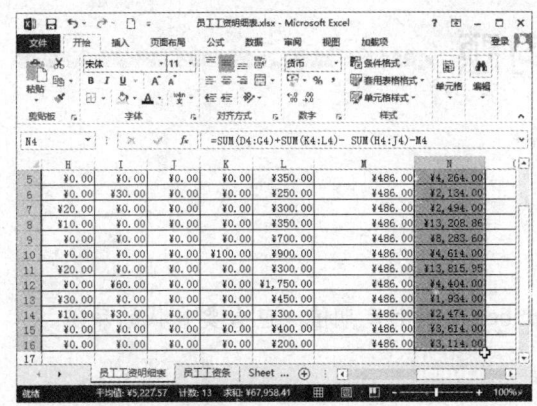

图 6-47 计算应发工资

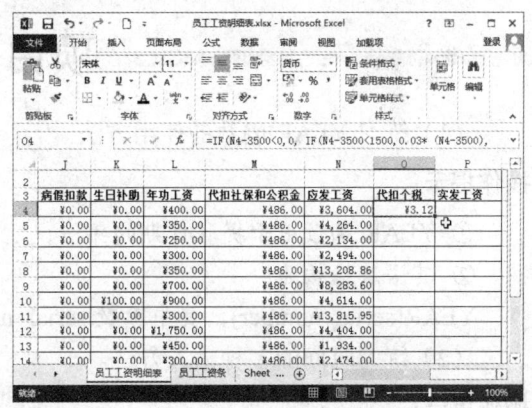

图 6-48 计算代扣个税

Step 03 将鼠标指针移至O4单元格右下角,当指针变为+形状时向下拖动至O16单元格后松开鼠标,使用拖动填充柄的方法复制公式,计算出所有员工的代扣个税,如图6-49所示。

Step 04 选择P4:P16单元格区域,在编辑栏中输入公式"=N4:N16 - O4:O16",按【Ctrl+Enter】组合键,计算出员工的实发工资,如图6-50所示。

图 6-49 复制公式

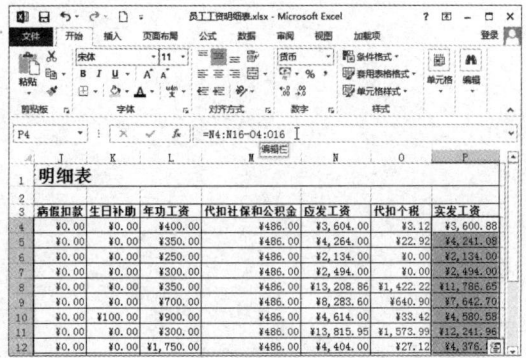

图 6-50 计算实发工资

项目小结

通过本项目的学习，读者应重点掌握以下知识：

（1）员工的工资组成部分主要包括基本工资、业绩提成、奖金和生日补助、年功工资、出勤工资、代扣社保和公积金等。

（2）NOW 函数用于获取当前的系统日期时间，其语法结构为 NOW( )。

（3）YEAR 函数用于提取日期的年份，其语法结构为：YEAR(serial_number)，其中参数 serial_number 是一个日期值，包含要查找的年份。

（4）使用 DAYS360 函数计算员工工龄时，是通过计算当前日期与员工入职日期之间的天数，再按一年 360 天的标准相除，得到员工的工龄。

（5）在实际应用中，往往需要多个 IF 函数嵌套使用。其表达式可理解为：IF(条件,"条件成立返回的结果",IF(条件,条件成立返回的结果,条件不成立返回的结果))。

项目习题

（1）练习 YEAR 函数的使用方法。

操作提示：

① YEAR 函数用于提取日期的年份。

② 其语法结构为：

YEAR(serial_number)，其中参数 serial_number 是一个日期值，包含要查找的年份。

（2）练习时间的多种输入方法。

操作提示：

时间有多种输入方式：带引号的文本字符串（如 "6:45 PM"）、十进制数（例如，0.78125 表示 6:45 PM）或其他公式或函数的结果（如 TIMEVALUE ("6:45 PM")）。

项目七　产品库存管理

项目概述

　　产品库存管理就是对制造业或服务业生产、经营出来的各种产品进行管理与控制，在保证企业生产、经营需求的前提下，使库存量经常保持在合理的水平上；掌握库存量动态，适时、适量提出订货，避免超储或缺货；减少库存空间占用，降低库存总费用；控制库存资金占用，加速资金周转。本项目将详细介绍基本资料管理、产品入库管理、产品出库管理以及库存总账管理的相关知识。

项目重点

- 制作基本资料代码表。
- 创建产品入库表的框架。
- 对产品出库进行管理。
- 对库存总账进行管理。

项目目标

- 掌握基本资料代码表的制作方法。
- 掌握产品入库表的框架的创建方法。
- 掌握管理产品出库的方法。
- 掌握管理库存总账的方法。

任务一　产品入库与出库管理

任务概述

　　企业对从其他商家处购置的产品应及时放入仓库储存，以满足企业生产或经营所需。因此，需先填写产品入库表，对产品的入库信息进行登记，为产品的出库和存库管理提供数据依据。企业生产或经营过程中经常需要调用仓库中的原材料或产品，为了能更好地管理企业的出入库记录，还应创建对应的产品出库表，为库存总账管理提供依据。下面将介绍如何创建产品入库和出库的相关表格。

一、制作基本资料代码表

在库存管理中，基本资料管理主要是将企业的原材料、半成品、产成品、供应商、库存等信息进行规划管理，为产品出入库表中的某些数据记录提供依据。

本例将通过 Excel 制作一个家具企业的基本资料表格，主要包括各个项目的代码和名称等信息，然后对各个表格中的字段进行条件设置，并规范表格样式，设计简单、实用的资料管理表格，为产品入库表和出库表提供数据来源。

下面将在 Excel 中新建"产品代码表"、"供应商代码表"和"领用人代码表"三个工作表，然后设置产品代码、供应商代码和领用人代码，只能输入长度为4位的字符，并分别设置其显示格式为""FT"-00"CL""、""BS"-00"DM""和""PD"-00"IC""，然后通过 LEN 函数设置表格的样式，具体操作方法如下：

Step 01 新建"基本资料管理"工作簿，并将 Sheet1、Sheet2 和 Sheet3 工作表重命名为"产品代码表"、"供应商代码表"和"领用人代码表"，然后在"产品代码表"中输入标题与表头内容，如图 7-1 所示。

Step 02 选择 A3:A21 单元格区域，选择"数据"选项卡，在"数据工具"组中单击"数据验证"按钮，如图 7-2 所示。

图 7-1 输入标题与表头内容　　　图 7-2 单击"数据有效性"按钮

Step 03 弹出"数据验证"对话框，分别在"允许"和"数据"下拉列表框中选择"文本长度"和"等于"选项，在"长度"文本框中输入 4，然后单击"确定"按钮，如图 7-3 所示。

Step 04 输入原材料的代码、名称、规格和计量单位等数据，选择 A2:E2 单元格区域，在"对齐方式"组中单击"居中"按钮，如图 7-4 所示。

> **专家指导**
> Expert guidance
>
> 供应商代码表用于存放提供企业生产和经营过程中需要的原材料或产品供应商的信息。领用人代码表用于记录领用产品或原材料的企业人员信息，主要包括领用人代码和领用人姓名等。

产品库存管理 项目七

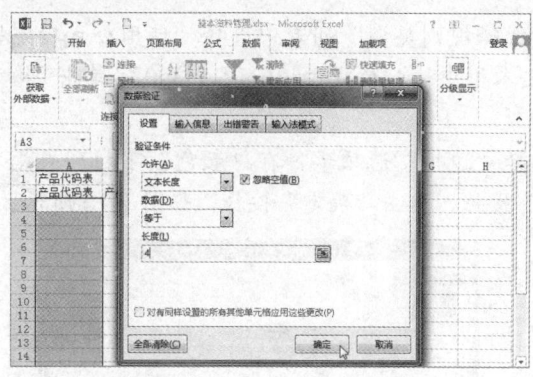

图 7-3 设置数据有效性选项

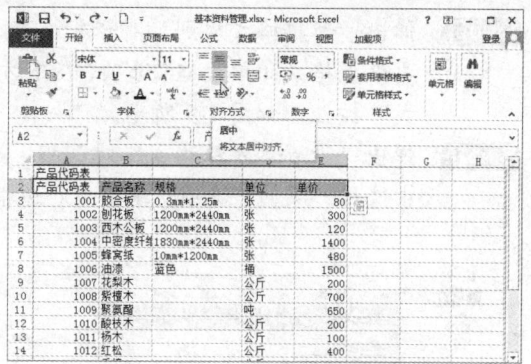

图 7-4 输入数据

Step 05 选择 A3:E21 单元格区域，单击"左对齐"按钮，设置文本的对齐方式，如图 7-5 所示。

Step 06 选择 A3:A21 单元格区域并右击，在弹出的快捷菜单中选择"设置单元格格式"命令，如图 7-6 所示。

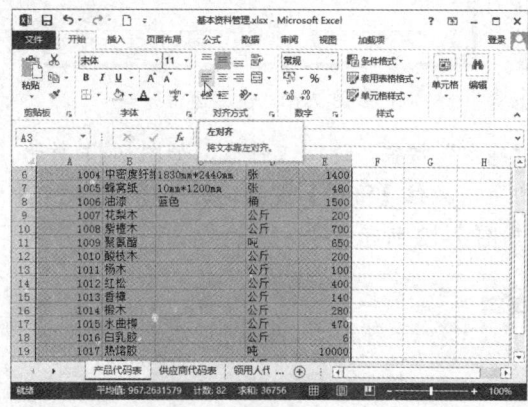

图 7-5 选择对齐方式

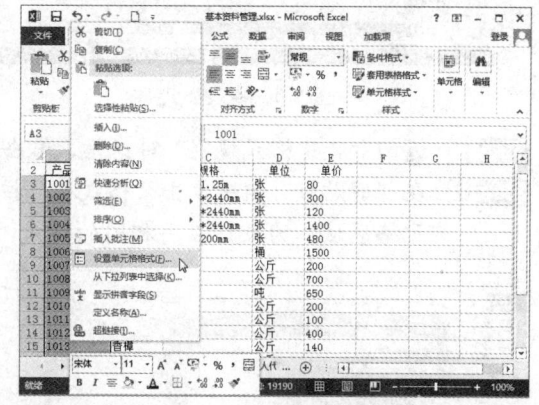

图 7-6 选择"设置单元格格式"命令

Step 07 在弹出对话框的"分类"列表框中选择"自定义"选项，在"类型"文本框中输入""FT"_00"CL""，然后单击"确定"按钮，如图 7-7 所示。

Step 08 选中 A1 单元格，在"样式"组中单击"条件格式"下拉按钮，选择"突出显示单元格规则"|"其他规则"选项，如图 7-8 所示。

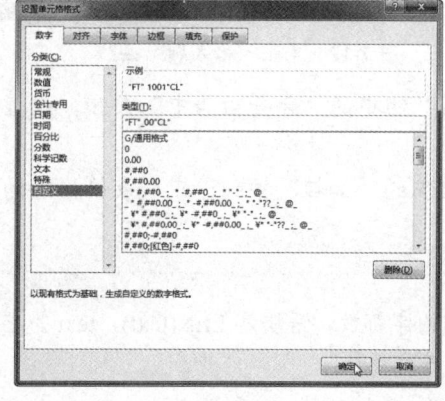

图 7-7 设置单元格格式

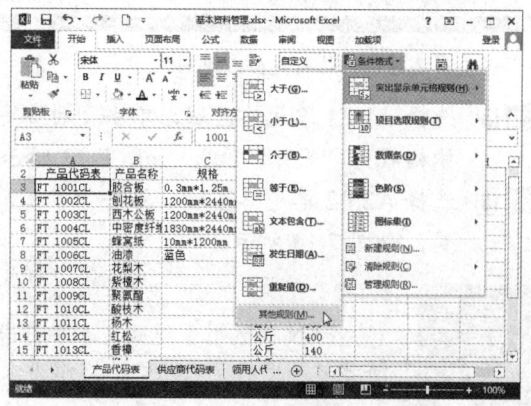

图 7-8 选择"其他规则"选项

119

Step 09 弹出"新建格式规则"对话框，在"选择规则类型"列表中选择"使用公式确定要设置格式的单元格"选项，在下方文本框中输入公式"=LEN($A1)>0"，单击"格式"按钮，如图7-9所示。

Step 10 弹出"设置单元格格式"对话框，选择"边框"选项卡，在"颜色"下拉列表框中选择"深蓝"选项，单击"外边框"按钮，单击"确定"按钮，如图7-10所示。

图 7-9 输入公式

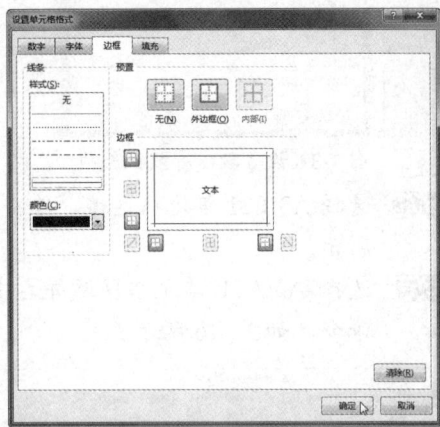
图 7-10 设置边框

Step 11 返回"新建格式规则"对话框，单击"确定"按钮，返回工作表，如图7-11所示。

Step 12 在"剪贴板"组中单击"格式刷"按钮，按住【Shift】键的同时选择A2:E21单元格区域，为表格应用相同的格式，如图7-12所示。

图 7-11 确认新建格式规则

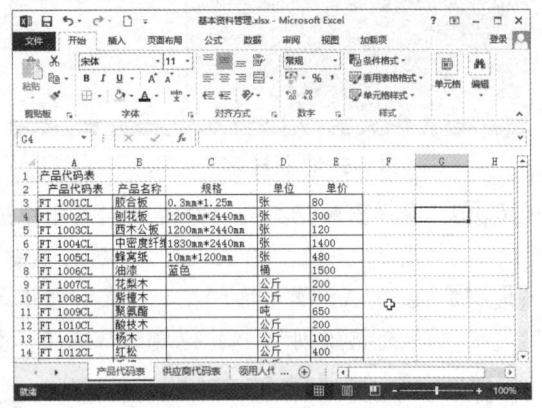
图 7-12 单击"格式刷"按钮

Step 13 选择A1:E1单元格区域，单击"对齐方式"组中的"合并后居中"按钮，设置字体格式为"黑体，20"，如图7-13所示。

Step 14 选择A2:E2单元格区域，单击"字体"组中的"加粗"按钮，完成表格格式的设置，如图7-14所示。

> **专家指导 Expert guidance**
> LEN函数用于返回文本字符串中的字符数，语法是LEN(text)，text是要查找其长度的文本。空格将作为字符进行计数。

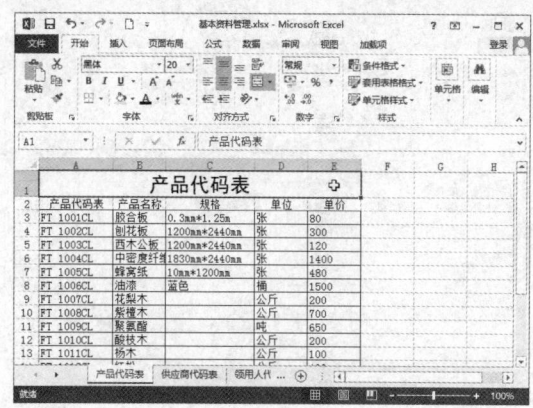

图 7-13 设置对齐与字体格式

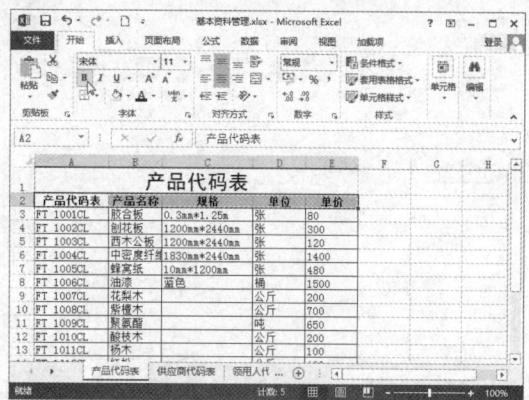

图 7-14 加粗字体

Step 15 在"基本资料管理"工作簿中设置"供应商代码表"的代码字段的文本长度为 4 位，设置其显示格式为""BS"-00"DM""，如图 7-15 所示。

Step 16 设置"领用人代码表"的代码字段的文本长度也为 4 位，设置其显示格式为""RP"-00"PD""，如图 7-16 所示。

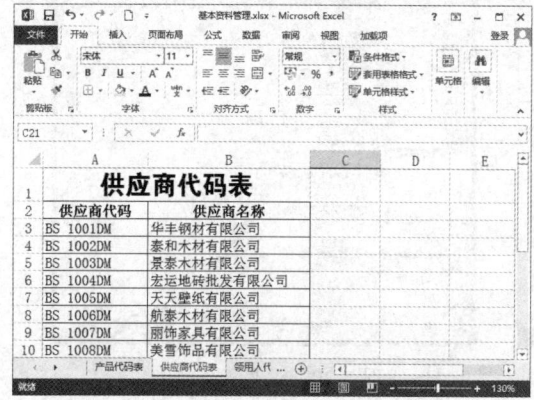

图 7-15 设置字段格式

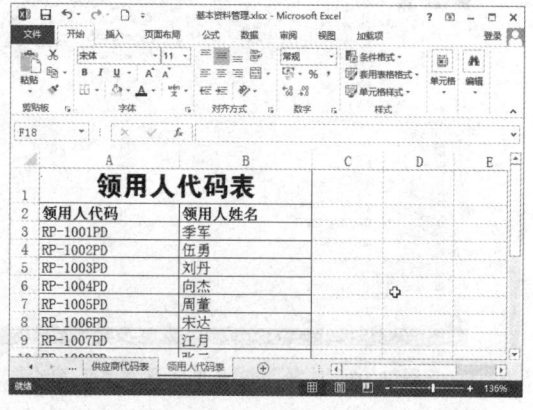

图 7-16 设置字段格式

二、创建产品入库表的框架

下面将在"基本资料管理"工作簿中新建"产品入库管理"工作表，根据凭证添加产品的入库单号和入库日期，并自定义编号的数据格式为""1203"-0000"，最后对表格的字体格式和边框进行设置，具体操作方法如下：

Step 01 打开"基本资料管理.xlsx"工作簿，将其以"产品入库管理"为名进行保存，然后新建工作表，将其重命名为"产品入库表"，如图 7-17 所示。

Step 02 在 A1 单元格中输入表格的标题为"产品入库表"，在 A2:J2 单元格区域中分别输入表头的名称，如图 7-18 所示。

> **专家指导**
> Expert guidance
>
> 产品出库管理是企业仓库根据提供的产品出库凭证，按其要求发放产品的一系列工作，产品出库具有特定的流程，一般是先提供出货单据并审核过关，然后准备出货，进行出货检查，即可出货成功。

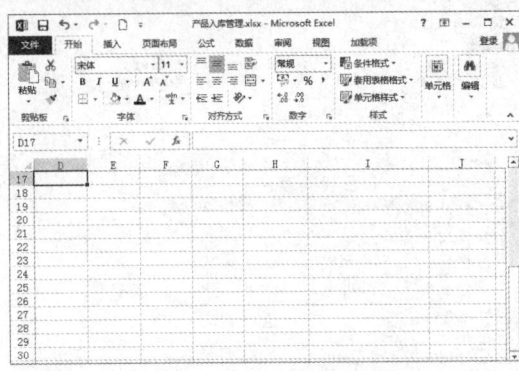
图 7-17 新建产品入库表

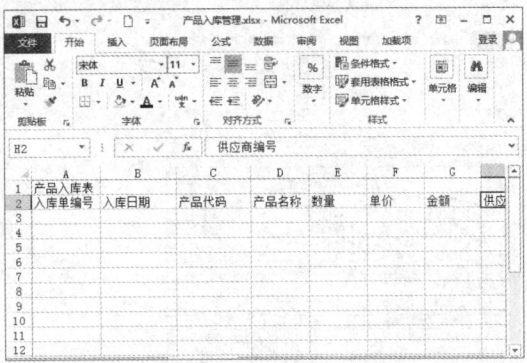
图 7-18 输入标题与表头名称

Step 03 选择 A3:A21 单元格区域并右击,在弹出的快捷菜单中选择"设置单元格格式"命令,如图 7-19 所示。

Step 04 弹出"设置单元格格式"对话框,选择"自定义"选项,在"类型"文本框中输入""1203"-0000",然后单击"确定"按钮,如图 7-20 所示。

图 7-19 选择"设置单元格格式"命令

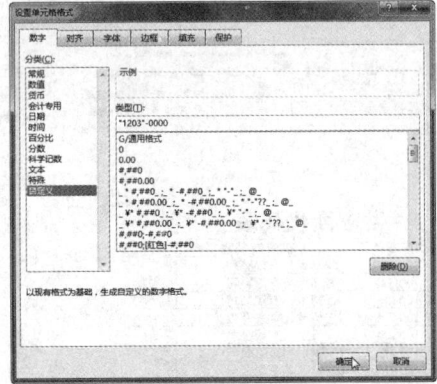
图 7-20 设置数字类型

Step 05 采用与上一例中相同的方法设置"入库日期"、"产品代码"与"供应商编号"单元格格式分别为"yyyy/m/d"、""FT"-00"CL""和""BS"-00"DM"",如图 7-21 所示。

Step 06 合并 A1:J1 单元格区域,设置其字体格式为"黑体,20",如图 7-22 所示。

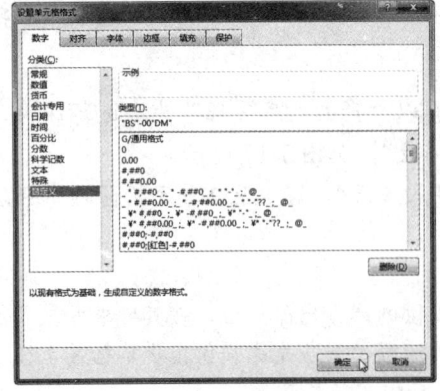
图 7-21 设置单元格格式

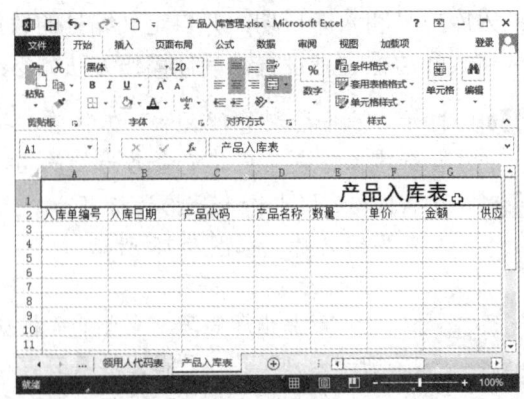
图 7-22 合并单元格

Step 07 选择 A2:J21 单元格区域，在"字体"组中单击"边框"下拉按钮，选择"所有框线"选项，如图 7-23 所示。

Step 08 此时即可查看创建产品入库表框架的最终效果，如图 7-24 所示。

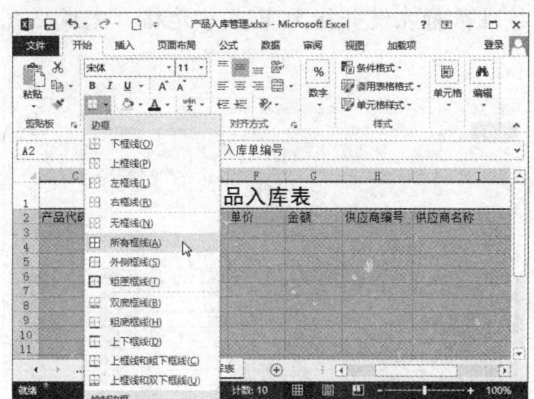

图 7-23　添加框线　　　　　　　　图 7-24　查看最终效果

三、引用并计算数据

在产品入库表中输入基本的数据信息后，可以根据原材料代码的值从"原材料代码表"中引用"原材料名称"的值，根据"供应商编号"的值从"供应商代码表"中引用"供应商名称"的值。下面使用 ISNA 和 VLOOKUP 函数从其他表格中引用数据，具体操作方法如下：

Step 01 打开"引用并计算数据"工作簿，选中 D3 单元格，在编辑栏中输入公式"=IF(ISNA(VLOOKUP(C3,产品代码表!A:D,2,0)),"",VLOOKUP(C3,产品代码表!A:D,2,0))"，并按【Enter】键确认，从"原材料代码表"中引用相同编号的值，如图 7-25 所示。

Step 02 将鼠标指针移到 D3 单元格右下角，按住鼠标左键并拖至 D21 单元格，完成公式的复制，如图 7-26 所示。

图 7-25　引用产品名称　　　　　　　　图 7-26　复制公式

Step 03 选中 F3 单元格，输入公式 "=IF(ISNA(VLOOKUP(C3,产品代码表!A:E,5,0)),"",VLOOKUP(C3,产品代码表!A:E,5,0))"，并按【Enter】键确认，从"产品代码表"中引用产品的单价，如图 7-27 所示。

Step 04 将鼠标指针移到 F3 单元格右下角，按住鼠标左键并拖至 F21 单元格，完成公式的复制，如图 7-28 所示。

图 7-27 引用产品单价

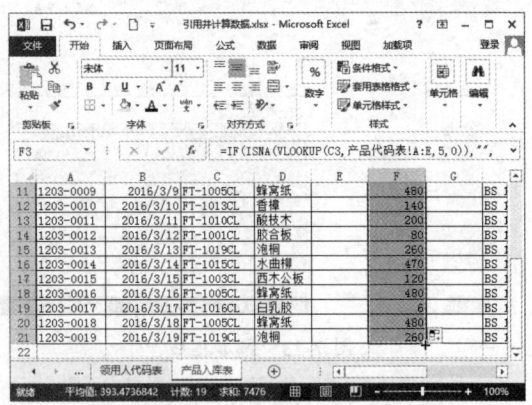
图 7-28 复制公式

Step 05 在"数量"列中输入产品对应的值，选择 G3:G21 单元格区域，输入公式"=E3*F3"，按【Ctrl+Enter】组合键，计算出所有产品的入库金额，如图 7-29 所示。

Step 06 选中 I3 单元格，在编辑栏中输入公式"=IF(ISNA(VLOOKUP(H3,供应商代码表!A:B,2,0)),"",VLOOKUP(H3,供应商代码表!A:B,2,0))"，按【Enter】键确认，从"供应商代码表"工作表中引用供应商名称的值，如图 7-30 所示。

图 7-29 计算入库金额

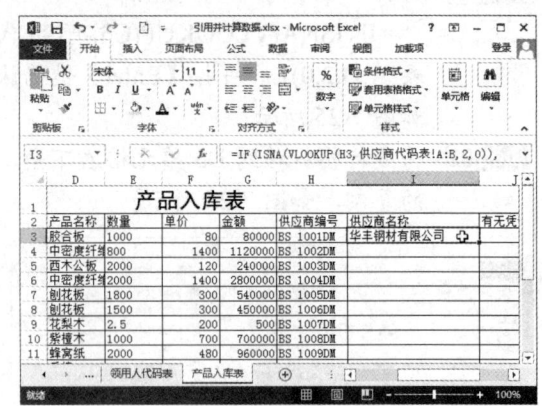
图 7-30 引用供应商名称

Step 07 将鼠标指针移到 I3 单元格的右下角，按住鼠标左键并拖至 I21 单元格，即可完成公式的复制，如图 7-31 所示。

Step 08 选择 J3:J21 单元格区域，选择"数据"选项卡，在"数据工具"组中单击"数据验证"按钮，如图 7-32 所示。

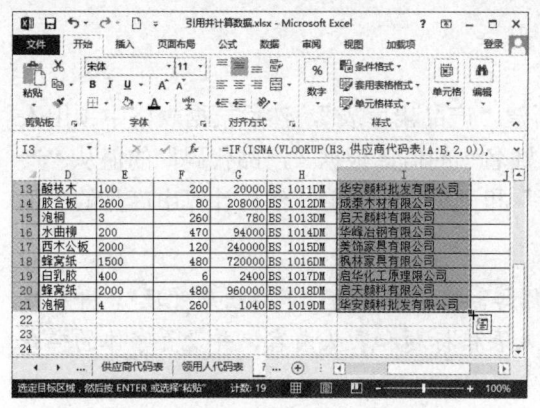
图7-31 复制公式

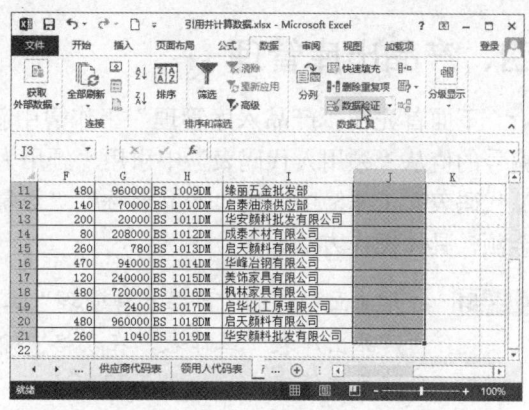
图7-32 单击"数据验证"按钮

Step 09 弹出"数据验证"对话框,在"允许"下拉列表框中选择"序列"选项,在"来源"文本框中输入"有,无",单击"确定"按钮,如图7-33所示。

Step 10 再次打开"数据验证"对话框,选择"出错警告"选项卡,在"样式"下拉列表框中选择"警告"选项,在"错误信息"文本框中输入提示信息"凭证的有效性只能输入"有"和"无"",然后单击"确定"按钮,如图7-34所示。

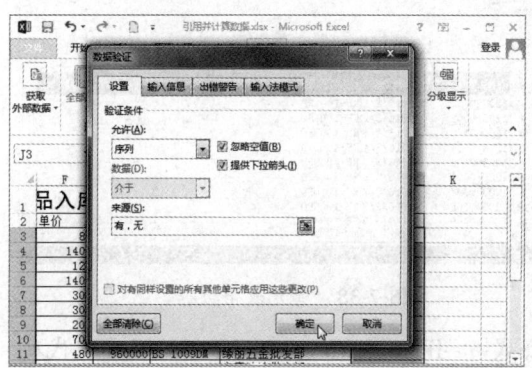
图7-33 设置数据验证选项

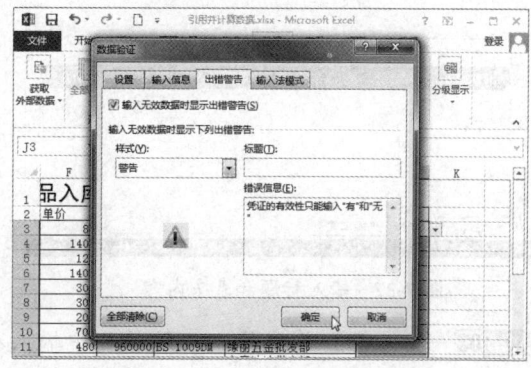
图7-34 设置出错警告选项

Step 11 返回工作表,选中J3单元格,单击单元格右侧出现的下拉按钮,如图7-35所示。

Step 12 在弹出的下拉列表中选择"有"或"无"选项,设置凭证数据的有无,添加该列数据,完成表格的制作,如图7-36所示。

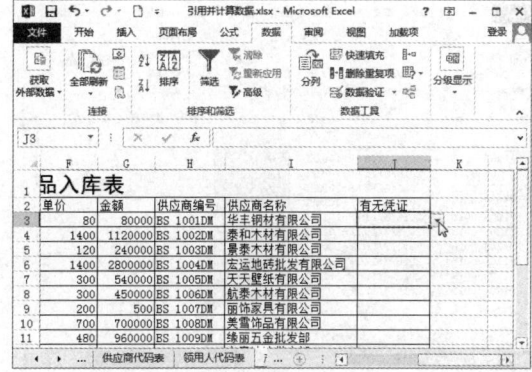
图7-35 单击下拉按钮

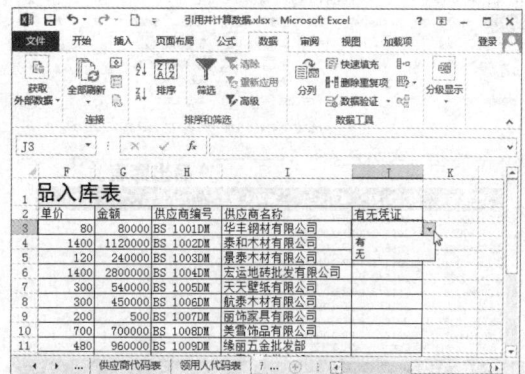
图7-36 设置有无凭证

四、产品出库管理

下面首先在"产品入库管理"工作簿中新建"产品出库表",然后根据表格中领用人编号的值从"领用人代码表"中引用"领用人姓名"的值,根据"产品代码"的值从"产品代码表"工作簿中引用"产品名称"、"数量"和"单价"的值,然后计算出产品的出库金额,具体操作方法如下:

Step 01 打开前面制作的"产品入库管理"工作簿,将其另存为"产品出库管理",并新建"产品出库表"工作表,在表格中输入表格标题和表头内容,并设置字体的样式和单元格填充色,如图7-37所示。

Step 02 选择A3:C3单元格区域,设置单元格格式为""1203"-0000",设置领用时间和领用人编号的单元格格式分别为"yyyy/m/d"、""RP"-00"PD"",然后填充表格数据,如图7-38所示。

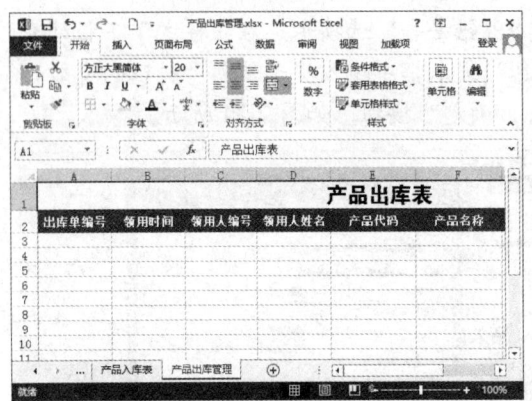
图7-37 输入标题和表头内容

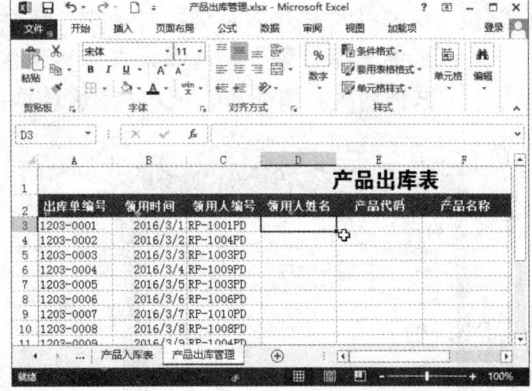
图7-38 填充表格数据

Step 03 选中D3单元格,在编辑栏中输入公式"=IF(ISNA(VLOOKUP(C3,领用人代码表!A:B,2,0))," ",VLOOKUP(C3,领用人代码表!A:B,2,0))",并按【Enter】键确认,从"领用人代码表"中引用对应编号的名称,如图7-39所示。

Step 04 将鼠标指针移到D3单元格右下角,当指针变为✚形状时按住鼠标左键并拖至D21单元格,完成公式的复制,如图7-40所示。

图7-39 引用领用人姓名

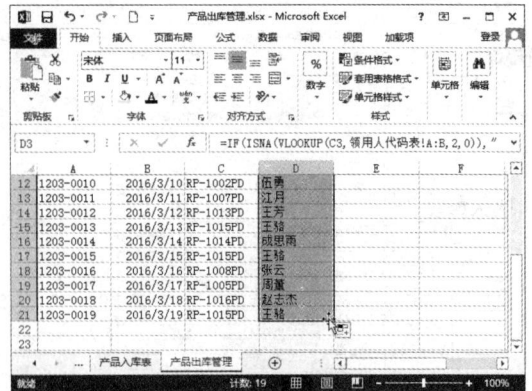
图7-40 复制公式

Step 05 选择E3-E21单元格区域,打开"设置单元格格式"对话框,选择"分类"列表框中的"自定义"选项,设置单元格格式为""FT"-00"CL"",然后单击"确定"按钮,如图7-41所示。

Step 06 在E列中输入产品代码,选中F3单元格,在编辑栏中输入公式"=IF(ISNA(VLOOKUP(E3,产品代码表!A:E,2,0)),"",VLOOKUP(E3,产品代码表!A:E,2,0))",并按【Enter】键确认,从"领用人代码表"中引用对应编号的名称,如图7-42所示。

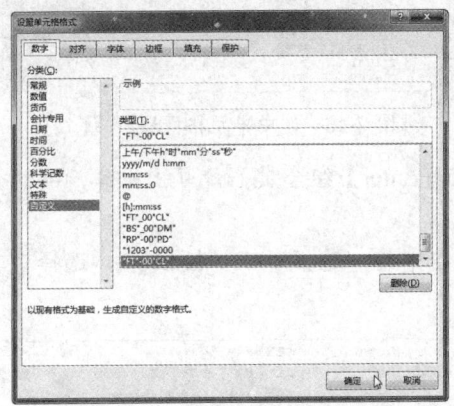
图7-41 设置单元格格式

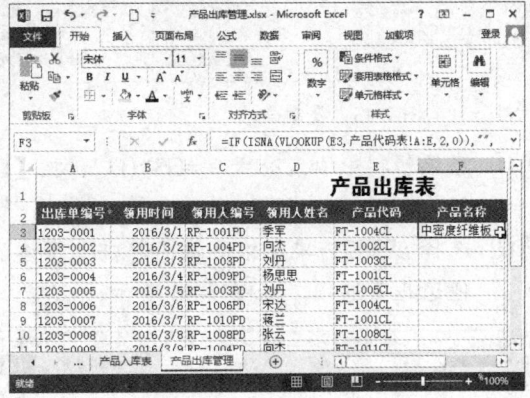
图7-42 引用产品名称

Step 07 将鼠标指针移到F3单元格右下角,当指针变为╋形状时按住鼠标左键并拖至F21单元格,完成公式的复制,如图7-43所示。

Step 08 选中H3单元格,在编辑栏中输入公式"=IF(ISNA(VLOOKUP(E3,产品代码表!A:E,5,0)),"",VLOOKUP(E3,产品代码表!A:E,5,0))",并按【Enter】键确认,从"产品代码表"工作表中引用对应产品的单价,如图7-44所示。

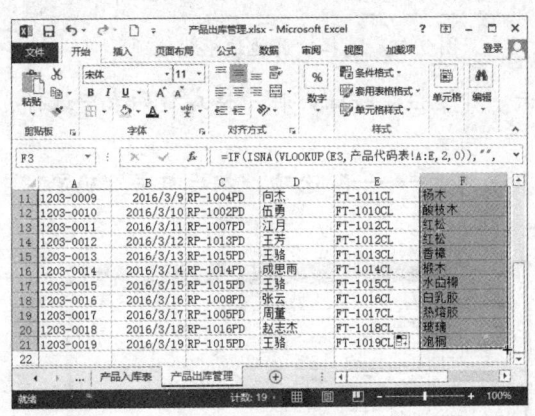
图7-43 复制公式

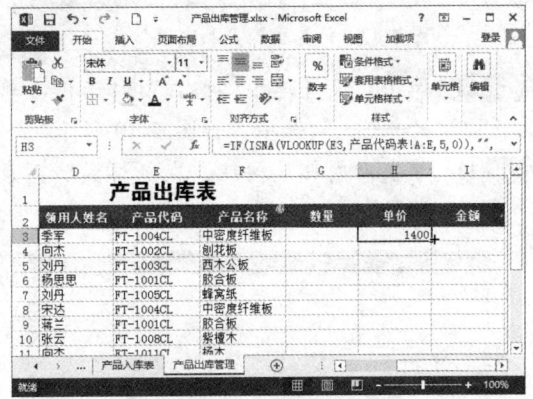
图7-44 引用产品单价

Step 09 将鼠标指针移到H3单元格右下角,当指针变为╋形状时按住鼠标左键并拖至H21单元格,完成公式的复制,如图7-45所示。

Step 10 在G列中输入产品的出库数量,选择I3:I21单元格区域,如图7-46所示。

中文版 Excel 2013 在财务管理中的应用

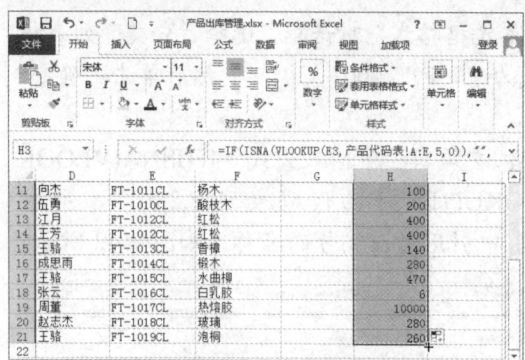

图 7-45 复制公式

图 7-46 选中单元格区域

Step 11 在编辑栏中输入公式"=G3*H3",按【Ctrl+Enter】组合键,计算出出库产品的金额,如图 7-47 所示。

Step 12 选择 A2:I21 单元格区域,单击"字体"组中的"边框"下拉按钮,选择"其他边框"选项,如图 7-48 所示。

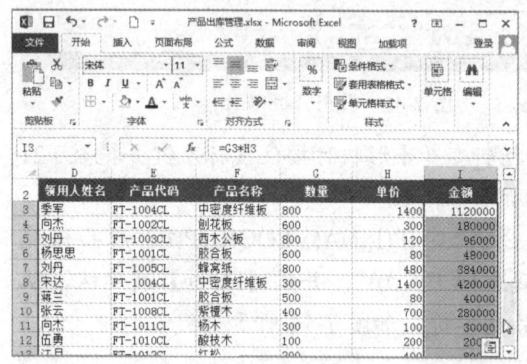

图 7-47 计算出库产品金额

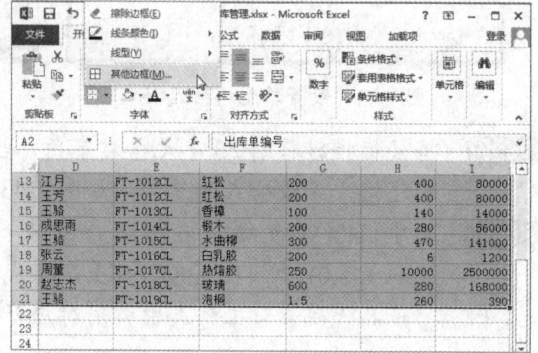

图 7-48 选择"其他边框"选项

Step 13 弹出"设置单元格格式"对话框,单击"外边框"按钮,在"样式"列表中选择"————"选项,如图 7-49 所示。

Step 14 单击"内部"按钮,在"样式"列表中选择"————"选项,然后单击"确定"按钮,如图 7-50 所示。

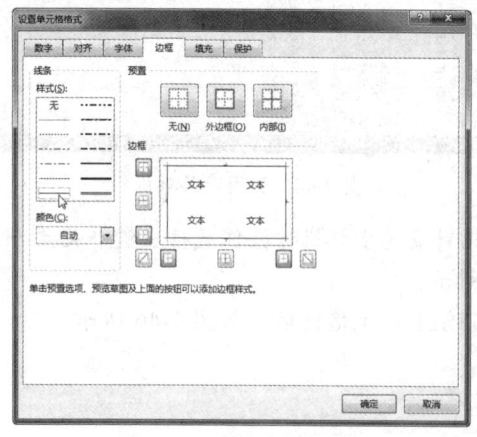

图 7-49 选择外边框样式

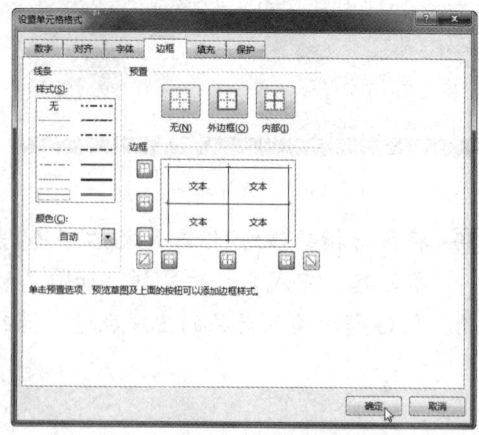

图 7-50 选择内边框样式

任务二 库存总账管理

任务概述

库存总账管理是将产品入库和出库的数据进行汇总，并计算出产品的本期入库、出库信息及期末库存，可从中查看企业产品的流通情况，指定下月的产品采购计划，对公司业绩做出重要评定。本例将在"产品出库管理"工作簿中创建"总账管理表"工作表，并在表格中填充每一个产品的信息，包括产品代码、名称、计算单位、期初库存、本期入库、本期出库和期末库存等。

任务重点与实施

一、创建库存管理表

下面将继续在上例的基础上创建"库存管理表"工作表，在工作表中设置表格的基本框架，填充表格标题和表头内容，然后对一些单元格区域进行合并，具体操作方法如下：

Step 01 打开"产品出库管理"工作簿，新建"库存管理表"工作表，并将其另存为"库存总账管理"工作簿，如图 7-51 所示。

Step 02 在表格中输入表格标题"库存管理表"，在第 2 行和第 3 行中输入表头内容，并设置表格格式，如图 7-52 所示。

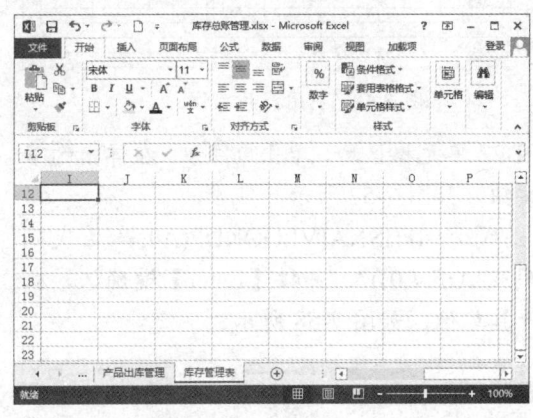

图 7-51 新建工作簿

图 7-52 输入标题和表头内容

Step 03 选择 A4:A22 单元格区域并右击，在弹出的快捷菜单中选择"设置单元格格式"命令，如图 7-53 所示。

Step 04 弹出"设置单元格格式"对话框，设置原材料编号的显示格式为"″FT″-00″CL″"，单击"确定"按钮，如图 7-54 所示。

专家指导 Expert guidance

除了 SUMIF 函数外，还有一个 SUMIFS 函数。SUMIFS 函数是对满足多重条件的单元格求和，在使用的时候要加以区分。

图 7-53 选择"设置单元格"命令

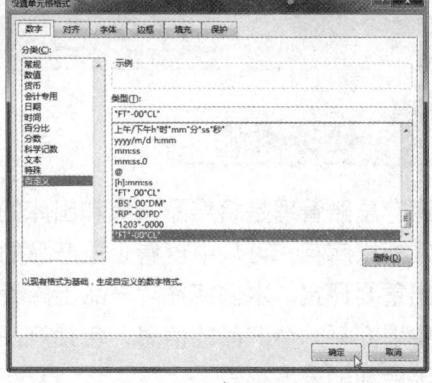

图 7-54 设置显示格式

Step 05 输入产品代码,选中 B4 单元格,在编辑栏中输入公式"=IF(ISNA(VLOOKUP(A4,产品代码表!A:E,2,0)),"",VLOOKUP(A4,产品代码表!A:E,2,0))",如图 7-55 所示。

Step 06 按【Enter】键确认,从"产品代码表"中引用产品的名称,如图 7-56 所示。

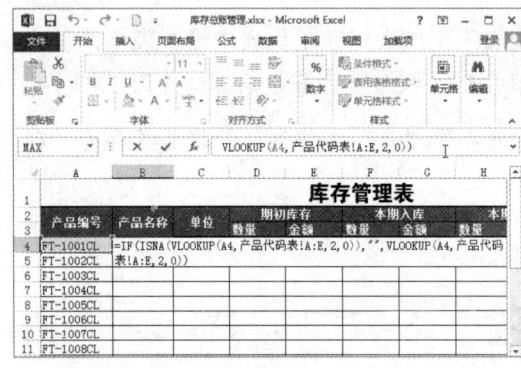

图 7-55 输入公式

图 7-56 引用产品名称

Step 07 使用拖动填充柄的方法复制公式到 B5:B22 单元格区域,单击 按钮,在弹出的下拉列表中选中"不带格式填充"单选按钮,如图 7-57 所示。

Step 08 选中 C4 单元格,在编辑栏中输入公式"=IF(ISNA(VLOOKUP(A4,产品代码表!A:E,4,0)),"",VLOOKUP(A4,产品代码表!A:E,4,0))",并按【Enter】键确认,从"产品代码表"工作表中引用材料的计算单位,如图 7-58 所示。

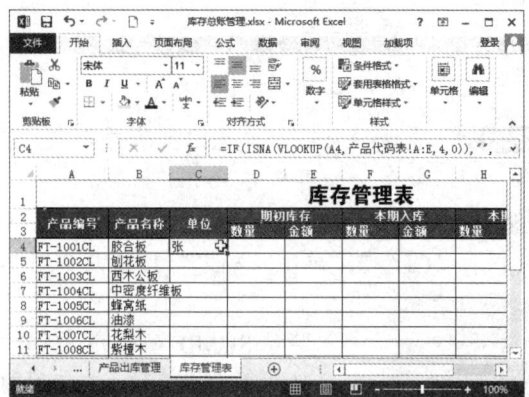

图 7-57　选择不带格式填充　　　　　　　　图 7-58　引用计算单位

Step 09 采用相同的方法复制公式到 C5:C22 单元格区域，填充其他产品的计算单位，如图 7-59 所示。

Step 10 在"期初库存"列中输入上一期的产品库存数量和金额，即可完成表格的创建，如图 7-60 所示。

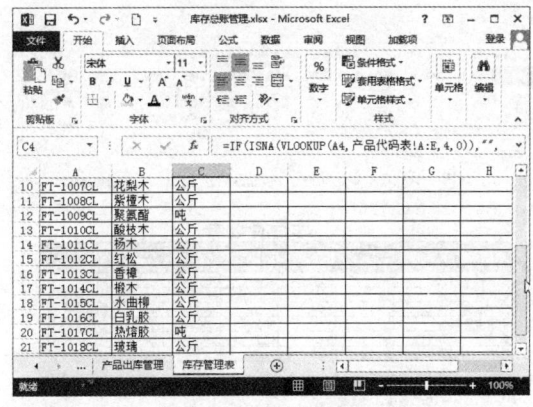 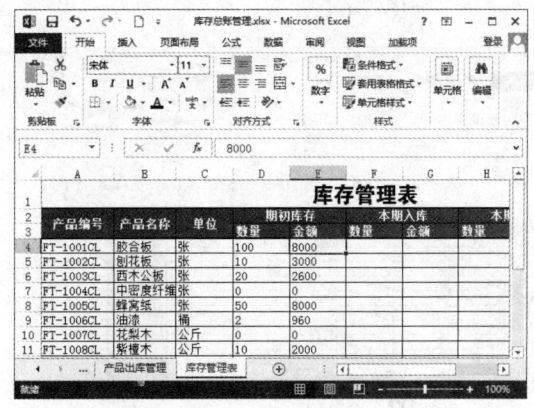

图 7-59　复制公式　　　　　　　　　　　　图 7-60　输入库存数量和金额

二、录入本期入库与出库数据

本期入库与出库列中包含了当月企业各项材料入库和出库的数量与金额，可使用 SUMIF 函数从"产品入库表"中查找并汇总本期入库的数量和金额，从"产品出库表"中查找并汇总本期出库的数量和金额，具体操作方法如下：

Step 01 选择 F4:F22 单元格区域，在编辑栏中输入公式"=SUMIF(产品入库表!$C:$C,$A4,产品入库表!$E:$E)"，按【Ctrl+Enter】组合键，计算各项材料在本期的入库数量，如图 7-61 所示。

Step 02 选择 G4:G22 单元格区域，在编辑栏中输入公式"=SUMIF(产品入库表!$C:$C,$A4,产品入库表!$G:$G)"，按【Ctrl+Enter】组合键，计算各项材料在本期的入库金额，如图 7-62 所示。

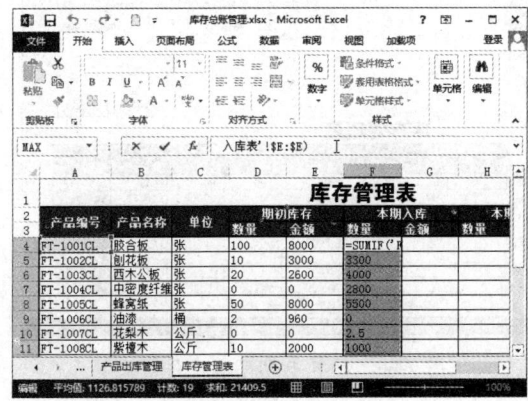 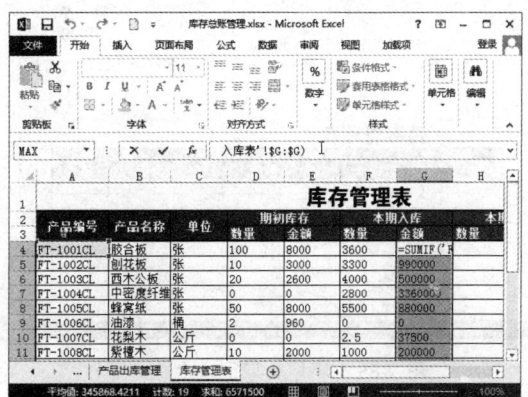

图 7-61　计算本期入库数量　　　　　　　　图 7-62　计算本期入库金额

Step 03 选择H4:H22单元格区域,在编辑栏中输入公式"=SUMIF(产品入库表!$E:$E,$A4,产品入库表!$G:$G)",按【Ctrl+Enter】组合键,计算各项材料在本期的出库数量,如图7-63所示。

Step 04 选择I4:I22单元格区域,在编辑栏中输入公式"=SUMIF(产品出库表!$E:$E,$A4,产品出库表!$I:$I)",按【Ctrl+Enter】组合键,计算各项材料在本期的出库金额,如图7-64所示。

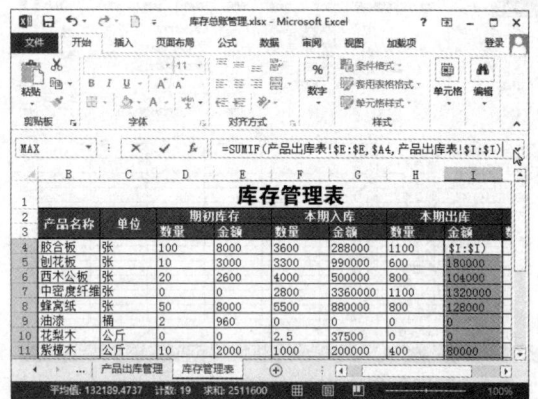

图 7-63 计算本期出库数量　　　　　图 7-64 计算本期出库金额

三、计算期末库存

本例中的产品为原材料,其期末库存计算公式为"期末库存数量=期初库存数量+本期入库数量－本期出库数量","期末库存金额=期初库存金额+本期入库金额－本期出库金额"。计算期末库存的具体操作方法如下:

Step 01 选择J4:J22单元格区域,在编辑栏中输入公式"=$D4+$F4-$H4",按【Ctrl+Enter】组合键,计算各项材料在本期的期末库存数量,如图7-65所示。

Step 02 选择K4:K22单元格区域,在编辑栏中输入公式"=$E4+$G4-$I4",按【Ctrl+Enter】组合键,计算各项材料在本期的期末库存金额,如图7-66所示。

 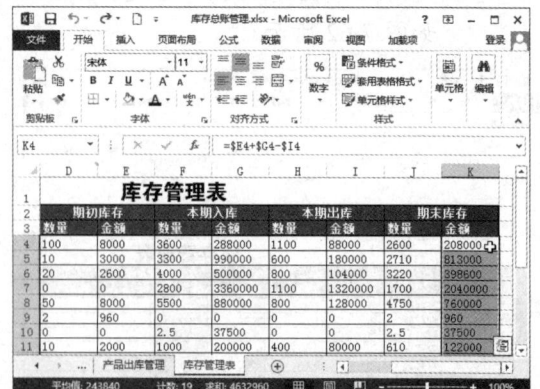

图 7-65 计算本期出库金额　　　　　图 7-66 计算本期期末库存金额

项目小结

通过本项目的学习，读者应重点掌握以下知识：

（1）产品代码表可用于记录企业生产过程中需要使用的产品代码、产品名称、产品规格、计量单位和产品价格等。

（2）产品入库管理是根据产品入库凭证，进行产品的卸货、查点、验收及办理入库手续等各项业务活动。产品入库的前提是必须保证入库产品的数量准确，质量合格，包装完好，且保证入库手续完备清楚。

（3）期初库存指每一个库存会计期间开始时，可供使用或出售的货品、物资或原材料等存货的账面价值。

（4）期末库存指每一个库存会计期间结束时，可供使用或出售的货品、物资或原材料等存货的账面价值。

项目习题

（1）练习 ISNA 函数的使用方法。

操作提示：

① ISNA 函数是检验参数或指定单元格中的值是否为错误值#N/A。

② ISNA 函数的语法是：ISNA (value)，value 表示要进行检验的数值。如果参数 value 为错误值#N/A，则返回 TRUE，否则将返回 FALSE。

（2）练习 SUMIF 函数的使用方法。

操作提示：

① SUMIF 函数是按给定条件对指定单元格求和，其语法是 SUMIF(range,criteria,sum_range)，三个参数分别是单元格区域、确定对哪些单元格相加的条件、要相加的实际单元格。

② 在使用 SUMIF 函数时，如果省略参数 sum_range，则当区域中的单元格符合条件时，它们既按条件计算，也执行相加。

项目八　制作凭证记录表

项目概述

记账凭证是根据经济业务发生时得到的原始凭证登记的，它记录了每天发生的经济业务，由相关人员签字确认后装订成册、妥善保管，作为以后查账的重要依据。本项目将学习如何制作会计科目表、记账凭证、凭证明细表和总账表。

项目重点

- 制作会计科目表。
- 制作记账凭证。
- 制作凭证明细表。
- 制作总账表。

项目目标

- 掌握会计科目表的制作方法。
- 掌握记账凭证表的制作方法。
- 掌握凭证明细表的制作方法。
- 掌握总账表的制作方法。

任务一　制作会计科目表

任务概述

会计科目主要包括资产、负债、共同、成本、所有者权益和损益六大类，每个会计科目都有固定的编号。企业在制作会计科目表时，可在国家财政部颁布的企业会计制度的会计科目列表基础上根据自身需要增加二级、三级科目。下面将详细介绍在 Excel 2013 中如何制作会计科目表。

制作凭证记录表 项目八

一、创建会计科目表的框架

会计科目表的基本内容包括会计科目、科目名称及科目明细等，下面将创建一个包含这3项内容的工作表，并使用COUNTIF函数设置单元格的有效值，防止科目代码的重复记录。下面将创建会计科目表的框架，设置科目代码的有效性，并填充科目代码，设置表格格式，具体操作方法如下：

Step 01 新建空白工作簿，并将其保存为"会计科目表"，将Sheet1工作表重命名为"会计科目"。分别在A1、A2、B2和C2单元格中输入文本，如图8-1所示。

Step 02 选中A3单元格，选择"数据"选项卡，单击"数据工具"组中的"数据验证"按钮，如图8-2所示。

图8-1 新建"会计科目"工作簿

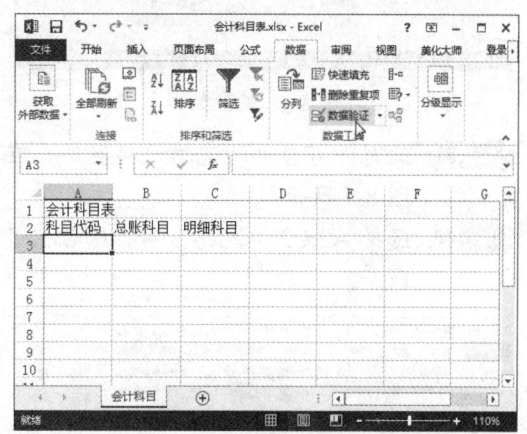

图8-2 单击"数据验证"按钮

Step 03 弹出"数据验证"对话框，在"允许"下拉列表中选择"自定义"选项，在"公式"文本框输入公式"=COUNTIF(A:A,A3)=1"，单击"确定"按钮，如图8-3所示。

Step 04 选中A3单元格，将鼠标指针移到该单元格右下角，当指针变为✚形状时按住鼠标左键并拖至A175单元格后松开鼠标，即可完成公式的复制，如图8-4所示。

图8-3 "数据验证"对话框

图8-4 拖动填充柄

135

中文版 Excel 2013 在财务管理中的应用

Step 05 根据公司的实际情况设置会计科目并输入具体数据，然后适当调整表格的列宽，使数据完全显示，如图 8-5 所示。

Step 06 选择 A1:C1 单元格区域，在"对齐方式"组中单击"合并后居中"按钮，如图 8-6 所示。

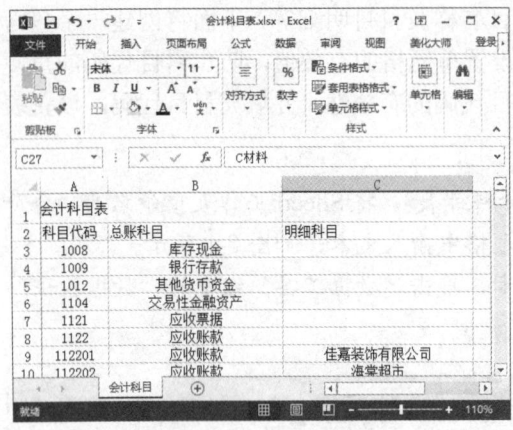

图 8-5　输入数据　　　　　　　　　图 8-6　单击"合并后居中"按钮

Step 07 此时即可合并所选单元格区域，在"字体"组中设置文本的字体样式和字号，如图 8-7 所示。

Step 08 选择 A2:C2 单元格区域，然后在"字体"组中设置填充颜色和字体样式，如图 8-8 所示。

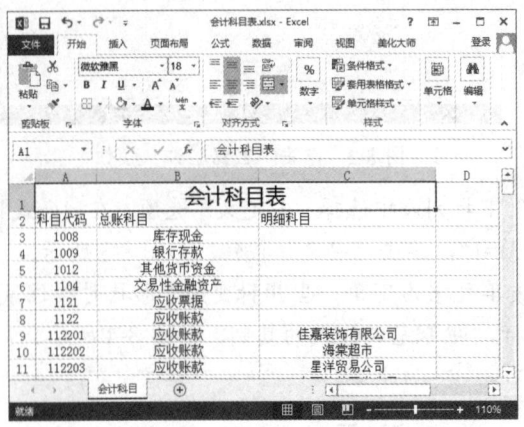 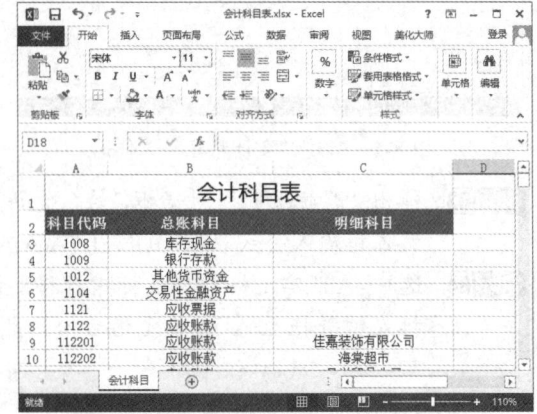

图 8-7　设置字体格式　　　　　　　图 8-8　设置单元格字体格式

二、冻结窗格

由于会计科目的数据量较大，财务人员在录入数据时无法看到完整的表格，这会给录入工作带来许多不便，甚至可能使录入出错。这时可以使用 Excel 的冻结功能固定表格表头的位置，使财务人员能随时看见表格表头，具体操作方法如下：

Step 01 选中第 3 行，选择"视图"选项卡，单击"冻结窗格"下拉按钮，选择"冻结拆分窗格"选项，如图 8-9 所示。

制作凭证记录表　项目八

Step 02　此时即可将第 3 行以上的行冻结，滚动鼠标滚轮查看效果，如图 8-10 所示。

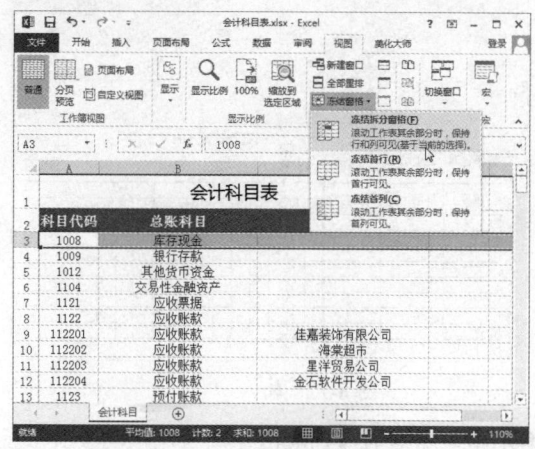
图 8-9　选择"冻结拆分窗格"选项

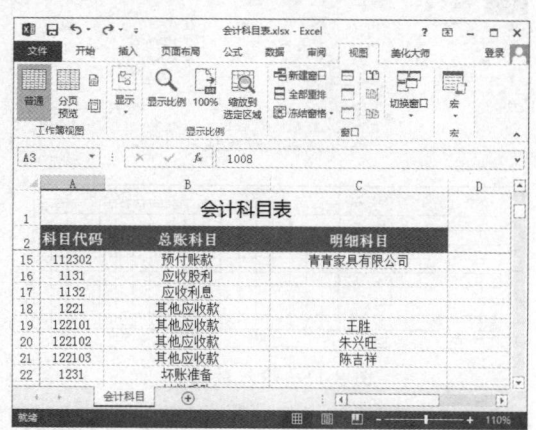
图 8-10　查看冻结窗格效果

任务二　制作记账凭证报表

任务概述

记账凭证作为账务处理的根据，既概括地反映了经济业务的基本情况，又直观地体现出账务的登记状况，其内容主要包括记账凭证名称、填制记账凭证的单位名称、凭证的填制日期和编码号、经济业务内容、会计科目、金额、附单据数和有关人员签章等内容。下面将详细介绍如何在 Excel 2013 中制作记账凭证。

任务重点与实施

一、导入数据

由于本例中提供的素材已经创建了记账凭证的基本框架，下面利用 VLOOKUP 函数导入经济业务数据，其中"记账凭证"工作表中的"摘要"、"科目编号"和"科目名称"分别对应"会计科目"工作表中的"二级科目"、"科目代码"和"一级科目"，具体操作方法如下：

Step 01　打开"记账凭证.xlsx"工作簿，在 B2 单元格中输入日期"2015/7/1"，在合并后的 O2 单元格中输入凭证号 01 并添加下划线，如图 8-11 所示。

Step 02　选中 B6 单元格，输入"="号，如图 8-12 所示。

专家指导　会计科目是按照经济业务的内容和经济管理的要求，对会计要素的具体内容进行分类核算的科目，是凭证记录表的一种。

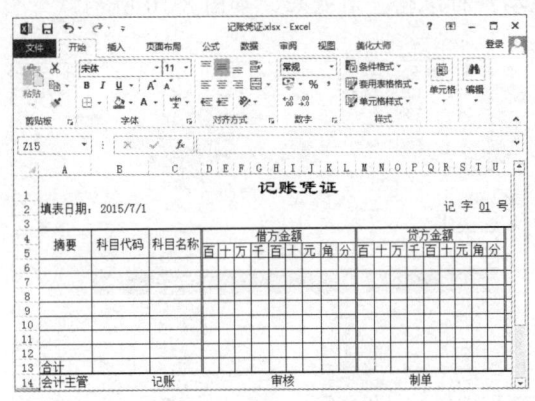
图 8-11 输入数据

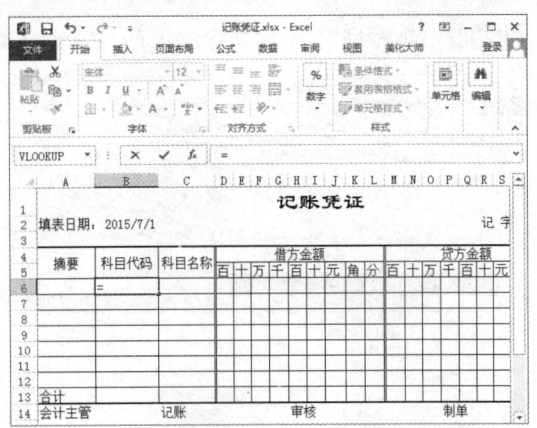
图 8-12 输入 "=" 号

Step 03 选择 "会计科目" 工作表，选择 A3 单元格，然后按【Enter】键，如图 8-13 所示。

Step 04 此时即可引用 A3 单元格中的数据。选中 C6 单元格，在编辑栏中单击 "插入函数" 按钮，如图 8-14 所示。

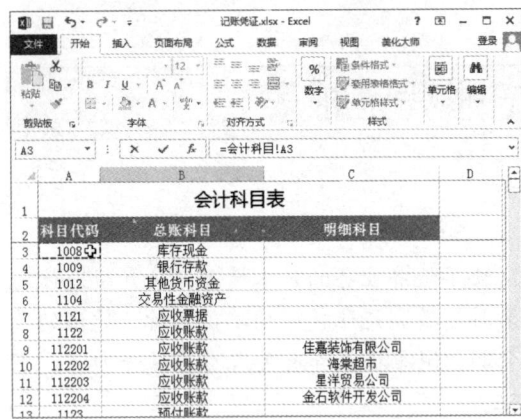
图 8-13 选择引用单元格

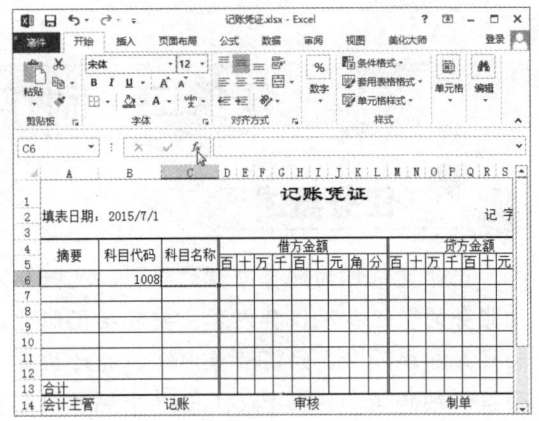
图 8-14 单击 "插入函数" 按钮

Step 05 弹出 "插入函数" 对话框，选择 "全部" 类别，选择 VLOOKUP 函数，单击 "确定" 按钮，如图 8-15 所示。

Step 06 弹出 "函数参数" 对话框，单击 Lookup_value 参数右侧的折叠按钮，如图 8-16 所示。

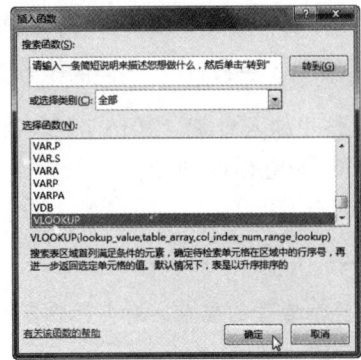
图 8-15 "插入函数" 对话框

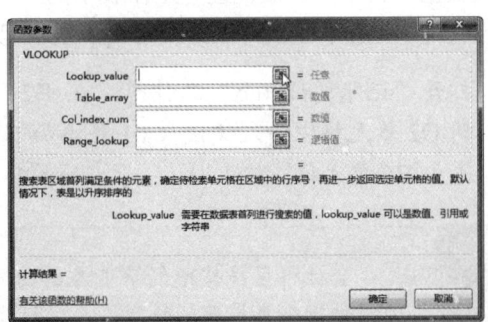
图 8-16 "函数参数" 对话框

Step 07 选择 B6 单元格，单击折叠按钮，如图 8-17 所示。

Step 08 返回"函数参数"对话框，单击 Table_array 参数右侧的折叠按钮，如图 8-18 所示。

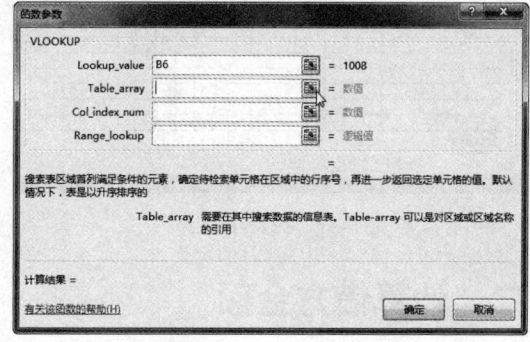

图 8-17 选择单元格　　　　　　　　　　图 8-18 单击折叠按钮

Step 09 选择"会计科目"工作表，选择 A3:C173 单元格区域，单击折叠按钮，如图 8-19 所示。

Step 10 返回"函数参数"对话框，在 col_index_num 参数文本框中输入 2，在 range_lookup 参数文本框中输入 0，然后单击"确定"按钮，如图 8-20 所示。

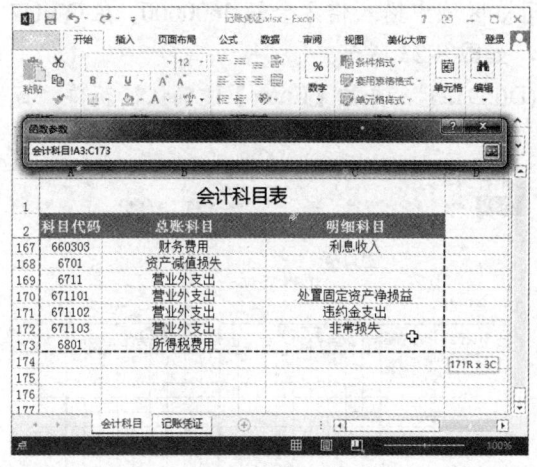

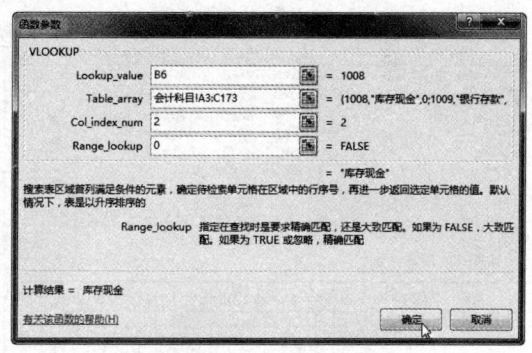

图 8-19 选择单元格区域　　　　　　　　图 8-20 输入函数参数

Step 11 查看 C6 单元格的计算结果，将鼠标指针至于 C6 单元格的右下角，当指针变为 ✚ 形状时向下拖动鼠标至 C12 单元格，将函数填充到科目名称列的单元格中，如图 8-21 所示。

Step 12 在科目代码中输入代码，此时在其右侧将自动计算出科目名称，如图 8-22 所示。

图 8-21　拖动填充柄

图 8-22　查看函数效果

二、计算借方金额

本例中先手动输入各项经济业务借方和贷方的金额，然后通过函数对金额求和，其中 D16 所在行中各个单元格的值表示对应所在列数值的和；D17 所在行中各个单元格的值表示相加后的第一位数值；L17 单元格表示"分"单位上的前一位数值；D18 单元格表示相加后的后一位数值；L18 单元格的值表示"分"单位上的后一位数值；D19 表示借方金额的合计值。计算借方金额的具体操作方法如下：

Step 01　在"记账凭证"工作表中的 F6:L6 单元格区域中输入借方金额 5600000，在 O7:U7 单元格区域中输入贷方金额 2800000，如图 8-23 所示。

Step 02　选中 D16 单元格，输入公式"=SUM(D6:D12)"，并按【Enter】键确认，获得"百万"单位上的数值，如图 8-24 所示。

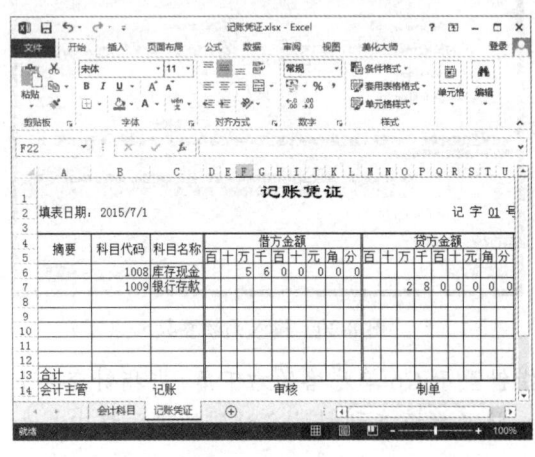
图 8-23　输入数据

图 8-24　输入公式

Step 03　将鼠标指针移到 D16 单元格右下角，当指针变为 ✚ 形状时向右拖至 L16 单元格，完成所有计算单位上公式的复制，如图 8-25 所示。

Step 04 在 D17 单元格中输入公式 "=IF(D19>0,VALUE(RIGHT(D19)),0)",表示若 D19 单元格中的值大于 0,返回 D19 单元格中文本字符串的前一个字符并转换成数值,否则返回 0。按【Enter】键确认,计算出结果,如图 8-26 所示。

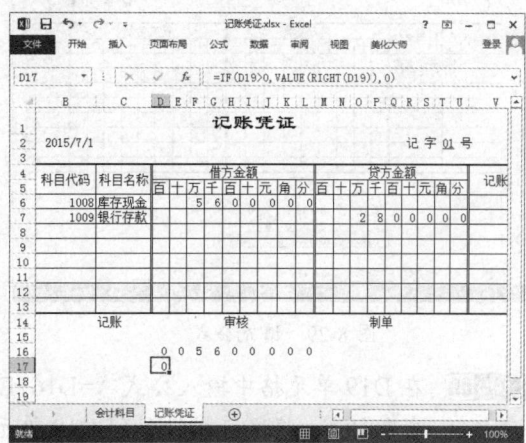

图 8-25 填充公式　　　　　　　　　　图 8-26 输入公式

Step 05 将鼠标指针移到 D17 单元格右下角,当指针变为✚形状时向右拖至 K17 单元格,将公式复制到所有包含金额的单元格中,如图 8-27 所示。

Step 06 在 L17 单元格中输入公式 "=VALUE(RIGHT(L16))",并按【Enter】键确认,获取返回至 L16 单元格中文本字符串的前一个字符,并将其转换为数值,计算借方金额在 "分" 单位上的第一位数值,如图 8-28 所示。

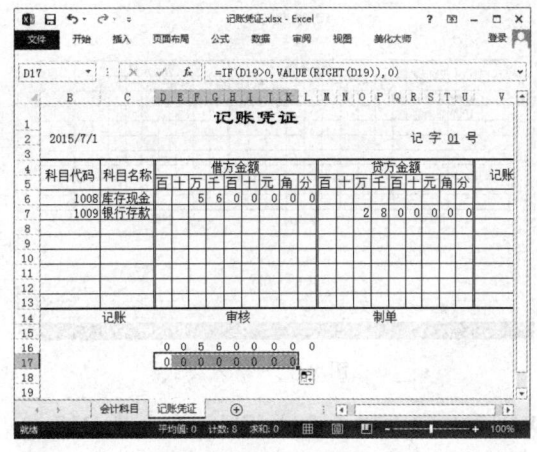
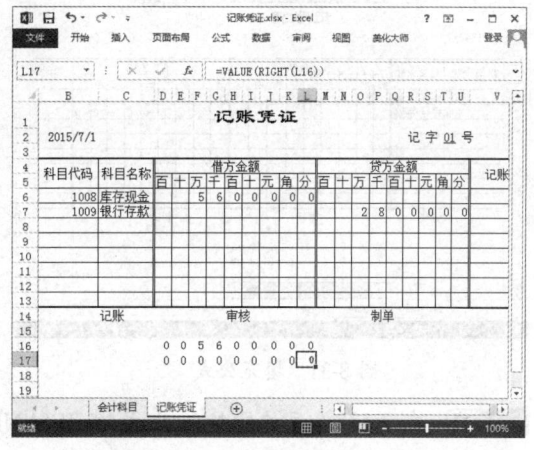

图 8-27 填充公式　　　　　　　　　　图 8-28 输入公式

Step 07 在 D18 单元格中输入公式 "=IF(D19>9,VALUE(LEFT(D19)),0)",并按【Enter】键确认进行计算。将鼠标指针移到 D18 单元格右下角,当指针变为✚形状时向右拖至 K18 单元格,将公式复制到所有包含金额的单元格中,如图 8-29 所示。

Step 08 在 L18 单元格中输入公式 "=VALUE(LEFT(L16))",并按【Enter】键确认计算,将返回 L16 单元格中文本字符串的最后一个字符并转换成数值,得到 "分" 单位上的最后一位数值,如图 8-30 所示。

中文版 Excel 2013 在财务管理中的应用

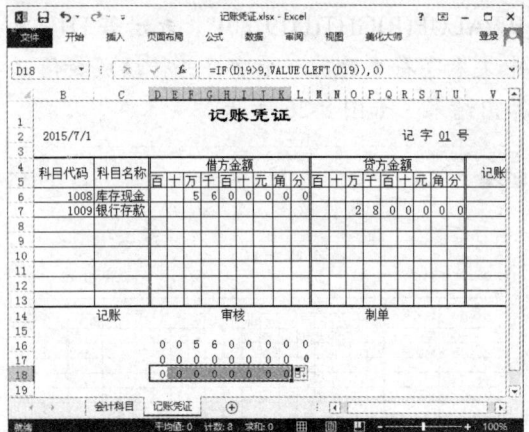

图 8-29 填充公式　　　　　　　　　图 8-30 输入公式

Step 09 在 D19 单元格中输入公式"=D16+E18",并按【Enter】键确认,完成借方金额的求和计算。将鼠标指针移到 D19 单元格右下角,当指针变为+形状时向右拖至 L19 单元格,将公式复制到所有包含金额的单元格中,如图 8-31 所示。

Step 10 在 D13 单元格中输入公式"=IF(D17=0,"" D17)",表示若 D17 单元格中的值等于 0,返回空值,否则返回 D17 单元格中的值。按【Enter】键确认,计算 D1 单元格中的借方合计金额在"百万"位上的数值,如图 8-32 所示。

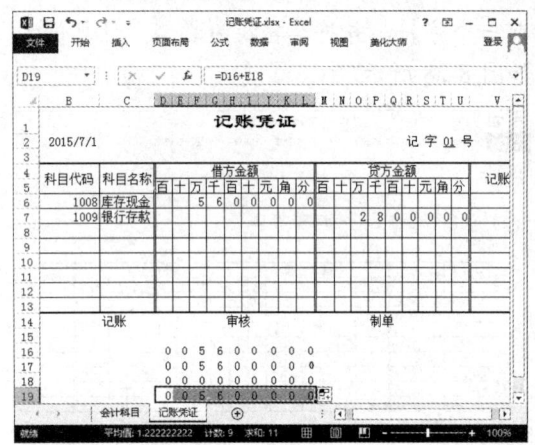

图 8-31 填充公式　　　　　　　　　图 8-32 输入公式

Step 11 在 E13 单元格中输入公式"=IF(AND(D17=0,E17=0),"",E17)",表示若 D17 单元格中的值等于 0,同时 E17 单元格中的值等于 0,返回空值,否则返回 E17 单元格中的值,计算 E13 单元格中的借方合计金额,如图 8-33 所示。

Step 12 在 F13 单元格中输入公式"=IF(AND(D17=0,E17=0,F17=0),"",F17)",表示若 D17 单元格中的值等于 0,同时 E17 和 F17 单元格中的值等于 0,返回空值,否则返回 F17 单元格中的值,计算 F13 单元格中的借方合计金额,如图 8-34 所示。

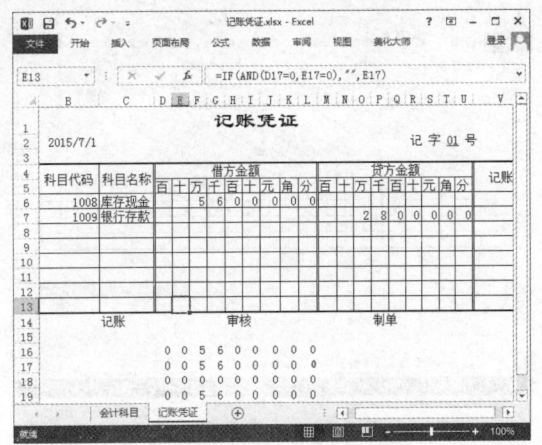

图 8-33 输入公式　　　　　　　　图 8-34 输入公式

Step 13 依此类推，在 G13 单元格中输入公式 "=IF(AND(D17=0,E17=0,F17=0,G17=0),"",G17)"，在 H13 单元格中输入公式 "=IF(AND(D17=0,E17=0,F17=0,G17=0,H17=0),"",H17)"…，如图 8-35 所示。

Step 14 输入借方金额，查看计算结果，如图 8-36 所示。

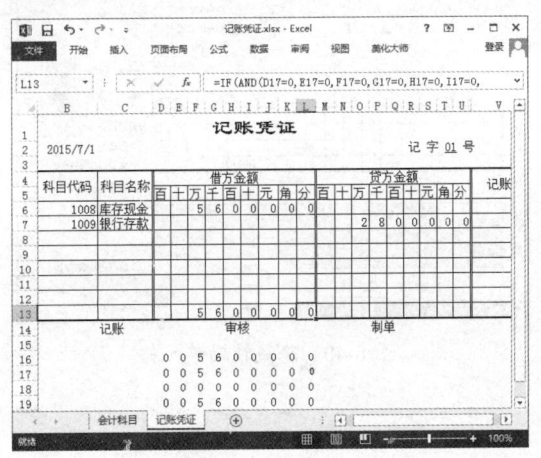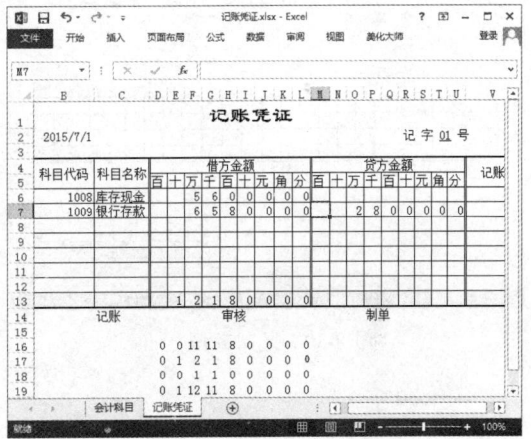

图 8-35 输入公式　　　　　　　　图 8-36 查看计算结果

三、计算贷方金额

贷方金额与借方金额的计算方法相同，可以通过填充柄复制公式来快速获得计算结果。同时，为了使表格样式更美观、明了，还可将用于计算的辅助单元格隐藏，具体操作方法如下：

Step 01 选中 D16 单元格，按【Ctrl+C】组合键复制公式。选中 M16 单元格，按【Ctrl+V】组合键粘贴公式，如图 8-37 所示。

Step 02 此时 M16 中的公式自动更新为 "=SUM(M6:M12)"，并按【Enter】键确认，计算出结果。使用填充柄快速填充 N16:U16 单元格区域的值，如图 8-38 所示。

中文版 Excel 2013 在财务管理中的应用

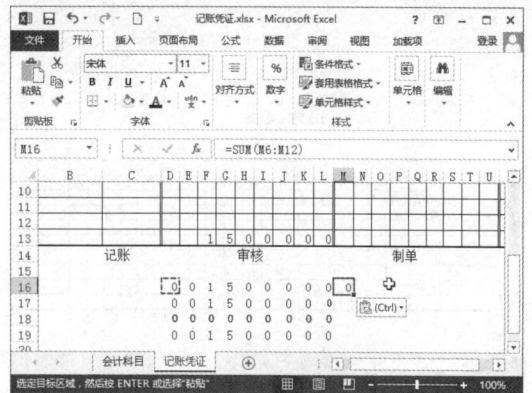

图 8-37 粘贴公式　　　　　　　　　图 8-38 填充数据

Step 03 采用相同的方法，将借方金额公式复制到对应的贷方金额位置，如图 8-39 所示。

Step 04 选中第 16~19 行，在"单元格"组中单击"格式"按钮，选择"隐藏和取消隐藏"|"隐藏行"选项，隐藏辅助单元格，如图 8-40 所示。

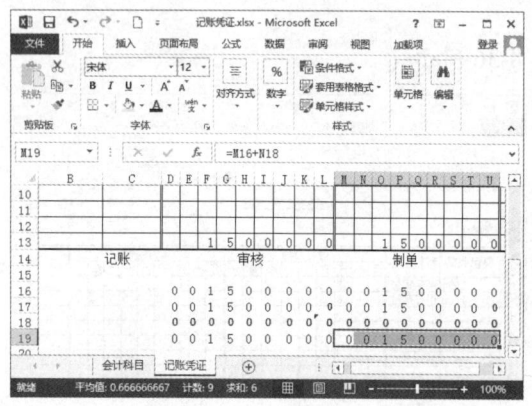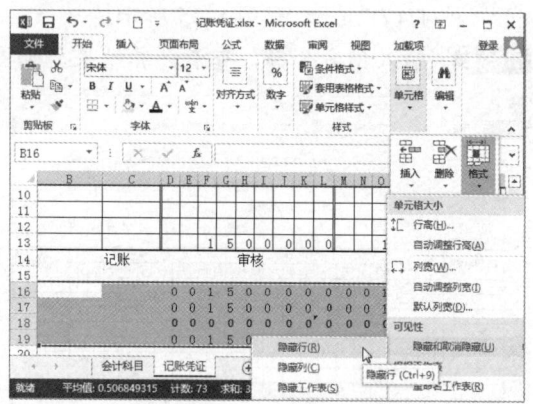

图 8-39 复制数据　　　　　　　　　图 8-40 隐藏辅助单元格

任务三　制作凭证明细表

凭证明细表是将记账凭证逐日逐条记录汇总后得到的一个表格，可以作为编制总账表的依据。本例将继续在"会计科目表"工作簿中新建凭证明细表，并根据经济业务发生的先后顺序编制凭证号，最后为了防止录入错误，还需试算是否平衡。

一、创建凭证明细表的框架

下面将在"会计科目表"工作簿的基础上创建一个"凭证明细表"工作簿,然后设置凭证字号的显示格式为"'记号'00'号'",并对日期和货币的格式进行相应设置,具体操作方法如下:

Step 01 打开"会计科目表"工作簿,另存为"凭证明细表",并将Sheet2工作表重命名为"凭证明细",然后在其中输入表格标题与表头内容,并设置表格样式,如图8-41所示。

Step 02 在"凭证字号"列上右击,在弹出的快捷菜单中选择"设置单元格格式"命令,如图8-42所示。

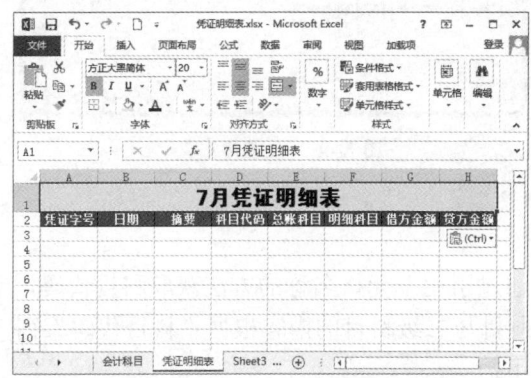

图8-41 设置样式　　　　　　　　图8-42 选择"设置单元格格式"命令

Step 03 弹出"设置单元格格式"对话框,在"分类"列表框中选择"自定义"选项,在"类型"文本框中输入""记号"00"号"",然后单击"确定"按钮,如图8-43所示。

Step 04 在"日期"列上右击,在弹出的快捷菜单中选择"设置单元格格式"命令,如图8-44所示。

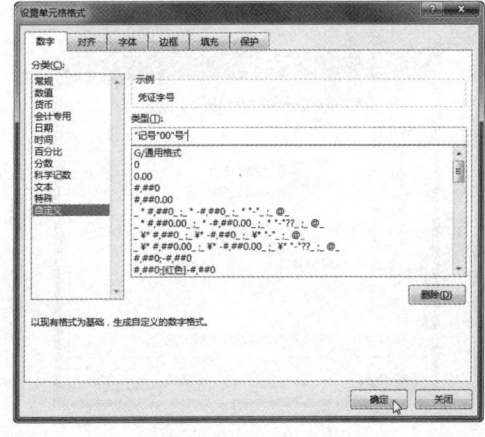 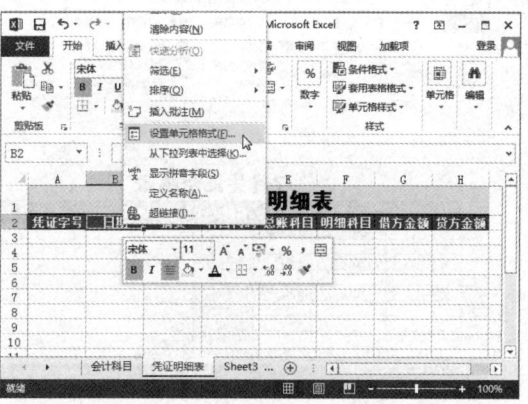

图8-43 设置格式　　　　　　　　图8-44 选择"设置单元格格式"命令

中文版 Excel 2013 在财务管理中的应用

Step 05 在"类型"列表框中选择"*2012/3/14"选项，单击"确定"按钮，如图8-45所示。

Step 06 选择"借方金额"和"贷方金额"列，打开"设置单元格格式"对话框，在"分类"列表框中选择"会计专用"选项，在"小数位数"数值框中输入 2，然后单击"确定"按钮，如图8-46所示。

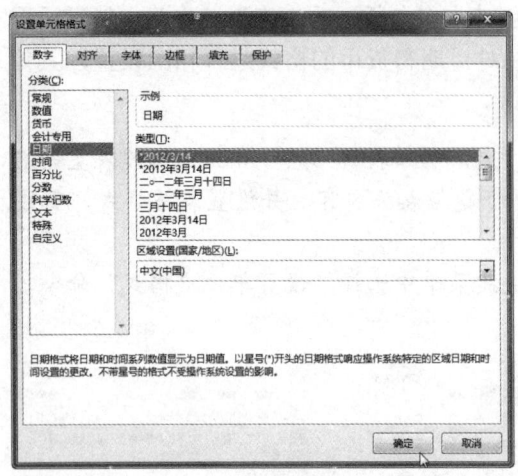

图 8-45　设置格式　　　　　　　图 8-46　设置格式

二、输入表格数据

下面先在工作表中输入基本的数据，然后通过引用单元格名称的方法获取科目代码，再通过利用 IF 函数和 VLOOKUP 函数使一级科目与二级科目的内容根据"科目代码"列中获得的数据进行自动填充，具体操作方法如下：

Step 01 在"凭证明细"工作表中根据实际情况输入"凭证字号"、"日期"、"摘要"列中的数据。选中 D3:D50 单元格区域，选择"数据"选项卡，在"数据工具"组中单击"数据验证"下拉按钮，选择"数据验证"选项，如图8-47所示。

Step 02 弹出"数据验证"对话框，在"允许"下拉列表框中选择"序列"选项，在"来源"文本框中输入"=会计科目!$A$3:$A$173"，然后单击"确定"按钮，如图8-48所示。

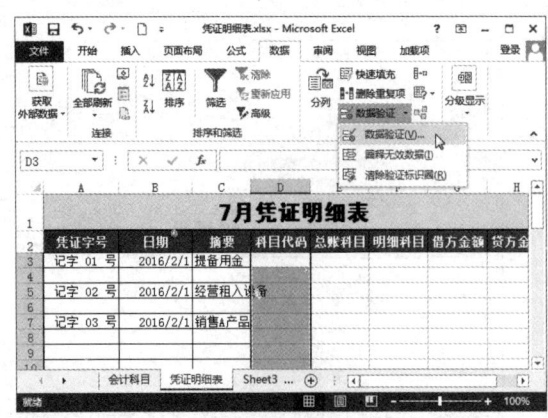

图 8-47　选择"数据验证"选项　　　　　图 8-48　输入公式

Step 03 选中 D3:D50 单元格区域中的任意单元格，单击单元格右侧将出现下拉按钮，可查看引用的科目代码，并进行填充，如图 8-49 所示。

Step 04 选中 E3 单元格，在编辑栏中输入公式"=IF(D3="","",VLOOKUP(D3,会计科目!$A$3:$C$173,2,0))"，并按【Enter】键确认，从"会计科目"工作表中引用对应的一级科目的名称，如图 8-50 所示。

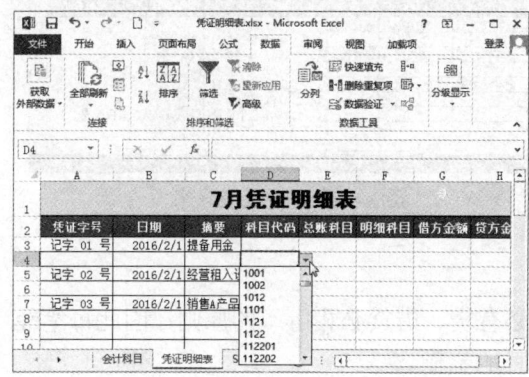 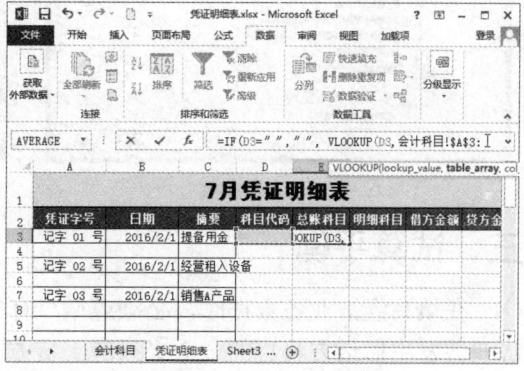

图 8-49 填充数据　　　　　　　　　　图 8-50 输入公式

Step 05 将鼠标指针移到 E3 单元格右下角，当指针变为✚形状时按住鼠标并向下拖至 E50 单元格后松开，完成科目名称的快速填充，如图 8-51 所示。

Step 06 选中 F3 单元格，在编辑栏中输入公式"=IF(D3="","",VLOOKUP(D3,会计科目!$A$3:$C$173,3,0))"，并按【Enter】键确认，从"会计科目"工作表中引用对应的明细科目，再采用相同的方法快速填充所有的摘要，如图 8-52 所示。

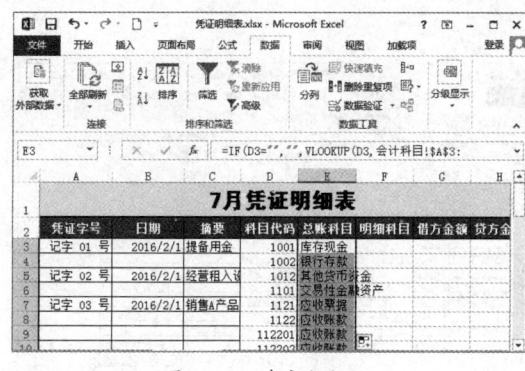 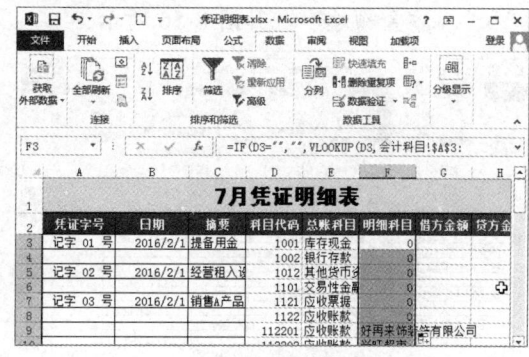

图 8-51 填充数据　　　　　　　　　　图 8-52 输入公式

Step 07 单击"文件"按钮，选择"选项"命令，弹出"Excel 选项"对话框。选择"高级"选项卡，在"此工作表的显示选项"栏中取消选择"在具有零值的单元格中显示零"复选框，单击"确定"按钮，如图 8-53 所示。

Step 08 返回工作表，即可看到单元格内容为 0 值的数据都被隐藏了，如图 8-54 所示。

专家指导
Expert guidance

　　如果 IF 的任意参数为数组，则在执行 IF 语句时，将计算数组的每一个元素。最多可以使用 64 个 IF 函数作为 value_if_true 和 value_if_false 参数进行嵌套，以构造更详尽的测试。IF 函数是根据对指定条件的结果的计算（为 TURE 或 FALSE）来返回不同的结果。

中文版 Excel 2013 在财务管理中的应用

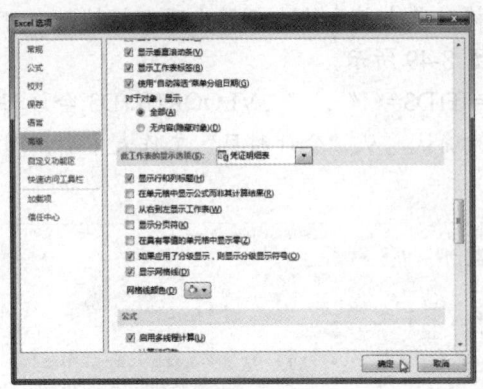

图 8-53 设置参数

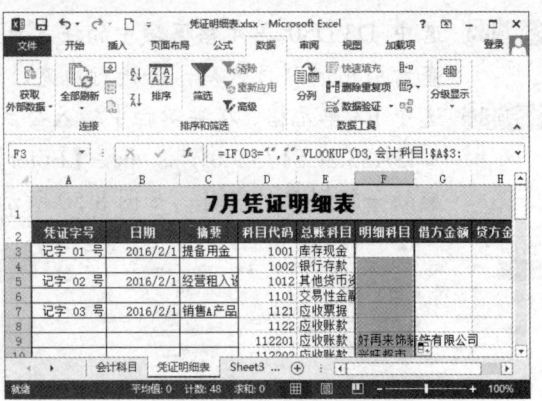

图 8-54 查看设置效果

三、试算平衡

在填写经济业务数据时，必须遵循"有借必有贷、借贷必相等"的原则，因此每笔经济业务发生后借方科目的金额必须等于贷方科目的金额。

下面将判断前面操作中登记的账目是否平衡，并进行条件设置，设置平衡账目突出显示，具体操作方法如下：

Step 01 在"凭证明细"工作表的 F51 单元格中输入"总计"，选中 G51 单元格，输入公式"=SUM(G3:G50)"，并按【Enter】键确认，计算出借方金额总和，如图 8-55 所示。

Step 02 选中 H51 单元格，输入公式"=SUM(H3:H50)"，并按【Enter】键确认，计算出贷方金额总和，如图 8-56 所示。

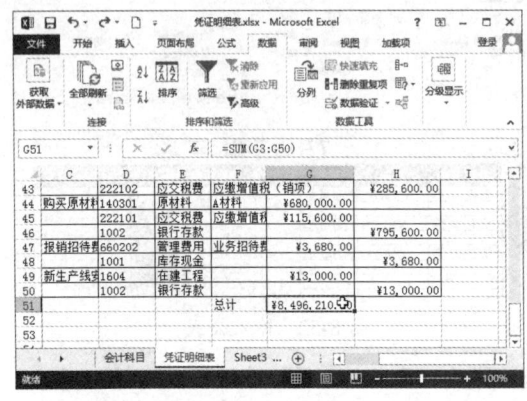

图 8-55 输入公式

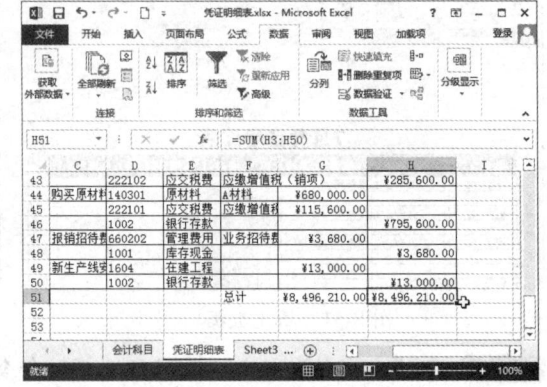

图 8-56 输入公式

Step 03 选中 F52 单元格，输入"是否平衡"，选择 G52:H52 单元格区域，如图 8-57 所示。

Step 04 单击"对齐方式"组中的"合并后居中"按钮，设置单元格格式为"合并后居中"，如图 8-58 所示。

专家指导
Expert guidance

凭证明细表是登记总账表的重要来源，为数据核算提供了有关的明细资料，可以根据明细账的账页格式设计凭证明细表的格式。

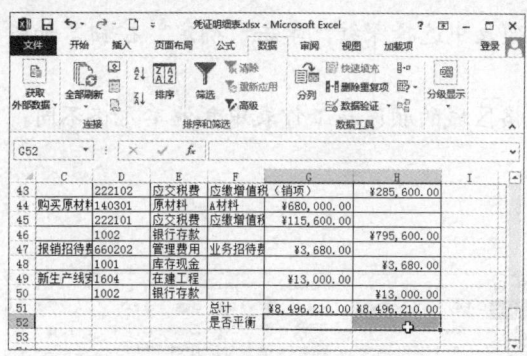

图 8-57 输入内容　　　　　　　　　图 8-58 合并居中单元格

Step 05 在合并后的单元格中输入公式 "=IF(G51-H51=0,"借贷平衡","借贷不平衡")"，并按【Enter】键确认，计算出经济业务的借贷是否平衡，如图 8-59 所示。

Step 06 选择 F52:G52 单元格区域，在"样式"组中单击"条件格式"下拉按钮，选择"突出显示单元格规则"|"文本包含"选项，如图 8-60 所示。

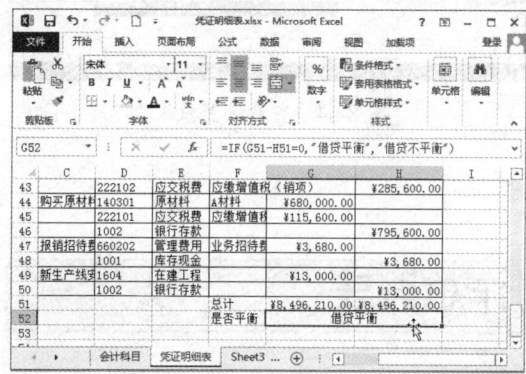
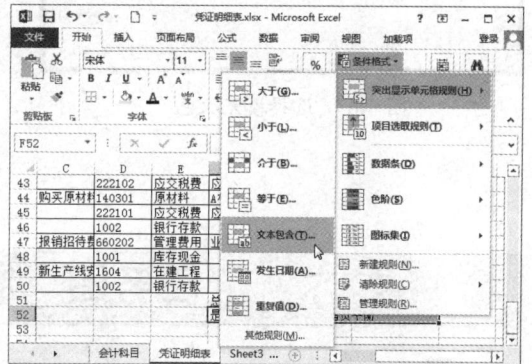

图 8-59 输入公式　　　　　　　　　图 8-60 选择"文本包含"选项

Step 07 弹出"文本中包含"对话框，在左侧文本框中输入文本"平衡"，在"设置为"下拉列表框中选择"自定义格式"选项，如图 8-61 所示。

Step 08 弹出"设置单元格格式"对话框，选择"字体"选项卡，在"颜色"下拉列表中选择"白色，背景 1"，如图 8-62 所示。

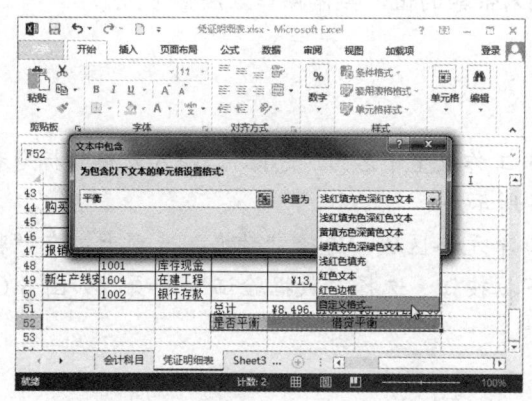
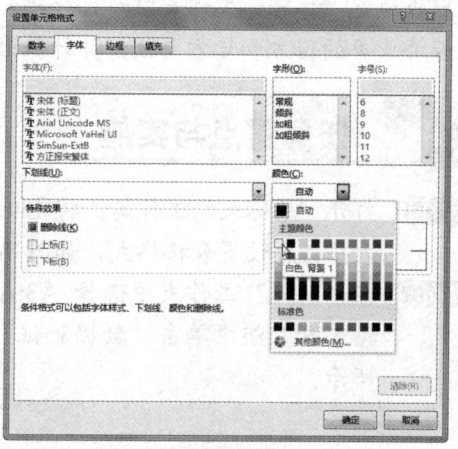

图 8-61 选择"自定义格式"选项　　　图 8-62 选择字体颜色

中文版 Excel 2013 在财务管理中的应用

Step 09 选择"填充"选项卡,在"背景色"列表中选择深红,单击"确定"按钮,如图 8-63 所示。

Step 10 返回工作表,即可看到 F52:G52 单元格区域的颜色与工作表中其他单元格不同,已突出显示,如图 8-64 所示。

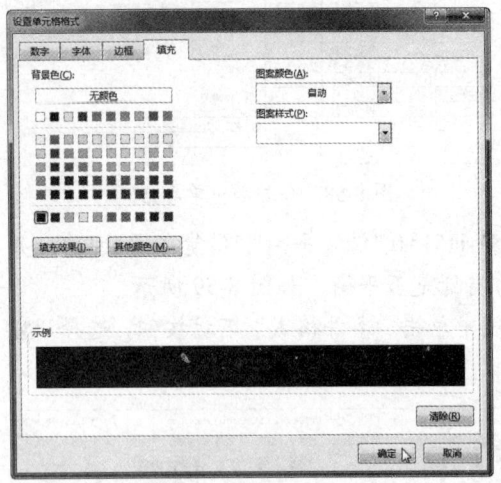

图 8-63 选择填充颜色

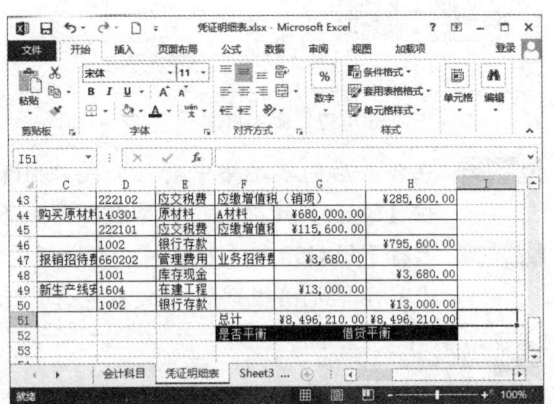

图 8-64 查看设置效果

任务四 制作总账表

会计科目表和凭证明细表是编制总账表的前提,只有将这两个表格中经过汇总的数据进行统计,才能获得具体、明确的数据,更快地制作出总账表,为编制会计表提供依据。

下面先在"总账表"工作簿中创建"总账"工作表,并根据"凭证明细表"工作表中的数据填充"总账"工作表中科目代码和总账科目的内容,然后使用 SUMIF 函数汇总每项经济业务的借方和贷方金额,并计算出期末余额的值,具体操作方法如下:

Step 01 打开"总账表"工作簿,将 Sheet3 工作表重命名为"总账",输入表格的标题和表头,并设置表格格式,如图 8-65 所示。

Step 02 在"总账"工作表中选择 A3:A38 单元格区域,选择"数据"选项卡,在"数据工具"组中单击"数据验证"下拉按钮,选择"数据验证"选项,如图 8-66 所示。

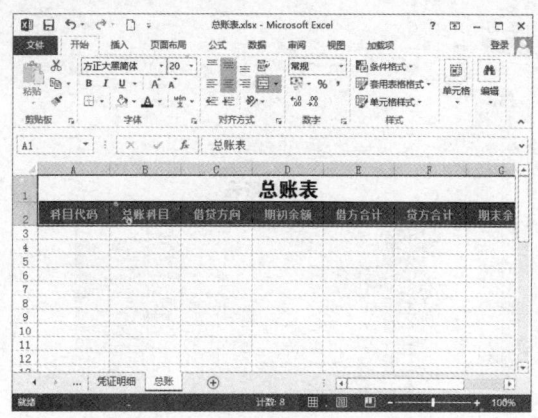
图 8-65 输入表格标题和表头

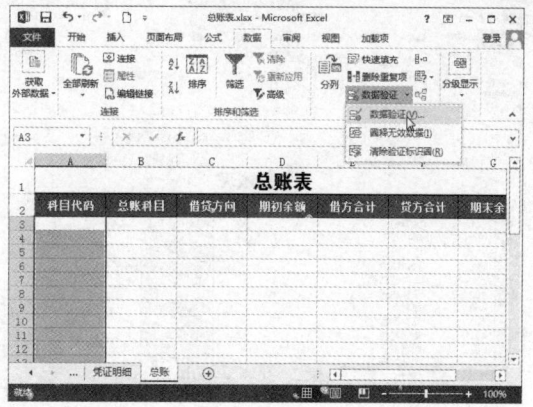
图 8-66 选择"数据验证"选项

Step 03 弹出"数据验证"对话框,在"允许"下拉列表框中选"序列"选项,在"来源"文本框中输入"=会计科目!A$3:$A$173",然后单击"确定"按钮,即可填充科目代码,如图 8-67 所示。

Step 04 选择 B3:B38 单元格区域,在编辑栏中输入公式"=VLOOKUP(A3,会计科目!$A$3:$C$174, 2,0)",按【Ctrl+Enter】组合键,从"会计科目"工作表中引用科目名称,如图 8-68 所示。

图 8-67 设置数据验证选项

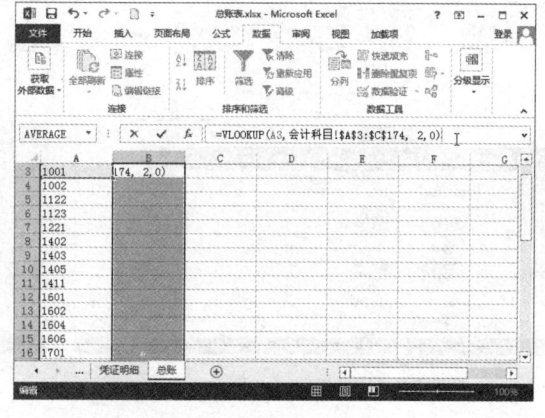
图 8-68 引用科目名称

Step 05 选择 E3:E38 单元格区域,在编辑栏中输入公式"=SUMIF(凭证明细!$E:$E,$B3,凭证明细!G:G)",按【Ctrl+Enter】组合键,计算出"凭证明细"工作表中各项经济业务借方金额的合计值,如图 8-69 所示。

Step 06 选择 F3:F38 单元格区域,在编辑栏中输入公式"=SUMIF(凭证明细!$E:$E,$B3,凭证明细!H:H)",按【Ctrl+Enter】组合键,计算出"凭证明细"工作表中各项经济业务贷方金额的合计值,如图 8-70 所示。

专家指导
Expert guidance

总账就是每月将本月发生的经济业务全部登记入账,并于月份终了结算出每个账户的本期借贷方发生额及余额,与所属明细账余额的合计数核对且相等后,作为编制会计报表的主要依据。

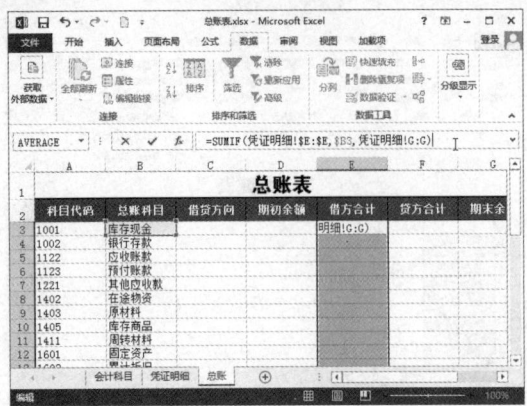

图 8-69　计算借方合计　　　　　　图 8-70　计算贷方合计

Step 07 在"借贷方向"和"期初余额"列中输入上期各项经济业务的值，选中 G3 单元格，输入公式"=IF(C3="借",D3+E3 − F3, D3+F3 − E3)"，并按【Enter】键确认，计算出资产类科目的期末余额值，如图 8-71 所示。

Step 08 将鼠标指针移到 G3 单元格右下角，当指针变为＋形状时按住鼠标左键并拖至 G38 单元格，即可复制公式并快速填充数据，如图 8-72 所示。

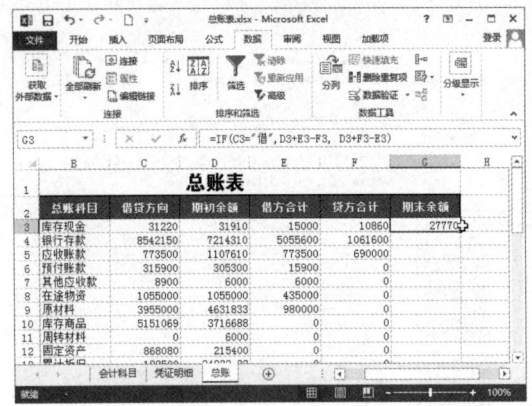 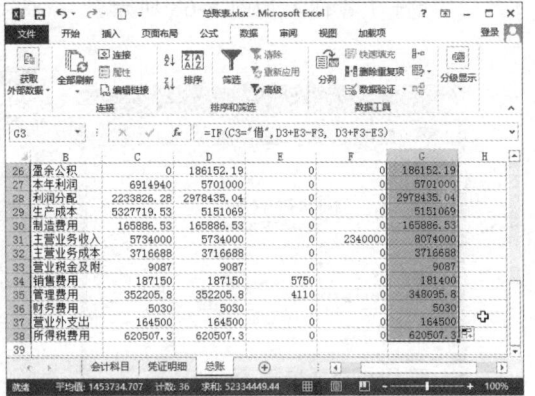

图 8-71　计算期末余额　　　　　　图 8-72　填充数据

项目小结

通过本项目的学习，读者应重点掌握以下知识：

（1）为了防止科目代码的重复记录，可以使用 COUNTIF 函数设置单元格的有效值。

（2）在录入大量数据时，为了便于录入，可以使用冻结窗格功能将表头冻结。

（3）记账凭证的内容主要包括记账凭证名称、填制记账凭证的单位名称、凭证的填制日期和编码号、经济业务内容、会计科目、金额、附单据数和有关人员签章等。

（4）凭证明细表是将记账凭证逐日逐条记录汇总后得到的一个表格，可作为编制总账表的依据。

（5）将会计科目表和凭证明细表中经过汇总的数据进行统计，才能获得具体、明确的数据，更快地制作出总账表，为编制会计表提供依据。

项目习题

（1）设置单元格数据有效性，以防止重复的记录。
（2）练习 VLOOKUP 函数的使用方法。

操作提示：

① VLOOKUP 函数是一个查找和引用函数，可按行查找表或区域中的内容。例如，按员工号查找某位员工的姓名、联系方式等。

② VLOOKUP 函数的语法为：
VLOOKUP (lookup_value, table_array, col_index_num, [range_lookup])

（3）练习 IF 函数的使用方法。

操作提示：

① IF 函数是一个逻辑函数，如果条件为真，该函数将返回一个值；如果条件为假，函数将返回另一个值。

② IF 函数的语法为：
IF(logical_test, value_if_true, [value_if_false])

项目九　财务分析管理

项目概述

　　财务报表是会计主体对外提供的反映会计主体财务状况和经营的会计报表，财务分析是一种判断的过程，旨在评估企业现在或过去的财务状况及经营成果，本项目将学习财务分析管理的相关知识，包括财务比率分析、财务趋势分析、财务比较分析以及财务综合分析等。

项目重点

- 制作财务报表。
- 进行财务分析。

项目目标

- 掌握各种财务报表的分析方法。
- 掌握对财务进行分析的方法。

任务一　制作财务报表

任务概述

　　财务报表包括资产负债表、损益表、现金流量表或财务状况变动表、附表和附注，财务报表是财务报告的主要部分，下面将介绍如何制作财务报表，其中包括制作资产负债表、利润表和财务比率分析表等。

任务重点与实施

一、制作资产负债表

　　资产负债表是反映企业在某一特定日期财务状况的报表。制作资产负债表应满足"资产=负债+所有者权益"的平衡公式。在制作资产负债表的过程中，首先需利用试算平衡表中的信息整理出总账，从而获得资产负债表的原始数据，然后引用"总账表"工作表中的数据计算。

在制作资产负债表前需对企业现有的经济业务进行收集，对账目进行整理，获取需要的原始数据。下面将利用所提供的"2015年度资产负债表"和"财务资料表"工作簿中的有关数据来编制 2016 年度的资产负债表，其中有些项目的会计科目在总账表中并未出现，则认为当期并未发生相关业务，可根据本年的期初数直接填列。

制作资产负债表的具体操作方法如下：

Step 01 打开"财务资料表"工作簿，选择"资产负债表"工作表，在 A2 单元格中输入编制单位为"元宝公司"，日期为"2016 年 4 月 31 日"，如图 9-1 所示。

Step 02 按住【Ctrl】键不放，选择 C、D、G、H 列并右击，在弹出的快捷菜单中选择"设置单元格格式"命令，如图 9-2 所示。

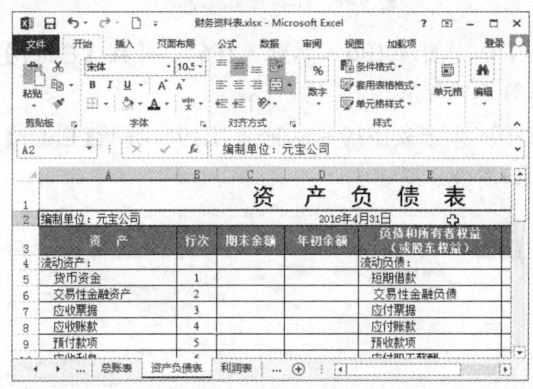

图 9-1　打开工作簿

图 9-2　选择"设置单元格格式"命令

Step 03 弹出"设置单元格格式"对话框，在"分类"列表框中选择"会计专用"选项，在"小数位数"数值框中输入 0，在"货币符号（国家/地区）"下拉列表框中选择"无"选项，然后单击"确定"按钮，如图 9-3 所示。

Step 04 引用"2015 年度资产负债表"工作簿中的"期末余额"作为 2016 年度"资产负债表"表中的"年初余额"，如图 9-4 所示。

图 9-3　选择"无"选项

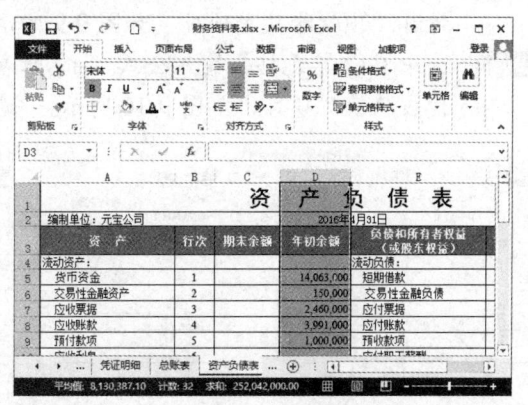

图 9-4　引用数据

Step 05 在"资产负债表"工作表中选中 C5 单元格，输入公式"=总账表!G3+总账表!G4"，并按【Enter】键确认，计算"货币资金"项目，如图 9-5 所示。

Step 06 选中C8单元格,输入公式"=总账表!D5+总账表!E5-总账表!F5",并按【Enter】键确认,计算"应收账款"项目,如图9-6所示。

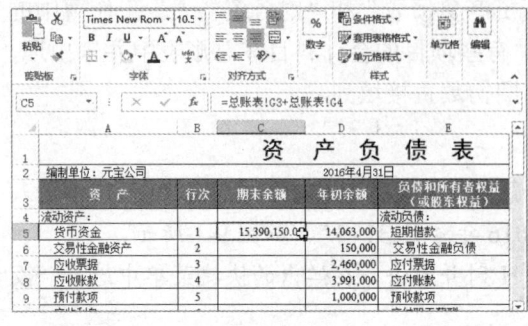

图9-5 计算货币资金　　　　　　　　　图9-6 计算应收账款

Step 07 选中C9单元格,输入公式"=总账表!D6+总账表!E6-总账表!F6",并按【Enter】键确认,计算"预付款项"项目,如图9-7所示。

Step 08 选中G8单元格,输入公式"=总账表!D19+总账表!F19-总账表!E19",并按【Enter】键确认,计算出"应收账款"项目,如图9-8所示。

图9-7 计算预付款项　　　　　　　　　图9-8 计算应收账款

Step 09 选中G9单元格,输入公式"=总账表!F20-总账表!E20",并按【Enter】键确认,计算"预收账款"项目,如图9-9所示。

Step 10 选中C12单元格,输入公式"=总账表!G7",并按【Enter】键确认,计算出"其他应收款"项目,如图9-10所示。

图9-9 计算预收账款　　　　　　　　　图9-10 计算其他应收款

Step 11 选中 C13 单元格,输入公式"=总账表!G8+总账表!G9+总账表!G10+总账表!G11+总账表!G29",并按【Enter】键确认,计算出"存货"项目,如图 9-11 所示。

Step 12 对于未发生相关业务的"流动资产"相关项目,直接引用相关"年初余额"作为"期末余额",如图 9-12 所示。

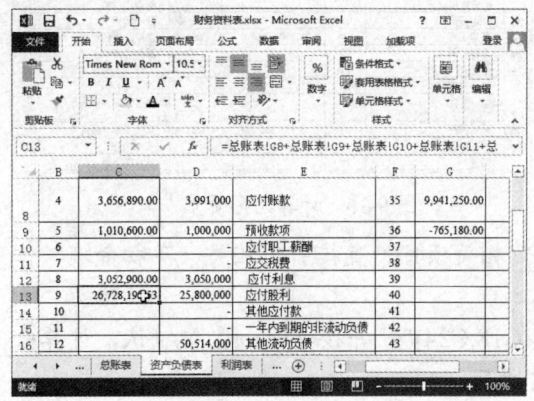

图 9-11 计算存货　　　　　图 9-12 引用数值

Step 13 选中 C16 单元格,输入公式"=SUM(C5:C15)",并按【Enter】键确认,计算出"流动资产合计"项目,如图 9-13 所示。

Step 14 选中 C23 单元格,输入公式"=总账表!G12－[总账表]总账表!G13",并按【Enter】键确认,计算出"固定资产"项目,如图 9-14 所示。

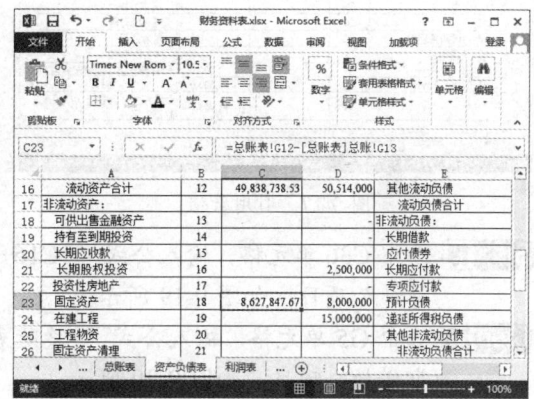

图 9-13 计算流动资产合并　　　　　图 9-14 计算固定资产

Step 15 选中 C24 单元格,输入公式"=总账表!G14",并按【Enter】键确认,计算出"在建工程"项目,如图 9-15 所示。

Step 16 选中 C29 单元格,输入公式"=总账表!G16－[总账表]总账表!G17",并按【Enter】键确认,计算出"无形资产"项目,如图 9-16 所示。

> 如果单元格中同时包含文本和数字,在拖动填充柄进行填充时则只对其中的数字进行填充系列,文本保持不变。若要调整多行的行高或多列的列宽,可以选择多行或多列后拖动行或列的分隔线;若调整所有的行高和列宽,可以选择整个表格后拖动任意行或列的分隔线。

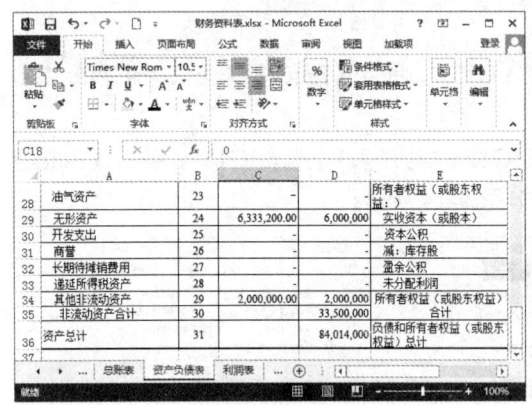

图 9-15 计算在建工程

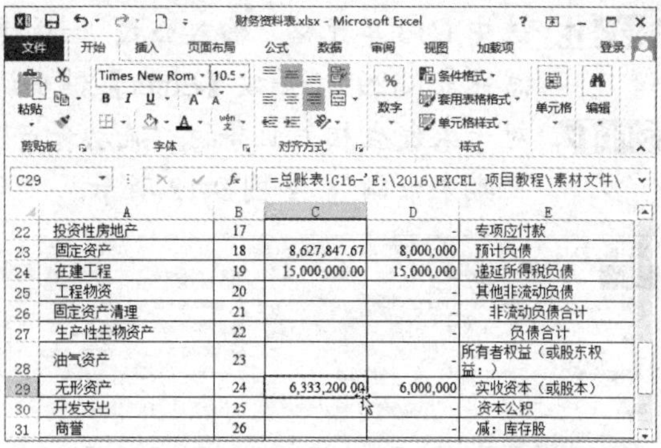

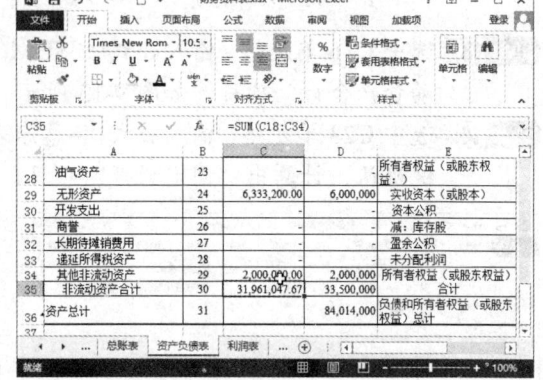

图 9-16 计算无形资产

Step 17 对于未发生相关业务的"非流动资产"相关项目，直接引用相关"年初余额"作为"期末余额"，如图 9-17 所示。

Step 18 选中 C35 单元格，输入公式"=SUM(C18:C34)"，并按【Enter】键确认，计算出"非流动资产合计"项目，如图 9-18 所示。

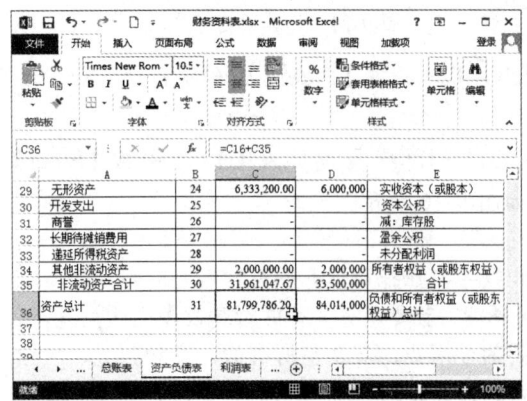

图 9-17 引用数值

图 9-18 计算非流动资产合计

Step 19 选中 C36 单元格，输入公式"=C16+C35"，并按【Enter】键确认，计算出"资产总计"项目，如图 9-19 所示。

Step 20 选中 G5 单元格，输入公式"=总账表!G18"，并按【Enter】键确认，计算出"短期借款"项目，如图 9-20 所示。

图 9-19 计算资产总计

图 9-20 计算短期借款

Step 21 选中G10单元格,输入公式"=总账表!G21",并按【Enter】键确认,计算出"应付职工薪酬"项目,如图9-21所示。

Step 22 选中G11单元格,输入公式"=总账表!G22",并按【Enter】键确认,计算出"应付税费"项目,如图9-22所示。

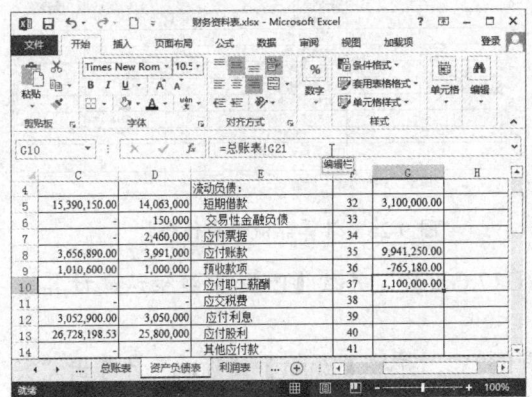
图9-21 计算应付职工薪酬

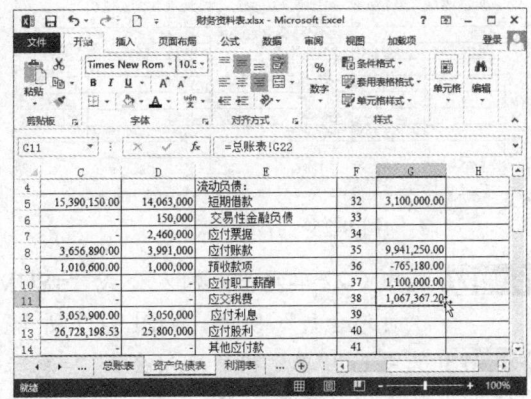
图9-22 计算应付税费

Step 23 选中G13单元格,输入公式"=总账表!G23",并按【Enter】键确认,计算出"应付股息"项目,如图9-23所示。

Step 24 选中G14单元格,输入公式"=总账表!G24",并按【Enter】键确认,计算出"其他应付款"项目,如图9-24所示。

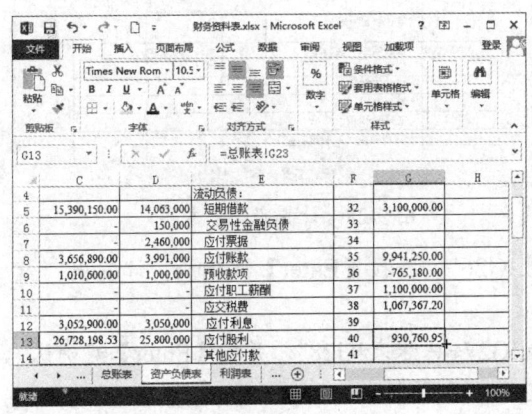
图9-23 计算应付股息

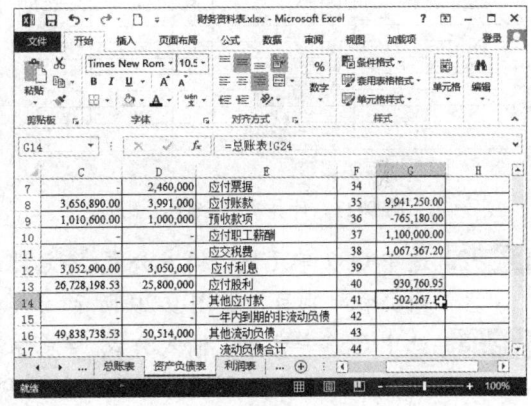
图9-24 计算其他应付款

Step 25 对于未发生相关业务的"流动负债"相关项目,直接引用相关"年初余额"作为"期末余额",选中G17单元格,输入公式"=SUM(G5:G16)",并按【Enter】键确认,计算出"流动负债合计"项目,对于未发生相关业务的"非流动负债"相关项目,直接引用相关"年初余额"作为"期末余额",如图9-25所示。

Step 26 选中G26单元格,输入公式"=SUM(G19:G25)",并按【Enter】键确认,计算出"非流动负债合计"项目,如图9-26所示。

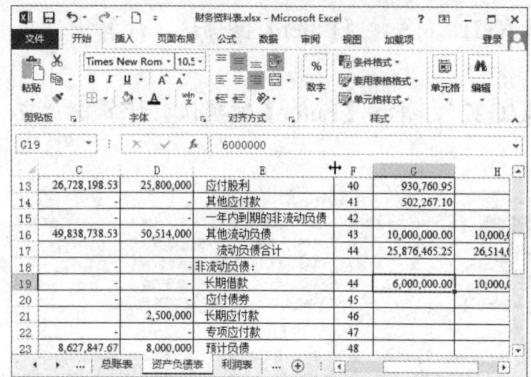

图 9-25 引用数据　　　　　图 9-26 计算非流动负债合计

Step 27 选中 G27 单元格，输入公式"=SUM(G17:G26)"，并按【Enter】键确认，计算出"负债合计"项目，如图 9-27 所示。

Step 28 选中 G29 单元格，输入公式"=总账表!G25"，并按【Enter】键确认，计算出"实收资本（或股本）"项目，如图 9-28 所示。

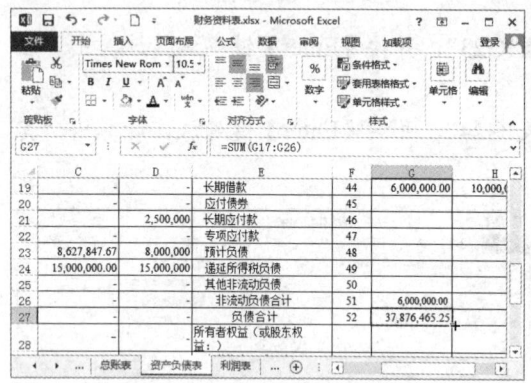

图 9-27 计算负债合计　　　　　图 9-28 计算实收资本

Step 29 选中 G32 单元格，输入公式"=总账表!G26"，并按【Enter】键确认，计算出"盈余公积"项目，如图 9-29 所示。

Step 30 选中 G33 单元格，输入公式"=总账表!G27+总账表!G28"，并按【Enter】键确认，计算出"未分配利润"项目，如图 9-30 所示。

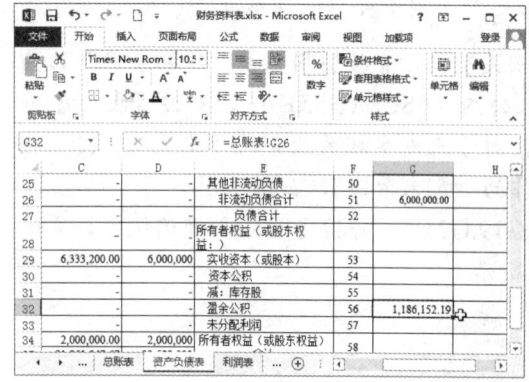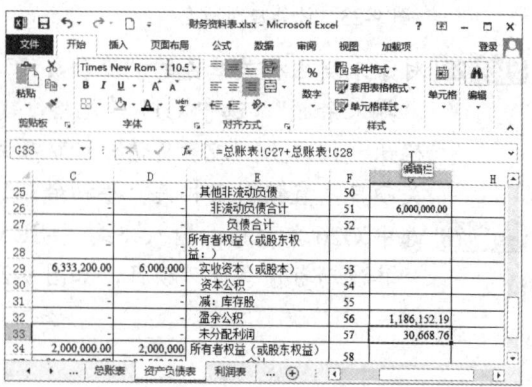

图 9-29 计算盈余公积　　　　　图 9-30 计算未分配利润

Step 31 选中 G34 合并单元格，输入公式"=SUM(G29:G33)"，并按【Enter】键确认，计算出"所有者权益（或股东权益）合计"项目，如图 9-31 所示。

Step 32 选中 G36 单元格，输入公式"=SUM(G27:G34)"，并按【Enter】键确认，计算出"负债和所有者权益（或股东权益）合计"项目，如图 9-32 所示。

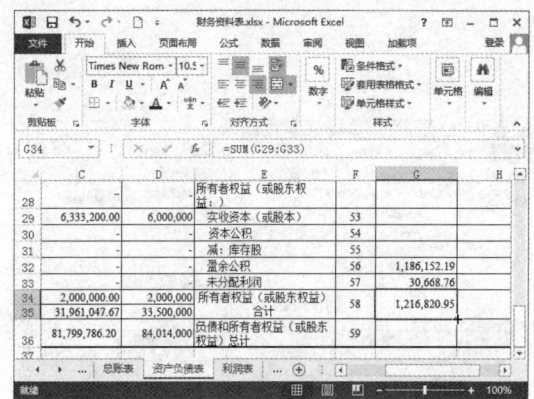

图 9-31　计算所有者权益合计

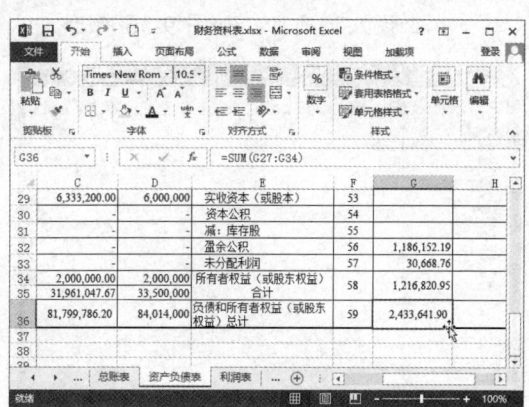

图 9-32　计算负债和所有者权益合计

二、制作利润表

利润表可以反映企业在一定会计期间的收入、费用、利润（或亏损）的数额和构成情况，有助于财务报表使用者全面了解企业的经营成果，分析企业的获利能力及盈利增长趋势，从而为其作出经营决策提供依据。在本例制作利润表的过程中，首先需要引用"总账"工作表中汇总的有关利润表编制的会计科目的数据，然后在利润表中分析填列。

下面将利用"财务资料表"工作簿中的"利润表"工作表编制一份 2016 年 4 月的利润表，具体操作方法如下：

Step 01 打开"财务资料表"工作簿，选择"利润表"工作表，在 A2 单元格中输入编制单位"元宝公司"，日期为"2016 年 4 月"，如图 9-33 所示。

Step 02 按住【Ctrl】键不放，选择 C、D 列并右击，在弹出的快捷菜单中选择"设置单元格格式"命令，如图 9-34 所示。

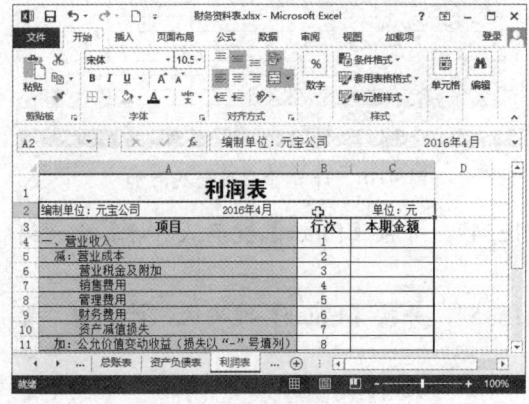

图 9-33　输入单位和日期

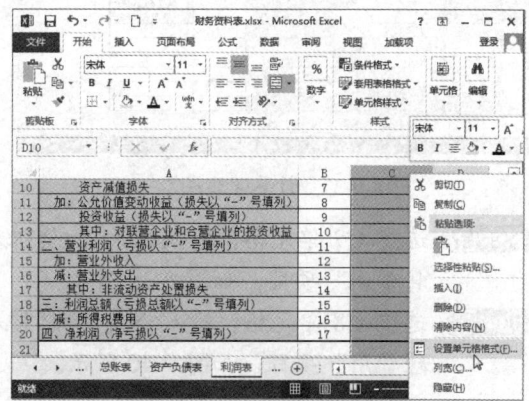

图 9-34　选择"设置单元格格式"命令

Step 03 弹出"设置单元格格式"对话框,在"分类"列表框中选择"会计专用"选项,在"小数位数"数值框中输入 0,在"货币符号"(国家/地区)下拉列表框中选择"无"选项,单击"确定"按钮,如图 9-35 所示。

Step 04 选中 C4 单元格,输入公式"=总账表!F31",并按【Enter】键确认,计算出"营业收入"项目,如图 9-36 所示。

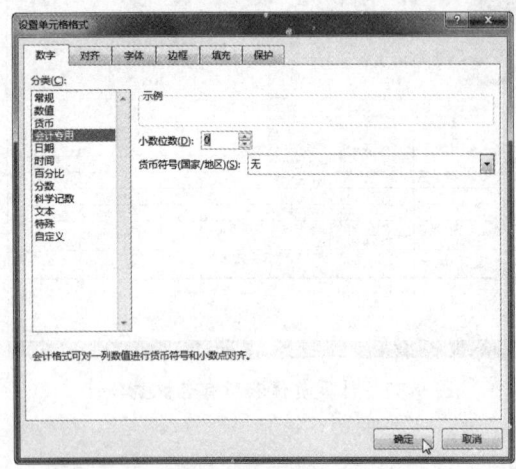

图 9-35 设置会计专用选项

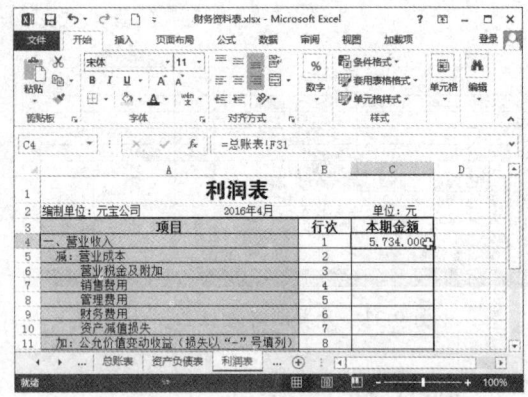

图 9-36 计算营业收入

Step 05 选中 C5 单元格,输入公式"=总账表!E32",并按【Enter】键确认,计算出"营业成本"项目,如图 9-37 所示。

Step 06 选中 C6 单元格,输入公式"=总账表!E33",并按【Enter】键确认,计算出"营业税金及附加"项目,如图 9-38 所示。

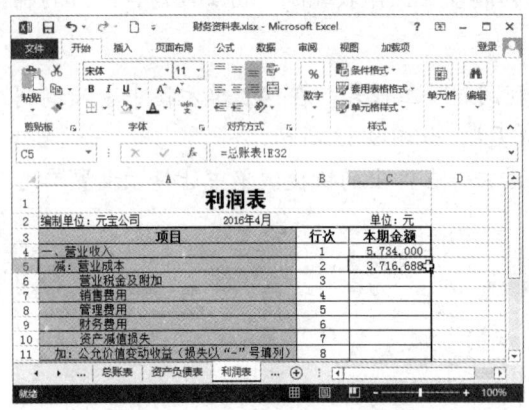

图 9-37 计算营业成本

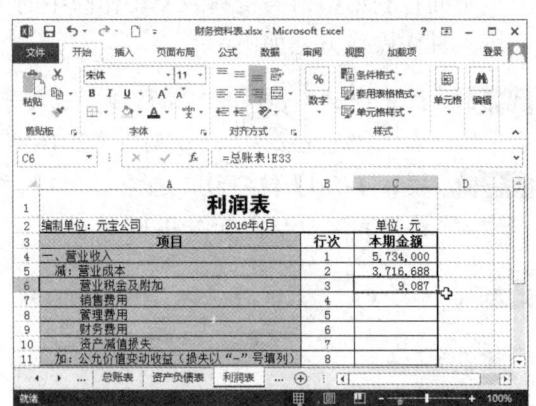

图 9-38 计算营业税金及附加

Step 07 选中 C7 单元格,输入公式"=总账表!E34",并按【Enter】键确认,计算出"销售费用"项目,如图 9-39 所示。

Step 08 选中 C8 单元格,输入公式"=总账表!E35",并按【Enter】键确认,计算出"管理费用"项目,如图 9-40 所示。

财务分析管理　项目九

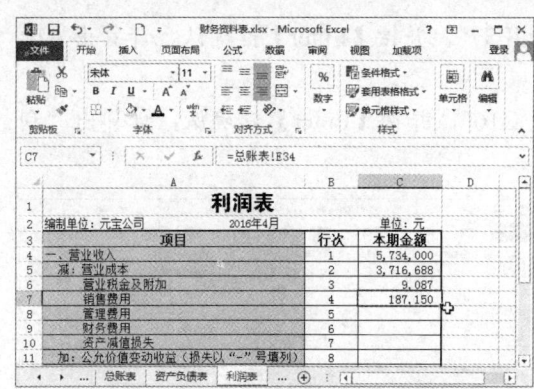

图 9-39　计算销售费用　　　　　　　图 9-40　计算管理费用

Step 09　选中 C9 单元格，输入公式 "=总账表!E36"，并按【Enter】键确认，计算出 "财务费用" 项目，如图 9-41 所示。

Step 10　对于未发生业务的 "资产减值损失"、"公允价值变动收益" 和 "投资收益" 等项目，选择 C10:C13 单元格区域，输入数值 0，如图 9-42 所示。

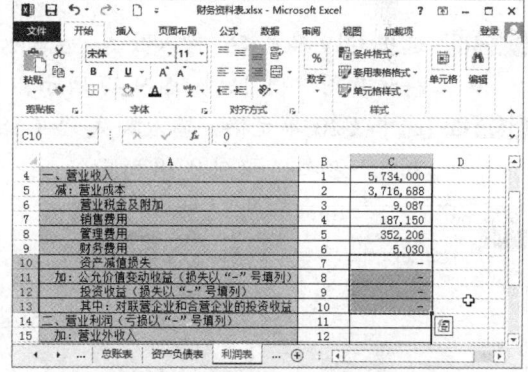

图 9-41　计算财务费用　　　　　　　图 9-42　输入数值

Step 11　选中 C14 单元格，输入公式 "=C4 - SUM(C5:C9)"，并按【Enter】键确认，计算出 "营业利润" 项目，如图 9-43 所示。

Step 12　对于未发生业务的 "营业外收入" 项目，选中 C15 单元格，输入数值 0，如图 9-44 所示。

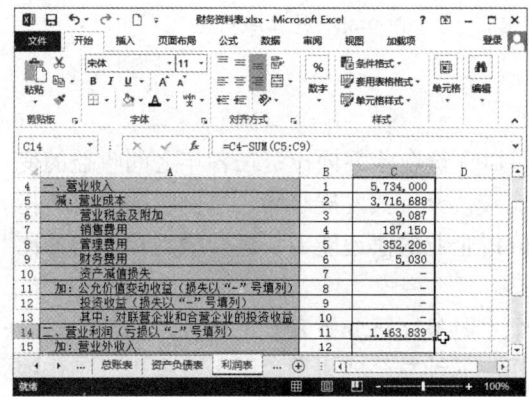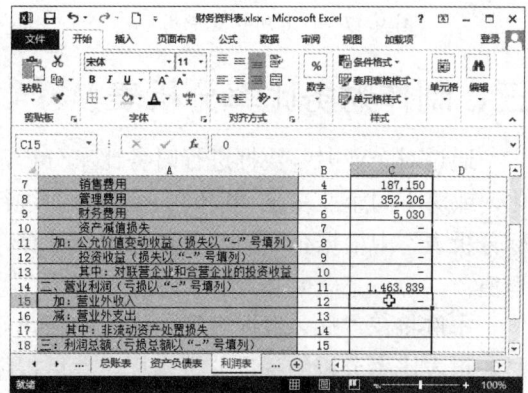

图 9-43　计算营业利润　　　　　　　图 9-44　输入数值

Step 13 选中 C16 单元格,输入公式"=总账表!E37",并按【Enter】键确认,计算出"营业外支出"项目,如图 9-45 所示。

Step 14 选中 C18 单元格,输入公式"=C14-C16",并按【Enter】键确认,计算出"利润总额"项目,如图 9-46 所示。

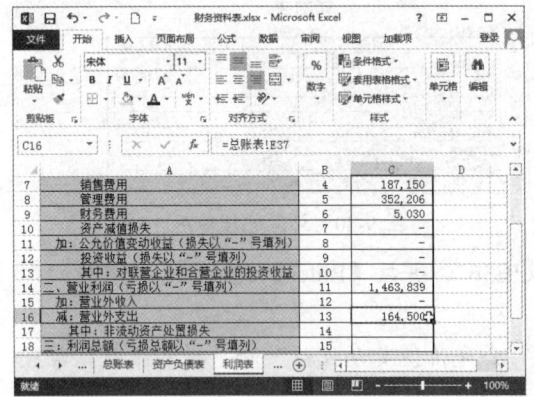

图 9-45 计算营业外支出

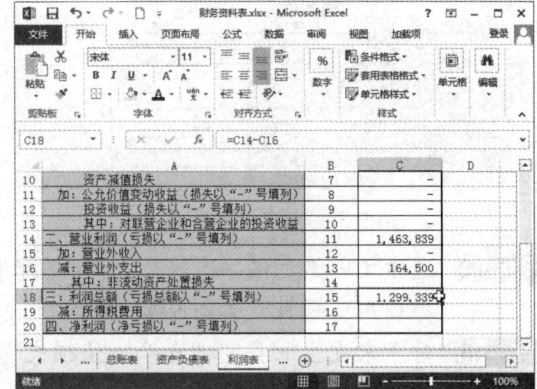

图 9-46 计算利润总额

Step 15 选中 C19 单元格,输入公式"=总账表!E38",并按【Enter】键确认,计算出"所得税费用"项目,如图 9-47 所示。

Step 16 选中 C20 单元格,输入公式"=C18-C19",并按【Enter】键确认,计算出"净利润"项目,如图 9-48 所示。

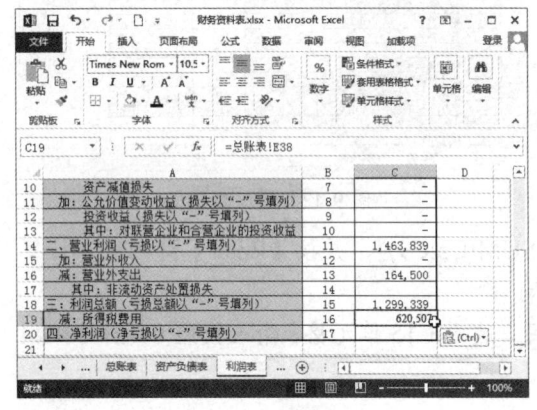

图 9-47 计算所得税费用

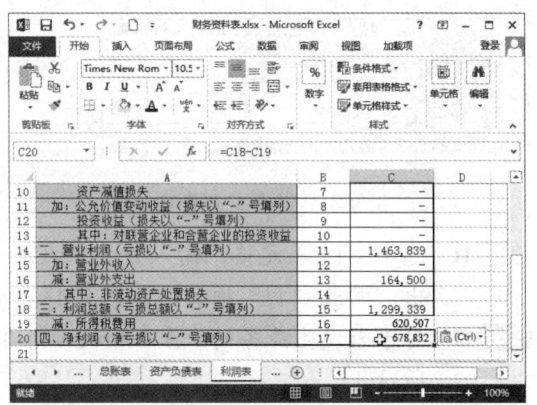

图 9-48 计算净利润

三、制作财务比率分析表

通过对企业财务数据进行财务比率分析,可以评价企业某项投资在各年之间收益的变化,或对不同企业在某个期间的相同行业进行比较,分析其发展趋势。本例将在"财务指标分析表"中根据企业的各项指标进行计算,分析企业的偿还能力、运营能力和能力的比率值。

本例将在"财务数据表"工作簿中新建一个"财务比率分析表"工作表,在其中输入财务报表比率分析的各项分析指标,然后根据相应的计算公式引用"财务数据表"工作簿中的资产负债表、利润表中的相关数据,计算出企业的偿债能力、运营能力和获利能力各项目的比率值，具体操作方法如下：

Step 01 打开"财务数据表"工作簿，将工作簿以"财务指标分析"为名进行另存，然后新建工作表并重命名为"财务指标分析"，如图9-49所示。

Step 02 在工作表中分别输入表格的标题和表头内容"财务指标分析表"、"项目"和"比率"，并设置其字体样式和填充色，如图9-50所示。

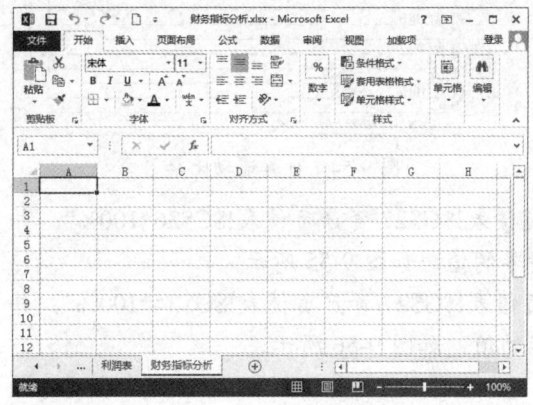

图 9-49　新建工作表　　　　　　　图 9-50　输入标题和表头

Step 03 在"项目"列中输入财务报表比率分析法的项目分析指标，如图9-51所示。

Step 04 选择A1:B18单元格区域，单击"字体"组中的"边框"下拉按钮，选择"所有框线"选项，如图9-52所示。

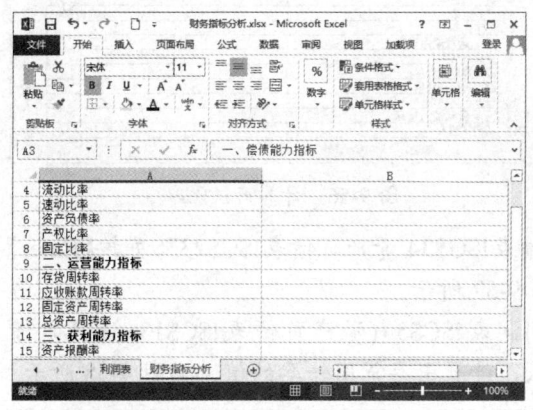
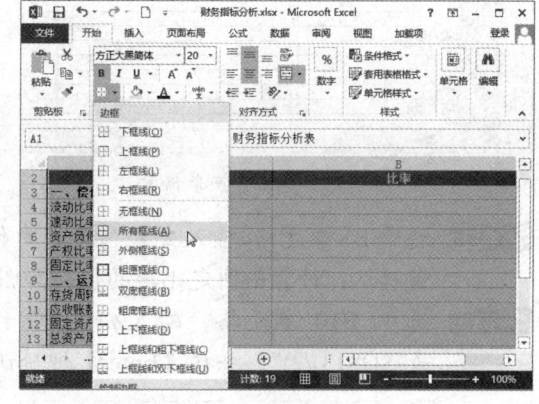

图 9-51　输入项目分析指标　　　　图 9-52　添加表格框线

Step 05 选中B4单元格，输入公式"=资产负债表!\$C\$16/资产负债表!\$G\$17"，并按【Enter】键确认，计算出流动比率的值，如图9-53所示。

Step 06 选中B5单元格，输入公式"=(资产负债表!\$C\$16 − 资产负债表!\$C\$13)/资产负债表!\$G\$17"，并按【Enter】键确认，计算出速动比率的值，如图9-54所示。

> **专家指导**
> Expert guidance
>
> 除了对企业自身的会计数据进行分析外，财务比率分析还可以对某一行业不同企业间的数据进行比较和分析，比较不同企业的收益和风险。

图 9-53 计算流动比率

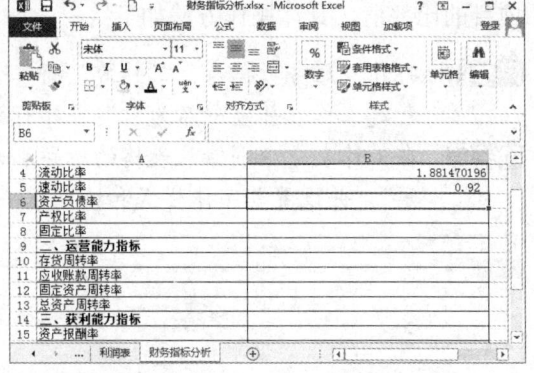
图 9-54 计算速动比率

Step 07 选中 B6 单元格,输入公式"=资产负债表!$G$27/资产负债表!$C$36*100%",并按【Enter】键确认,计算出资产负债率的值,如图 9-55 所示。

Step 08 选中 B7 单元格,输入公式"=资产负债表!$G$27/资产负债表!$G$34*100%",并按【Enter】键确认,计算出产权比率的值,如图 9-56 所示。

图 9-55 计算资产负债率

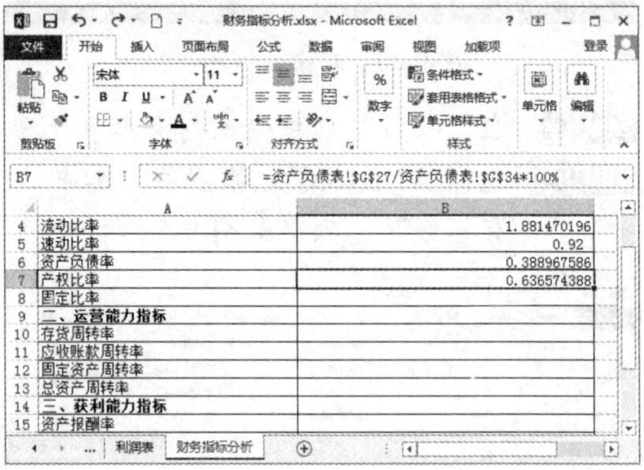

图 9-56 计算产权比率

Step 09 选中 B8 单元格,输入公式"=资产负债表!$G$34/资产负债表!$C$23",并按【Enter】键确认,计算出固定比率的值,如图 9-57 所示。

Step 10 选中 B10 单元格,输入公式"=利润表!$C$5/((资产负债表!$C$13+资产负债表!$D$13)/2)",并按【Enter】键确认,计算出存货周转率的值,如图 9-58 所示。

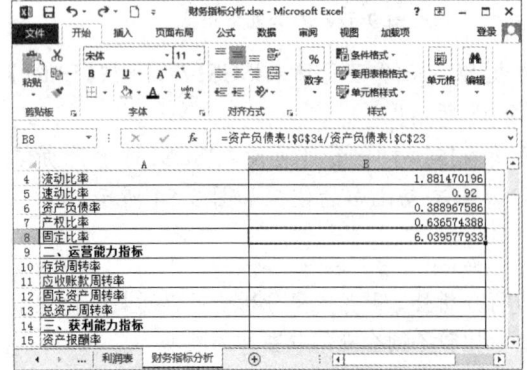
图 9-57 计算固定比率

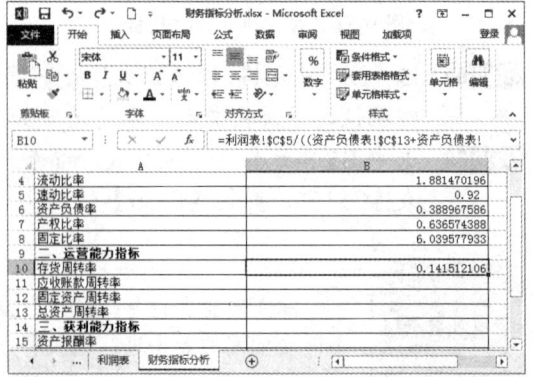
图 9-58 计算存货周转率

Step 11 选中 B11 单元格，输入公式"=利润表!$C$4/((资产负债表!$C$8+资产负债表!$D$8)/2)"，并按【Enter】键确认，计算出应收账款周转率的值，如图 9-59 所示。

Step 12 选中 B12 单元格，输入公式"=利润表!$C$4/((资产负债表!$C$23+资产负债表!$D$23)/2)"，并按【Enter】键确认，计算出固定资产周转率的值，如图 9-60 所示。

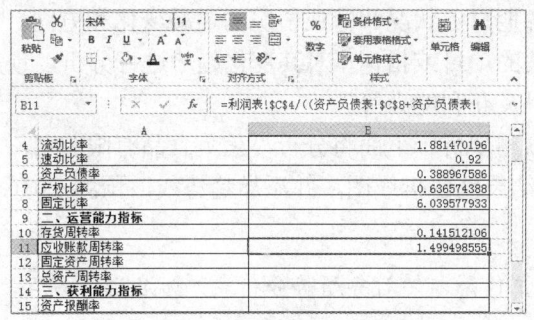

图 9-59 计算应收账款周转率

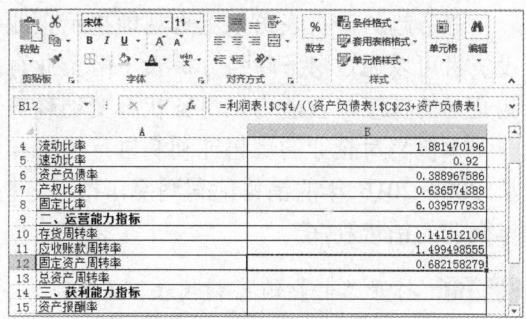

图 9-60 计算固定资产周转率

Step 13 选中 B13 单元格，输入公式"=利润表!$C$4/((资产负债表!$C$36+资产负债表!$D$36)/2)"，并按【Enter】键确认，计算出总资产周转率的值，如图 9-61 所示。

Step 14 分别在 B15、B16、B17 和 B18 单元格中输入公式"=利润表!$C$20/((资产负债表!$C$36+资产负债表!$D$36)/2)*100%"、"=利润表!$C$20/((资产负债表!$G$34+资产负债表!$H$34)/2)*100%"、"=(利润表!$C$4-利润表!$C$5)/利润表!$C$4*100%"和"=利润表!$C$20/利润表!$C$4*100%"，计算获利能力各项指标的比率值，如图 9-62 所示。

图 9-61 计算总资产周转率

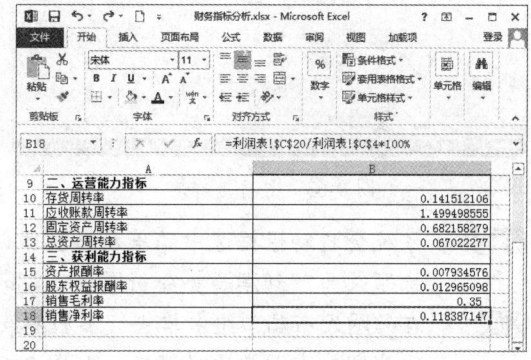

图 9-62 计算获利指标比率

任务二 财务分析

财务分析的主要目的在于对企业未来的状况及经营业绩进行最佳预测，包括财务趋势分析、财务比较分析与杜邦分析等。下面将详细进行介绍财务分析的方式。

一、财务趋势分析

财务趋势分析表可以更直观地揭示企业各期财务状况和营业情况的增减变化和方向。投资者可以通过财务趋势分析表了解企业有关的项目或指标,对其变化趋势进行分析,预测企业的持续经营能力、财务状况变动趋势以及获利能力等。

本例将对企业的销售纯利润进行趋势和预测分析。下面将分析"美美食品有限公司"从 2009~2016 年的销售纯利润率,根据分析结果创建折线图,并添加趋势线,预测 2016 年企业的销售利润。

Step 01 打开"企业销售利润表"工作簿,将工作簿以"财务趋势分析表"为名进行另存,如图 9-63 所示。

Step 02 选择 B2:I3 单元格区域,选择"插入"选项卡,在"图表"组中单击"插入折线图"按钮,选择"二维折线图"中的"折线图"选项,如图 9-64 所示。

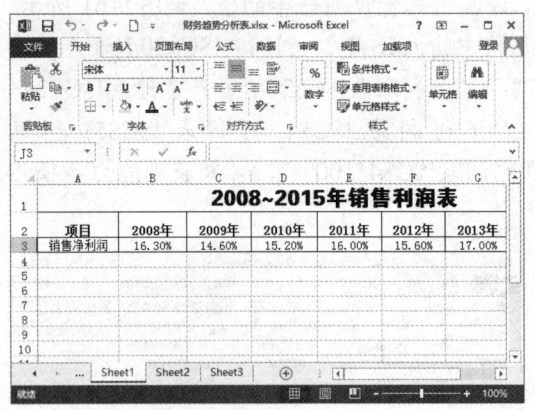

图 9-63　另存工作簿

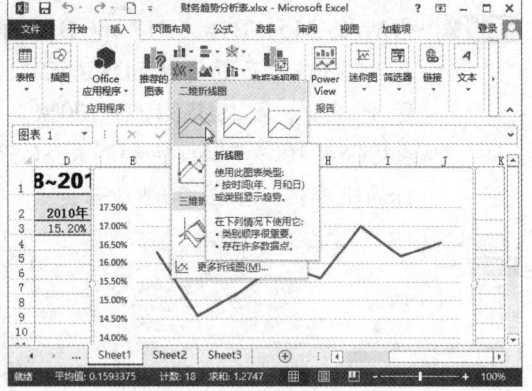

图 9-64　选择"折线图"选项

Step 03 系统会自动根据选中的单元格区域创建出折线图,选择图表标题,将默认创建的标题改为"利润趋势分析图表",如图 9-65 所示。

Step 04 在"图表布局"组中单击"添加图表元素"下拉按钮,选择"图例"|"无"选项,取消图例在图表中的显示,如图 9-66 所示。

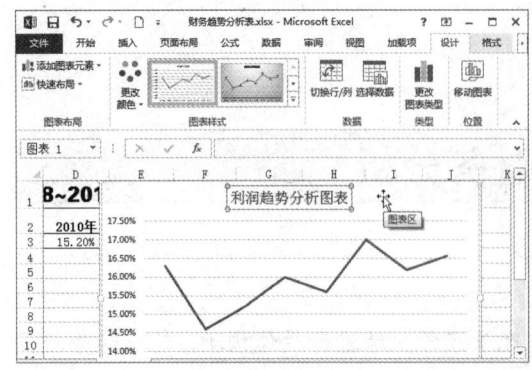

图 9-65　更改标题

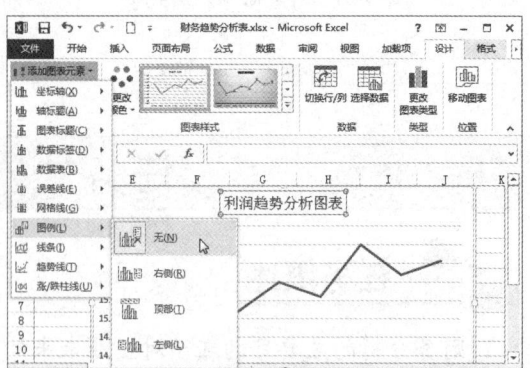

图 9-66　取消图例显示

财务分析管理　项目九

Step 05 在"图表布局"组中单击"添加图表元素"下拉按钮,选择"数据标签"|"右侧"选项,使数据标签显示在图表右侧,如图9-67所示。

Step 06 选中"销售净利润"数据列,单击"图表样式"组中的 按钮,选择"样式13"选项,为折线图应用预设的样式,如图9-68所示。

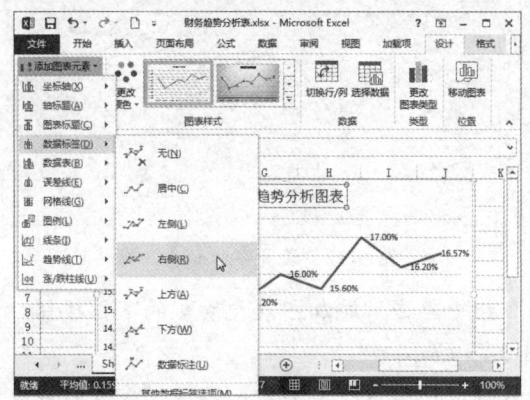 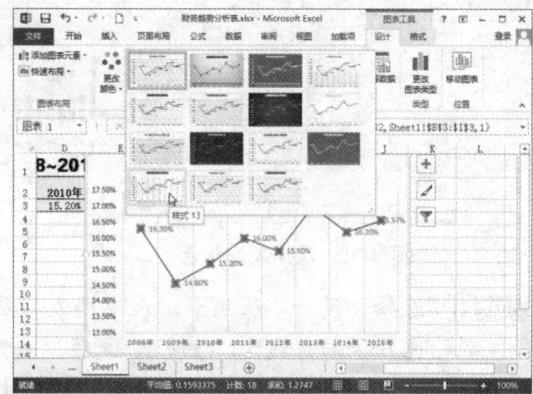

图 9-67　设置数据标签显示位置　　　　　图 9-68　应用预设样式

Step 07 双击"销售净利润"数据系列,弹出"设置数据系列格式"窗格,选择"填充"选项卡,在"标记"|"数据标记选项"中选中"内置"单选按钮,在"类型"下拉列表框中选择"◇"选项,在"大小"数值框中输入10,如图9-69所示。

Step 08 选择"填充"选项卡,选中"纯色填充"单选按钮,单击"颜色"按钮,选择"白色,背景1"选项,如图9-70所示。

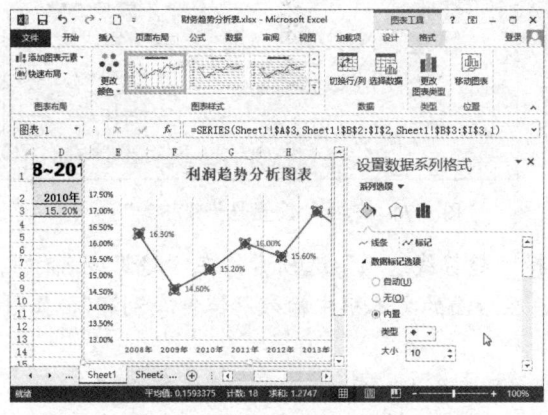

图 9-69　设置数据系列格式　　　　　图 9-70　选择填充颜色

Step 09 在"边框"选项区中选中"实线"单选按钮,单击"颜色"下拉按钮 ,在弹出的下拉列表中选择"红色",如图9-71所示。

Step 10 选择数据标签系列,选择"开始"选项卡,在"字体"组中单击"字体颜色"下拉按钮,选择"黑色,文字1"选项,如图9-72所示。

专家指导
Expert guidance

如果分类标签是文本并且表示均匀分布的数值(如月份、季度或财政年度),则应使用折线图。当有多个系列时,尤其适合使用折线图。

169

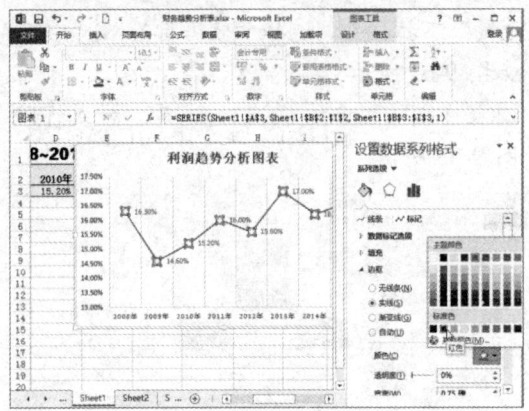

图 9-71　选择线条颜色　　　　　　　　图 9-72　设置字体颜色

Step 11　选择"设计"选项卡,在"图表布局"组中单击"添加图表元素"的下拉按钮,选择"趋势线"|"线性"选项,如图 9-73 所示。

Step 12　系统会自动根据图表中的数据创建趋势线,在趋势线上右击,选择"设置趋势线格式"命令,如图 9-74 所示。

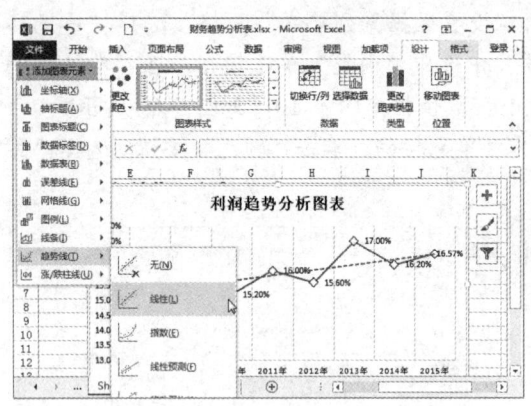
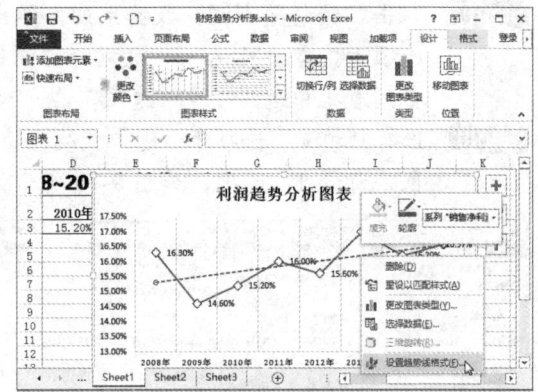

图 9-73　选择趋势线类型　　　　　　　　图 9-74　选择"设置趋势线格式"命令

Step 13　打开"设置趋势线格式"窗格,选择"趋势线选项"选项卡,在"趋势线名称"选项区中选择"自定义"单选按钮,在后面的文本框中输入"销售净利润",如图 9-75 所示。

Step 14　在"向前"文本框中输入 1.0,选中"显示公式"复选框,如图 9-76 所示。

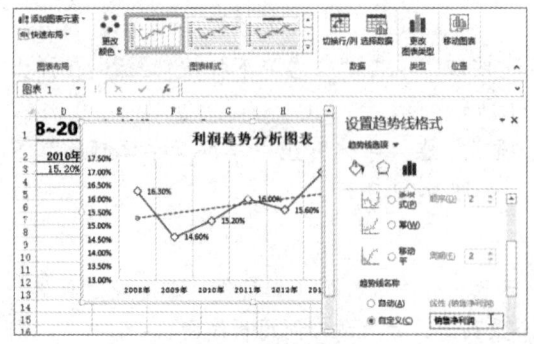
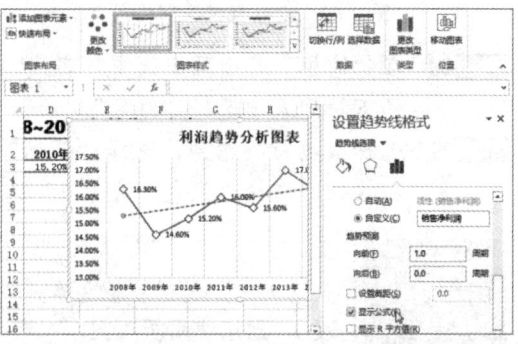

图 9-75　设置趋势线格式　　　　　　　　图 9-76　选中"显示公式"复选框

Step 15 选择"填充"选项卡,在"线条"选项区中选择"实线"单选按钮,单击"颜色"按钮,选择"绿色",如图9-77所示。

Step 16 选择趋势线公式,选择"开始"选项卡,在"字体"组中设置公式的字体颜色为"黑色,文字1",如图9-78所示。

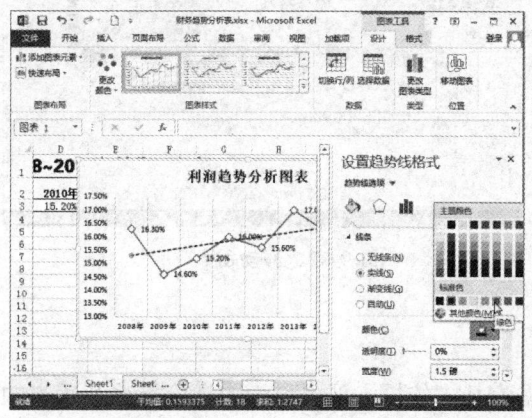

图9-77 选择线条颜色　　　　图9-78 设置公式字体颜色

Step 17 选中I3单元格,在其中输入一个2016年的企业销售净利润的值,并在"销售趋势分析图表"中查看对应的趋势线是否发生变化,如图9-79所示。

Step 18 在I3单元格中经过反复输入后,得到最接近的值为16.57%,因此可预测出2016年的销售利润率接近16.57%,如图9-80所示。

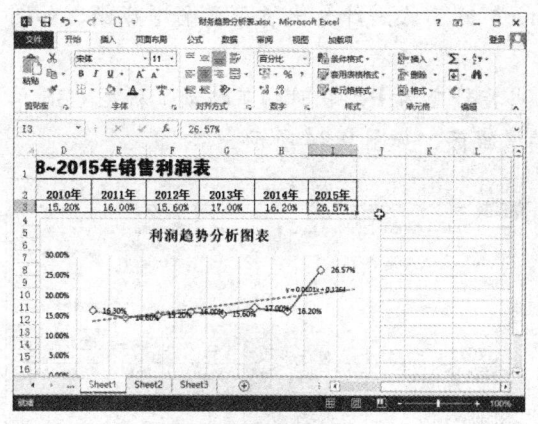 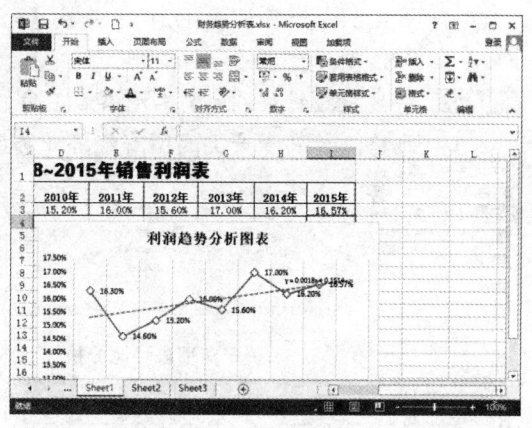

图9-79 查看趋势线　　　　图9-80 预测销售利润率

Step 19 选择图表,选择"设计"选项卡,单击"移动图表"按钮,如图9-81所示。

Step 20 弹出"移动图表"对话框,选中"新工作表"单选按钮,在文本框中输入"销售利润趋势分析图表",然后单击"确定"按钮,如图9-82所示。

专家指导
Expert guidance

　　插入图表后,数据源单元格将会出现带颜色的线框,以区分数据区域与非数据区域。用户可根据需要为绘图区或图表区添加图片或纹理背景,在相应的设置格式对话框左侧选择"填充"选项,在右侧选中"图片或纹理填充"单选按钮,然后进行设置即可。

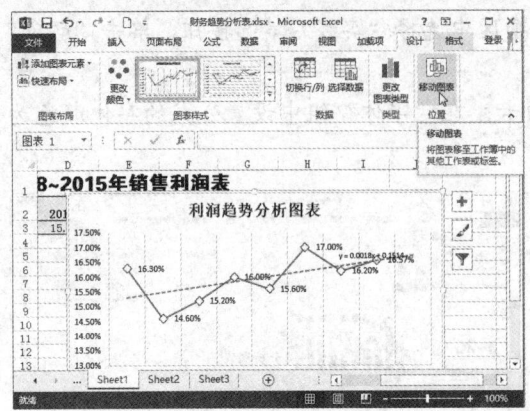
图 9-81 单击"移动图表"按钮

图 9-82 移动图表

二、财务比较分析

财务比较分析是以财务报表中呈现的数据为基本依据，采用科学的评价标准及适当的分析方法和程序，对企业的财务状况、经营成果和现金流量等重要指标进行比较分析，从而对企业的生产经营状况及业绩做出判断、评价和预测。下面以制作资产负债表环比分析表为例进行介绍，具体操作方法如下：

Step 01 打开"财务分析表"工作簿，选择"资产负债表环比分析"工作表，选中 C5 单元格，在编辑栏中输入公式"=IF(资产负债表!C5-资产负债表!D5=0,"-",资产负债表!C5-资产负债表!D5)"，并按【Enter】键确认，计算出货币资金增减额，如图 9-83 所示。

Step 02 将鼠标指针移到 C5 单元格右下角，当指针变为 ✚ 形状时向下拖动鼠标至 C36 单元格，计算资产类的所有经济业务的增减额，如图 9-84 所示。

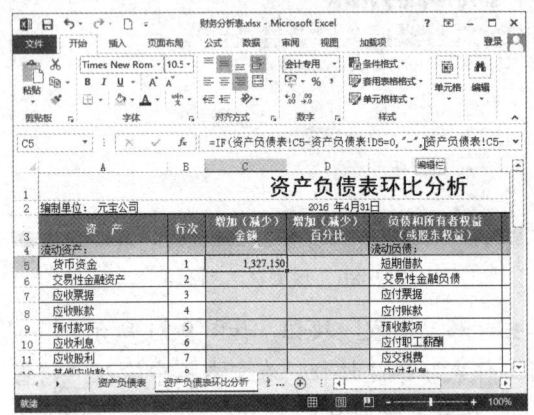
图 9-83 计算货币资金增减额

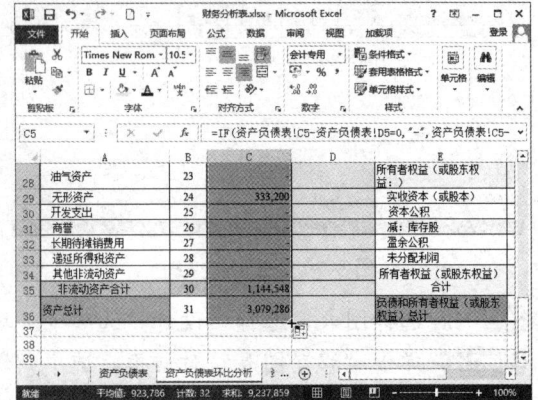
图 9-84 计算所有经济业务增减额

Step 03 选中 D5 单元格，在编辑栏中输入公式"=IF(ISERROR(C5/资产负债表!D5),"-",C5/资产负债表!D5)"，并按【Enter】键确认，计算出货币资金增减百分比，如图 9-85 所示。

Step 04 将鼠标指针移到 D5 单元格右下角，当指针变为 ✚ 形状时向下拖动鼠标至 D36 单元格，计算资产类的所有经济业务的增减百分比，如图 9-86 所示。

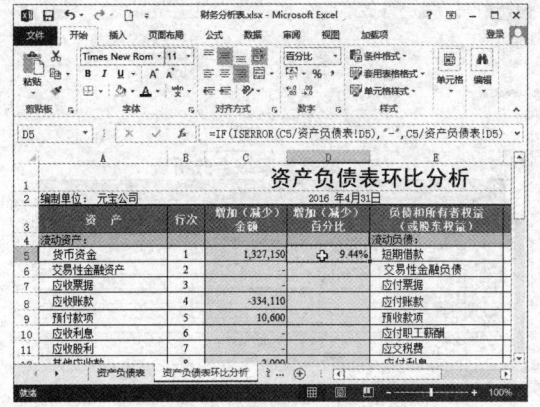

图 9-85 计算货币资金增减百分比

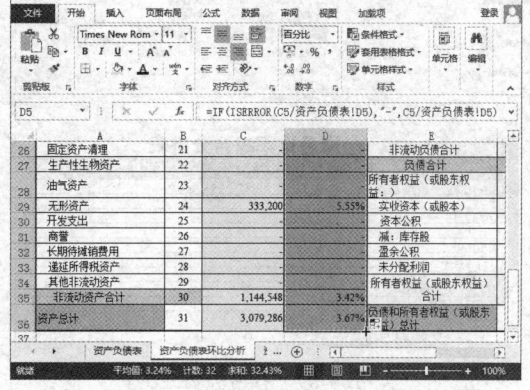

图 9-86 计算所有经济业务增减百分比

Step 05 选择 G5:G36 单元格区域，在编辑栏中输入公式"=IF(资产负债表!G5－资产负债表!H5=0,"－",资产负债表!G5－资产负债表!H5)"，按【Ctrl+Enter】组合键，计算出负债和所有者权益类的增减值，如图 9-87 所示。

Step 06 选择 H5:H36 单元格区域，在编辑栏中输入公式"=IF(ISERROR(G5/资产负债表!H5),"－",G5/资产负债表!H5)"，按【Ctrl+Enter】组合键，计算出负债和所有者权益类的增减百分比，如图 9-88 所示。

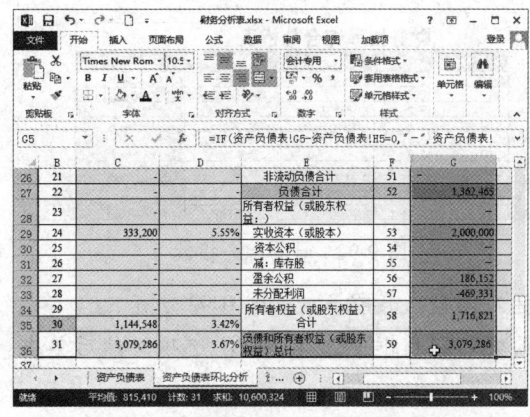

图 9-87 计算负债和所有者权益增减值

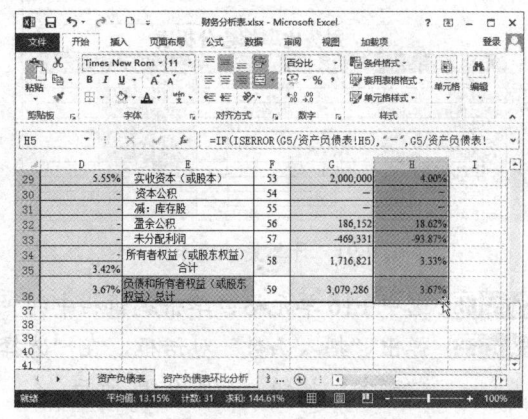

图 9-88 计算负债和所有者权益增减百分比

三、制作财务比率综合分析表

下面在"财务比率综合分析表"中引用"资产负债表"和"利润表"中的数据，并计算出企业的实际值，然后根据企业的重要性系数和标准值计算其关系比率和综合指数的值，具体操作方法如下：

Step 01 打开"财务比率综合分析表"工作簿，在"比率综合分析表"中选中 D3 单元格，在编辑栏中输入公式"=财务指标分析!$B$4"，并按【Enter】键确认，引用"财务指标分析"工作表中的值，如图 9-89 所示。

Step 02 在"实际值"列中引用"财务指标分析"工作表中对应的其他财务比率的值,如图 9-90 所示。

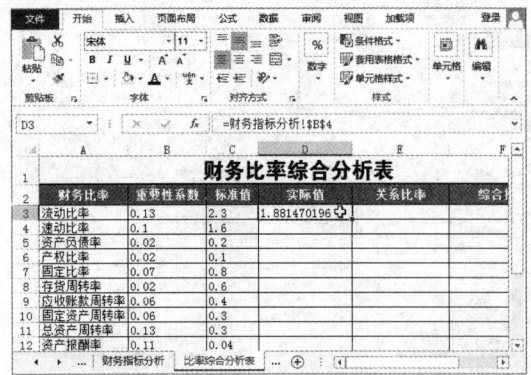

图 9-89 引用数据　　　　　　　　　　图 9-90 引用其他数据

Step 03 选择 E3:E15 单元格区域,在编辑栏中输入公式"=D3/C3",按【Ctrl+Enter】组合键,计算出各项财务比率的标准值与实际值的关系比率,如图 9-91 所示。

Step 04 选择 F3:F15 单元格区域,在编辑栏中输入公式"=B3*E3",按【Ctrl+Enter】组合键,计算出各项财务比率的综合指数,如图 9-92 所示。

 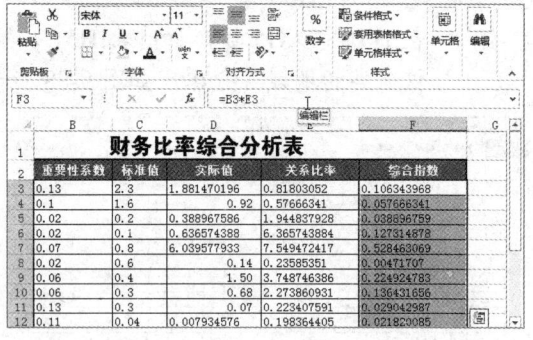

图 9-91 计算关系比率　　　　　　　　图 9-92 计算综合指数

Step 05 选中 F16 单元格,单击编辑栏中的"插入函数"按钮 f_x,如图 9-93 所示。

Step 06 弹出"插入函数"对话框,在"选择函数"列表框中选择 SUM 选项,然后单击"确定"按钮,如图 9-94 所示。

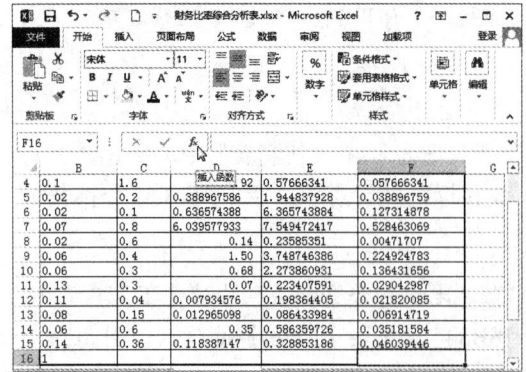 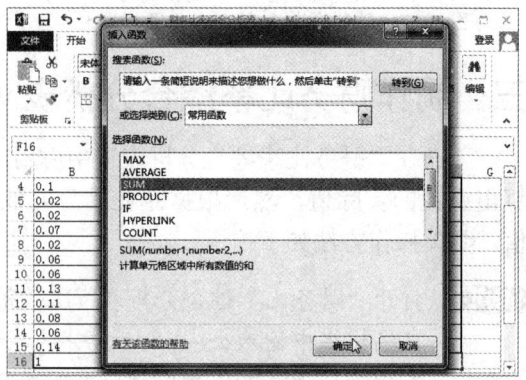

图 9-93 单击"插入函数"按钮　　　　图 9-94 选择 SUM 函数

Step 07 弹出"函数参数"对话框,在Numberl文本框中输入"F3:F15",单击"确定"按钮,如图9-95所示。

Step 08 返回工作表,将自动计算并显示出F16单元格的值,此时财务比率综合分析表制作完成,如图9-96所示。

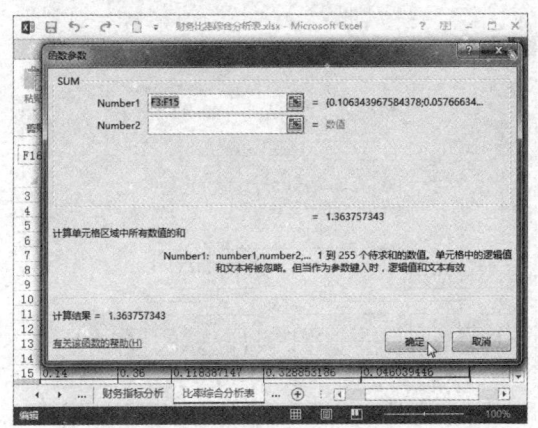

图9-95 输入单元格区域　　　　　　　　图9-96 查看最终效果

四、制作杜邦分析表

杜邦分析表是通过每个项目的分析框和连接线来建立企业的杜邦分析体系,在分析框中标出了分析项目的名称、比率公式和相应的计算结果。本例将在"财务综合比率分析表"工作簿的"杜邦分析表"中先通过引用其他工作表中单元格的值来填充数据,然后进行计算,具体操作方法如下:

Step 01 打开"财务比率综合分析"工作簿,在"杜邦财务分析表"工作表中选中L21单元格,在编辑栏中输入公式"=资产负债表!H17",并按【Enter】键确认,计算出流动负债的期初数,如图9-97所示。

Step 02 选中L22单元格,在编辑栏中输入公式"=资产负债表!G17",并按【Enter】键确认,计算出流动负债的期末数,如图9-98所示。

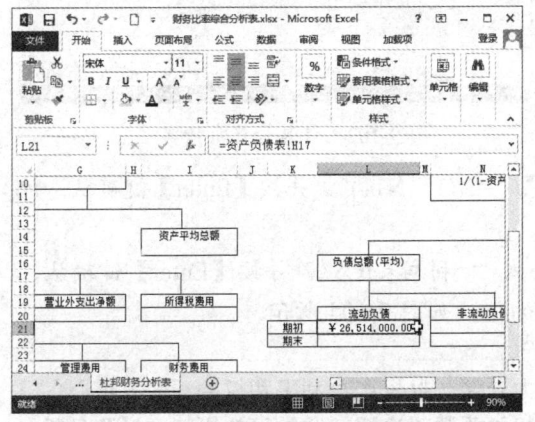 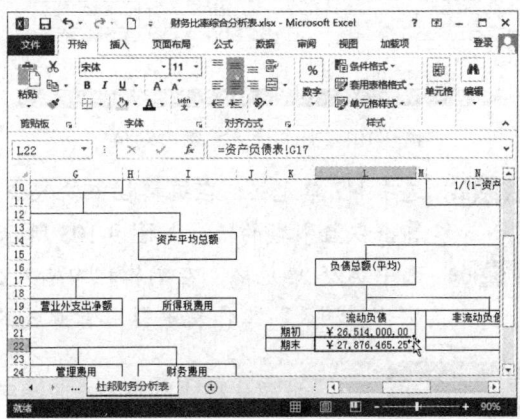

图9-97 计算流动负债期初数　　　　　　图9-98 计算流动负债期末数

Step 03 采用相同的方法,从"资产负债表"中引用非流动负债、流动资产和非流动资产的期初和期末值,如图 9-99 所示。

Step 04 选中 L17 单元格,在编辑栏中输入公式"=(L21+N21+L22+N22)/2",并按【Enter】键确认,计算出负债总额的平均值,如图 9-100 所示。

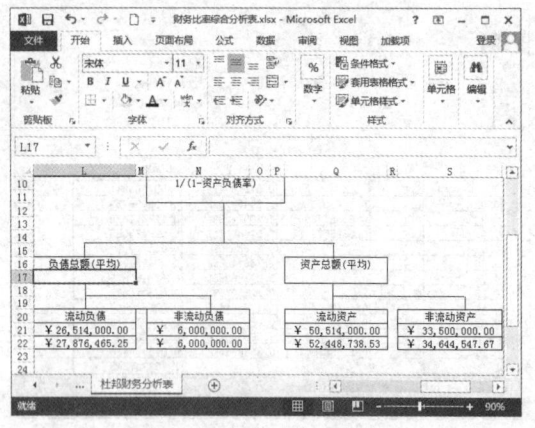 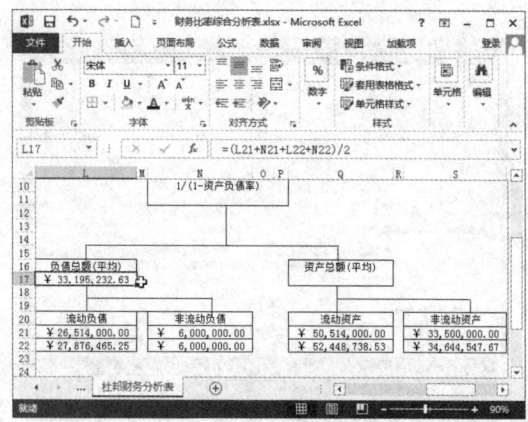

图 9-99　引用其他数值　　　　　　　　图 9-100　计算负债总额平均值

Step 05 选中 Q17 单元格,在编辑栏中输入公式"=(Q21+S21+Q22+S22)/2",并按【Enter】键确认,计算资产总额的平均值,如图 9-101 所示。

Step 06 选中 N11 单元格,在编辑栏中输入公式"=L17/Q17",并按【Enter】键确认,计算资产负债率的值,如图 9-102 所示。

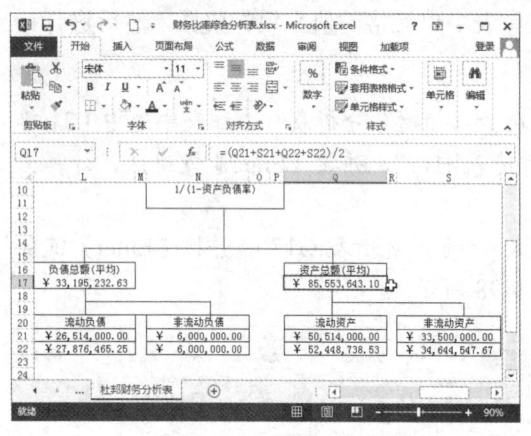

图 9-101　计算资产总额平均值　　　　　图 9-102　计算资产负债率

Step 07 选中 N7 单元格,在编辑栏中输入公式"=1/(1－N11)",并按【Enter】键确认,计算出权益乘数的值,如图 9-103 所示。

Step 08 选中 A25 单元格,在编辑栏中输入公式"=利润表!C5",并按【Enter】键确认,从"利润表"工作表中引用营业成本的值,如图 9-104 所示。

专家指导
Expert guidance

杜邦分析法以净资产收益率为开端,以资产净利率和权益乘数为核心。杜邦分析法揭示企业获利能力及权益乘数对净资产收益率的影响,以及各相关指标间的相互关系。

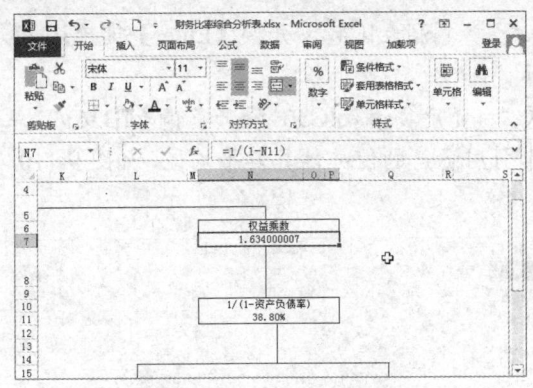

图9-103 计算权益乘数　　　　　　图9-104 引用营业成本

Step 09 采用相同的方法，在C25、E25、G25和I25单元格中分别输入公式"=利润表!C6"、"=利润表!C7"、"=利润表!C8"和"=利润表!C9"，引用营业税及附加、销售费用、管理费用和财务费用的值，如图9-105所示。

Step 10 选中C20单元格，在编辑栏中输入公式"=A25+C25+E25+G25+I25"，并按【Enter】键确认，计算成本费用总额的值，如图9-106所示。

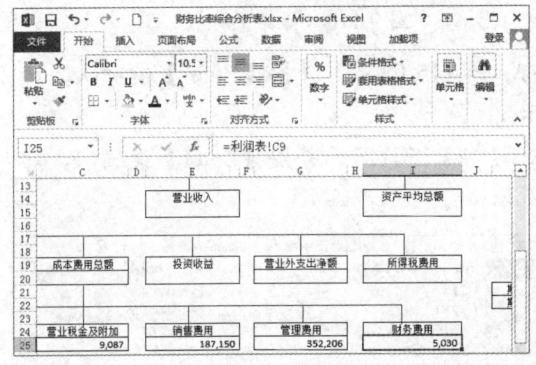 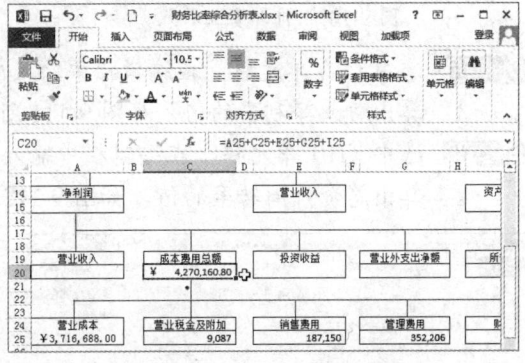

图9-105 引用其他数值　　　　　　图9-106 计算成本费用总额

Step 11 在A20、G20和I20单元格中分别输入公式"=利润表!C4"、"=利润表!C16"和"=利润表!C19"，从"利润表"工作表中引用营业收入、营业外支出净额和所得税费用的值，如图9-107所示。

Step 12 选中A15单元格，在编辑栏中输入公式"=利润表!C20"，并按【Enter】键确认，从"利润表"表中引用净利润的值，如图9-108所示。

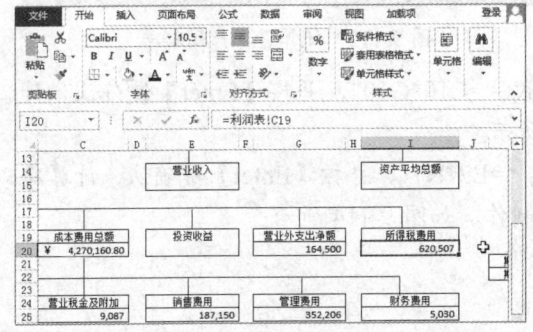 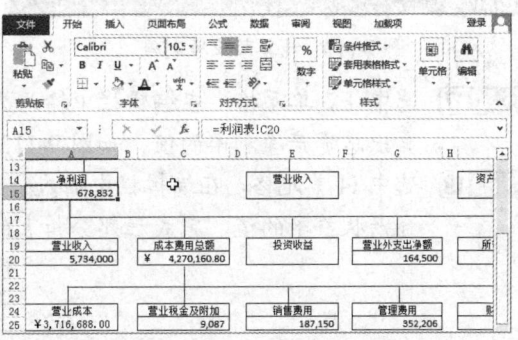

图9-107 引用数据　　　　　　图9-108 引用净利润

Step 13 选中 E15 单元格，在编辑栏中输入公式"=利润表!C4"，并按【Enter】键确认，计算出营业收入的值，如图 9-109 所示。

Step 14 选中 I15 单元格，在编辑栏中输入公式"=(资产负债表!C36+资产负债表!D36)/2"，按【Enter】键确认，从"资产负债表"中引用资产的值并计算其平均值，如图 9-110 所示。

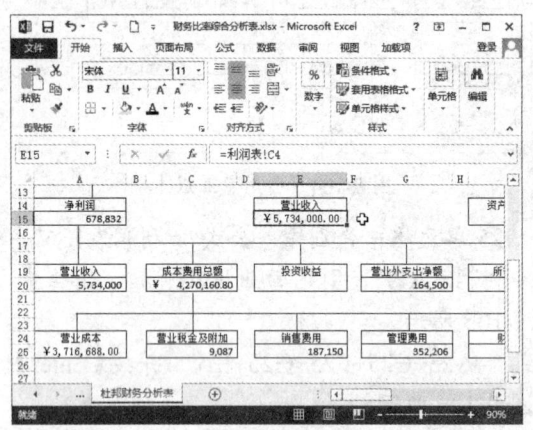

图 9-109 计算营业收入

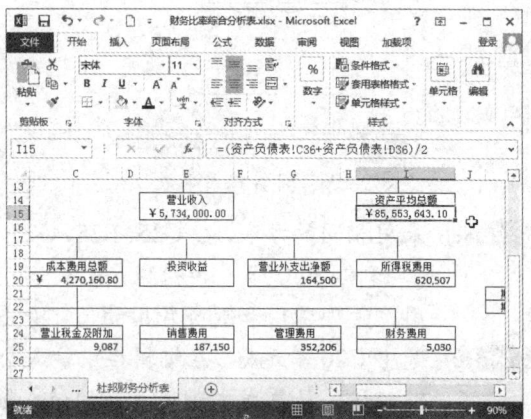

图 9-110 计算平均值

Step 15 选中 C10 单元格，在编辑栏中输入公式"=A15/E15"，并按【Enter】键确认，计算出营业净利率的值，如图 9-111 所示。

Step 16 选中 G10 单元格，在编辑栏中输入公式"=E15/I15"，并按【Enter】键确认，计算出总资产周转率的值，如图 9-112 所示。

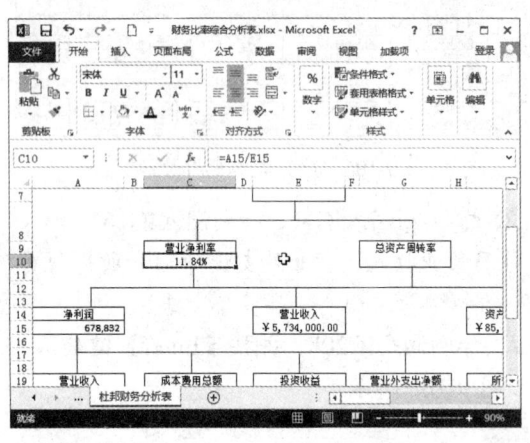

图 9-111 计算营业净利率

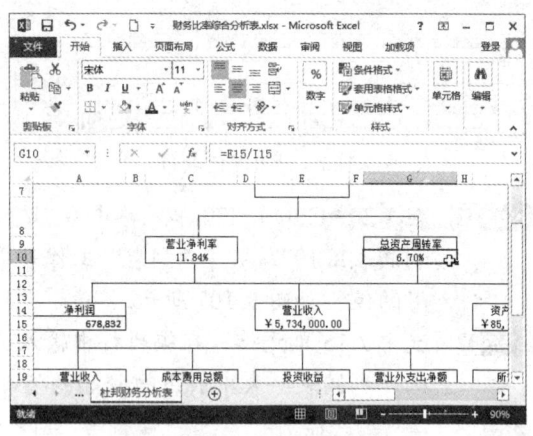

图 9-112 计算总资产周转率

Step 17 选中 E7 单元格，在编辑栏中输入公式"=C10*G10"，并按【Enter】键确认，计算出总资产净利率的值，如图 9-113 所示。

Step 18 选中 I4 单元格，在编辑栏中输入公式"=E7*N7"，并按【Enter】键确认，计算净资产收益率的值，完成杜邦分析表的制作，如图 9-114 所示。

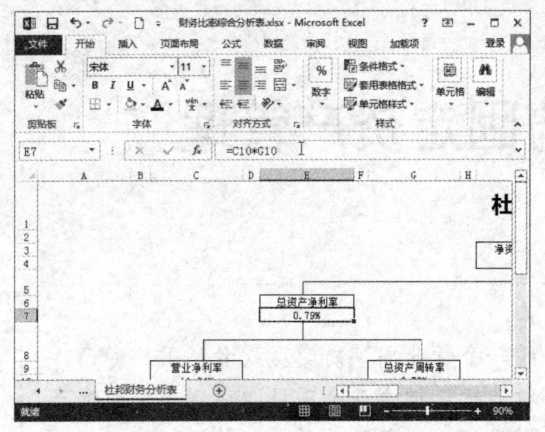   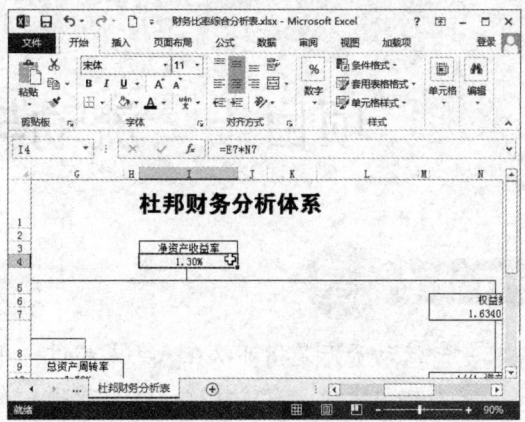

图 9-113 计算总资产净利率　　　　图 9-114 计算净资产收益率

项目小结

通过本项目的学习，读者应重点掌握以下知识：

（1）资产负债表根据资产、负债、所有者权益之间的钩稽关系，按照一定的分类标准和顺序，把企业一定日期的资产、负债和所有者权益各项目予以适当排列。

（2）若公式中包含函数，而函数又有其特定的表达式，那么函数在公式中也应按照其具体的表达式来进行描述。

（3）利润表通常按企业的利润构成和分配分为两部分。利润构成是营业收入减去营业支出；利润分配是利润总额减去应交所得税。

（4）流动比率等于流动资产总额除以流动负债总额；速动比率等于速动资产除以流动负债。

（5）资产负债率等于负债总额除以资产总额再乘以百分之百；固定比率等于所有者权益除以固定资产再乘以百分之百。

项目习题

（1）设置图表内中字体的格式。

操作提示：

要设置图表的字体格式，可以在选中图表后选择"开始"选项卡，在"字体"组中设置字体格式。要设置图表元素的字体格式，应先选中图表元素，再选内容。

（2）练习 ISERROR 函数的使用方法。

操作提示：

① ISERROR 函数用于检验指定单元格中的值是否为任意错误值。

② ISERROR 函数可检验指定值并根据参数取值返回 TRUE 或 FALSE。在对某一值执行计算或执行其他操作之前，可以使用该函数获取该值的相关信息。

项目十　流动与固定资产管理

项目概述

流动资产是指可以在一年或超过一年的一个营业周期内变现或者耗用的资产，它由货币资金、应收款项、预付款项、存货、短期投资五个项目组成，是企业资产的重要组成部分；固定资产是指企业使用期限超过1年的房屋、建筑、机械、机器和运输工具以及其他与生产、经营有关的设备、器具和工具等。本项目将详细介绍流动资产与固定资产各类表格的制作方法。

项目重点

- 制作货币资金管理类表格。
- 制作交易性金融资产管理类表格。
- 制作固定资产管理类表格。
- 制作固定资产变动单。

项目目标

- 掌握制作货币资金管理类表格的方法。
- 掌握制作交易性金融资产管理类表格的方法。
- 掌握制作固定资产管理类表格的方法。
- 掌握制作固定资产变动单的方法。

任务一　货币资金管理

货币资金是指企业生产经营过程中处于货币形态的资产，按其存放地点可分为现金、银行存款和其他货币资金。下面将介绍现金管理的基本知识，并创建"现金持有量分析表"和"最佳现金持有量表"两个工作表，分析并计算各方案的总现金成本，然后计算出最佳现金持有量的方案。

一、创建现金持有量分析表

如果持有的现金过多，将降低企业资金的流动性，造成资源浪费，影响企业的发展速度；如果持有的现金太少，将不能满足企业生产经营的各种开支，给资金流动带来困难，甚至造成企业的内部管理混乱。最佳现金持有量是指既满足企业资金流动需要，又不影响企业发展速度的现金持有量。因此，在对企业资金进行调用前需先对现金持有量进行分析，计算各个方案的总现金持有成本，比较哪个方案拥有最佳现金持有量。

下面将先创建"现金持有量分析表"的基本框架，填充已有的3种现金持有方案的数据，并计算总现金持有成本，然后分析出最佳现金持有量的方案，具体操作方法如下：

Step 01 新建空白工作簿，并命名为"现金持有量分析表"，将Sheet1工作表重命名为"最佳现金持有方案分析表"，在其中输入表格的标题与内容，并设置其格式，如图10-1所示。

Step 02 选中B8单元格，输入公式"=SUM(B5:B7)"，并按【Enter】键确认，计算出方案1的总现金持有成本，如图10-2所示。

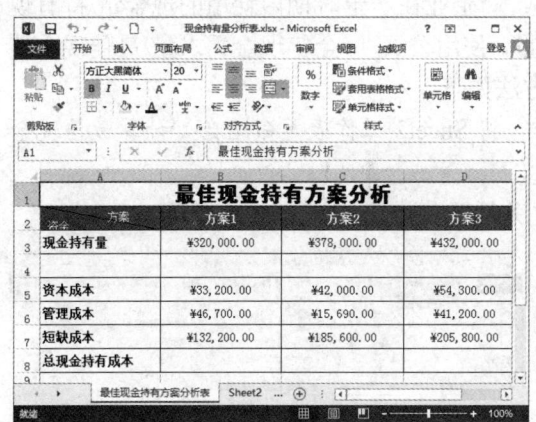

图 10-1 输入标题与内容

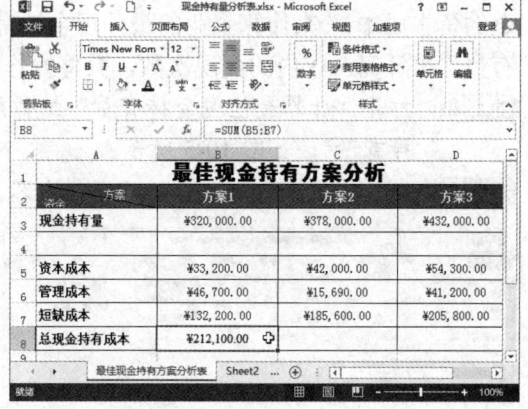

图 10-2 计算总现金持有成本

Step 03 将鼠标指针移到B8单元格的右下角，当指针变为╋字形状时按住鼠标左键并向右拖至D8单元格处，复制公式并计算出方案2和方案3的总现金持有成本，如图10-3所示。

Step 04 返回工作表，查看3个方案的"总现金持有成本"值，并对其进行比较，可知方案1的总现金持有成本最低，因此方案1是最佳现金持有方案，如图10-4所示。

> **专家指导 Expert guidance**
>
> 现金是通常由企业财会部门掌握、由出纳人员经营的货币，主要用以支付日常零星开支，包括库存的人民币、外币以及票据。为加强企业现金收付存的管理，非出纳人员不得经营现金收付业务和现金保管业务。

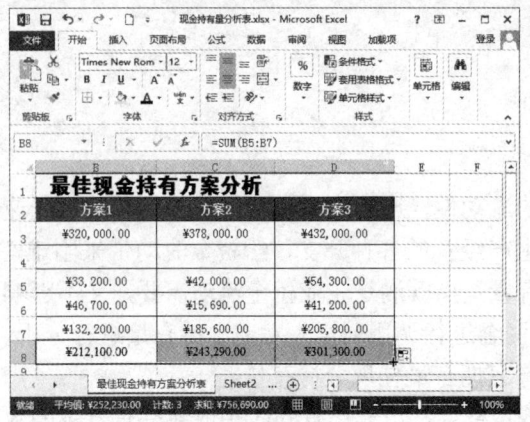

图 10-3 复制公式

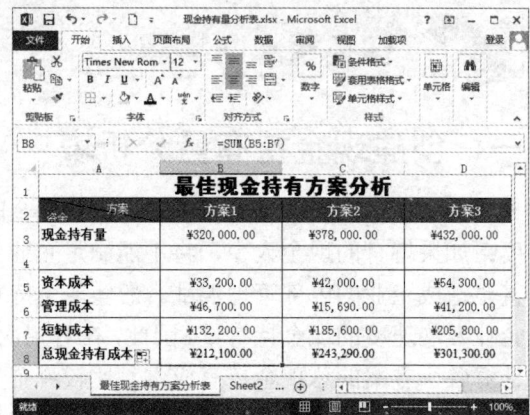

图 10-4 对比 3 个方案

二、计算最佳现金持有量

本例中假设全年现金需求量为 100 万元，现金交易性成本为每次 2 万元，有价证券投资的年利率为 8%，通过这些数据计算企业的最佳现金持有量。

下面将在"现金持有量分析表"工作簿中新建一个名为"计算最佳现金持有量"的工作表，并使用公式"=SQRT（2*现金交易性成本*企业在一定时期内耗用的现金量/持有现金的资本成本）"来计算企业的最佳现金持有量，使用公式"=全年现金需求量/最佳现金持有量"来计算一年内的变现次数，具体操作方法如下：

Step 01 打开"计算最佳现金持有量"工作簿，将 Sheet2 工作表重命名为"计算最佳现金持有量"，如图 10-5 所示。

Step 02 在工作表中输入表格的标题与内容，并设置其格式，如图 10-6 所示。

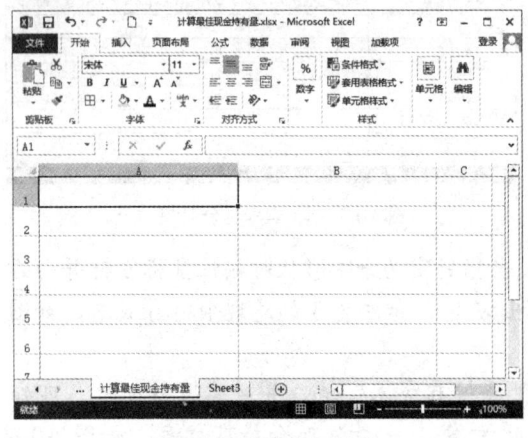

图 10-5 重命名工作表

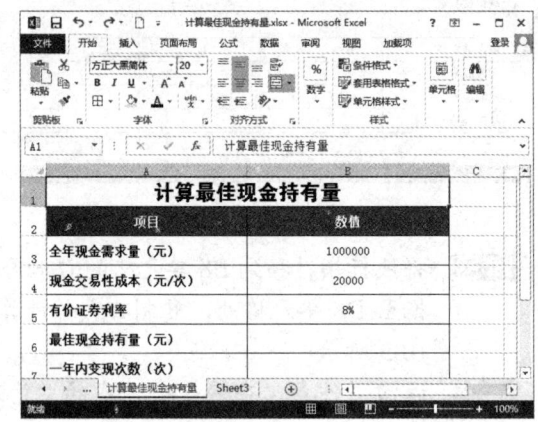

图 10-6 输入标题与内容

Step 03 选中 B6 单元格，输入公式"=SQRT(2*B4*B3/B5)"，并按【Enter】键确认，计算出最佳现金持有量，如图 10-7 所示。

Step 04 选中 B7 单元格，在编辑框中输入公式"=B3/B6"，并按【Enter】键确认，计算一年内变现的次数，如图 10-8 所示。

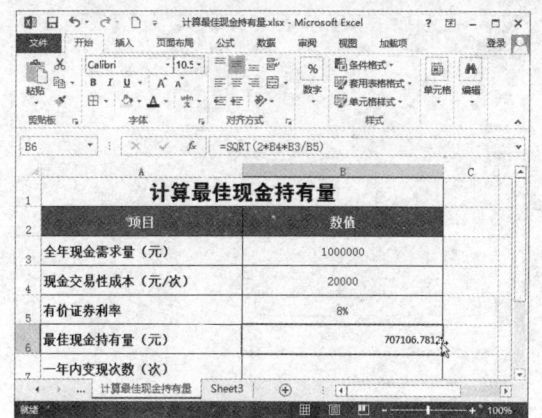 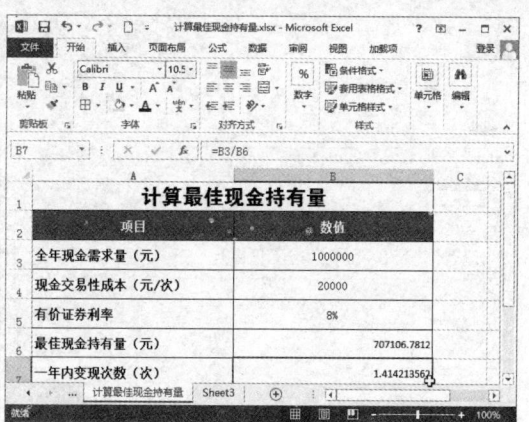

图 10-7　计算最佳现金持有量　　　　　图 10-8　计算一年内变现次数

任务二　交易性金融资产管理

交易性金融资产是指为近期出售而持有的金融资产，如能够上市流通的各种股票、债券以及能及时变现的有价证券等。本例将创建"交易性金融资产购入核算"与"交易性金融资产处置核算"表，并通过相应的公式计算各项交易性金融资产的结果。

一、交易性金融资产购入核算

在本例中假设企业 B 于 2015 年 7 月 5 日通过 H 市股票市场购入代码为 433568 的 H 股共 50 000 股，每股的成交价为 5.00 元。该股票发行企业 A 于 4 月 30 日宣告发放去年的现金股利，每 10 股发放现金股利 1.3 元，但尚未发放。企业 B 按股票成交价的 1‰ 支付证券交易印花税，按成交价的 2‰ 支付证券交易手续费。所有款项均通过企业 B 在证券公司开设的账户支付，公司拟在一年内将该股票出售变现。

下面根据假设的企业 B 的数据将其交易性金融资产购入核算进行分析和管理，具体操作方法如下：

Step 01 新建空白工作簿，并命名为"交易性金额资产管理"，如图 10-9 所示。

Step 02 将 Sheet1 工作表重命名为"交易性金融资产购入核算"，如图 10-10 所示。

> **专家指导**　H 股也称国企股，指注册地在内地、上市地在香港特别行政区的外资股。内地个人目前尚不能直接投资于 H 股。

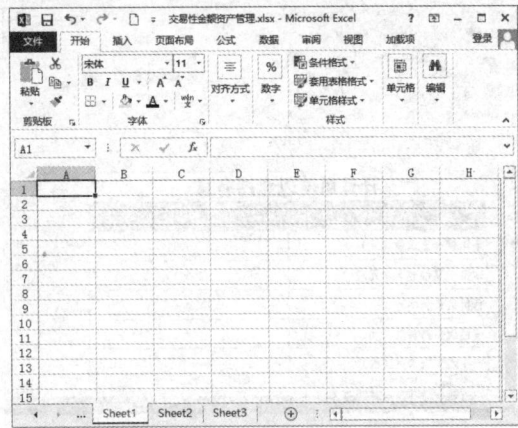

图 10-9　新建工作簿　　　　　　　图 10-10　重命名工作表

Step 03　在工作表中输入表格的标题与内容，并设置其格式，在表中输入企业 B 假设的数据，如图 10-11 所示。

Step 04　选中 C7 单元格，输入公式"=B4*C4"，并按【Enter】键确认，计算股票的成交价，如图 10-12 所示。

 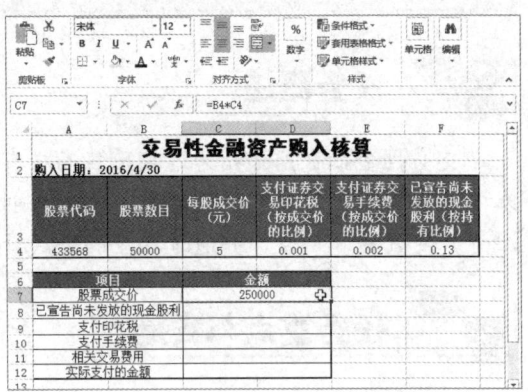

图 10-11　输入标题与内容　　　　　图 10-12　计算股票成交价

Step 05　选中 C8 单元格，输入公式"=F4*B4"，并按【Enter】键确认，得出支付价款中包含的尚未发放的现金股利，如图 10-13 所示。

Step 06　选中 C9 单元格，输入公式"=C7*D4"，并按【Enter】键确认，计算出支付的印花税，如图 10-14 所示。

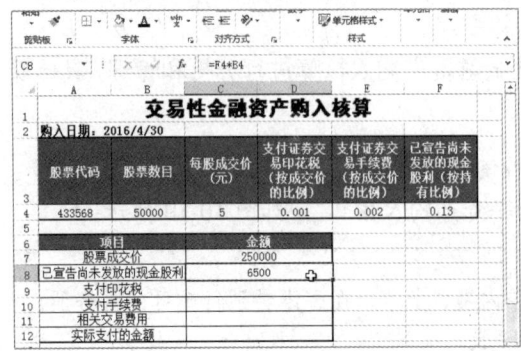 

图 10-13　计算现金股利　　　　　　图 10-14　计算印花税

Step 07 选中 C10 单元格,输入公式 "=C7*E4",并按【Enter】键确认,计算出支付的手续费,如图 10-15 所示。

Step 08 选中 C11 单元格,输入公式 "=C9+C10",并按【Enter】键确认,计算出股票交易中支付的相关交易费用,如图 10-16 所示。

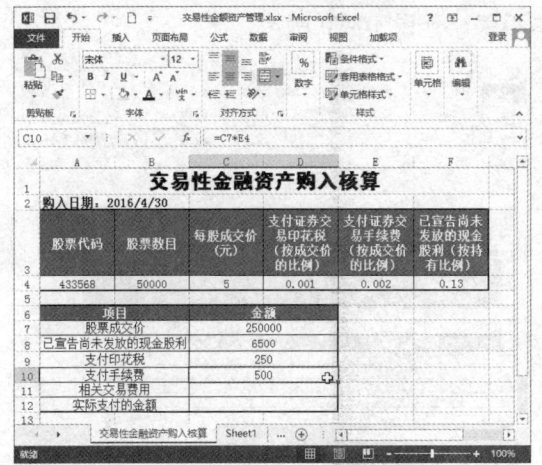

图 10-15 计算手续费

图 10-16 计算交易费用

Step 09 选中 C12 单元格,输入公式 "=C7+C8+C11",计算购买股票总共支付的金额,如图 10-17 所示。

Step 10 完成企业 B 的交易性金融资产购入核算后,即可查看最终效果,并根据其中的数据编制会计分录,如图 10-18 所示。

图 10-17 计算总支付金额

图 10-18 查看最终效果

二、交易性金融资产处置核算

企业 B 于 2016 年 4 月 20 日通过市场售出 H 股 50 000 股,每股成交价为 5.50 元,并假设企业 B 并未计提交易性金融资产跌价准备,在持有期间获得公允价值变动收益 15 000 元,已于 3 月 18 日收到款项 275 000 元。

本例将继续在"交易性金融资产管理"工作簿中创建"交易性金融资产处理核算"工作表，管理和分析H股的处置情况，具体操作方法如下：

Step 01 打开"交易性金融资产管理"工作簿，将Sheet2工作表重命名为"交易性金融资产处置核算"，如图10-19所示。

Step 02 根据需要输入数据，创建表格的基本框架，如图10-20所示。

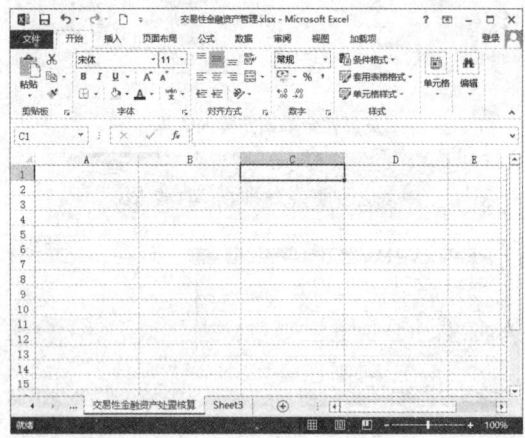
图10-19　重命名工作表

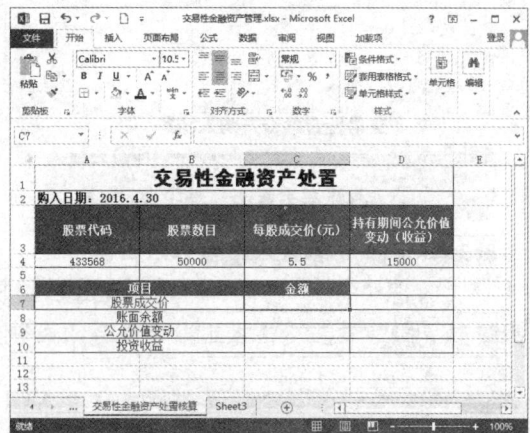
图10-20　创建基本框架

Step 03 选中C7单元格，输入公式"=C4*B4"，并按【Enter】键确认，计算出股票的成交价，如图10-21所示。

Step 04 选中C8单元格，输入公式"=交易性金融资产购入核算!C7"，并按【Enter】键确认，计算出股票的账面余额，如图10-22所示。

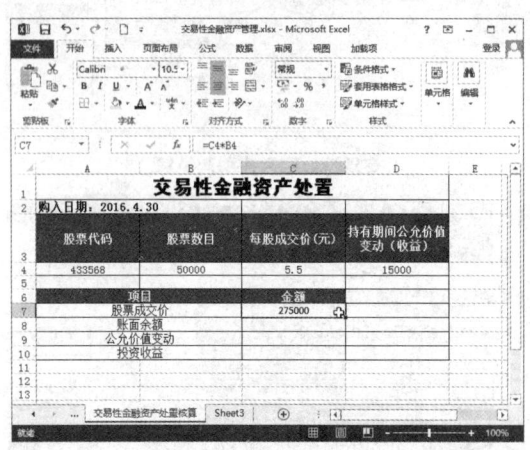
图10-21　计算股票成交价

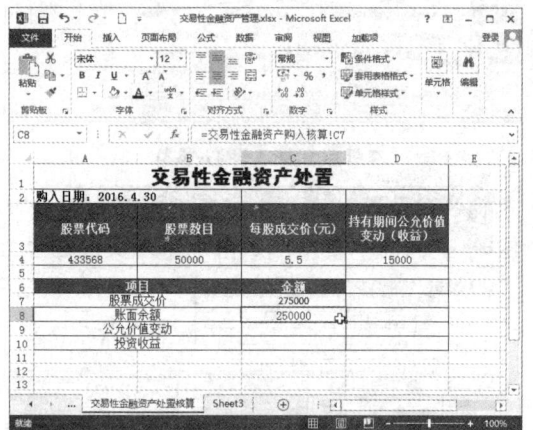
图10-22　计算账面余额

Step 05 选中C9单元格，输入公式"=D4"，并按【Enter】键确认，计算出股票持有期间的公允价值变动，如图10-23所示。

Step 06 选中C10单元格，输入公式"=C7－C8－C9"，并按【Enter】键确认，计算出处置股票获得的投资收益，如图10-24所示。

图 10-23 计算公允价值变动

图 10-24 计算投资收益

任务三 存货管理

存货是指企业在日常生产经营过程中持有的为了出售仍处在生产过程中的产品，或用于销售的产成品或商品，或在生产和提供劳务过程中消耗的原料或材料等有形资产，如原材料、产成品、包装物、低值易耗品、委托加工材料和库存商品等。下面将通过实例介绍如何进行存货管理。

一、创建存货管理表的框架

首先创建 A 材料的存货明细记录表，然后复制该工作表并修改相应的数据，完成存货管理表的制作，具体操作方法如下：

Step 01 新建空白工作簿，并命名为"存货管理表"，然后在其中输入表格标题与内容，并设置表格格式，如图 10-25 所示。

Step 02 选择 A1:L1 单元格区域，在"对齐方式"组中单击"合并后居中"按钮，如图 10-26 所示。

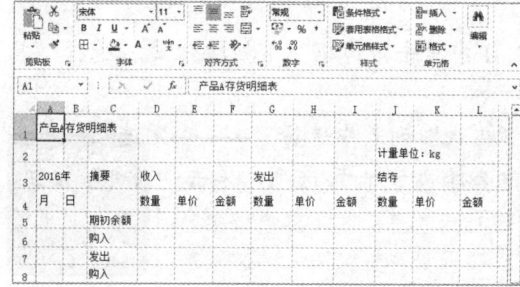
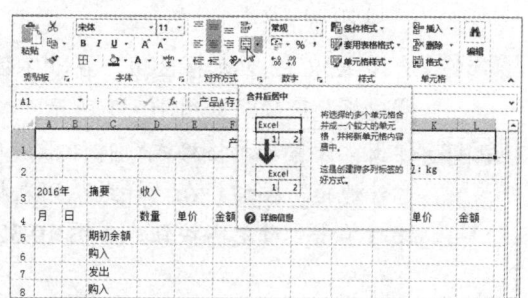

图 10-25 输入标题与内容　　　　　图 10-26 单击"合并后居中"按钮

Step 03 采用相同的方法，设置 J2:L2、A3:B3、D3:F3、G3:I3、J3:L3 单元格区域的格式，如图 10-27 所示。

Step 04 选择 A1:L1 单元格区域，在"字体"组中设置其字体格式为"黑体，20"，如图 10-28 所示。

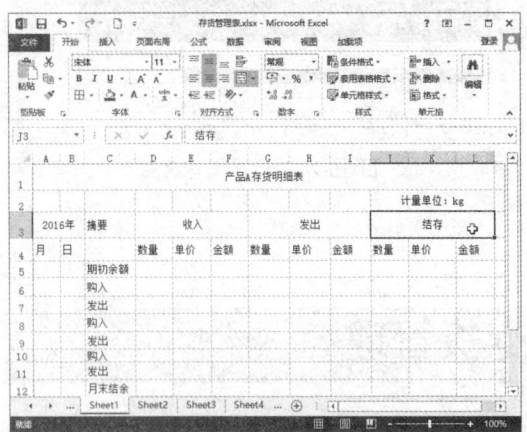 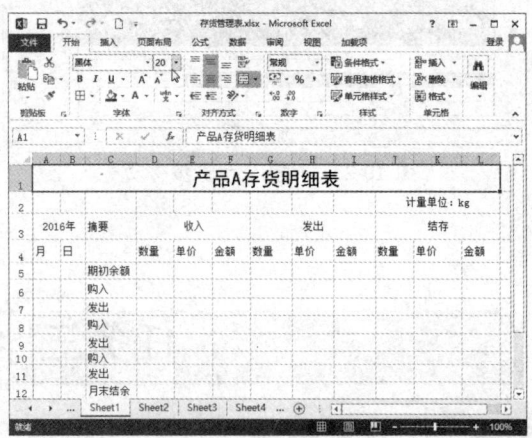

图 10-27 设置单元格区域格式　　　　　图 10-28 设置字体格式

Step 05 选择 A3:L4 单元格区域，在"字体"组中单击 下拉按钮，选择字体颜色为"白色，背景 1"，并进行加粗，，如图 10-29 所示。

Step 06 单击"填充颜色" 下拉按钮，选择 A3:L4 单元格区域的填充色为"蓝色，着色 1，深色 25%"，，如图 10-30 所示。

 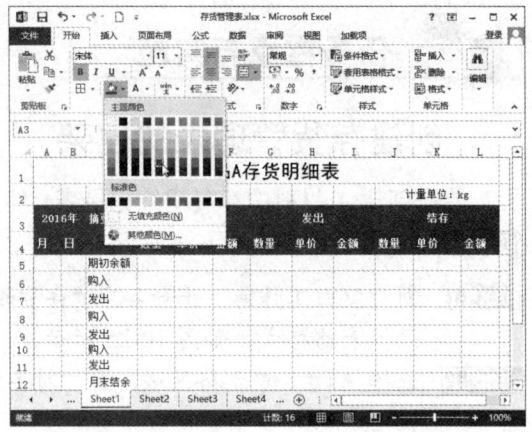

图 10-29 设置字体颜色　　　　　图 10-30 设置填充颜色

Step 07 选择 A3:C12 单元格区域，在"字体"组中单击"边框"下拉按钮 ，选择"其他边框"选项，如图 10-31 所示。

Step 08 弹出"设置单元格格式"对话框，在"样式"列表中选择"———"选项，单击"外边框"按钮，在"样式"列表框中选择"———"选项，单击"内部"按钮，最后单击"确定"按钮，如图 10-32 所示。

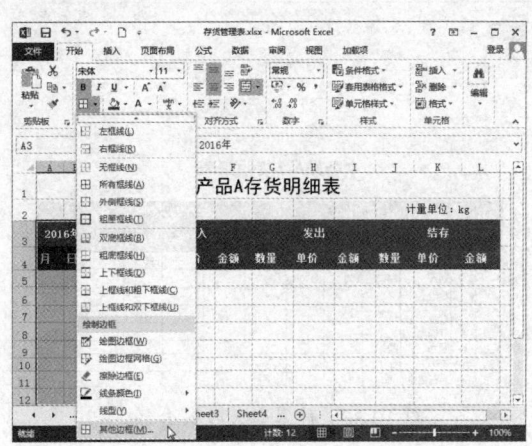
图 10-31 设置边框

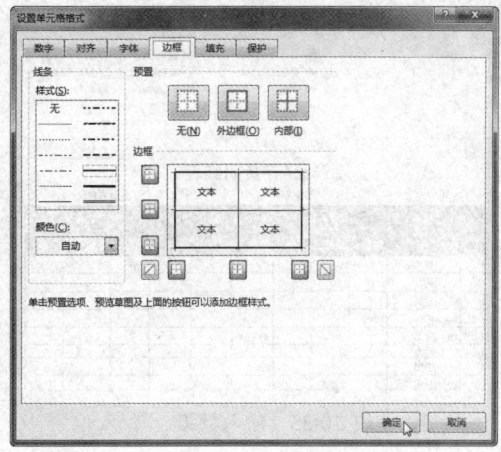
图 10-32 设置样式

Step 09 返回工作表，采用相同的方法设置 D3:F12、G3:I12 和 J3:L12 单元格区域的边框样式，然后适当调整表格的行高和列宽，即可完成表格框架的设置，如图 10-33 所示。

Step 10 选择 A5:L12 单元格区域，在"对齐方式"组中单击"左对齐"按钮，适当调整表格的行高和列宽，即可完成表格框架的设置，如图 10-34 所示。

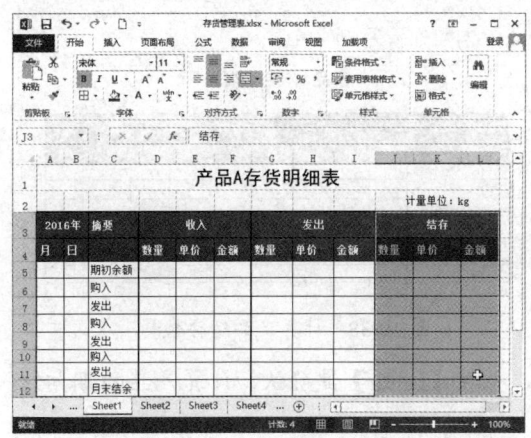
图 10-33 设置其他格式

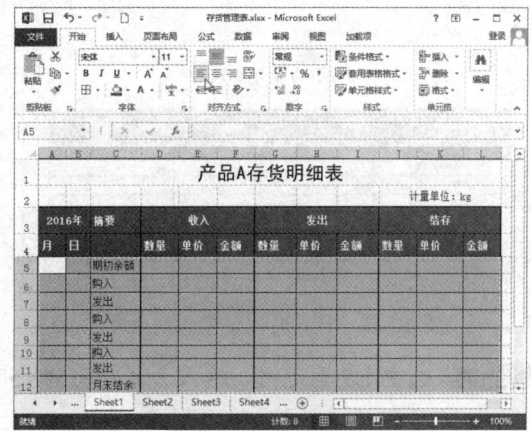
图 10-34 调整行高和列宽

二、计算产品的各项明细数据

创建完表格框架后，需要先填充表格内容，然后根据这些数据计算出产品的收入金额、结存数量、结存单价、期初结存数量和发出金额等数据。下面对产品的各项数据进行计算，具体操作方法如下：

Step 01 在表格中输入产品的收入、发出时间、数量和单价等数据，然后在 J5 和 K5 单元格中输入产品的上期期末余额的数量和单价，如图 10-35 所示。

Step 02 在 F6 单元格中输入公式"=D6*E6"，并按【Enter】键确认，计算出产品在当天的收入金额，如图 10-36 所示。

图 10-35 输入数据

图 10-36 计算当天收入金额

Step 03 分别在 F8 和 F10 单元格中输入公式 "=D8*E8" 和 "=D10*E10"，计算出其他日期的收入金额，如图 10-37 所示。

Step 04 选择 J6:J11 单元格区域，在编辑栏中输入公式 "=J5+D6－G6"，按【Ctrl+Enter】组合键，计算出产品的结存数量，如图 10-38 所示。

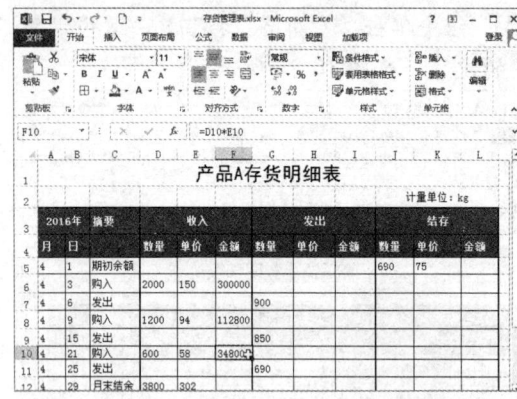

图 10-37 计算其他日期收入金额

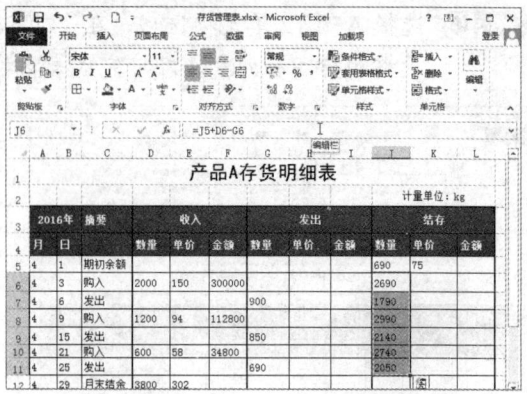

图 10-38 计算产品结存数量

Step 05 选中 L5 单元格，输入公式 "=J5*K5"，并按【Enter】键确认，计算产品的期初结存余额，如图 10-39 所示。

Step 06 选中 L6 单元格，输入公式 "=L5+F6－I6"，并按【Enter】键确认，计算产品的结存金额，如图 10-40 所示。

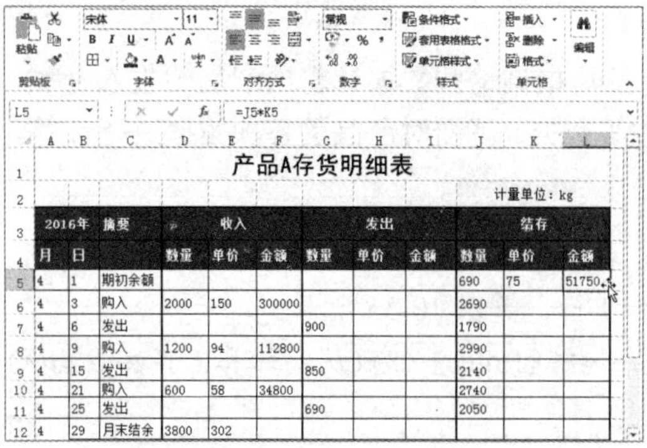

图 10-39 计算期初结存余额 　　　　　　图 10-40 计算结存余额

Step 07 选中 K6 单元格,输入公式 "=L6/J6",并按【Enter】键确认,计算出产品的结存单价,如图 10-41 所示。

Step 08 选中 H7 单元格,输入公式 "=K6",并按【Enter】键确认,计算出产品的发出单价,如图 10-42 所示。

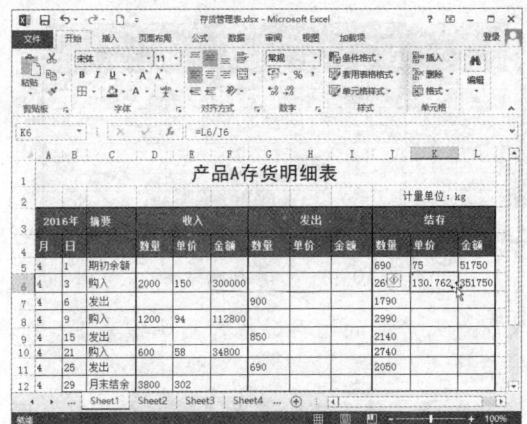

图 10-41 计算结存单价　　　　　图 10-42 计算发出单价

Step 09 选中 I7 单元格,输入公式 "=G7*H7",并按【Enter】键确认,计算出产品的发出金额,如图 10-43 所示。

Step 10 将鼠标指针移到 L6 单元格右下角,当指针变为✚形状时按住鼠标左键并向下拖动到 L11 单元格处松开鼠标,自动复制公式并计算其他时间的产品结存金额,如图 10-44 所示。

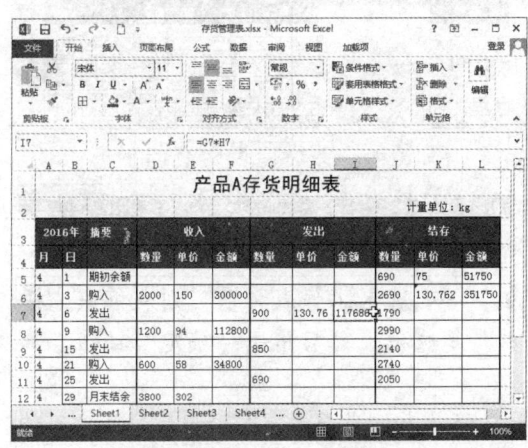
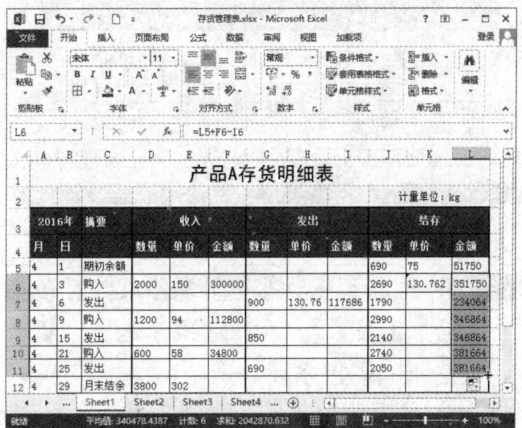

图 10-43 计算发出金额　　　　　图 10-44 计算产品结存金额

Step 11 复制 K6 单元格中的公式到 K7:K11 单元格区域,复制 H7 单元格中的公式到 H8:H11 单元格区域,复制 I7 单元格中的公式到 I8:I11 单元格区域,然后清除 H8、H10、I8 和 I10 单元格中的数据,如图 10-45 所示。

Step 12 选中 F12:I12 单元格区域,输入公式 "=SUM(F6:F11)",按【Ctrl+Enter】组合键,计算出本月月末的收入和发出产品的数量、单价和金额等数据,如图 10-46 所示。

中文版 Excel 2013 在财务管理中的应用

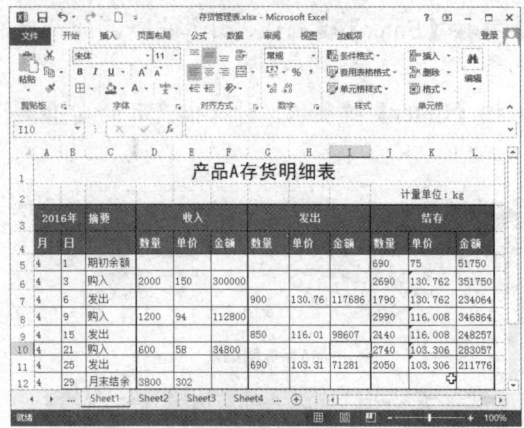

图 10-45　复制公式

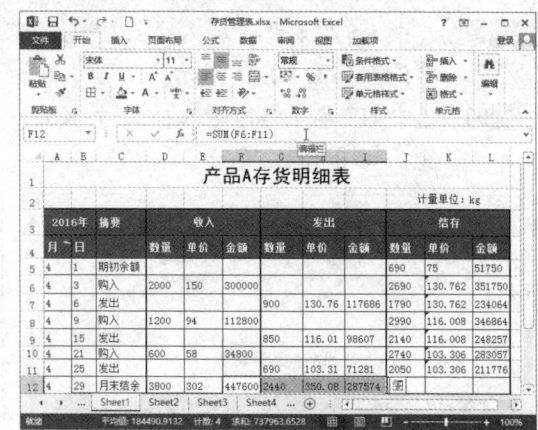

图 10-46　计算月末结余

Step 13 在 J12、K12 和 L12 单元格中分别输入前一天产品的结存数据，用于作为下一个期间产品 A 的期初余额，如图 10-47 所示。

Step 14 删除 Sheet2 和 Sheet3 等多余工作表，将 Sheet1 工作表重命名为"产品 A"，在"产品 A"工作表标签上右击，选择"移动或复制"命令，如图 10-48 所示。

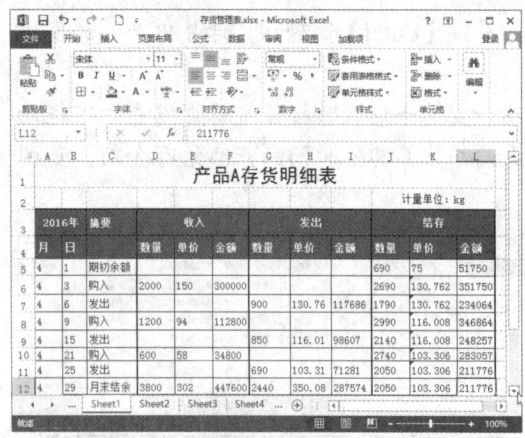

图 10-47　输入数据

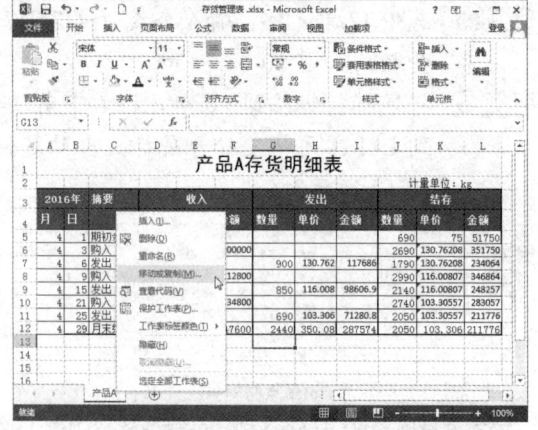

图 10-48　选择"移动或复制"命令

Step 15 弹出"移动或复制工作表"对话框，在"下列选定工作表之前"列表框中选择"(移至最后)"选项，选中"建立副本"复选框，然后单击"确定"按钮，如图 10-49 所示。

Step 16 将复制的工作表重命名为"产品 B"，然后修改表格中产品对应的数据，并采用相同的方法制作其他产品的存货工作表，依次命名为"产品 C~产品 J"，即可完成整个存货表的制作，如图 10-50 所示。

> **专家指导**
> Expert guidance
>
> 收入金额等于收入数量乘以收入单价；发出金额等于发出数量乘以发出单价；结存金额等于截至前一天的结存金额加上收入金额再减去发出金额。当天的结存单价等于当天的结存金额除以当天的结存数据。

流动与固定资产管理　　项目十

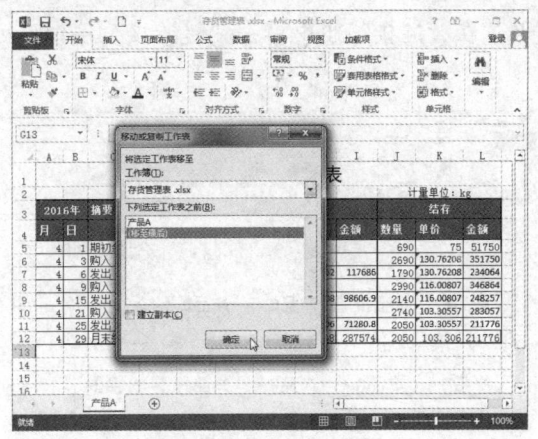

图 10-49　建立副本

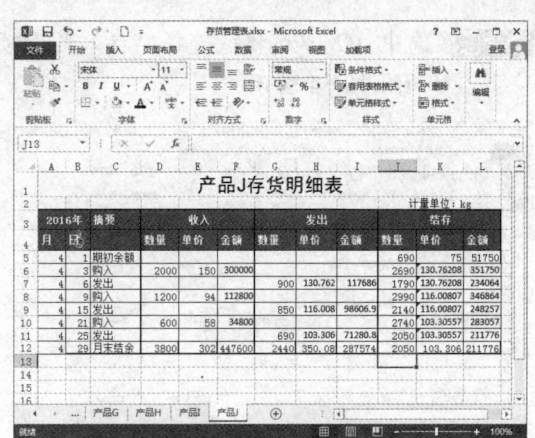

图 10-50　制作其他产品存货工作表

三、制作存货目录表

制作完所有产品的存货表格后，为了能够更加方便、快捷地找到需要查看产品所对应的工作表，可以新建一个目录工作表，将其与各产品的存货明细记录链接起来，方便数据的查阅。

下面在工作簿中创建一个名为"存货目录"的工作表，并在对应的产品名称与存货记录之间创建超链接，具体操作方法如下：

Step 01 在"产品 A"工作表标签上右击，在弹出的快捷菜单中选择"插入"命令，如图 10-51 所示。

Step 02 弹出"插入"对话框，选择"工作表"选项，然后单击"确定"按钮，如图 10-52 所示。

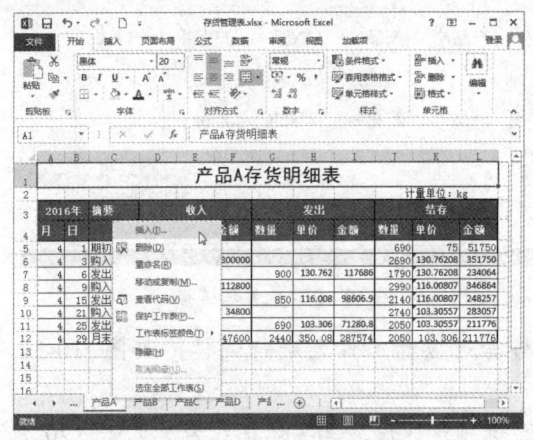

图 10-51　选择"插入"命令

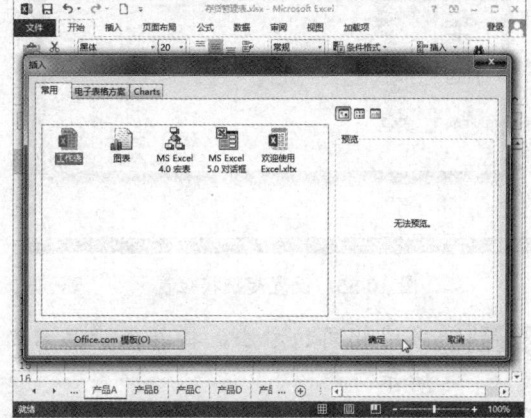

图 10-52　选择"工作表"选项

Step 03 将插入的工作表重命名为"存货目录表"，在表格中输入各项产品对应的名称，设置其字体格式为"黑体，20"，选择"视图"选项卡的"普通"选项，在"显示"组中取消选择"网格线"复选框，如图 10-53 所示。

Step 04 选中 E2 单元格,选择"插入"选项卡,在"链接"组中单击"超链接"按钮,如图 10-54 所示。

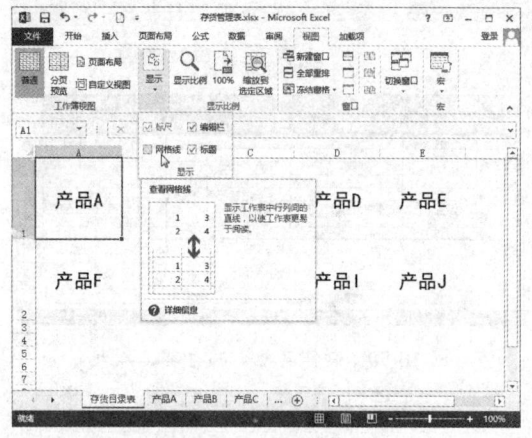

图 10-53 取消网格线

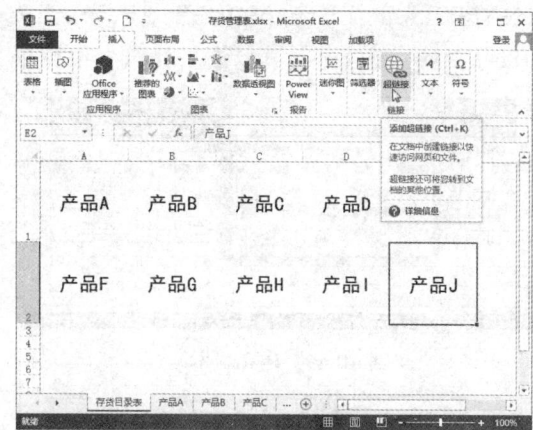

图 10-54 单击"超链接"按钮

Step 05 弹出"插入超链接"对话框,在左侧选择"本文本档中的位置"选项,在右侧列表框中选择"产品J",然后单击"确定"按钮,如图 10-55 所示。

Step 06 返回"存货目录表"工作表,E2 单元格中的内容呈蓝色显示,将鼠标指针移至文本处,指针将变为 形状,并显示出超链接指向的相应文件路径,如图 10-56 所示。

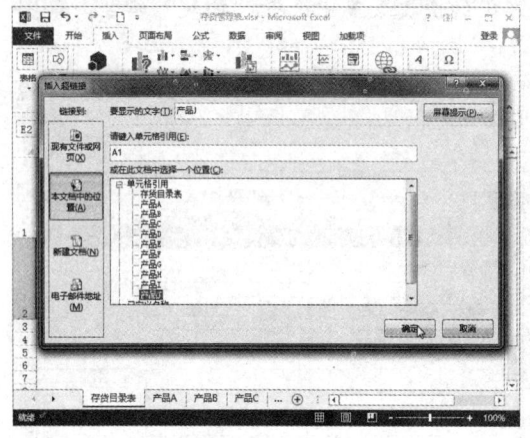

图 10-55 设置超链接位置

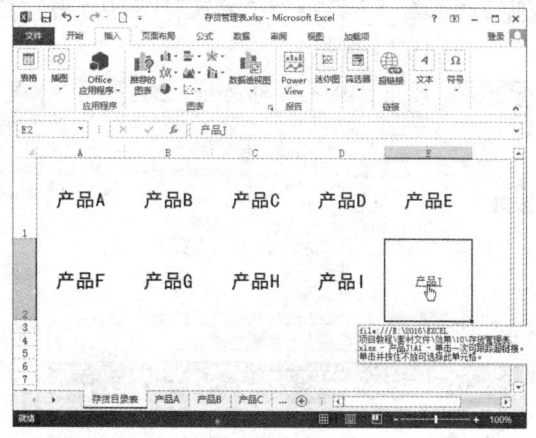

图 10-56 查看超链接

Step 07 采用相同的方法,将其他产品名称与其对应的工作表进行链接,如图 10-57 所示。

Step 08 选择 A1:E2 单元格区域,选择"开始"选项卡,设置其字体格式为"黑体,20",设置其字体颜色为红色,完成存货目录表的设置,如图 10-58 所示。

> **专家指导**
> Expert guidance
>
> 为表格创建超链接不仅可以在不同工作表之间进行切换,还可以链接到工作表中的某个具体的单元格。在单元格中插入超链接后,选择超链接所在单元格,按【Ctrl+U】组合键即可取消下画线。

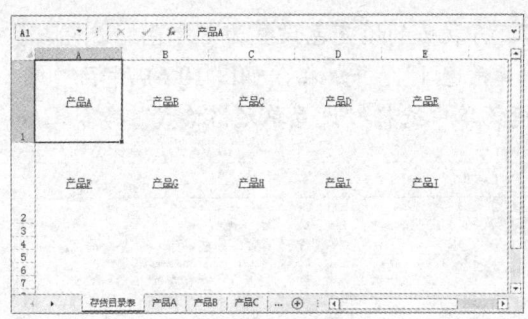
图 10-57　设置其他链接

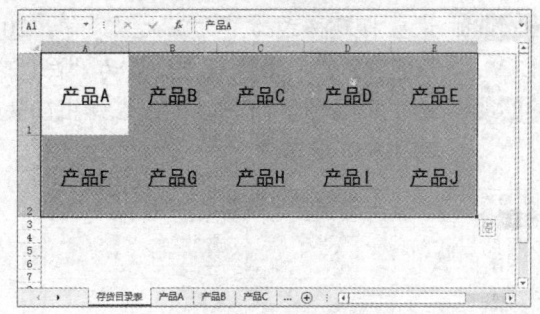
图 10-58　设置字体格式

任务四　固定资产管理

本任务制作的固定资产管理表主要用于记录企业固定资产的使用情况，包括固定资产的增加和折旧计算等。因此，在制作固定资产管理表时应先创建固定资产管理表的框架，然后添加相应的固定资产记录，并对其进行折旧处理。

一、创建固定资产管理表框架

在使用固定资产管理表管理企业资产前，需要先创建表格框架，用于记录相应的数据。下面将新建"固定资产管理表"工作簿，并设置表格格式，对"使用部门"列和"使用状态"列中的数据进行有效性设置，具体操作方法如下：

Step 01　新建"固定资产管理表"工作簿，双击 Sheet1 工作表，将其重命名为"固定资产管理表"，如图 10-59 所示。

Step 02　在"固定资产管理表"中输入表格标题与表头内容，然后合并表格标题，并未表格添加边框，如图 10-60 所示。

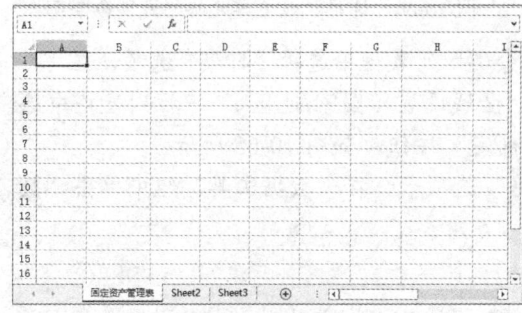
图 10-59　重命名工作表

图 10-60　输入标题与表头内容

Step 03 设置标题格式为"方正大黑简体，20"，将表头的填充色设置为"绿色，着色6，深色25%"，字体颜色设置为"白色、背景色1"，并加粗，如图10-61所示。

Step 04 选中"编号"列并右击，在弹出的快捷菜单中选择"设置单元格格式"命令，如图10-62所示。

图10-61 设置标题与表头格式

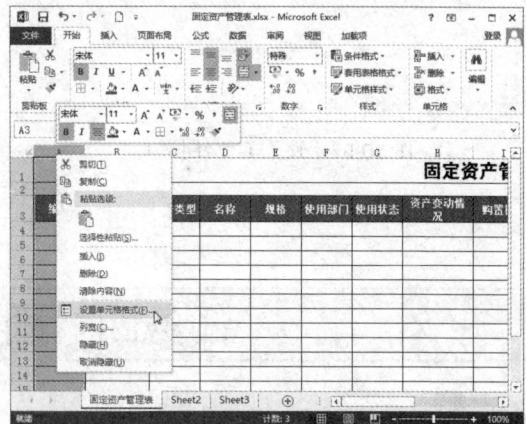

图10-62 选择"设置单元格格式"命令

Step 05 弹出"设置单元格格式"对话框，在"分类"列表框中选择"自定义"选项，在"类型"文本框中输入0000，单击"确定"按钮，如图10-63所示。

Step 06 选中"使用日期"和"购置日期"列并右击，在弹出的快捷菜单中选择"设置单元格格式"命令，如图10-64所示。

图10-63 设置单元格格式

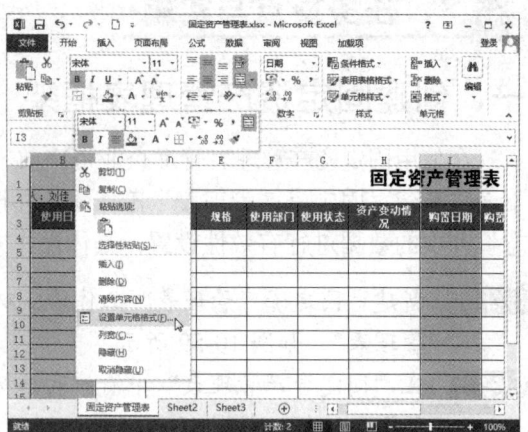

图10-64 选择"设置单元格格式"命令

Step 07 弹出"设置单元格格式"对话框，在"分类"列表框中选择"日期"选项，在"类型"列表框中选择"*2012/3/14"，在"区域设置（国家/地区）"下拉列表框中选择"中文（中国）"选项，然后单击"确定"按钮，如图10-65所示。

Step 08 选择C4:C20单元格区域，选择"数据"选项卡，在"数据工具"组中单击"数据验证"按钮，如图10-66所示。

流动与固定资产管理　项目十

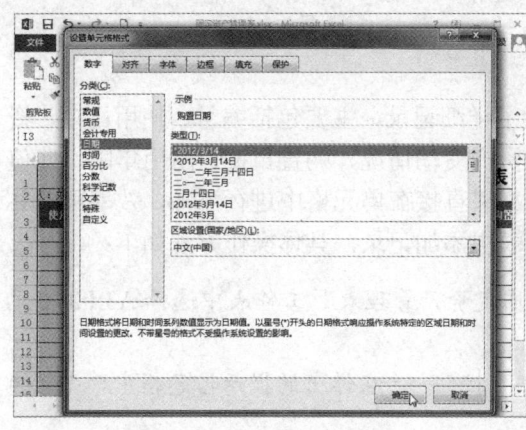

图 10-65　设置日期格式

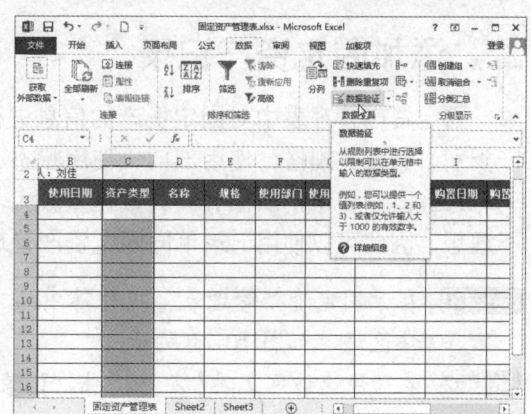

图 10-66　单击"数据验证"按钮

Step 09　弹出"数据验证"对话框,在"允许"下拉列表框中选择"序列"选项,在"来源"文本框中输入文本"房屋建筑物,机械设备,运输设备,电子设备",如图 10-67 所示。

Step 10　选择"输入信息"选项卡,选中"选定单元格时显示输入信息"复选框,然后单击"确定"按钮,如图 10-68 所示。

图 10-67　设置验证条件　　　　　　　　　图 10-68　设置提示信息

Step 11　返回工作表,选择 C4:C20 单元格区域中的任意单元格,单击右侧出现的下拉按钮,选择需要的资产类别,如图 10-69 所示。

Step 12　采用相同的方法,分别为"使用部门"列、"使用状态"列和"资产变动情况"列设置数据有效性,如图 10-70 所示。

图 10-69　选择资产类别

图 10-70　设置数据有效性

二、添加固定资产记录

固定资产管理表中对固定资产的信息进行了详细记录，主要包括编号、使用日期、资产类别、名称、规格、使用部门、使用状态、资产变动情况、购置日期、耐用年限、残值率、月折旧额和年折旧额等。其数据量较大，如果直接在单元格中进行添加，效率可能并不理想，因此可以使用记录单向固定资产管理表中添加记录，具体操作方法如下：

Step 01 在"固定资产管理表"工作簿中的"固定资产管理表"工作表中选择 A3:P3 单元格区域，如图 10-71 所示。

Step 02 在"快速访问工具栏"中单击"记录单"按钮，在弹出的提示信息框中单击"确定"按钮，如图 10-72 所示。

图 10-71　选中单元格区域　　　　　图 10-72　单击"记录单"按钮

Step 03 弹出"固定资产管理表"对话框，在对应项目的文本框中输入需要添加的固定资产数据，单击"关闭"按钮，如图 10-73 所示。

Step 04 返回工作表，即可查看添加的固定资产记录，采用相同的方法继续添加其他固定资产记录，如图 10-74 所示。

 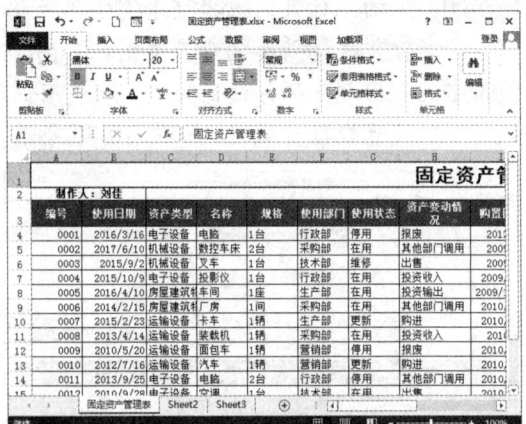

图 10-73　输入固定资产数据　　　　　图 10-74　查看固定资产记录

三、计算固定资产折旧

固定资产折旧是企业的固定资产因使用磨损而逐渐损耗的资产的价值。固定资产的折旧是企业进行生产和经营的必要前提之一，有利于增强投资收益，关系到企业中资金的使用效果和资金投入的预期收益效果。另外，将固定资产的损耗以折旧的方式转移到产品成本中去，在产品价值中进行补偿，也有利于控制企业的成本。

在本例中将采用年限平均法（直线法）来计算固定资产的月折旧额、本月累计折旧、年折旧额及资产净值，具体操作方法如下：

Step 01 选中 M4 单元格，输入公式 "=ROUND(J4*L4,2)"，按【Ctrl+Enter】组合键，计算出第一项固定资产的残值，如图 10-75 所示。

Step 02 通过拖动填充柄的方法复制公式到 M5:M20 单元格区域，计算出其他各项固定资产的残值，如图 10-76 所示。

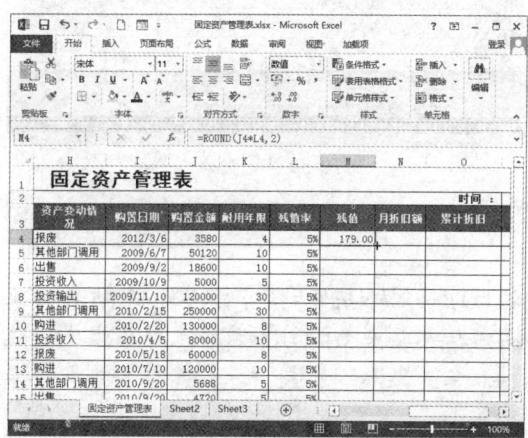

图 10-75　计算固定资产残值

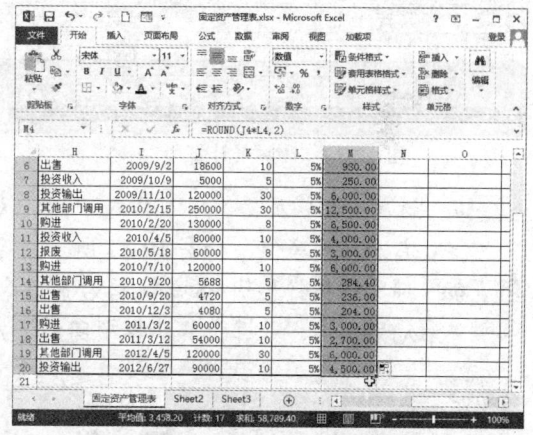

图 10-76　复制公式

Step 03 选择 N4 单元格，输入公式 "=(J4*(1－L4)/K4)/12"，并按【Enter】键确认，计算出第一项固定资产的月折旧额，如图 10-77 所示。

Step 04 通过拖动填充柄的方法复制公式到 N5:N20 单元格区域，计算出其他各项固定资产的月折旧额，如图 10-78 所示。

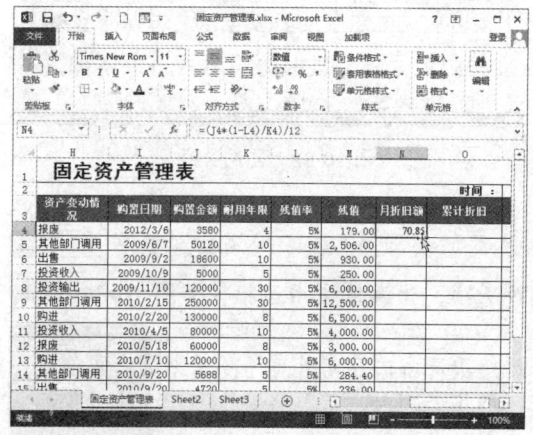

图 10-77　计算月折旧额

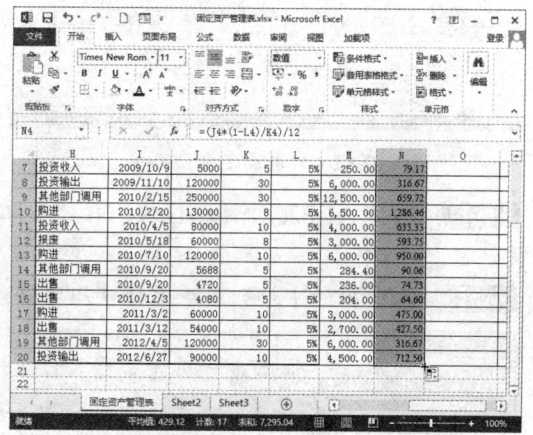

图 10-78　复制公式

Step 05 选中 O4 单元格,输入公式 "=IF(TRUNC(($P$2 - B4)/365* 12)<K4*12,TRUNC(($P$2 - B4)/365*12)*N4, J4*12*N4)",并按【Enter】键确认,计算出第一项固定资产的累计折旧,如图 10-79 所示。

Step 06 将鼠标指针放在 O4 单元格右下角,通过拖动填充柄的方法复制公式到 O5:O20 单元格区域,计算出其他各项固定资产的累计折旧,如图 10-80 所示。

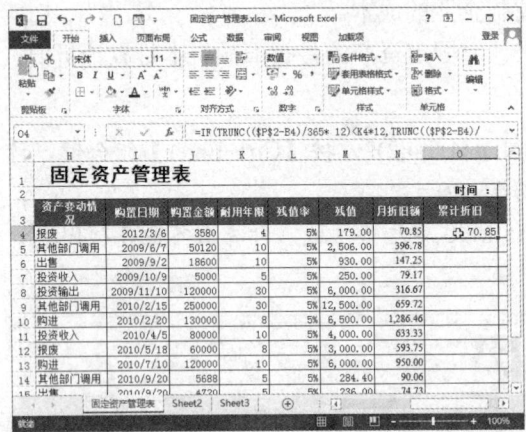

图 10-79　计算累计折旧　　　　　　　　　图 10-80　复制公式

Step 07 选中 P4 单元格,输入公式 "=J4 - O4",并按【Enter】键确认,计算出第一项固定资产的净值,如图 10-81 所示。

Step 08 将鼠标指针移到 P4 单元格右下角,通过拖动填充柄的方法复制公式到 P5:P20 单元格区域,计算出其他各项固定资产的净值,如图 10-82 所示。

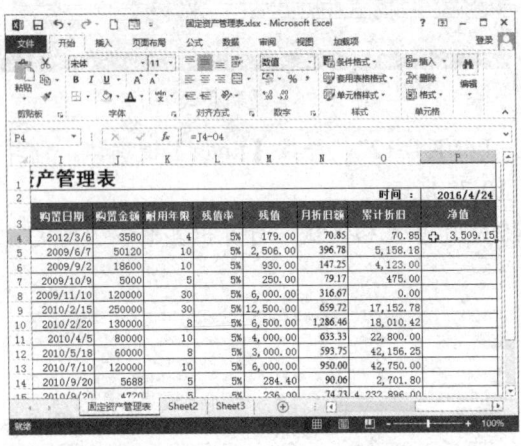
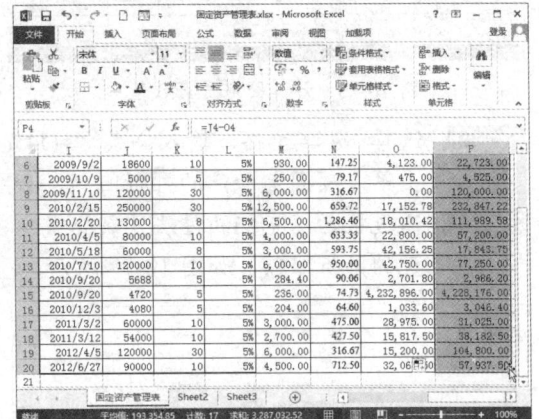

图 10-81　计算固定资产净值　　　　　　　图 10-82　复制公式

Step 09 选择 A1:P20 单元格区域,在"字体"组中单击"边框"下拉按钮,如图 10-83 所示。

Step 10 在弹出的下拉列表中选择"粗匣线框"选项,为表格应用边框,如图 10-84 所示。

> **专家指导** 固定资产残值是指预计在资产使用寿命的期末处置一项长期资产可能获得的价值。采用年限平均法计算每期折旧额时,需要将固定资产的应计提折旧额平均分摊到固定资产预计使用寿命内。

流动与固定资产管理　项目十

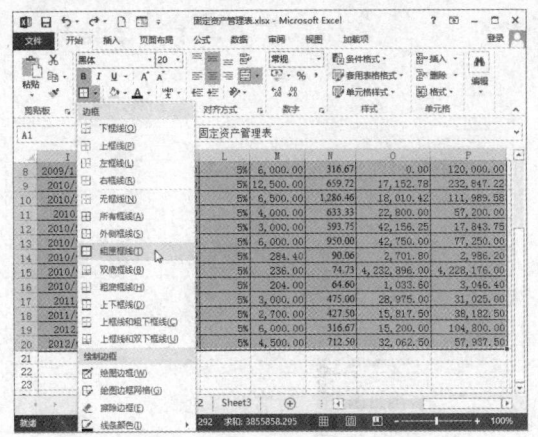
图 10-83　单击"边框"下拉按钮

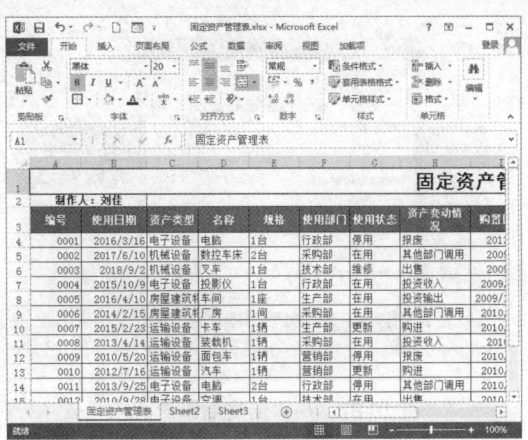
图 10-84　应用边框

四、固定资产折旧的汇总处理

定期对固定资产的类别进行分类汇总处理，可以及时反映企业固定资产的使用情况。其中，在汇总固定资产折旧时可按生产经营分为固定资产和非生产经营用固定资产，也可按房屋建筑物、机器设备和电子设备等进行分类，然后计算相同类别下固定资产的总额。

本例将在"固定资产管理表"工作簿中按照类别对企业固定资产进行分类，然后通过数据透视表和数据透视图对固定资产进行汇总处理，具体操作方法如下：

Step 01　打开"固定资产管理表 02"工作簿，将其另存为"固定资产折旧汇总表"，然后将工作表名称和表格标题修改为"固定资产折旧汇总表"，如图 10-85 所示。

Step 02　选择 A3:P20 单元格区域，选择"插入"选项卡，在"表格"组中单击"数据透视表"按钮，如图 10-86 所示。

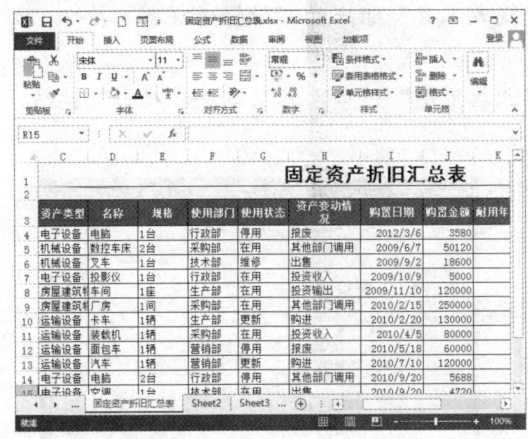
图 10-85　修改名称和标题

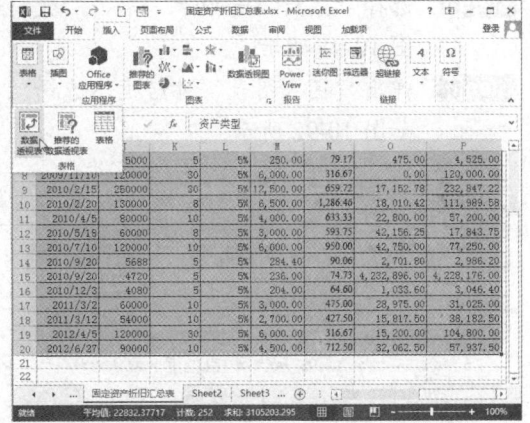
图 10-86　选择"数据透视表"选项

Step 03　弹出"创建数据透视表"对话框，保持其设置不变，单击"确定"按钮，如图 10-87 所示。

Step 04　系统会自动创建一个空白的数据透视表，并将其命名为 Sheet1，如图 10-88 所示。

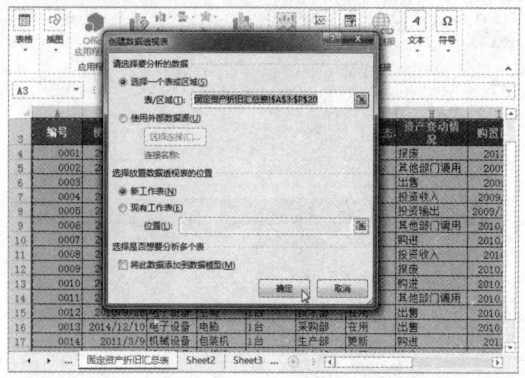

图 10-87　确认创建数据透视表

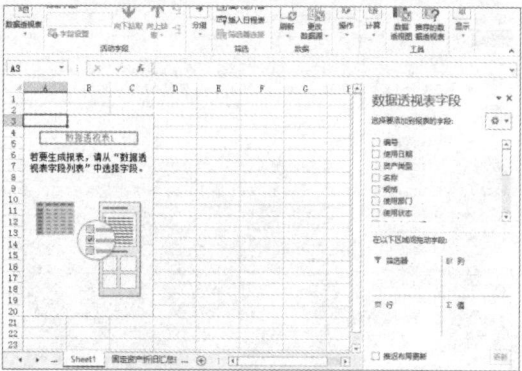

图 10-88　创建数据透视表

Step 05　弹出"数据透视表字段"窗格，在"选择要添加到报表的字段"列表框中将"使用部门"字段拖到"筛选器"列表框中，如图10-89所示。

Step 06　在"选择要添加到报表的字段"列表框中拖动"资产类型"字段到"行"列表框，拖动"月折旧额"、"累计折旧"和"净值"字段到"值"列表框中，如图10-90所示。

图 10-89　拖动字段

图 10-90　继续拖动字段

Step 07　选择"分析"选项卡，单击"数据透视表工具"组中的"数据透视图"按钮，如图10-91所示。

Step 08　弹出"插入图表"对话框，选择"堆积柱形图"选项，然后单击"确定"按钮，如图10-92所示。

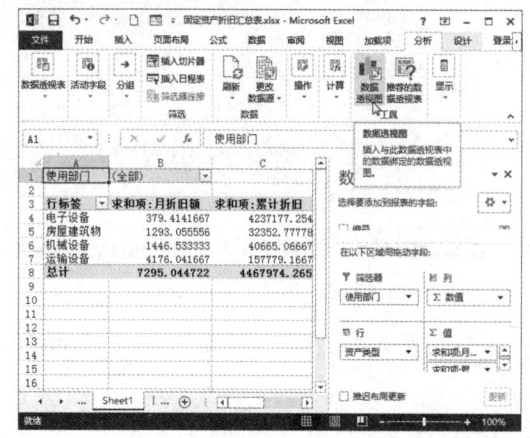

图 10-91　单击"数据透视图"按钮

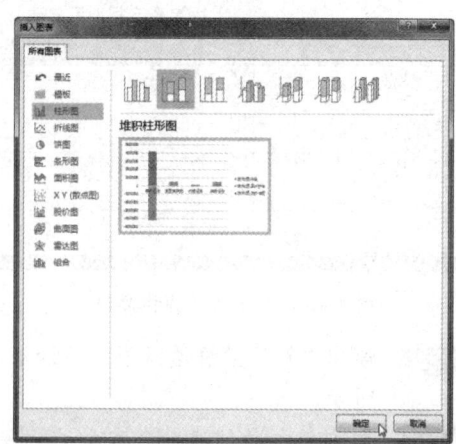

图 10-92　选择图表类型

Step 09 返回工作表，即可看到创建的数据透视图，单击"数据透视表字段"列表区域右上角的"关闭"按钮，使数据透视图完全显示，如图10-93所示。

Step 10 在值字段按钮上右击，在弹出的快捷菜单中选择"隐藏图表上的值字段按钮"命令，如图10-94所示。

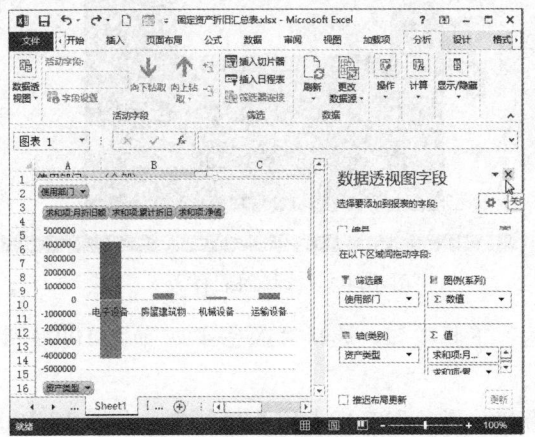

图10-93 单击"关闭"按钮　　　　　　图10-94 隐藏值字段按钮

Step 11 在图例字段按钮上右击，选择"隐藏图表上的图例字段按钮"命令，取消值字段按钮和图例按钮的显示，如图10-95所示。

Step 12 选择"设计"选项卡，单击"添加图表元素"下拉按钮，选择"图表标题"|"图表上方"选项，如图10-96所示。

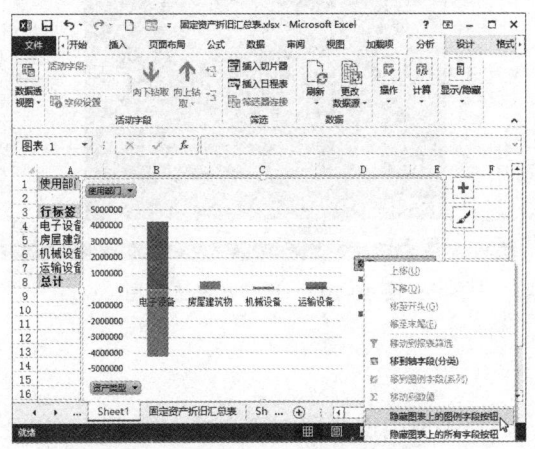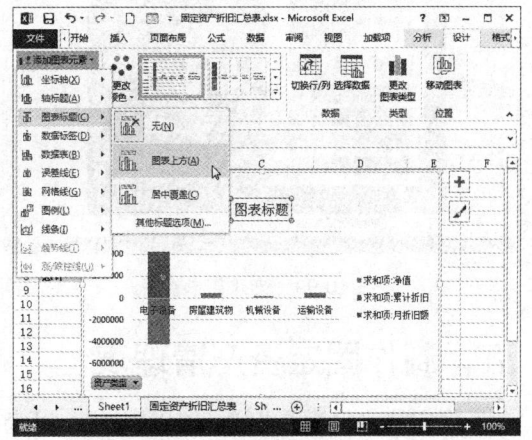

图10-95 取消字段和图例的显示　　　　图10-96 选择"图表上方"选项

Step 13 在图表上方设置标题内容为"固定资产折旧汇总表"，如图10-97所示。

Step 14 选择绘图区，选择"设计"选项卡，在"图表样式"组的列表框中选择"样式8"，如图10-98所示。

专家指导
Expert guidance

　　按现行企业所得税法的规定，固定资产的类别分为房屋建筑、机器设备、运输设备和电子设备等。

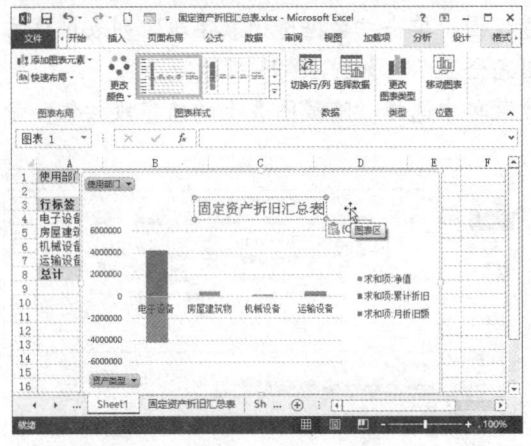

图 10-97　设置图表标题

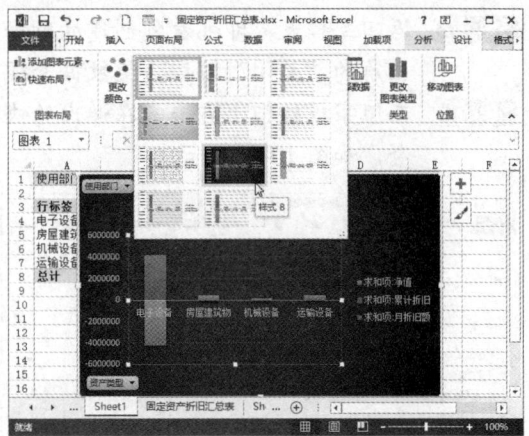

图 10-98　选择图表样式

Step 15 在"图表样式"组中单击"更改颜色"下拉按钮,选择"颜色4",如图10-99所示。

Step 16 返回工作表,将数据透视图移到适当的位置,即可完成图表的制作,如图10-100所示。

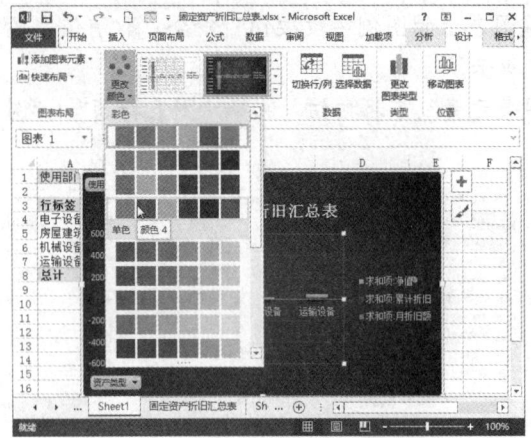

图 10-99　更改图表颜色

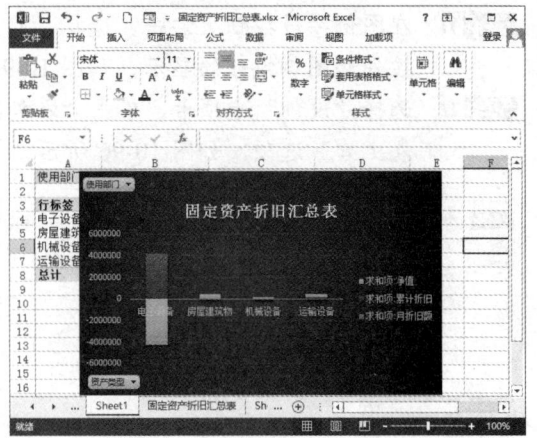

图 10-100　移动数据透视图

五、制作固定资产清理表

固定资产清理是指企业中因出售、报废、毁损等原因造成固定资产减少的情况。记录减少的固定资产可以避免出现企业资产无账可查的情况。本例将在"固定资产管理表"工作簿中新建一个名为"固定资产清理表'的工作表,用于存放固定资产减少记录。

下面以"固定资产管理表"中的数据为基础,使用 IF、OR 和 VLOOKUP 等函数引用"固定资产清理表"中的数据,并通过删除重复项的功能删除表格中的空白数据,具体操作方法如下:

Step 01 打开"固定资产管理表02"工作簿,Sheet2工作表重命名为"固定资产清理表",输入固定资产清理表的标题与表头内容,并设置其样式与"固定资产管理表"的样式相同,如图10-101所示。

Step 02 选中 A3 单元格,输入公式 "=IF(OR(固定资产管理表!H4="报废",固定资产管理表!H4="出售",固定资产管理表!H4="投资输出",固定资产管理表!H4="其他部门调用"),固定资产管理表!A4,"")",并按【Enter】键确认,将自动从"固定资产管理表"工作表中引用"编号"值,如图 10-102 所示。

图 10-101 打开工作簿

图 10-102 引用编号值

Step 03 使用填充柄将公式复制到 A4:A19 单元格区域,将从"固定资产管理表"工作表中获得固定资产变动情况为"报废、出售、投资输出或其他部门调用"的固定资产的编号,且将不属于其中的资产编号设置为空值,如图 10-103 所示。

Step 04 选择"数据"选项卡,在"数据工具"组中单击"删除重复项"按钮,在弹出的对话框中单击"取消全选"按钮,如图 10-104 所示。

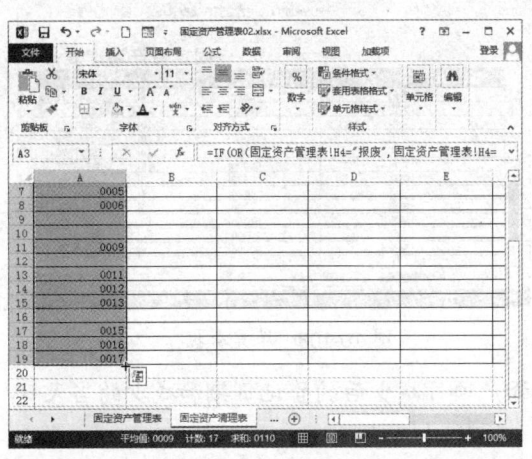

图 10-103 复制公式

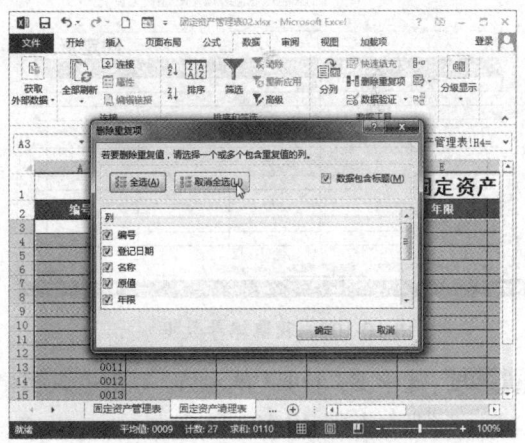

图 10-104 单击"取消全选"按钮

Step 05 在"列"列表框中选中"编号"复选框,单击"确定"按钮,如图 10-105 所示。

Step 06 在弹出的提示信息框中单击"确定"按钮,Excel 自动在工作表中查找编号重复的项,并删除其他项,仅保留一个唯一值,手动删除工作表中的空行,完成数据的导入操作,如图 10-106 所示。

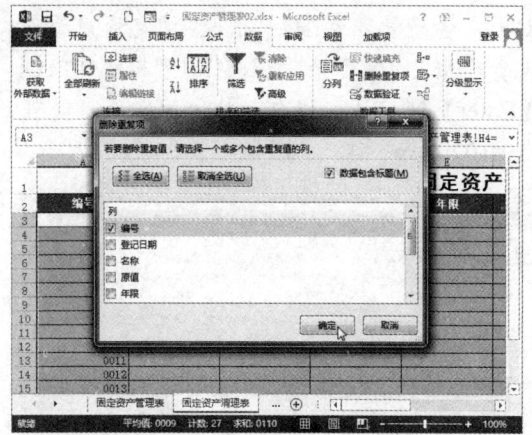

图 10-105　选中"编号"复选框

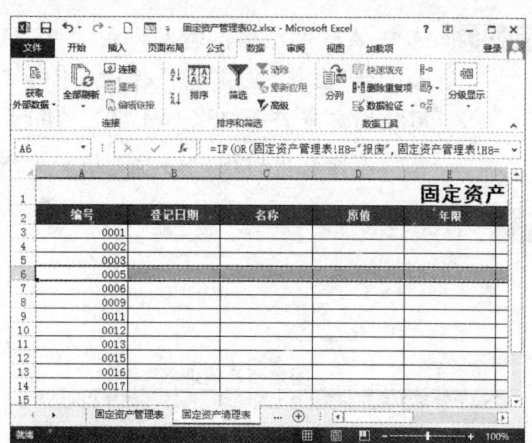

图 10-106　删除重复项

Step 07 选中 C3 单元格，在编辑栏中输入公式"=VLOOKUP(A3,固定资产管理表!$A:$Q,4,0)"，并按【Enter】键确认，从"固定资产管理表"中获取编号对应的数据，如图 10-107 所示。

Step 08 通过拖动填充柄的方法填充 C 列其他单元格中的数据，然后采用相同的方法从"固定资产管理表"中引用"购置金额、耐用年限、累计折旧和净值"列的值到"固定资产清理表"中"原值""年限""累计折旧""净值"列中，如图 10-108 所示。

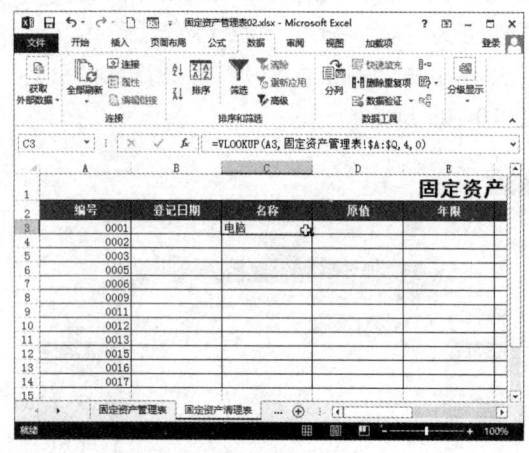

图 10-107　获取编号数据

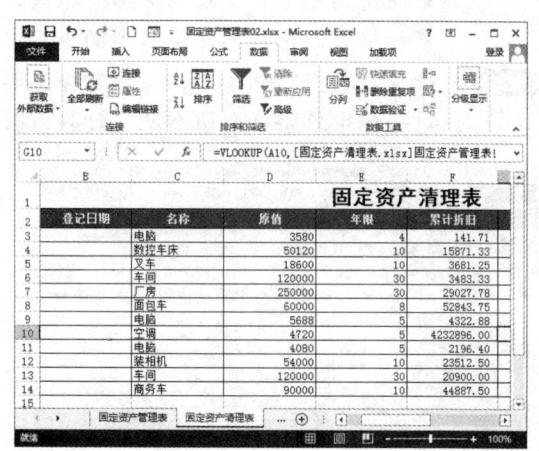

图 10-108　填充数据

Step 09 选中 B3 和 H3 单元格，分别输入固定资产项目减少后的登记日期和减少的当天日期，如图 10-109 所示。

Step 10 在 J3 单元格中输入固定资产的减少原因，并为表格添加边框，即可完成"固定资产清理表"的制作，如图 10-110 所示。

> **专家指导** Expert guidance
>
> 　　固定资产在企业日常经营使用中会产生一定的耗损，会计在账务处理过程中体现固定资产的损耗价值的转移，就是固定资产的折旧。月折旧额等于原值乘以年折旧率除以 12；累计折旧是指某项固定资产至折旧日期为止共计提了多少折旧。

流动与固定资产管理　项目十

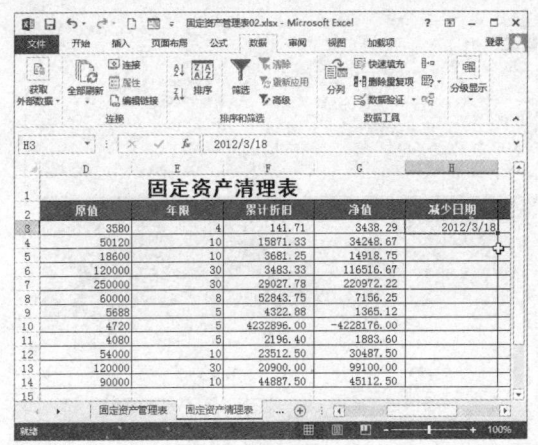
图 10-109　输入日期

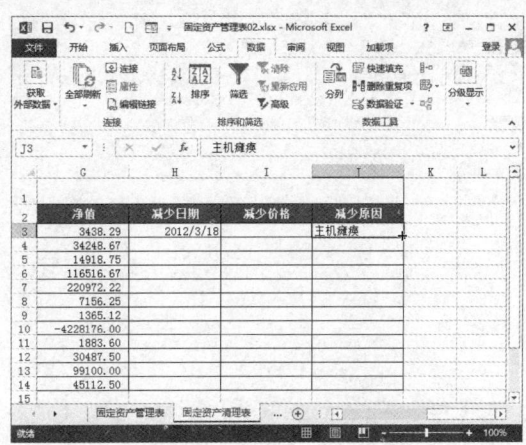
图 10-110　添加边框

任务五　制作固定资产变动单

任务概述

为了记录固定资产在使用过程中发生的变动情况，使企业做到有账可查，可以制作固定资产变动单，自制固定资产变动记录的原始凭证，以便日后进行查阅。本例将制作固定资产变动单，先创建一个名为"固定资产变动单"的工作簿，然后设计其框架，并根据需要详细记录固定资产的变动情况。

任务重点与实施

一、制作固定资产变动单

企业发展、内部调动或自然因素都可能造成固定资产的变动，但记录其变动情况的记录单项目大体一致。与创建一张单独的表格用于记录其变动情况相同，下面将在"固定资产管理表"工作簿中新建一个名为"固定资产变动单"的工作表，并设置其框架结构，具体操作方法如下：

Step 01　打开"固定资产管理表02"工作簿，将Sheet2工作表重命名为"固定资产变动单"，然后将其另存为"固定资产变动单"，如图10-111所示。

Step 02　选中A1单元格，输入表格标题"固定资产变动单"，然后合并A1:E1单元格区域，在A2:E8单元格区域中输入内容，并设置对齐方式为右对齐，如图10-112所示。

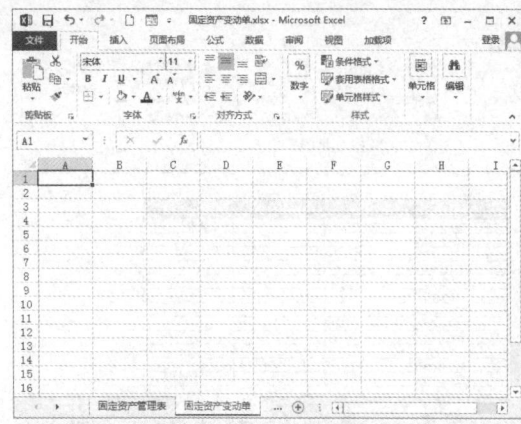

图 10-111　另存工作表

图 10-112　输入表格标题及内容

Step 03 选择 A2:E8 单元格区域,在"单元格"组中单击"格式"下拉按钮,选择"行高"选项,如图 10-113 所示。

Step 04 在"行高"文本框中输入 25,然后单击"确定"按钮,如图 10-114 所示。

图 10-113　选择"行高"选项

图 10-114　设置行高

Step 05 用同样的方法设置 A2:E8 单元格区域的"列宽"为 16,单击"确定"按钮,如图 10-115 所示。

Step 06 选择 A2:E2 和 B7:E7 单元格区域,在"字体"组中单击"边框"下拉按钮,选择"粗底框线"选项,如图 10-116 所示。

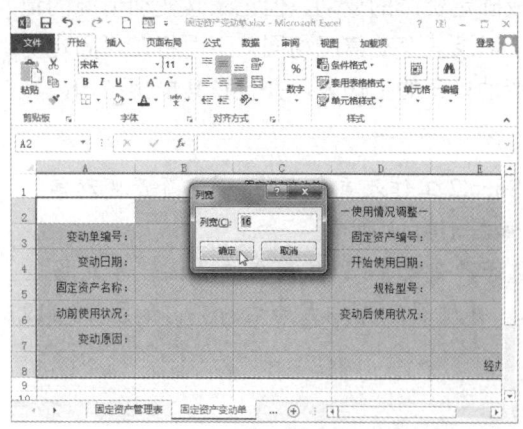

图 10-115　设置表格列宽

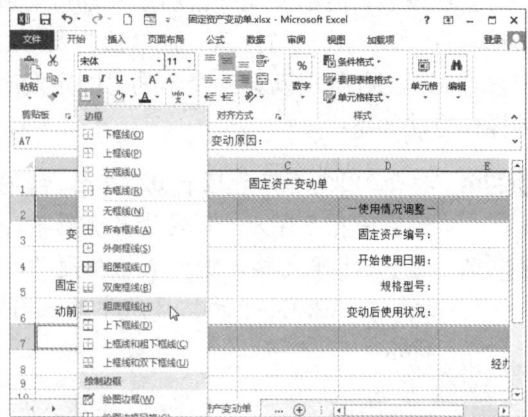

图 10-116　选择边框类型

Step 07 用同样的方法选择"下框线"选项,设置 B3:B6 和 E3:E6 单元格区域的边框样式,如图 10-117 所示。

Step 08 将 A1 单元格中的文本设置为"黑体,20",然后加粗其他单元格中的字体,如图 10-118 所示。

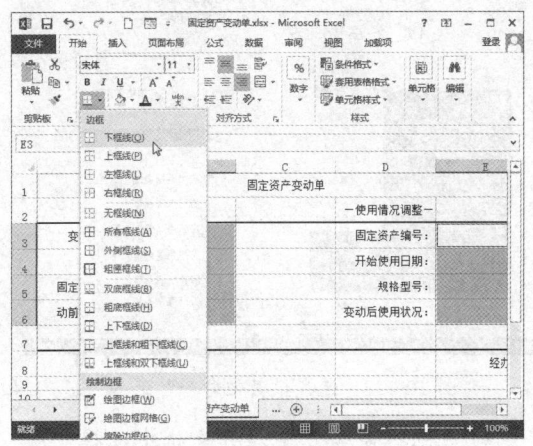

图 10-117 设置底边框样式

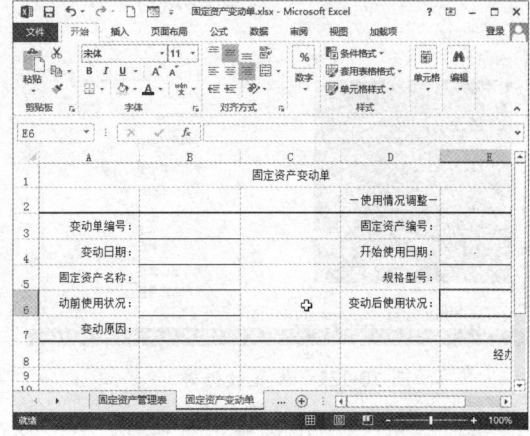

图 10-118 设置字体格式

Step 09 选择 A1:E8 单元格区域,在"字体"组中设置表格区域的填充色为"蓝色,着色 1,深色 25%",如图 10-119 所示。

Step 10 单击字体颜色下拉按钮,选择"白色,背景 1",合并需要的单元格,设置标题格式,如图 10-120 所示。

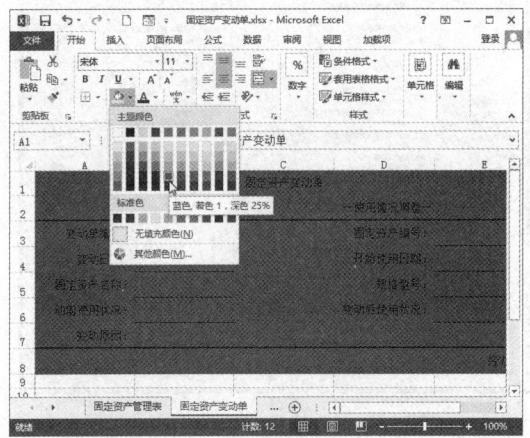

图 10-119 设置填充颜色

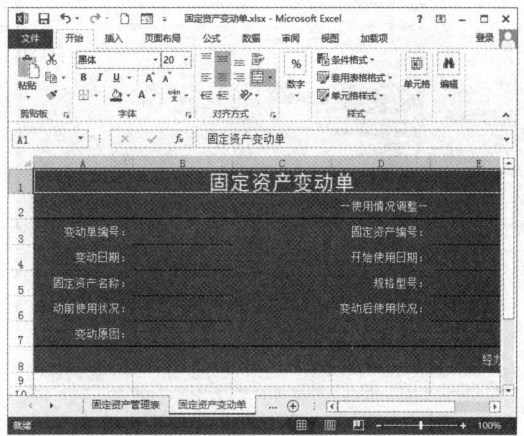

图 10-120 设置字体颜色

二、绘制并设置组合框

下面将在 Excel 的快速访问工具栏中添加"组合框"按钮,并绘制和添加数据源到组合框中,使资产管理人员能够快速输入并查看固定资产的使用与调整情况,具体操作方法如下:

Step 01 在 H 列中输入固定资产使用状况的调整项目,设置需要被引用的数据源,如图 10-121 所示。

Step 02 单击快速访问工具栏中的 按钮，在弹出的下拉列表中选择"其他命令"选项，如图10-122所示。

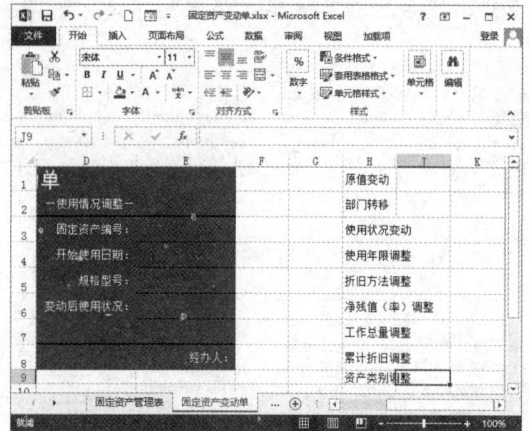

图10-121 设置数据源

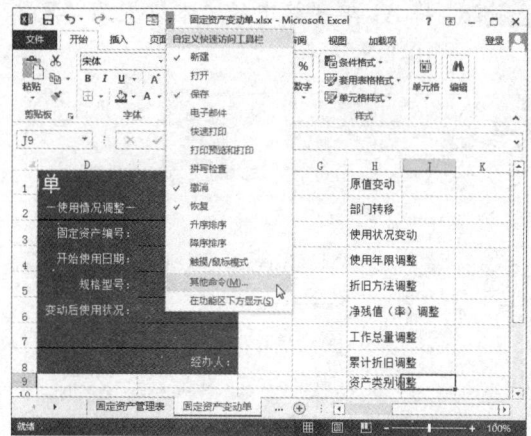

图10-122 选择"其他命令"选项

Step 03 弹出"Excel选项"对话框，在"从下列位置选择命令"下拉列表框中选择"所有命令"选项，在下方列表框中选择"组合框（窗体控件）"选项，如图10-123所示。

Step 04 单击"添加"按钮，将组合框添加到快速访问工具栏中，然后单击"确定"按钮，如图10-124所示。

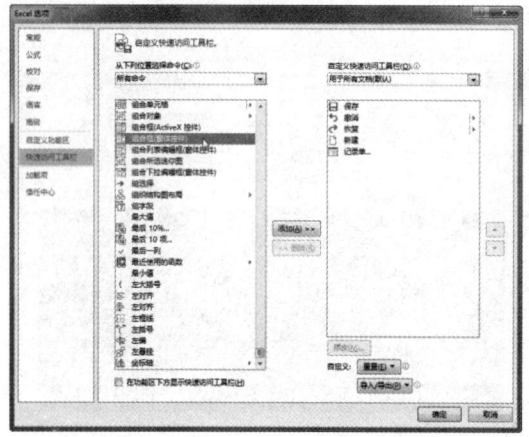

图10-123 选择"所有命令"选项

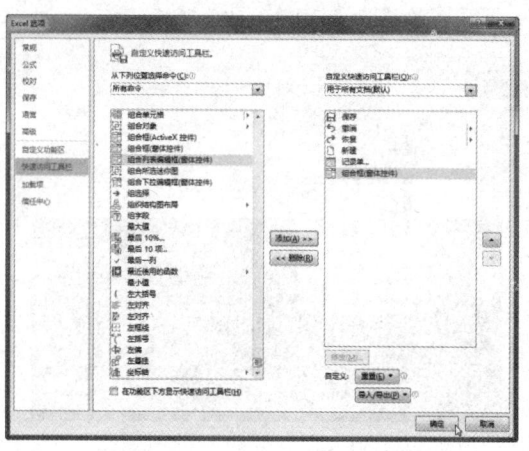

图10-124 单击"添加"按钮

Step 05 返回工作簿，此时快速访问工具栏中增加了"组合框"按钮。单击该按钮，将鼠标指针移到E2单元格内，指针变为十形状，按住鼠标左键不放拖至合适的位置后松开鼠标，将自动绘制组合框外观，如图10-125所示。

Step 06 在E2单元格内的"组合框"上右击，在弹出的快捷菜单中选择"设置控件格式"命令，如图10-126所示。

流动与固定资产管理　项目十

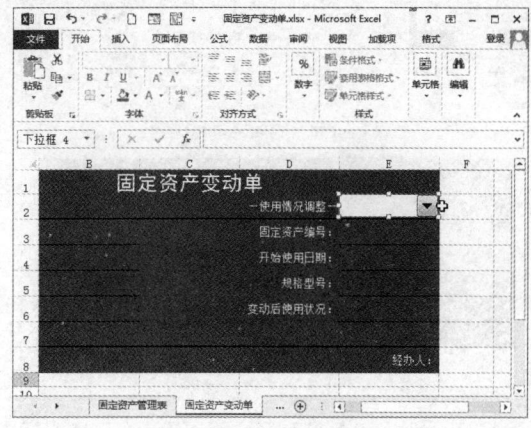

图 10-125　添加组合框

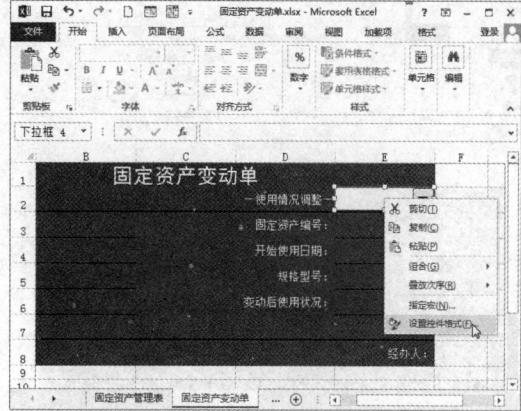

图 10-126　选择"设置控件格式"命令

Step 07 弹出"设置对象格式"对话框,选择"控制"选项卡,在"数据源区域"文本框中输入"$H$1:$H$12",在"下拉显示项数"文本框中输入12,然后单击"确定"按钮,如图10-127所示。

Step 08 返回工作表,单击"组合框"右侧的下拉按钮,在弹出的下拉列表中即可查看设置的固定资产调整情况,如图10-128所示。

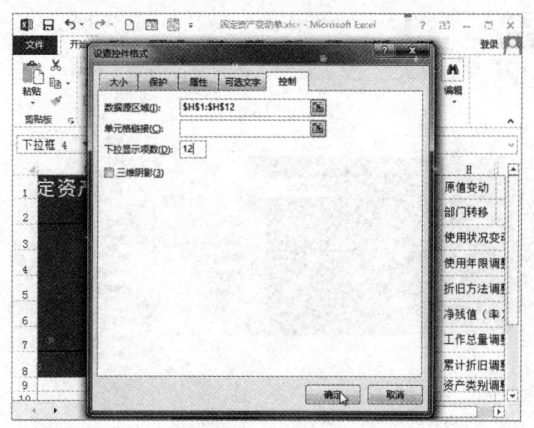

图 10-127　设置控件格式

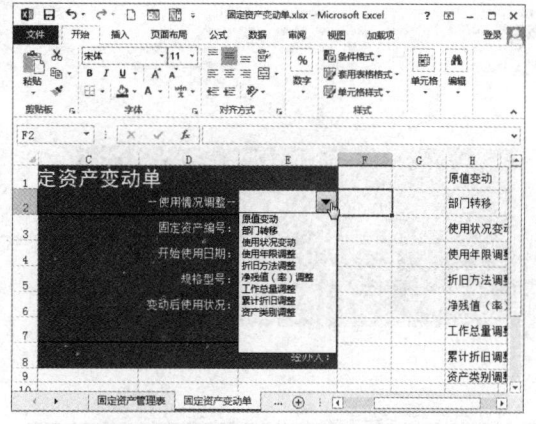

图 10-128　设置固定资产调整情况

三、引用数据

下面将在"固定资产管理表"工作表中引用的编号为 11 的固定资产的使用状况,从"其他部门调用"改为"出售",具体操作方法如下:

Step 01 单击 E2 单元格组合框右侧的下拉按钮,选择"使用状况变动"选项,在B3 单元格中输入变动单编号1,如图 10-129 所示。

Step 02 选中 E3 单元格,输入固定资产的编号11,分别在 E4、B5、E5 和 B6 单元格中输入公式"=VLOOKUP(E3,固定资产管理表!$A:$Q,2,0)"、"=VLOOKUP(E3,固定资产管理表!$A:$Q,4,0)"、"=VLOOKUP(E3,固定资产管理表!$A:$Q,5,0)"和"=VLOOKUP(E3,固定资产管理表!$A:$Q,8,0)",调用"固定资产管理表"中对应的数据,如图 10-130 所示。

211

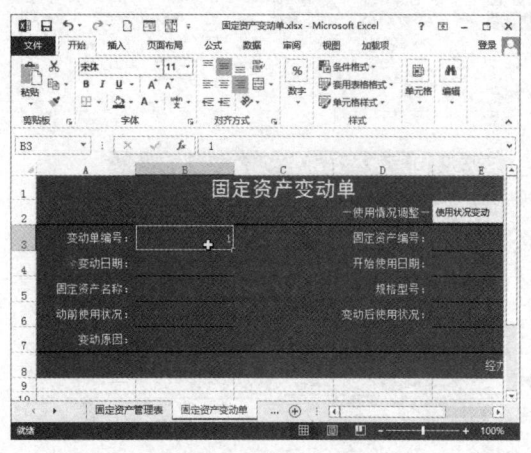

图 10-129 输入编号

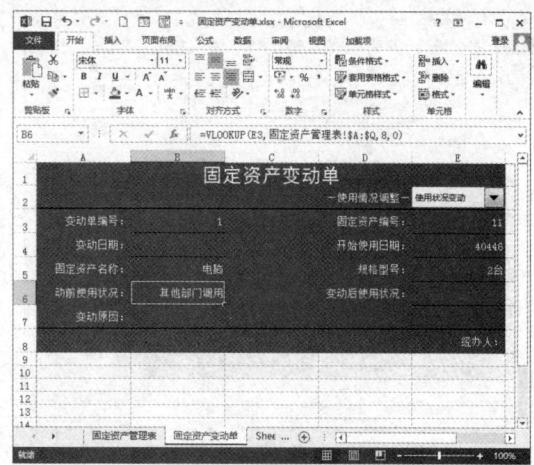

图 10-130 调用工作表数据

Step 03 在 B4、E6、B7、B8 单元格中分别输入固定资产变动的变动日期、变动后的使用情况、变动原因和经办人姓名，完成数据的填充，如图 10-131 所示。

Step 04 选择 H 列单元格区域，在"单元格"组中单击"格式"下拉按钮，选择"隐藏和取消隐藏"|"隐藏列"选项，将数据源区域进行隐藏，如图 10-132 所示。

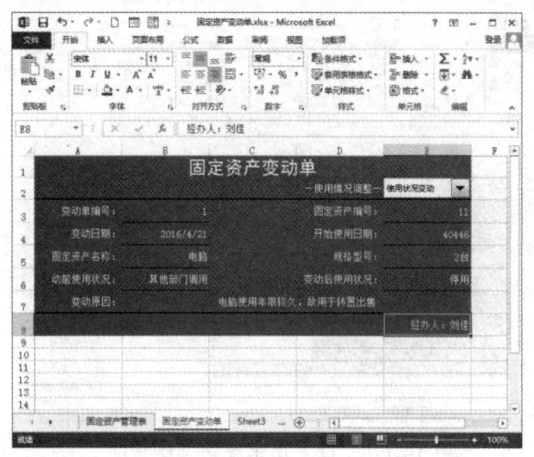

图 10-131 填充数据

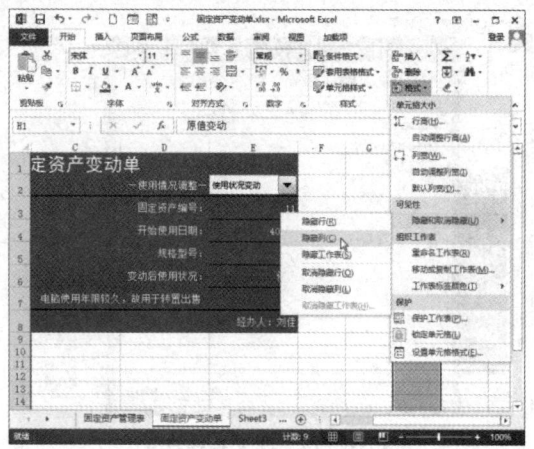

图 10-132 隐藏数据源区域

项目小结

通过本项目的学习，读者应重点掌握以下知识：

（1）流动资产是企业资产的重要组成部分，企业持有一定数量的流动资产是企业进行生产经营活动的必备条件，其数额大小在一定程度上制约着企业的财务状况。

（2）现金是货币资金的重要组成部分，在会计中又称作库存现金。现金管理主要包括对日常现金的支付存管理、内部控制和现金的核算、清查等。

（3）企业利用闲置资金购买股票或债券作为交易性金融资金时，应按照取得该项金融资产时的公允价值入账。

（4）采用年限平均法计算每期折旧额时，需要将固定资产的应计提折旧额平均分摊到固定资产预计使用寿命内。

（5）通过使用引用数据操作，可将不同位置的工作表数据整合到同一个工作表中进行工作。

项目习题

（1）练习 VLOOKUP 函数的使用方法。

操作提示：

① VLOOKUP 是按列查找，最终返回该列所需查询列序所对应的值。

② VLOOKUP 的语法为：

VLOOKUP(lookup_value,table_array,col_index_num,range_lookup)

（2）练习 MATCH 函数的使用方法。

操作提示：

① 返回指定数值在指定数组区域中的位置，确定列表中某个值的位置或对某个输入值进行检验，确定这个值是否存在某个列表中。

② MATCH 函数的语法为：

MATCH(lookup_value, lookup_array, match_type)

项目十一　财务预算与预测管理

项目概述

　　财务预算是企业全面预算体系的组成部分，包含预算政策的制定、预算编制、日常管理及检讨改进四部分，财务预测是管理人员以未来经济状况和经济行为的假设为基础，对企业预期的经营成果、财务状况和现金流量所做的预测。本项目将详细介绍如何进行财务预算和预测管理。

项目重点

- 制作日常财务预算表。
- 制作现金预算表。
- 制作财务预测管理表。

项目目标

- 掌握制作日常财务预算表的方法。
- 掌握制作现金预算表的方法。
- 掌握制作财务预测管理表的方法。

任务一　日常财务预算

　　日常财务预算是指以销售和生产预算为基础，编制其他财务预算表格的预算方式。通过日常财务预算可为企业控制生产经营和财务支出提供重要依据，为企业的发展提供重要参考数据。

一、制作销售预算表

　　本例将在"销售预算"工作表中根据提供的预计销售量和预计单位售价的值来计算产

品每季度和全年的销售收入,并假设上期应收账款的值和在本期期末可以收到当月销售额的 70%的现金,另外 30%的现金要在下期才能收到。根据这些数据对现金收入进行预算,具体操作方法如下:

Step 01 打开"企业日常财务预算.xlsx"工作簿,在"销售预算表"中选中 B6:E6 单元格区域,在编辑栏中输入公式"=B4*B5",按【Ctrl+Enter】组合键,计算出第一季度到第四季度的销售收入,如图 11-1 所示。

Step 02 选中 F4 单元格,在编辑栏中输入公式"=SUM(B4:E4)",并按【Enter】键确认,计算出全年的销售数量,如图 11-2 所示。

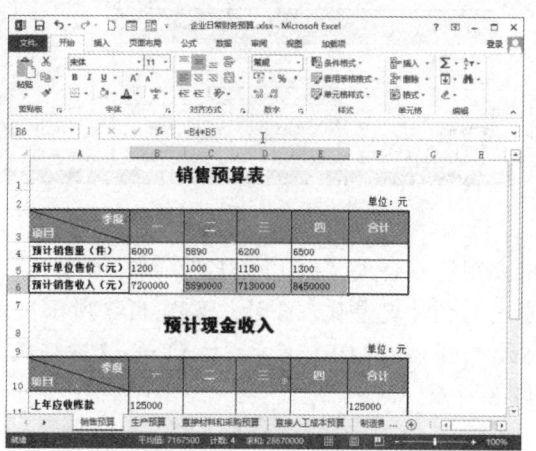

图 11-1 计算销售收入　　　　　　　　图 11-2 计算全年销售数量

Step 03 在 F5 和 F6 单元格中分别输入公式"=SUM(B5:E5)/4"和"=SUM(B6:E6)",计算出全年的销售单价和销售收入,如图 11-3 所示。

Step 04 选中 B12 单元格,在编辑栏中输入公式"=B6*0.7",并按【Enter】键确认,计算出第一季度的预计现金收入,如图 11-4 所示。

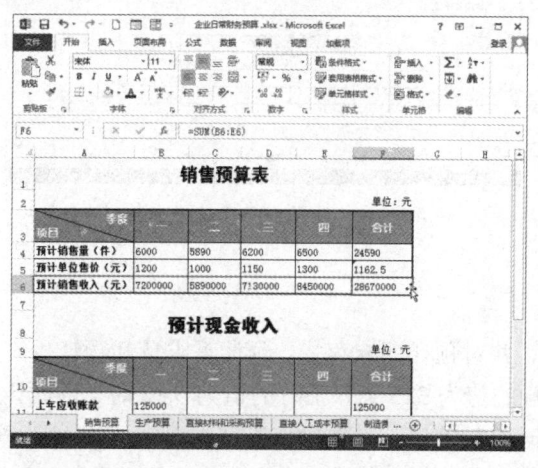 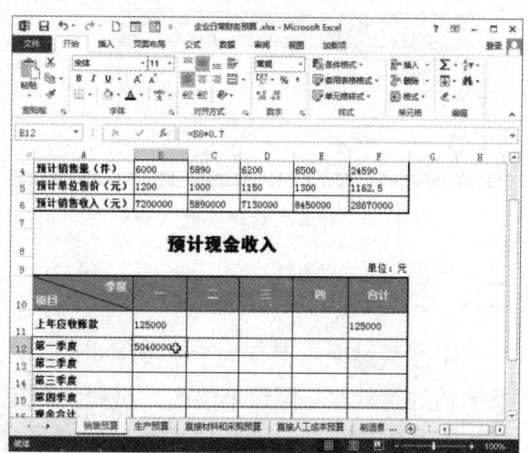

图 11-3 计算全年销售单价和收入　　　　图 11-4 计算第一季度预计现金收入

Step 05 分别在 C13、D14 和 E15 单元格中输入公式"=C6*0.7"、"=D6*0.7"和"=E6*0.7",计算每季度的预计现金收入,如图 11-5 所示。

Step 06 在 C12、D13 和 E14 单元格中分别输入公式 "=B6－B12"、"=C6－C13" 和 "=D6－D14"，计算出下一季度的预计现金收入，如图 11-6 所示。

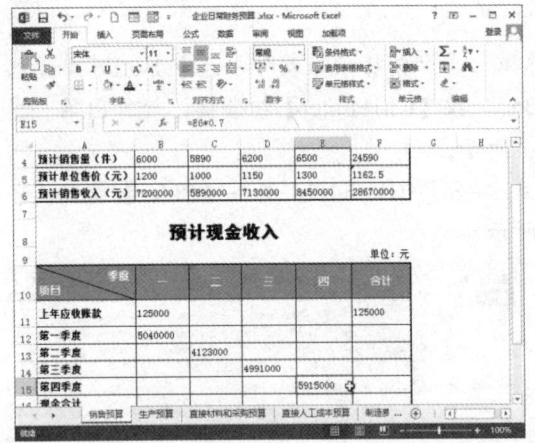

图 11-5　计算每季度预计现金收入　　　　　图 11-6　计算下一季度预计现金收入

Step 07 在 F12、F13、F14 和 F15 单元格中分别输入公式 "=B12+C12"、"=C13+D13"、"=D14+E14" 和 "=E15"，计算每季度的预计现金收入合计，如图 11-7 所示。

Step 08 选中 F16 单元格，在编辑栏中输入公式 "=SUM(F11:F15)"，并按【Enter】键确认，计算出全年的预计现金收入，如图 11-8 所示。

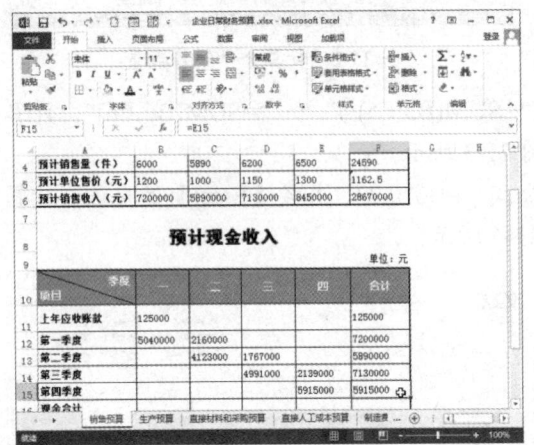 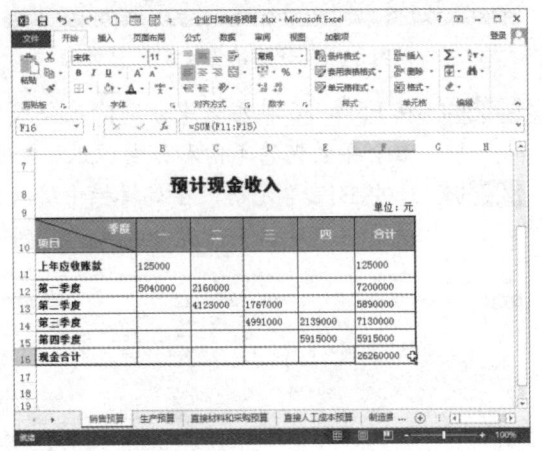

图 11-7　计算预计现金收入合计　　　　　图 11-8　计算全年预计现金收入

二、制作生产预算表

下面假设期末存货为下季度销量的 10%，并对预计期末存货、预计需求量和预计生产量的值进行计算。假设单位产品材料消耗定额的值为 325 克，工时的值为 0.12 时，以此计算出产品的单位产品消耗定额和单位产品定时定额的值，具体操作方法如下：

Step 01 选择 "生产预算" 工作表，在 B4:E4 单元格区域中输入 "销售预算" 工作表中的 "预计销售量" 数据，如图 11-9 所示。

Step 02 选中 B5 单元格，在编辑栏中输入公式"=C4*10%"，并按【Enter】键确认，计算第一季度的预计需求量，如图 11-10 所示。

图 11-9 输入预计销售数据

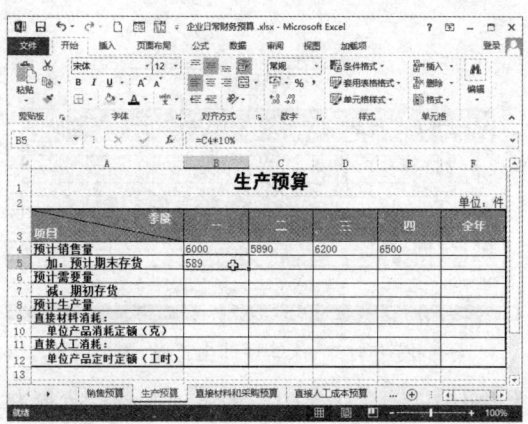
图 11-10 计算第一季度预计需求量

Step 03 采用相同的方法，在 C5 和 D5 单元格中输入公式"=D4*10%"和"=E4*10%"，计算第二季度和第三季度的预计需求量，然后在 E5 单元格中输入第四季度的值，如图 11-11 所示。

Step 04 选择 B6:E6 单元格区域，在编辑栏中输入公式"=B4+B5"，按【Ctrl+Enter】组合键，计算出产品的预计需求量，如图 11-12 所示。

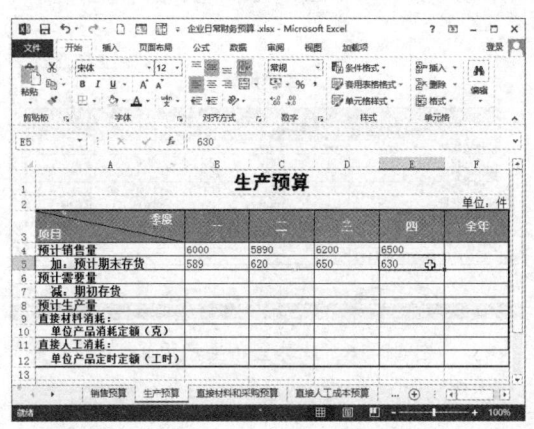
图 11-11 输入第四季度的值

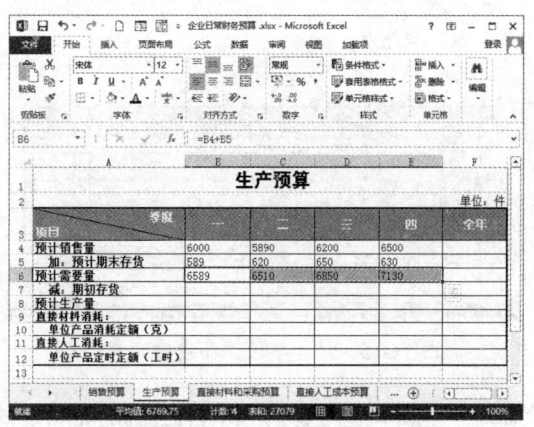
图 11-12 计算预计需求量

Step 05 在 B7:E7 单元格区域中输入产品的期初存货值，选择 B8:E8 单元格区域，在编辑栏中输入公式"=B4+B5－B7"，按【Ctrl+Enter】组合键，计算出产品的预计生产量，如图 11-13 所示。

Step 06 选择 B10:E10 单元格区域，在编辑栏中输入公式"=B8*325"，按【Ctrl+Enter】组合键，计算出单位产品消耗定额，如图 11-14 所示。

专家指导
Expert guidance

生产预算是在销售预算的基础上进行编制的，主要计算销售量、期末存货量、期初存货量、生产量产品消耗定额和产品定时定额等。

图 11-13 计算预计生产量　　　　　图 11-14 计算单位产品消耗定额

Step 07 选择 B12:E12 单元格区域，在编辑栏中输入公式"=B8*0.12"，按【Ctrl+Enter】组合键，计算出单位产品定时定额，如图 11-15 所示。

Step 08 分别在 F4、F5、F6、F7、F8、F10 和 F12 单元格中输入公式"=SUM(B4:E4)"、"=E5"、"=F4+F5"、"=B7"、"=F6 - F7"、"=F8*325"和"=F8*0.12"，计算出产品的全年生产预算，完成表格的制作，如图 11-16 所示。

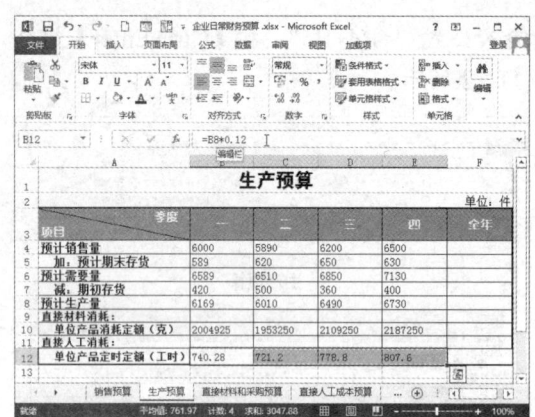 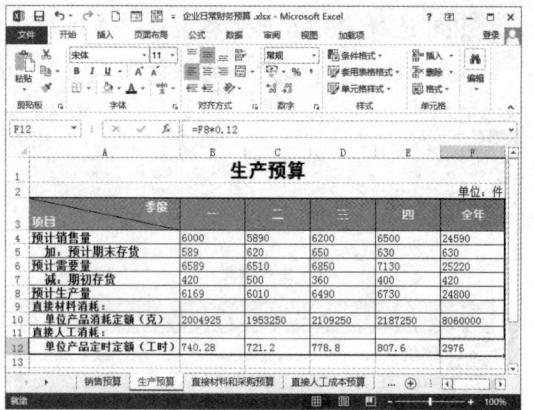

图 11-15 计算单位产品定时定额　　　　图 11-16 计算全年生产预算

三、制作直接材料和采购预算表

下面根据"生产预算"工作表中的"预计生产量"的值来填充"直接材料和采购预算"工作表中的"预计生产量"，并假设本季度需付清材料采购货款的 70%，另外的 30%在下一季度付清，根据这些数据对直接材料和采购进行预算，具体操作方法如下：

Step 01 选择"直接材料和采购预算"工作表，将"生产预算"工作表中的 B8:F8 单元格区域中的数据复制到"直接材料和采购预算"工作表中的 B3:F3 单元格区域，输入"单位产品材料用量"的值，如图 11-17 所示。

Step 02 选择 B5:E5 单元格区域，在编辑栏中输入公式"=B3*B4"，按【Ctrl+Enter】组合键，计算出产品的生产需要量，如图 11-18 所示。

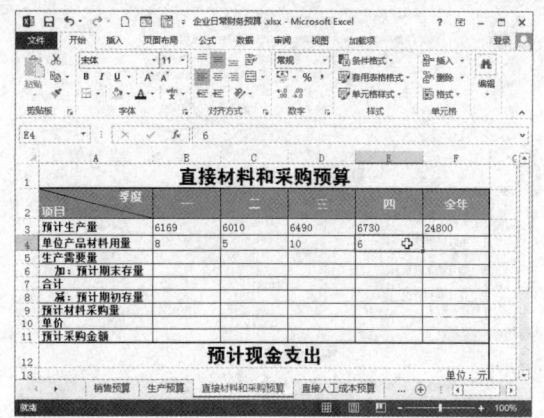

图 11-17 输入数据　　　　　　　　　图 11-18 计算产品生产需要量

Step 03 在 B6:E6 单元格区域中输入预计期末存量，选择 B7:E7 单元格区域，在编辑栏中输入"=B5+B6"，按【Ctrl+Enter】组合键，计算其合计值，如图 11-19 所示。

Step 04 在 B8:E8 单元格区域中输入产品的预计期初存量，选择 B9:E9 单元格区域，在编辑栏中输入公式"=B7 – B8"，按【Ctrl+Enter】组合键，计算出预计材料采购量的值，如图 11-20 所示。

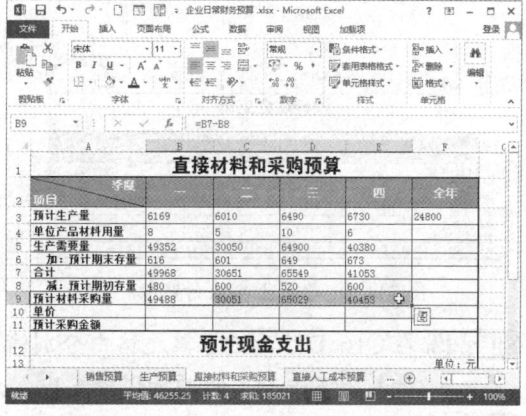

图 11-19 计算合计值　　　　　　　　图 11-20 计算预计材料采购量

Step 05 在 B10:E10 单元格区域中输入单价值，选择 B11:E11 单元格区域，在编辑栏中输入公式"=B9*B10"，按【Ctrl+Enter】组合键，计算出预计采购金额的值，如图 11-21 所示。

Step 06 在 F4、F5、F6、F7、F8、F9、F10 和 F11 单元格中分别输入公式"=SUM(B4:E4)/4"、"=F3*F4"、"=E6"、"=F5+F6"、"=B8"、"=F7 – F8"、"=SUM(B10:E10)/4"和"=F9*F10"，预算其他全年的值，如图 11-22 所示。

专家指导 由于产量和存货数量受到生产能力和仓库容量的影响，因此在编制生产预算表时要衡量两者得失，选择成本最低的方案。完成生产预算后，可在此基础上进行直接材料和采购预算，用于预算企业材料的采购数量和采购额。

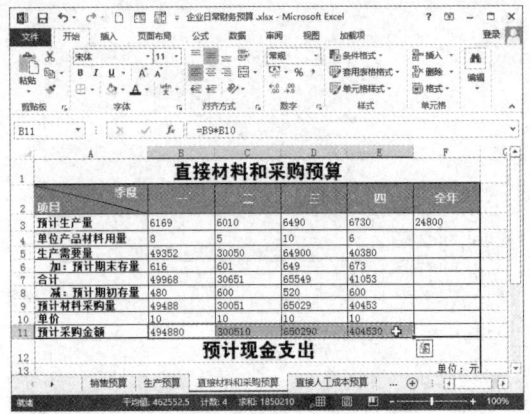

图 11-21　计算预计采购金额　　　　　　图 11-22　预算其他全年值

Step 07 在 B15 和 F15 单元格中输入上年应付账款的值，如图 11-23 所示。

Step 08 在 B16、C17、D18 和 E19 单元格中分别输入公式"=B11*0.7"、"=C11*0.7"、"=D11*0.7"、和"=E11*0.7"，计算每个季度的预计现金支出，如图 11-24 所示。

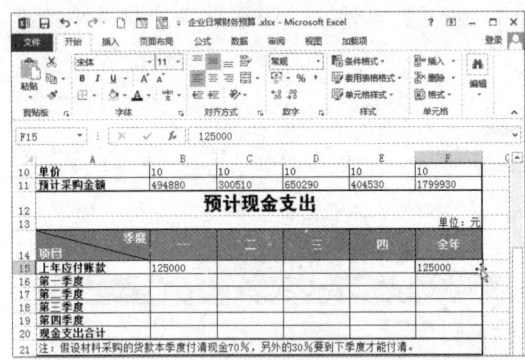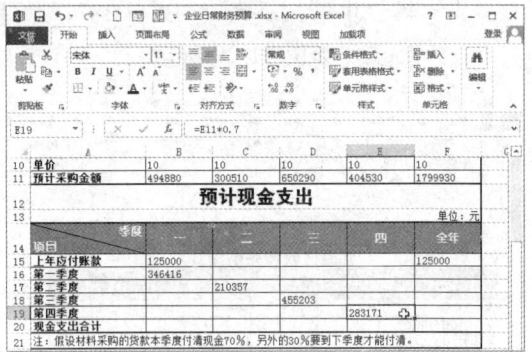

图 11-23　输入上年应付账款　　　　　　图 11-24　计算每季度预计现金支出

Step 09 在 C16、D17 和 E18 单元格中分别输入公式"=B11*0.3"、"=C11*0.3"和"=D11*0.3"，计算出下一季度的预计现金支出，如图 11-25 所示。

Step 10 在 F18、F19、F20 单元格中分别输入公式"=D18+E18"、"=E19"和"=SUM(F15:F19)"，计算全年的预计现金支出，如图 11-26 所示。

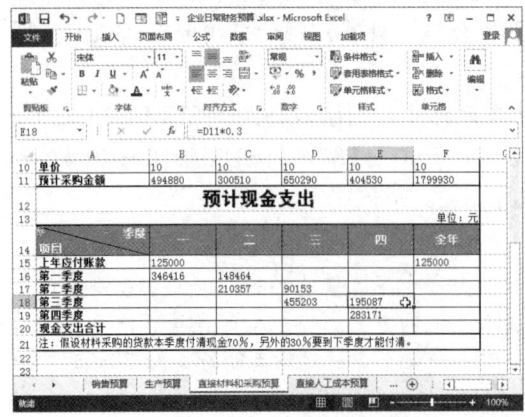

图 11-25　计算下季度预计现金支出　　　　图 11-26　计算全年预计现金支出

四、制作直接人工成本预算表

下面先在"直接人工成本预算"表中引用"预计生产量"的值,再根据单位产品工时和每小时的人工成本来计算人工总工时和人工总成本的值,具体操作方法如下:

Step 01 选择"直接人工成本预算"工作表,选择 B3:F3 单元格区域,在编辑栏中输入公式"=生产预算!B8",按【Ctrl+Enter】组合键,引用预算生产量的值,如图 11-27 所示。

Step 02 在 B4:F4 单元格区域中输入单位产品工时的值,选择 B5:E5 单元格区域,在编辑栏中输入公式"=B3*B4",按【Ctrl+Enter】组合键,计算人工总工时,如图 11-28 所示。

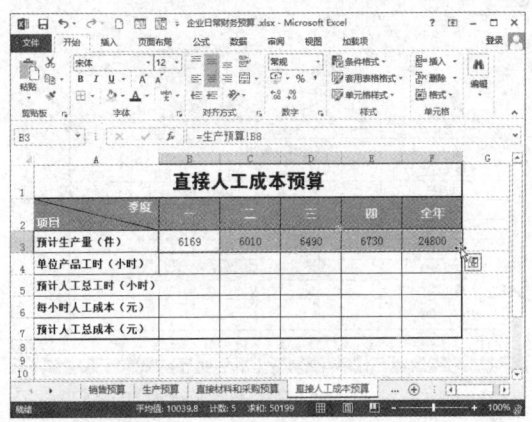

图 11-27 引用预算成产量

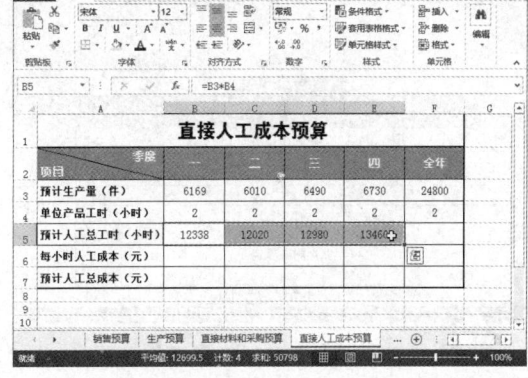

图 11-28 计算人工总工时

Step 03 在 B6:F6 单元格区域中输入每小时人工成本的值,选择 B7:E7 单元格区域,在编辑栏中输入公式"=B5*B6",按【Ctrl+Enter】组合键,计算人工总成本的值,如图 11-29 所示。

Step 04 在 F5 和 F7 单元格中分别输入公式"=F3*F4"和"=F5*F6",计算全年的总工时和总成本,如图 11-30 所示。

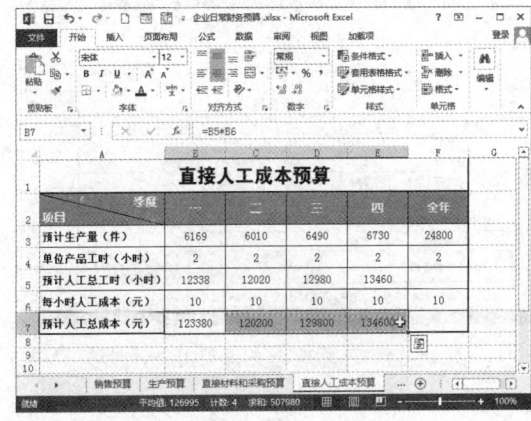

图 11-29 计算人工总成本

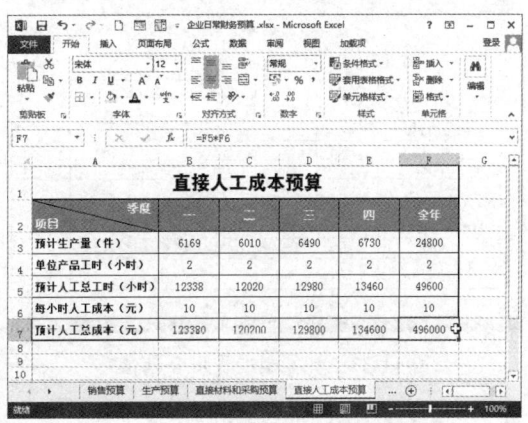

图 11-30 计算全年总工时和总成本

五、制作制造费用预算表

下面在"制造费用预算"工作表中分别预算变动制造费用和固定制造费用的合计值，并计算现金支出的费用，具体操作方法如下：

Step 01 选择"制造费用预算"工作表，选择 B7:F7 单元格区域，在编辑栏中输入公式"=B4+B5+B6"，按【Ctrl+Enter】组合键，计算变动制造费用的合计值，如图 11-31 所示。

Step 02 选择 B14:F14 单元格区域，在编辑栏中输入公式"=SUM(B9:B13)"，按【Ctrl+Enter】组合键，计算固定制造费用的合计值，如图 11-32 所示。

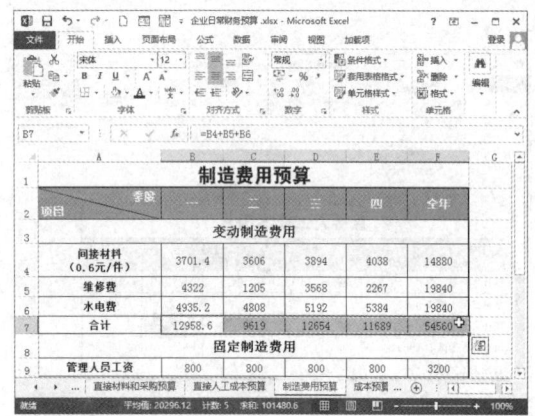

图 11-31　计算变动制造费用合计值

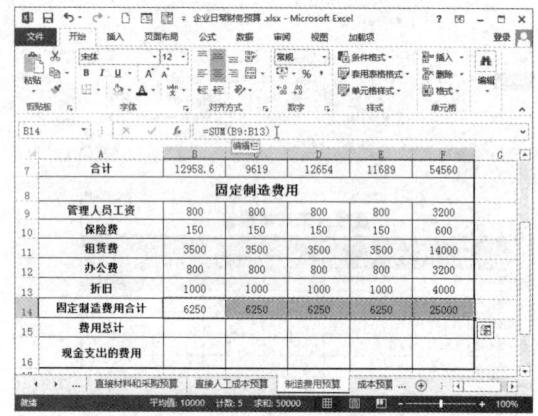

图 11-32　计算固定制造费用合计值

Step 03 选择 B15:F15 单元格区域，在编辑栏中输入公式"=B7+B14"，按【Ctrl+Enter】组合键，计算制造费用的合计值，如图 11-33 所示。

Step 04 选择 B16:F16 单元格区域，在编辑栏中输入公式"=B15－B13"，按【Ctrl+Enter】组合键，计算现金支出费用的合计值，如图 11-34 所示。

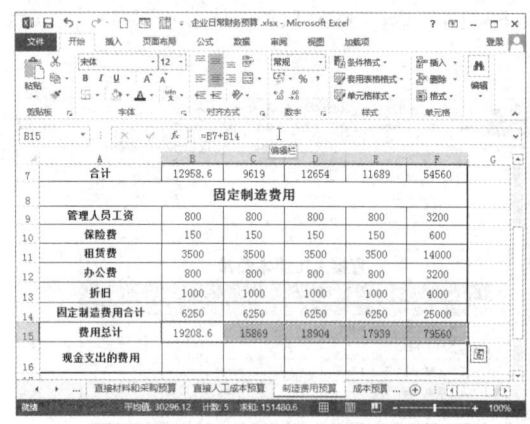

图 11-33　计算制造费用合计值

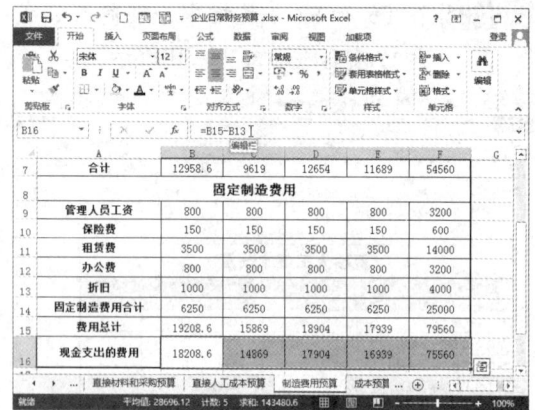

图 11-34　计算现金支出费用合计值

六、制作成本预算表

下面在"成本预算"工作表中引用"生产预算"、"销售预算"、"直接材料和采购预算"

和"制造费用预算"工作表中的数据来进行成本预算，然后根据各个项目的值来计算其合计值，具体操作方法如下：

Step 01 选择"成本预算"工作表，在 G2 单元格中输入公式"=生产预算!$F$8"，并按【Enter】键确认，计算预计生产量的值，如图 11-35 所示。

Step 02 选择 D4:D7 单元格区域，在编辑栏中输入公式"=B4*C4"，按【Ctrl+Enter】组合键，计算单位成本的值，如图 11-36 所示。

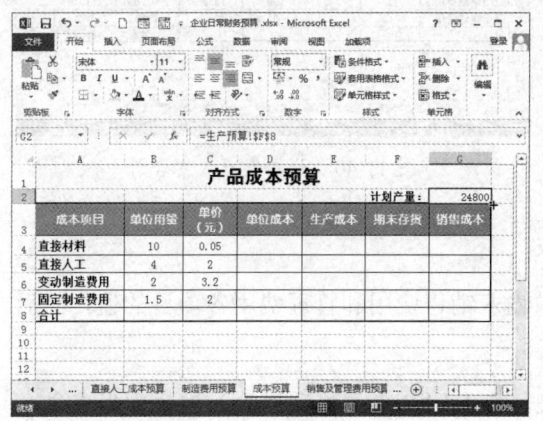

图 11-35 计算计划产量

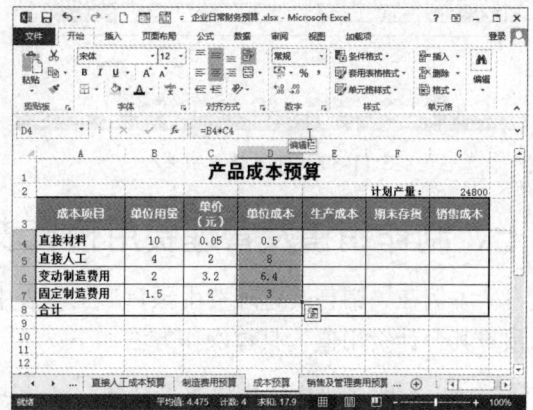

图 11-36 计算单位成本

Step 03 选择 E4:E7 单元格区域，在编辑栏中输入公式"=生产预算!$F$8*C4"，按【Ctrl+Enter】组合键，计算生产成本的值，如图 11-37 所示。

Step 04 选择 F4:F7 单元格区域，在编辑栏中输入公式"=生产预算!$F$5*D4"，按【Ctrl+Enter】组合键，计算期末存货的值，如图 11-38 所示。

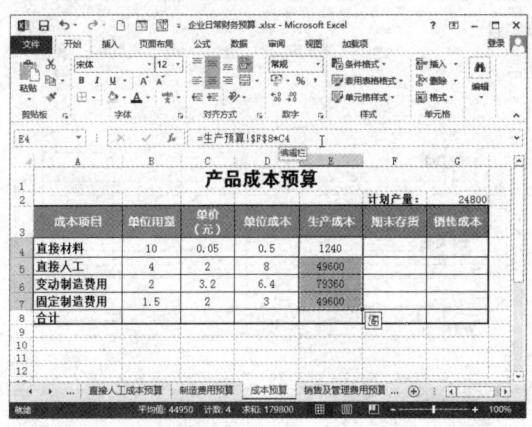

图 11-37 计算生产成本

图 11-38 计算期末存货

Step 05 选择 G4:G7 单元格区域，在编辑栏中输入公式"=生产预算!$F$4*D4"，按【Ctrl+Enter】组合键，计算销售成本的值，如图 11-39 所示。

Step 06 选中 E8 单元格，在编辑栏中输入公式"=SUM(E4:E7)"，并按【Enter】键确认，计算生产成本的合计值，使用拖动填充柄的方法复制公式到 F8:G8 单元格，即可完成其他项目的合计值计算，如图 11-40 所示。

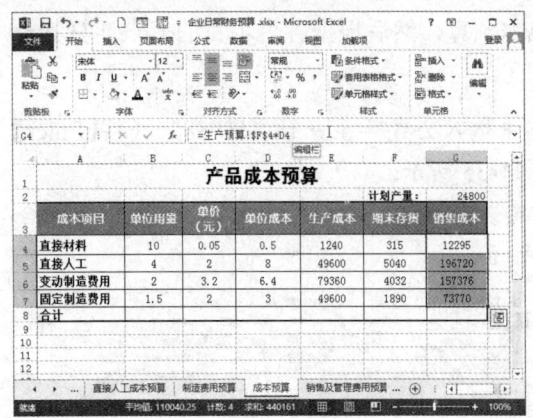

图 11-39　计算销售成本　　　　　　图 11-40　计算生产成本合计

七、制作销售及管理费用预算表

本例在"销售及管理费用预算"工作表中输入销售费用和管理费用各项目的值，然后预算其合计费用值，具体操作方法如下：

Step 01 选择"销售及管理费用预算"工作表，在 B5:E9 单元格区域输入销售费用在每个季度的值，选择 F5:F9 单元格区域，在编辑栏中输入公式"=SUM(B5:E5)"，按【Ctrl+Enter】组合键，计算销售费用各项目在全年的值，如图 11-41 所示。

Step 02 在 B11:E14 单元格区域中输入销售费用每个季度的值，选择 F11:F14 单元格区域，在编辑栏中输入公式"=SUM(B11:E11)"，按【Ctrl+Enter】组合键，计算管理费用在全年的值，如图 11-42 所示。

 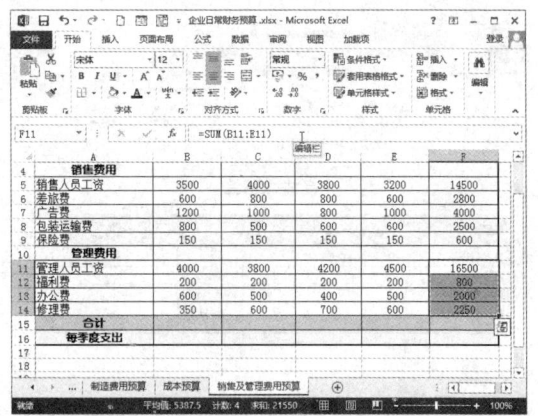

图 11-41　计算销售费用全年值　　　　　　图 11-42　计算管理费用全年值

Step 03 选择 B15:F15 单元格区域，在编辑栏中输入公式"=SUM(B5:B9)+SUM(B11:B14)"，按【Ctrl+Enter】组合键，计算出销售及管理费用每季度与全年的合计值，如图 11-43 所示。

Step 04 选择 B16:F16 单元格区域，在编辑栏中输入公式"=B15/4"，计算出每季度与全年平均支出的现金，按【Ctrl+Enter】组合键，如图 11-44 所示。

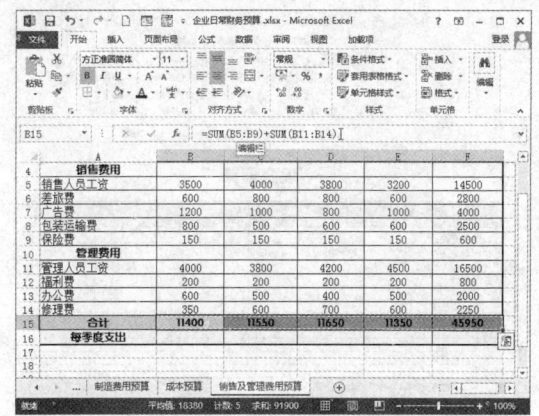
图 11-43　计算合计值

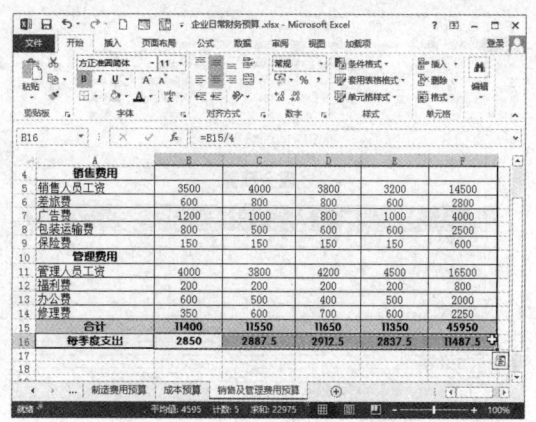
图 11-44　计算平均支出现金

任务二　现金预算

现金预算主要用于预算企业库存现金的多少，反映企业各预算期的收入和支出款项，供企业管理者查看资金现状，当资金不足或多余时进行及时处理，使现金得到合理管理，避免出现资金不足或者多余的情况，从而最大程度地发挥库存现金的作用。

一、引用日常预算表

下面先在"现金预算"工作簿中输入期初现金余额的值，然后分别在"销售预算"、"直接材料和采购预算"、"直接人工成本预算"、"制造费用预算"和"销售及管理费用预算"工作簿中引用"销货现金收入"、"直接材料"、"直接人工"、"制造费用"和"管理及销售费用"的值，具体操作方法如下：

Step 01 打开"现金预算.xlsx"工作簿，在 B5:F5 单元格区域输入期初现金余额的值。选中 B6 单元格，在编辑栏中输入公式"=销售预算!B11+销售预算!B12"，从"销售预算"工作簿中引用第一季度的销货现金收入，如图 11-45 所示。

Step 02 采用相同的方法，分别在 C6、D6、E6 和 F6 单元格中输入公式"=销售预算!C12+销售预算!C13"、"=销售预算!D13+销售预算!D14"、"=销售预算!E14+销售预算!E15"和"=销售预算!F16"，计算其他季度的销货现金收入，如图 11-46 所示。

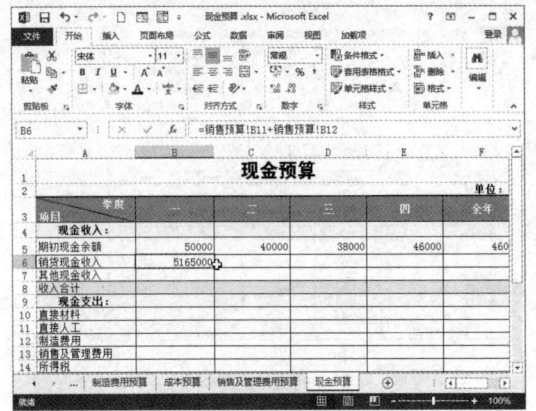

图 11-45 引用销货现金收入　　　　　图 11-46 计算其他季度销货现金收入

Step 03 选中 B10 单元格，在编辑栏中输入公式"=直接材料和采购预算!B15+直接材料和采购预算!B16"，并按【Enter】键确认，从"直接材料和采购预算"工作簿中引用第一季度直接材料的值，如图 11-47 所示。

Step 04 采用相同的方法，分别在 C10、D10、E10 和 F10 单元格中输入公式"=直接材料和采购预算!C16+直接材料和采购预算!C17"、"=直接材料和采购预算!D17+直接材料和采购预算!D18"、"=直接材料和采购预算!E18+直接材料和采购预算!E19"和"=直接材料和采购预算!F20"，引用其他季度直接材料的值，如图 11-48 所示。

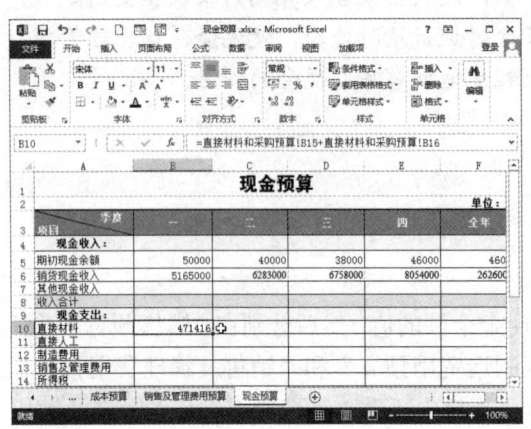 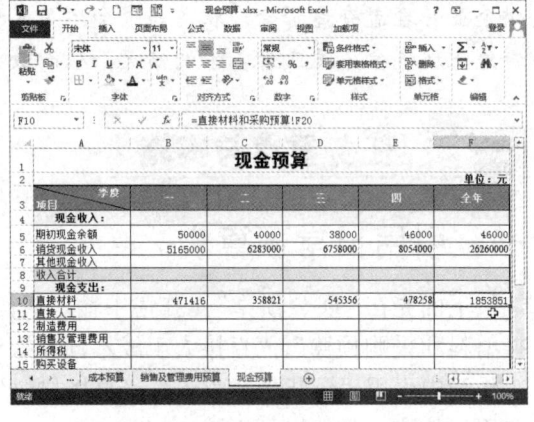

图 11-47 引用第一季度直接材料值　　　　　图 11-48 引用其他季度直接材料值

Step 05 选择 B11:F11 单元格区域，在编辑栏中输入公式"=直接人工成本预算!B7"。按【Ctrl+Enter】组合键，从"直接人工成本预算"工作表中引用每个预算期间直接人工成本值，如图 11-49 所示。

Step 06 选择 B12:F12 单元格区域，在编辑栏中输入公式"=制造费用预算!B16"。按【Ctrl+Enter】组合键，从"制造费用预算"工作表中引用每个预算期间制造费用的值，如图 11-50 所示。

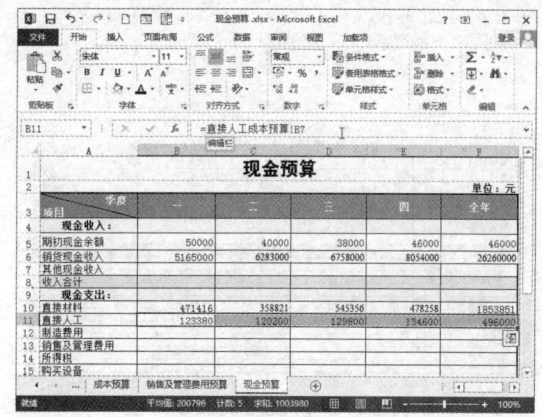

图 11-49　引用直接人工成本值

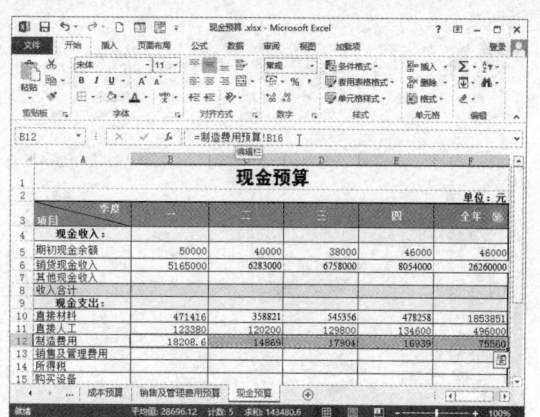

图 11-50　引用制造费用值

Step 07 选择 B13:F13 单元格区域，在编辑栏中输入公式"=销售及管理费用预算!B15"。按【Ctrl+Enter】组合键，从"销售及管理费用预算"工作表中引用每个预算期间销售及管理费用的值，如图 11-51 所示。

Step 08 根据企业的实际情况，在 B14:F16 单元格区域和 D22:F24 单元格区域输入具体的数值，完成数据的引用与输入操作，如图 11-52 所示。

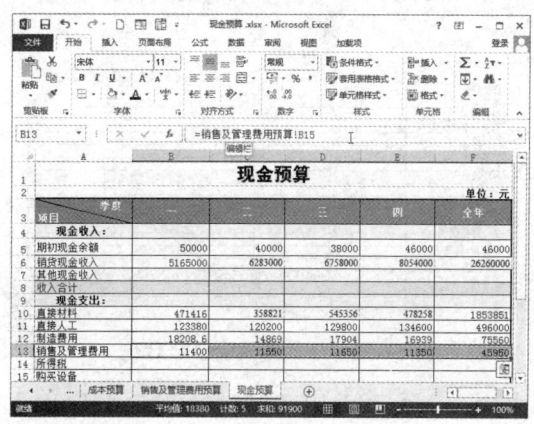

图 11-51　引用销售及管理费用值

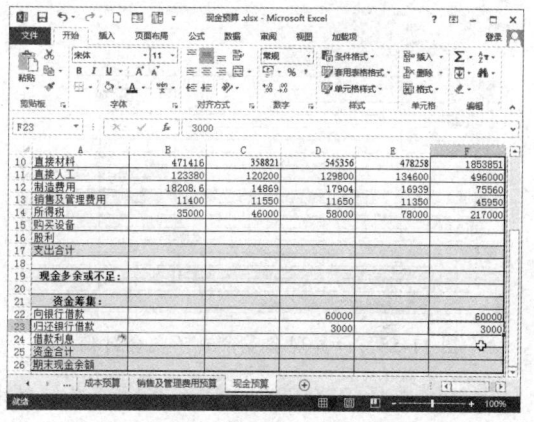

图 11-52　输入数值

二、预算现金

输入基本数据后，分别对企业各预算期间的现金收入、现金支出、现金多余或不足、资金筹集和期末现金余额等数据进行预算，具体操作方法如下：

Step 01 选择 B8:F8 单元格区域，在编辑栏中输入公式"=B5+B6"，按【Ctrl+Enter】组合键，计算现金收入的合计值，如图 11-53 所示。

Step 02 选择 B17:F17 单元格区域，在编辑栏中输入公式"=SUM(B10:B16)"，按【Ctrl+Enter】组合键，计算现金支出的合计值，如图 11-54 所示。

现金多余或不足是现金收入与现金支出的差额，若差额为正，说明收入大于支出；若差额为负，说明支出大于收入。

图 11-53 计算现金收入合计值　　　　　图 11-54 计算现金支出合计值

Step 03 选择 B19:F19 单元格区域，在编辑栏中输入公式"=B8－B17"，按【Ctrl+Enter】组合键，计算现金多余或不足在各预算期间的合计值，如图 11-55 所示。

Step 04 选择 B25:F25 单元格区域，在编辑栏中输入公式"=SUM(B22:B24)"，按【Ctrl+Enter】组合键，计算筹集资金在各项预算期间的合计值，如图 11-56 所示。

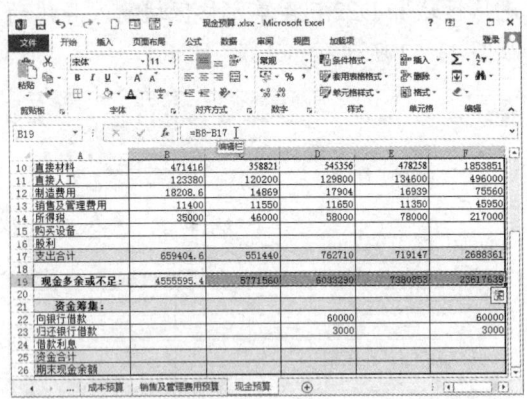 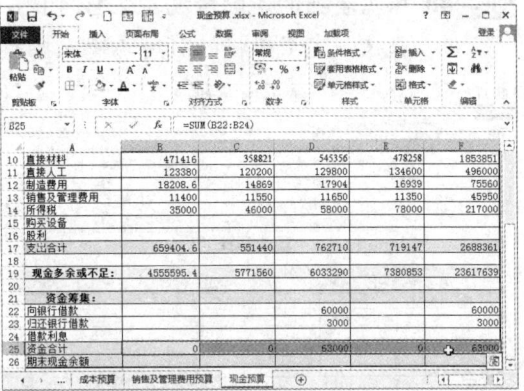

图 11-55 计算现金多余或不足合计值　　　　图 11-56 计算筹集资金合计值

Step 05 选择 B26:F26 单元格区域，在编辑栏中输入公式"=B19+B25"，按【Ctrl+Enter】组合键，计算期末现金余额在各项预算期间的合计值，如图 11-57 所示。

Step 06 返回工作表，即可查看各项目在预算期间的值，如图 11-58 所示。

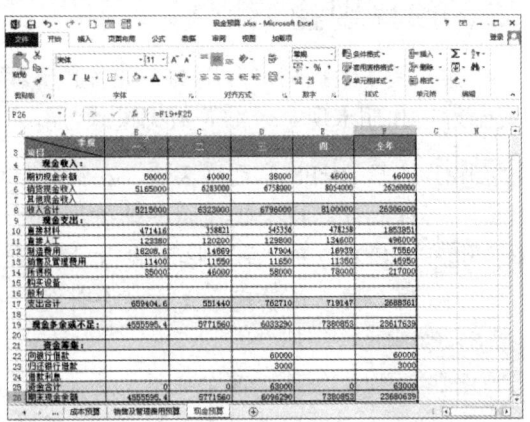

图 11-57 计算期末现金余额合计值　　　　图 11-58 查看项目值

三、利润预算

利润预算需要根据日常财务预算与现金预算中的数据对企业各项经营业务进行预算。利润预算可用于反映企业预算期内的营业收入、成本及利润情况，揭示企业预算期间的盈利情况，及时为企业管理人员提供调整经营策略的数据参考。

下面将在"利润预算"工作簿中引用日常财务预算与现金预算相对应的值，并对利润进行预算，具体操作方法如下：

Step 01 打开"利润预算.xlsx"工作簿，选中 B3 单元格，在编辑栏中输入公式"=销售预算!F6"，按【Enter】键确认，从"销售预算"工作表中引用预计销售收入的合计值，如图 11-59 所示。

Step 02 选中 B4 单元格，在编辑栏中输入公式"=成本预算!G8"，并按【Enter】键确认，从"成本预算"工作表中引用销货成本的值，如图 11-60 所示。

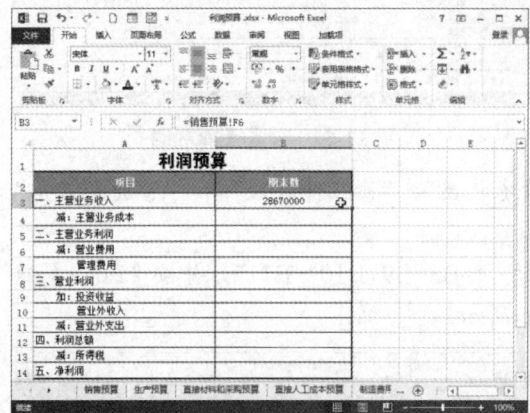

图 11-59　引用预计销售收入合计值

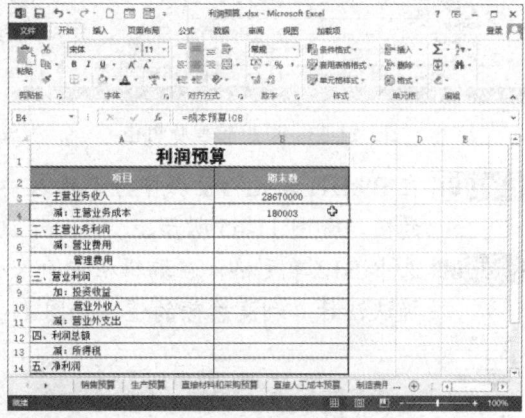

图 11-60　引用销货成本值

Step 03 选中 B5 单元格，在编辑栏中输入公式"=B3-B4"，并按【Enter】键确认，计算主营业务利润的值，如图 11-61 所示。

Step 04 选中 B6 单元格，在编辑栏中输入公式"=SUM(销售及管理费用预算!F5:F9)"，并按【Enter】键确认，从"销售及管理费用预算"工作表中引用销售费用的值，如图 11-62 所示。

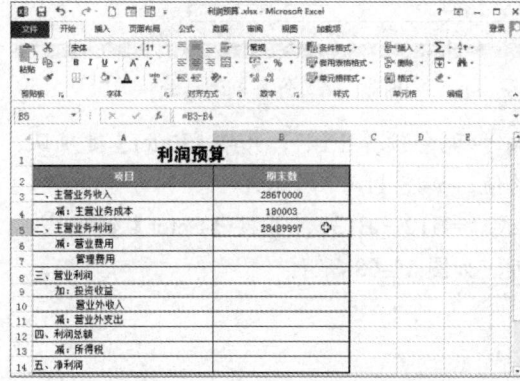

图 11-61　计算主营业务利润

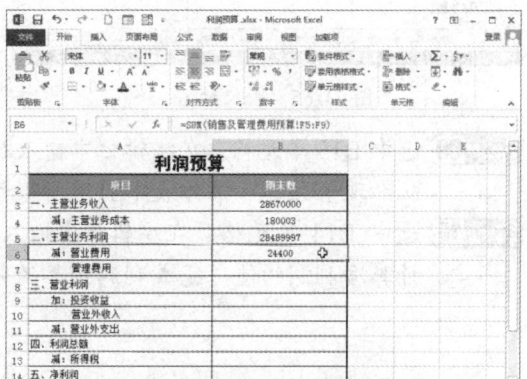

图 11-62　引用销售费用值

Step 05 选中 B7 单元格，在编辑栏中输入公式 "=SUM(销售及管理费用预算!F11:F14)"，并按【Enter】键确认，从 "销售及管理费用预算" 工作表中引用管理费用的值，如图 11-63 所示。

Step 06 选中 B8 单元格，在编辑栏中输入公式 "=B5－B6－B7"，并按【Enter】键确认，计算营业利润的值，如图 11-64 所示。

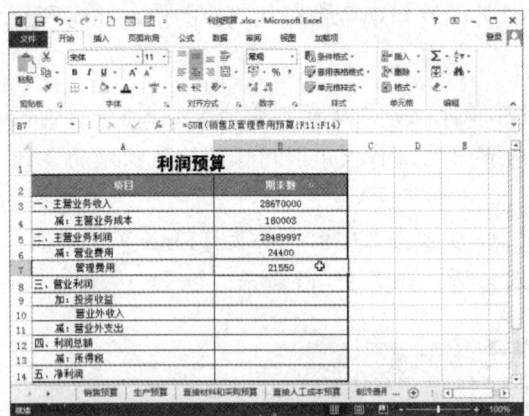
图 11-63 引用管理费用值

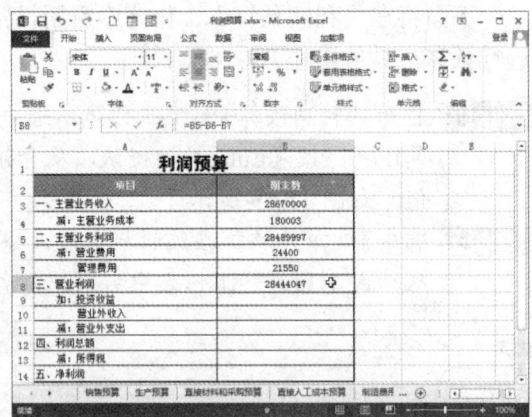
图 11-64 计算营业利润

Step 07 在 B9:B11 单元格区域中分别输入 "投资收益"、"营业外收入" 和 "营业外支出" 的值，如图 11-65 所示。

Step 08 选中 B12 单元格，在编辑栏中输入公式 "=B8+B9+B10－B11"，并按【Enter】键确认，计算利润总额的值，如图 11-66 所示。

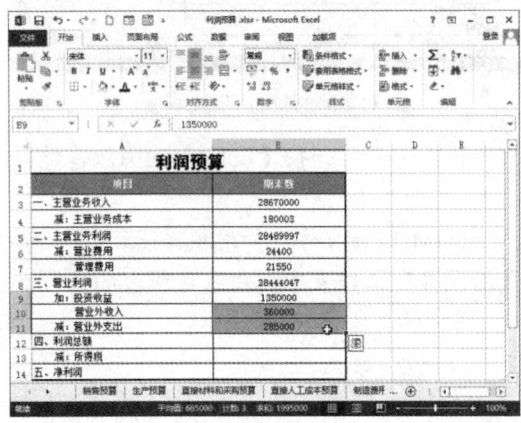
图 11-65 输入数据

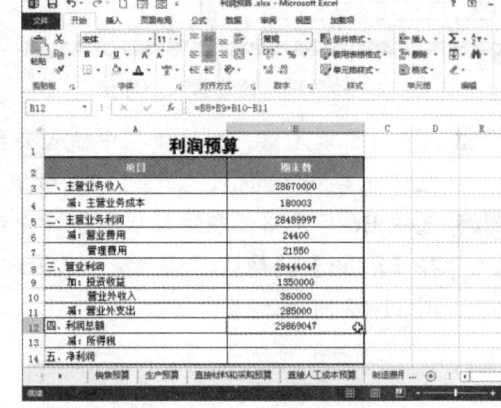
图 11-66 计算利润总额

Step 09 选中 B13 单元格，在编辑栏中输入公式 "=现金预算!F14"，并按【Enter】键确认，从 "现金预算" 工作表中引用所得税的值，如图 11-67 所示。

Step 10 选中 B14 单元格，在编辑栏中输入公式 "=B12－B13"，并按【Enter】键确认，计算净利润的值，完成利润预算的分析，如图 11-68 所示。

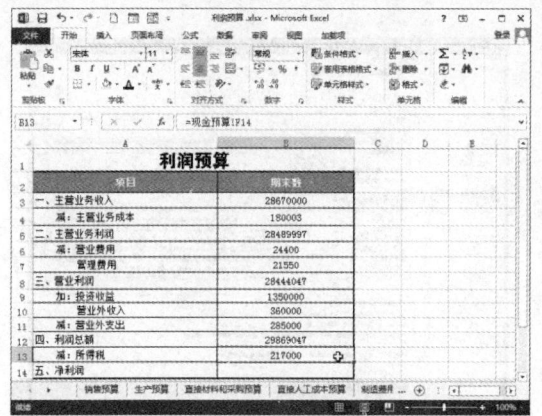
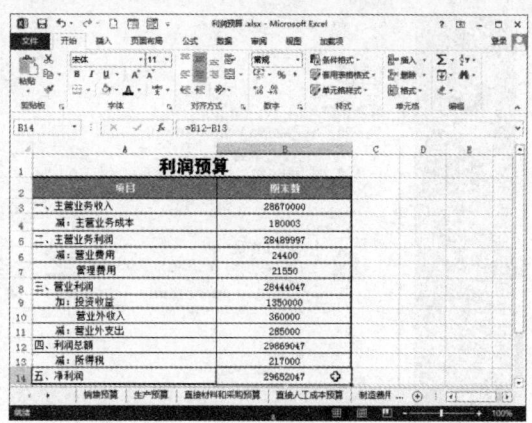

图 11-67　引用所得税　　　　　　　　　图 11-68　计算净利润

任务三　财务预测管理

测算各项生产经营方案的经济效益，为决策提供可靠的依据，预计财务收支的发展变化情况，以确定经营目标，测定各项定额和标准，为编制计划，分解计划指标服务。下面将学习财务预测管理的相关知识，包括销售预测、利润预测和成本预测等。

一、销售预测

如何进行快速、有效的产品销售预测，制定营销策略，科学合理地安排生产，避免产品的积压或不足，已经成为现代企业运营是否成功的关键。本例已知某公司 2015 年各月的销售数据，利用 Excel 分析工具库中的回归分析法对 2016 年的销售量进行预测，具体操作方法如下：

Step 01　打开"销售预测.xlsx"工作簿，单击"文件"按钮，在弹出界面的左侧选择"选项"命令，如图 11-69 所示。

Step 02　弹出"Excel 选项"对话框，在左侧选择"加载项"选项，在右侧"管理"下拉列表框中选择"Excel 加载项"，单击"转到"按钮，如图 11-70 所示。

> **专家指导**
> Expert guidance
>
> 回归分析法是常用的销售预测方法，是通过对历史数据的分析，试图找到需要预测的需求量与某些变量之间的关联程度，建立回归方程，并进行预测。

中文版 Excel 2013 在财务管理中的应用

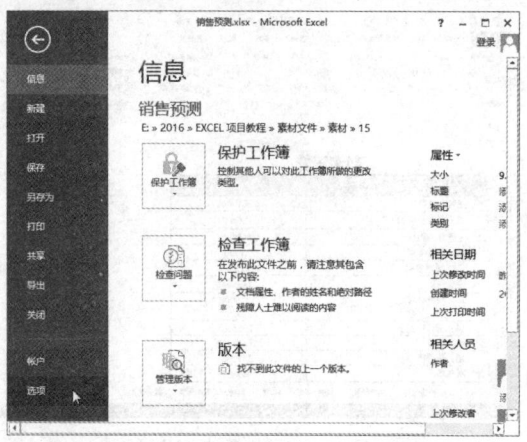

图 11-69　选择"选项"命令

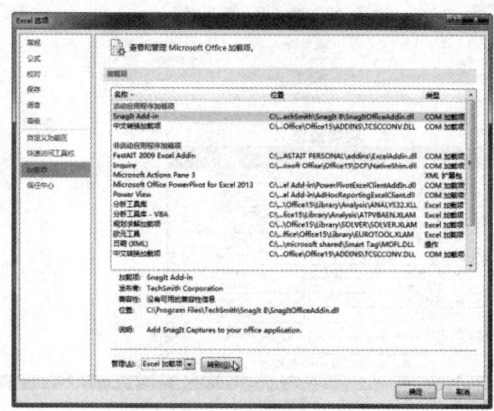

图 11-70　选择加载项

Step 03 弹出"加载宏"对话框,选中"分析工具库"复选框,然后单击"确定"按钮,如图 11-71 所示。

Step 04 返回工作表,选择"数据"选项卡,在"分析"组中单击"数据分析"按钮,如图 11-72 所示。

图 11-71　选中"分析工具库"复选框　　　　图 11-72　单击"数据分析"按钮

Step 05 弹出"数据分析"对话框,在"分析工具"列表框中选择"回归"选项,单击"确定"按钮,如图 11-73 所示。

Step 06 弹出"回归"对话框,在"输入"选项区的"Y 值输入区域"文本框中单击折叠按钮,如图 11-74 所示。

图 11-73　选择"回归"选项

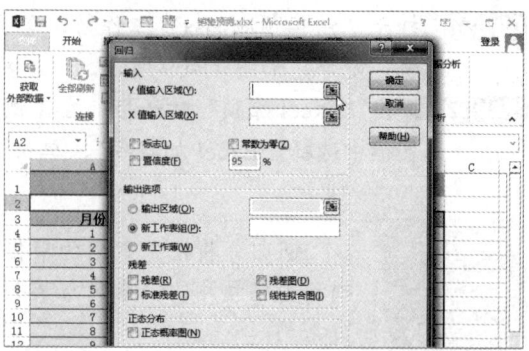

图 11-74　单击折叠按钮

232

Step 07 选择 B4:B15 单元格区域，单击折叠按钮，如图 11-75 所示。

Step 08 在"输入"选项区中的"X 值输入区域"文本框中单击折叠按钮，在"销售预测"工作表中选择 A4:A15 单元格区域，单击折叠按钮，如图 11-76 所示。

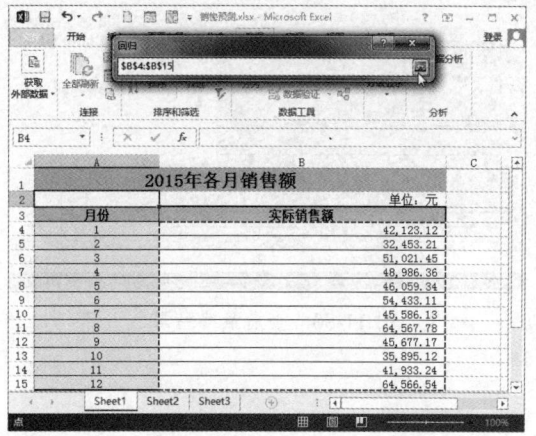 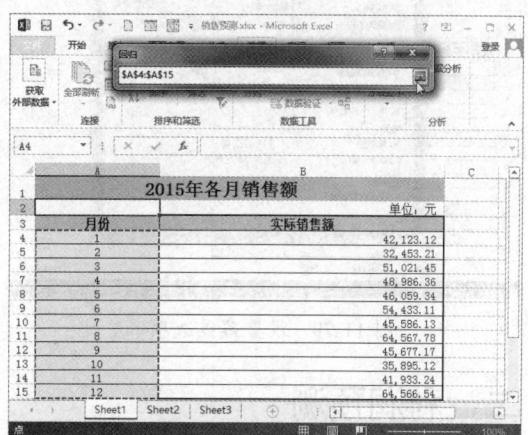

图 11-75 选择单元格区域　　　　　　　　图 11-76 单击折叠按钮

Step 09 在"回归"对话框中选中"标志"复选框，在"输出选项"选项区中选中"输出区域"单选按钮，在其后的文本框中单击折叠按钮，如图 11-77 所示。

Step 10 选中 D3 单元格，单击"回归"对话框中的折叠按钮，如图 11-78 所示。

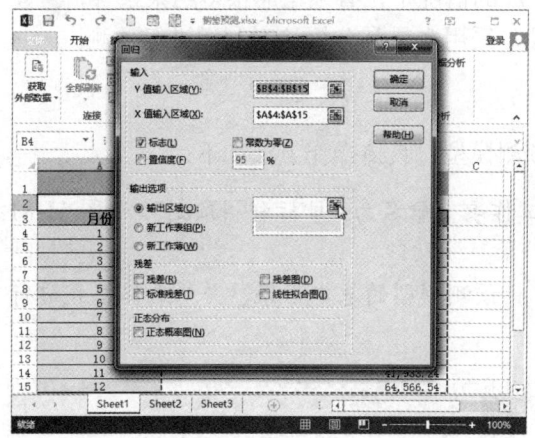 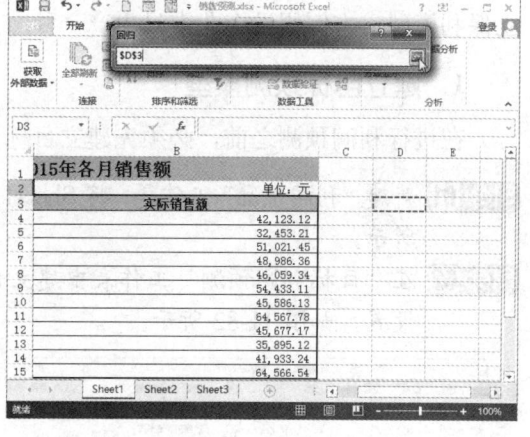

图 11-77 选中"输出区域"单选按钮　　　　图 11-78 选择单元格

Step 11 在"回归"对话框的"残差"选项区中选中"残差"和"线性拟合图"复选框，然后单击"确定"按钮，如图 11-79 所示。

Step 12 在"销售预测"工作表中将显示出计算的回归结果和趋势预测图，如图 11-80 所示。

专家指导　　影响企业销售量高低的因素有很多，如需求动向、经济变动、生产状况
Expert 和销售策略等。销售预测可以看作是一个由有关信息资料的输入、处理和预
guidance 测结果的输出所组成的信息资料转换系统。

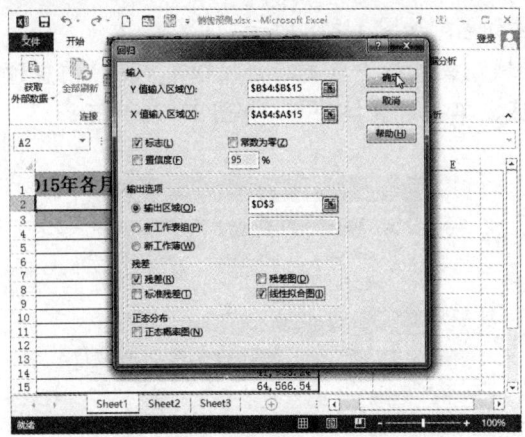

图 11-79 设置残差选项

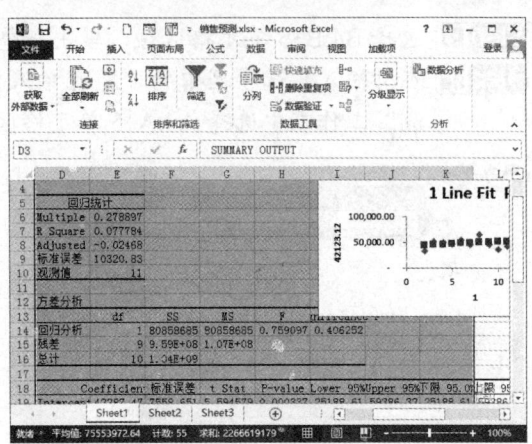

图 11-80 查看最终结果

二、利润预测

销售的目的是获得利润,利润预测的目的是希望以最小的成本实现最大的利润。企业在经营过程中不仅要进行销售预测,还要进行利润预测。本例将在"目标利润预测"工作簿中根据成本、销售量与利润之间的关系进行综合分析,做出利润预测。

利润预测是企业未来经营战略的重要环节,进行利润预测时常用的方法是本量利分析法。在进行目标利润预测时,若处于多产品生产的情况下,必须考虑很多约束条件,可建立保利模型。本例假设企业中只生产一种产品,采用本量利分析法对利润进行预测。

1. 建立目标预测模型

在进行利润预测之前,必须先建立目标预测模型,具体操作方法如下:

Step 01 新建"利润预算"工作簿,将 Sheet1 工作表重命名为"目标利润预测",如图 11-81 所示。

Step 02 在"目标利润预测"工作表中建立目标预测模型的基本框架,并对表格格式进行设置,如图 11-82 所示。

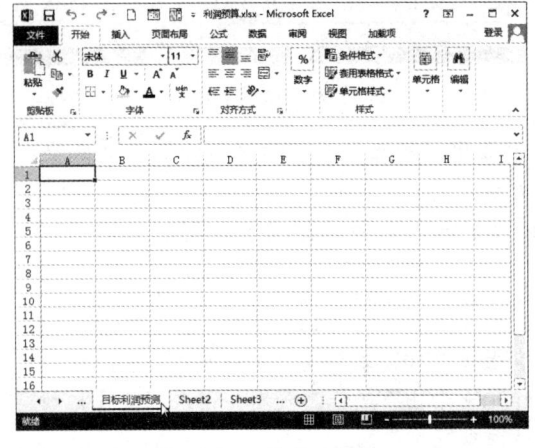

图 11-81 新建工作簿

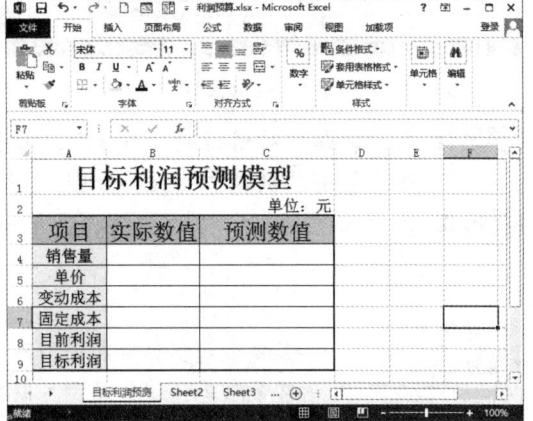

图 11-82 创建基本框架

Step 03 在 B4:B7 单元格区域中输入"销售量"、"单价"、"变动成本"、"固定成本"的实际数值模拟数据,以便进行利润预测,在 C9 单元格中输入预设的目标利润预测数值 1800000,如图 11-83 所示。

Step 04 在 B8 和 C4:C7 单元格区域中依次输入公式"=B4*B5 - B4*B6 - B7"、"=(C9+B7)/(B5 - B6)"、"=(C9+B7)/B4+B5"、"=B5 - (C9+B7)/B4"和"=B4*(B5 - B6) - C9",如图 11-84 所示。

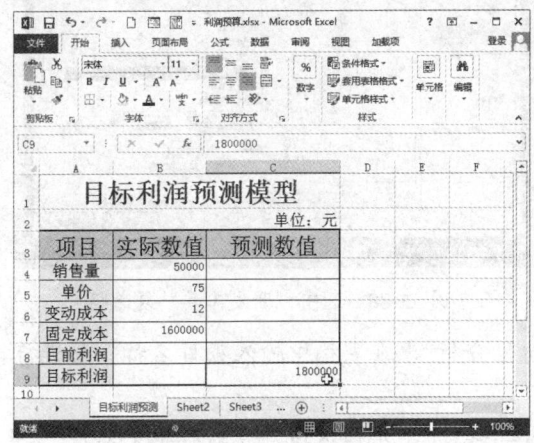

图 11-83 输入数据

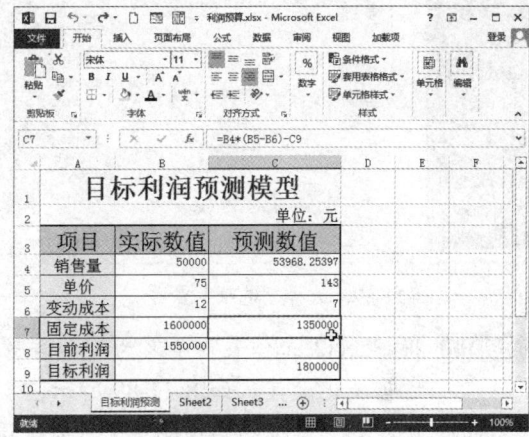

图 11-84 输入公式

Step 05 选择"公式"选项卡,单击"公式审核"下拉按钮,选择"显示公式"选项,如图 11-85 所示。

Step 06 此时即可审核单元格中的公式,效果如图 11-86 所示。

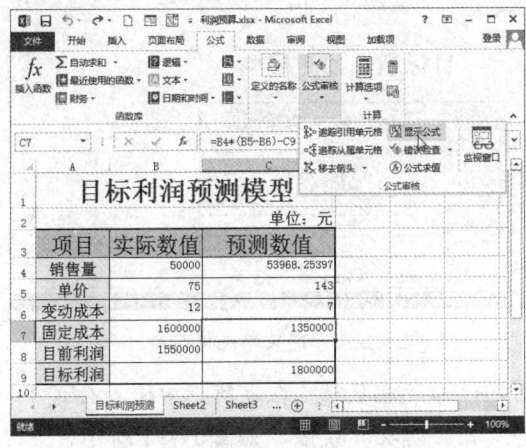

图 11-85 审核公式

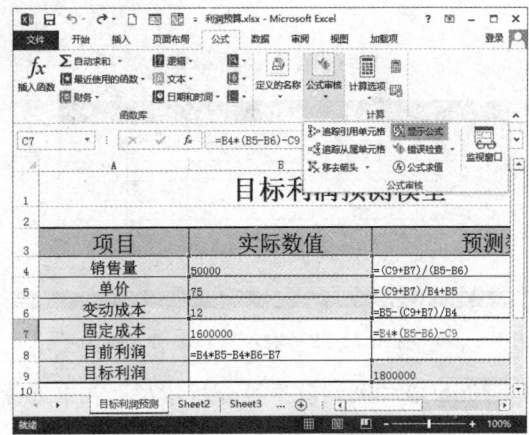

图 11-86 查看最终效果

2. 建立利润敏感性分析模型

建立目标利润预测模型后,需要在 Excel 2013 中加载开发工具,以便进行利润敏感性分析,然后建立相应的利润敏感性分析模型,具体操作方法如下:

Step 01 打开"利润预测"工作簿,单击"文件"按钮,在弹出界面的左侧选择"选项"命令,如图 11-87 所示。

Step 02 弹出"Excel 选项"对话框，选择"自定义功能区"选项，在"主选项卡"列表中选中"开发工具"复选框，然后单击"确定"按钮，如图 11-88 所示。

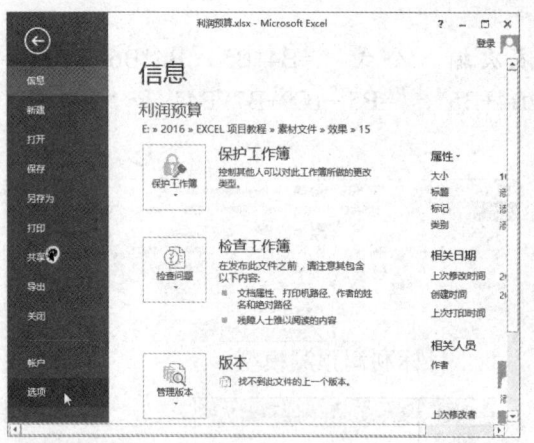

图 11-87　选择"选项"命令

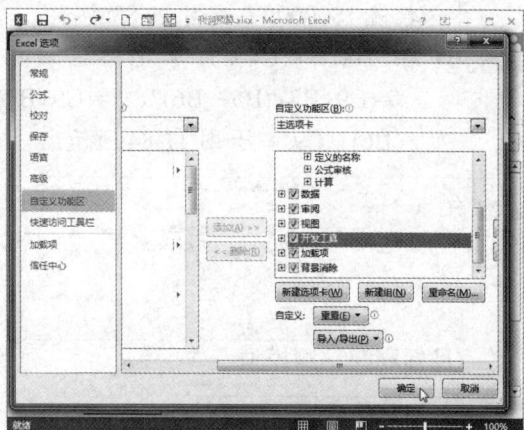

图 11-88　选中"开发工具"复选框

Step 03 将 Sheet2 工作表重命名为"利润敏感性分析"，在表格中输入项目名称，并进行适当美化设置，如图 11-89 所示。

Step 04 切换到"目标利润预测"工作表，选择 B4:B7 单元格区域，在名称框中输入"实际数值"，并按【Enter】键确认，定义单元格名称，如图 11-90 所示。

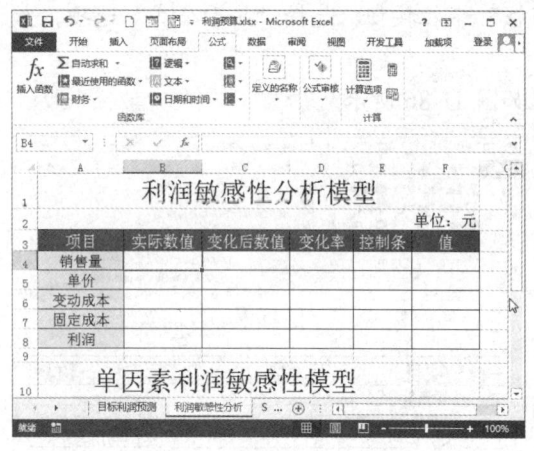

图 11-89　输入项目名称

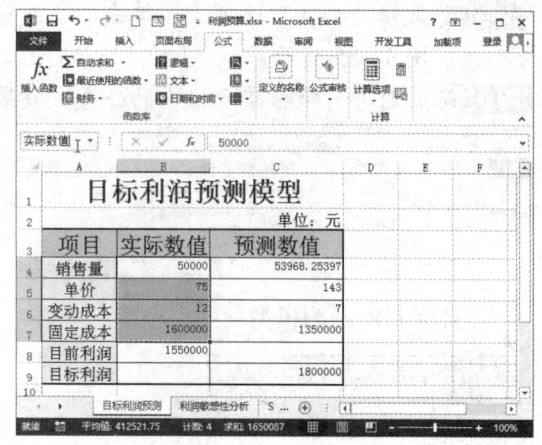

图 11-90　定义单元格名称

Step 05 在"利润敏感性分析模型"表中选择 B4:B7 单元格区域，在编辑栏中输入公式"=实际值"，按【Ctrl+Enter】组合键，得到相应的实际数值，如图 11-91 所示。

Step 06 在 C4 单元格中输入公式"=B4*D4/100+B4"，计算变化后的销售量数值，如图 11-92 所示。

> **专家指导**
> Expert guidance
>
> 　　本量利分析法是根据产品销售数量、成本与利润之间的依存关系，利用预计的销售量、销售价格和成本费用作为依据，测算计划期目标利润数额的方法。

图 11-91　计算实际数值

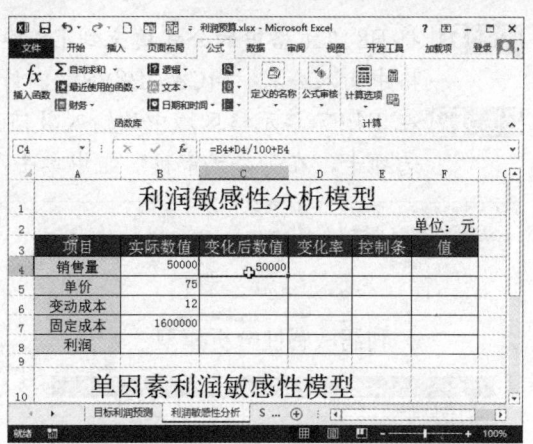
图 11-92　计算销售量数值

Step 07 将鼠标指针移到 C4 单元格左下角，当指针变成 ✚ 形状时按住鼠标左键向下拖至 C7 单元格后松开鼠标，如图 11-93 所示。

Step 08 在 D4 单元格中输入公式 "=F4 − 50"，计算销售量的变化率，如图 11-94 所示。

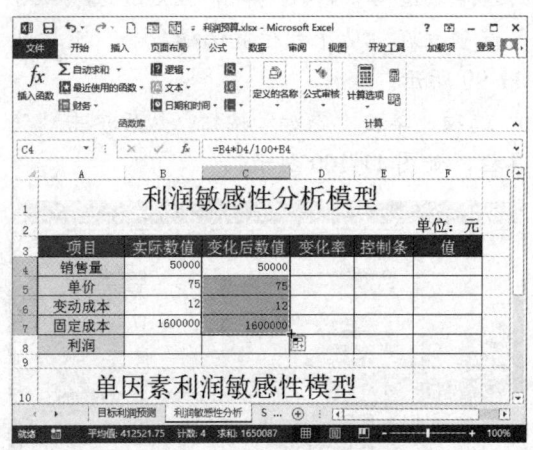
图 11-93　复制公式

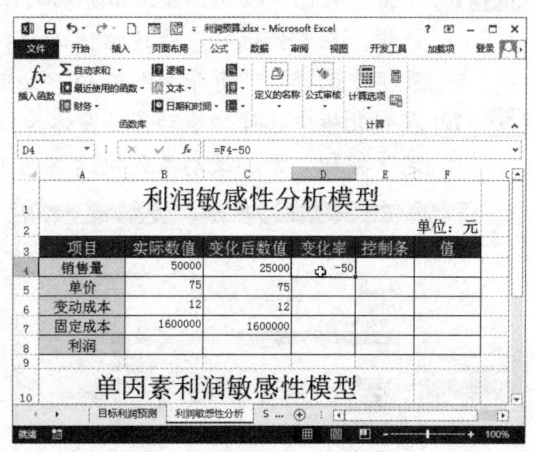
图 11-94　计算销售量变化率

Step 09 将 D4 单元格中的公式填充到 D5:D7 单元格区域中，如图 11-95 所示。

Step 10 选中 B8 单元格，在编辑栏中输入公式 "=B4*B5 − B6*B4 − B7"，计算实际销售利润，如图 11-96 所示。

图 11-95　复制公式

图 11-96　计算实际销售利润

Step 11 将 B8 单元格中的公式填充到 D8 单元格中，得到变化后的销售利润；在 D8 单元格中输入公式"=(C8 - B8)/B8"，计算利润的变化率，如图 11-97 所示。

Step 12 在 F4:F7 单元格区域中均输入数值 0，作为变化率一端的临界点。选择"公式"选项卡，在"公式审核"组中单击"显示公式"按钮，如图 11-98 所示。

图 11-97　计算利润变化率

图 11-98　单击"显示公式"按钮

Step 13 单击"文件"按钮，在弹出界面的左侧选择"选项"命令，弹出"Excel 选项"对话框。在左侧选择"快速访问工具栏"选项，在"从下列位置选择命令"下拉列表框中选择"所有命令"选项，如图 11-99 所示。

Step 14 在列表框中选择"滚动条（窗体控件）"选项，单击"添加"按钮，然后单击"确定"按钮，添加滚动条到快速访问工具栏，如图 11-100 所示。

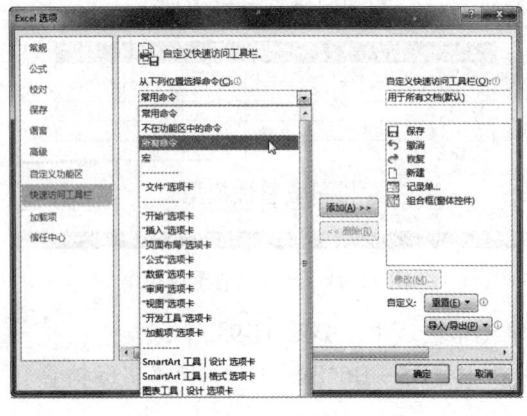

图 11-99　选择"所有命令"选项

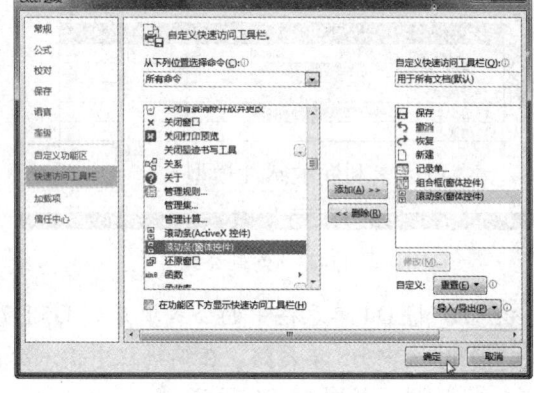

图 11-100　添加滚动条

Step 15 在快速访问工具栏中单击"滚动条"按钮，将鼠标指针移到工作表中，此时指针变为+形状，如图 11-101 所示。

Step 16 在 E4 单元格左上角单击并向右下角拖动鼠标，使其与该单元格大小相符后松开鼠标，即可看到 E4 单元格中的滚动条呈矩形框显示，如图 11-102 所示。

专家指导
Expert guidance

利润敏感性分析的关键是计算利润受各个因素影响的灵敏度指标，某因素的利润灵敏度指标为当该因素单独变动 1%后对利润影响的百分比。

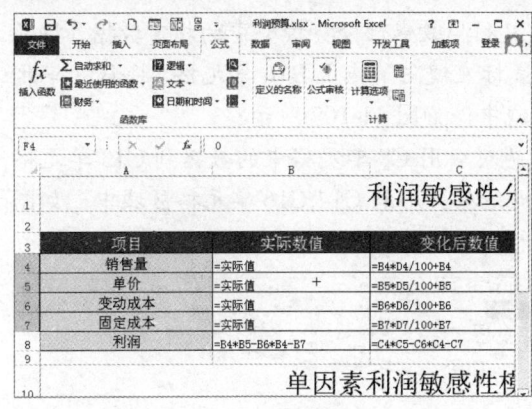

图 11-101 单击"滚动条"按钮

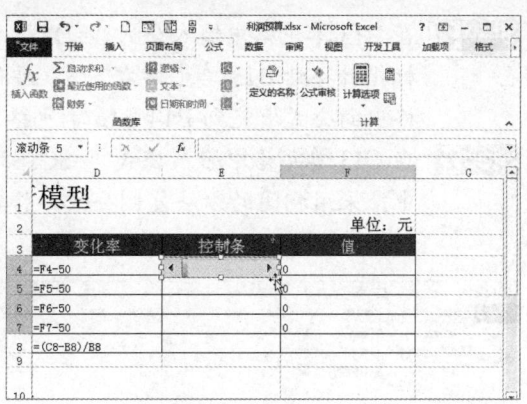

图 11-102 添加滚动条

Step 17 选中 E4 单元格中的滚动条,按住【Shift+Ctrl】组合键,当指针变成 形状时向下拖动,复制滚动条到 E5、E6 和 E7 单元格中,如图 11-103 所示。

Step 18 在 E4 单元格的滚动条上右击,在弹出的快捷菜单中选择"设置控件格式"命令,如图 11-104 所示。

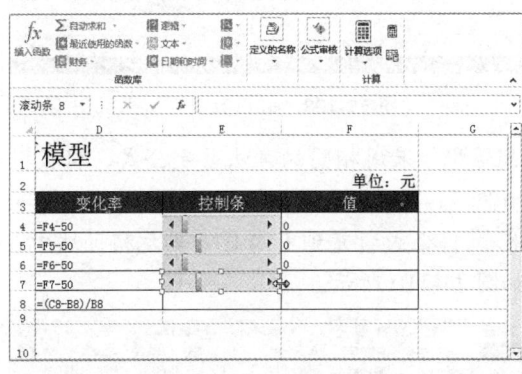

图 11-103 复制滚动条

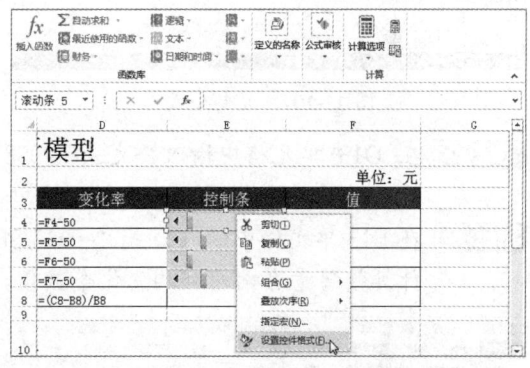

图 11-104 选择"设置控件格式"命令

Step 19 弹出"设置控件格式"对话框,选择"控制"选项卡,在"单元格链接"文本框中输入"$F$4",然后单击"确定"按钮,如图 11-105 所示。

Step 20 采用相同的方法,将 E5:E7 单元格区域中滚动条的单元格链接分别设置为"$F$5"、"$F$6"和"$F$7",如图 11-106 所示。

图 11-105 设置单元格链接

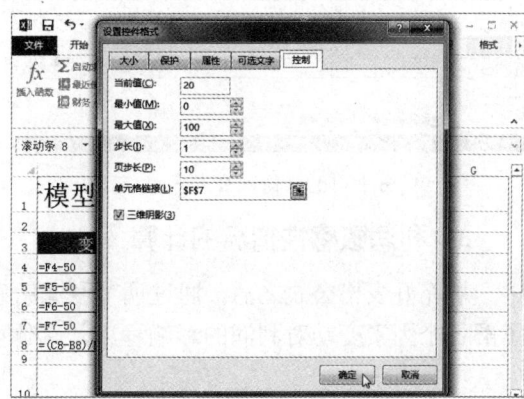

图 11-106 设置单元格链接

Step 21 在 B13 单元格中输入公式"=D4",引用利润敏感性分析模型中的指定数据,将鼠标指针移到 B13 单元格右下方,按住鼠标左键向下拖至 B16 单元格,将 B13 单元格中的公式填充到 B14:B16 单元格区域中,如图 11-107 所示。

Step 22 在 C13 单元格中输入公式"=$C$8",绝对引用 C8 单元格中的数据到 C13 单元格中。采用相同的方法复制公式,将数据绝对引用到 C14:C16 单元格区域中,如图 11-108 所示。

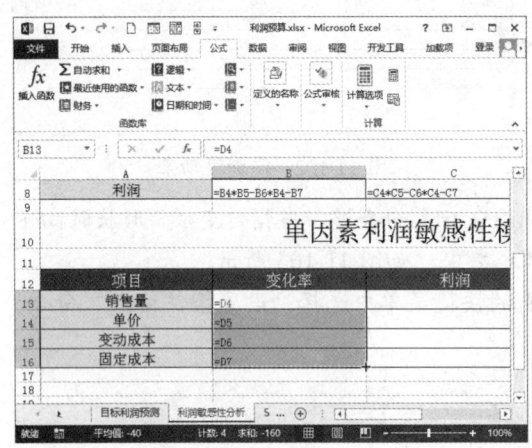

图 11-107 复制公式

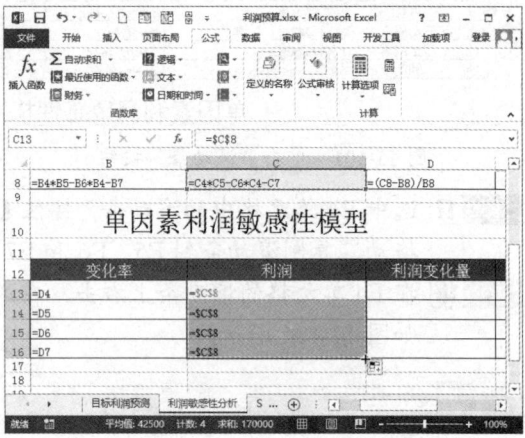

图 11-108 引用数据

Step 23 在 D13 单元格中输入公式"=$C$8－$B$8",采用相同的方法复制公式,将数据绝对引用到 D14:D16 单元格区域中,如图 11-109 所示。

Step 24 在 E13 单元格中输入公式"=D13/$B$8",将公式填充到 E14:E16 单元格区域中,计算销售量影响的利润变化率数值,如图 11-110 所示。

图 11-109 输入公式

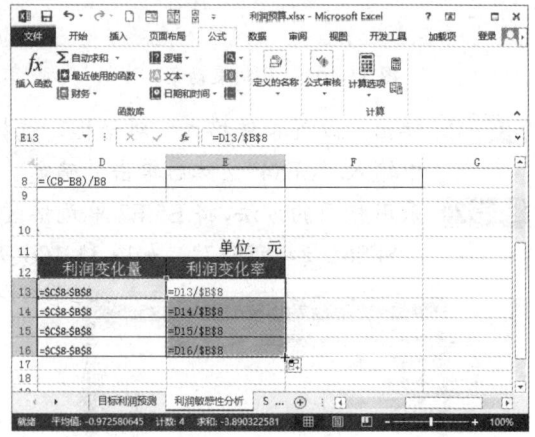

图 11-110 复制公式

3. 利润敏感性指标的计算

填充好表格公式之后,通过调节利润敏感性分析模型中各个滚动条滑块,可以方便地了解各个因素变动对利润的影响程度,具体操作方法如下:

Step 01 将鼠标指针移到 E4 单元格滚动条中间的滑块上，此时可以分析销售量对利润的影响，拖动滑块，使"销售量"的变化率增加20%，则"利润敏感性分析模型"中的利润变化率将减少约29%，如图11-111所示。

Step 02 将鼠标指针移到 E5 单元格滚动条中间的滑块上，此时可以分析单价对利润的影响，拖动滑块，使"单价"的变化率增加20%，则"利润敏感性分析模型"中的利润变化率将减少约16%，如图11-112所示。

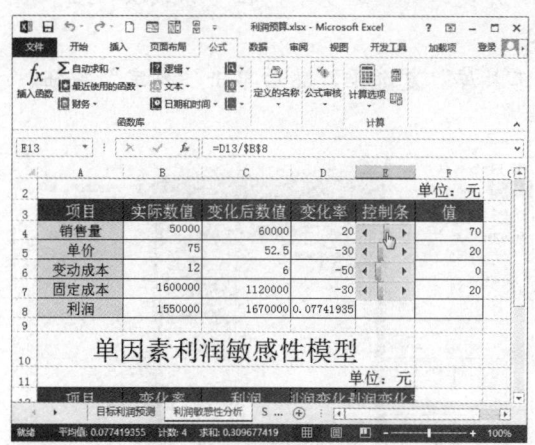

图 11-111 增加"销售量"变化率

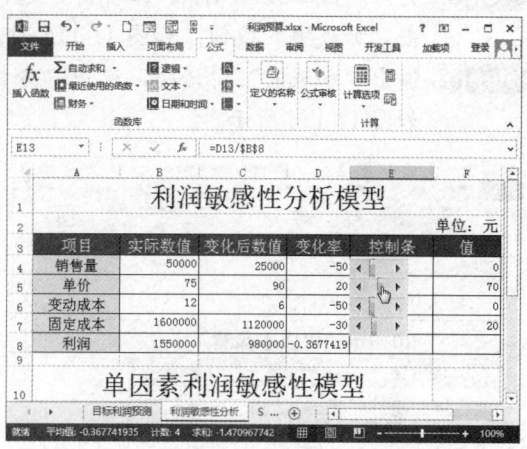

图 11-112 增加"单价"变化率

Step 03 将鼠标指针移到 E6 单元格滚动条中间的滑块上，此时可以分析变动成本价对利润的影响，拖动滑块，使"变动成本"的变化率增加20%，则"利润敏感性分析模型"中的利润变化率将减少约114%，如图11-113所示。

Step 04 将鼠标指针移到 E7 单元格滚动条中间的滑块上，此时可以分析固定成本对利润的影响，拖动滑块，使"固定成本"的变化率增加20%，则"利润敏感性分析模型"中的利润变化率将减少约173%，如图11-114所示。

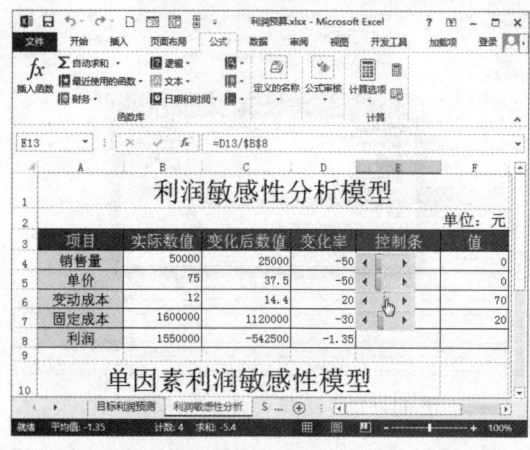

图 11-113 增加"变动成本"变化率

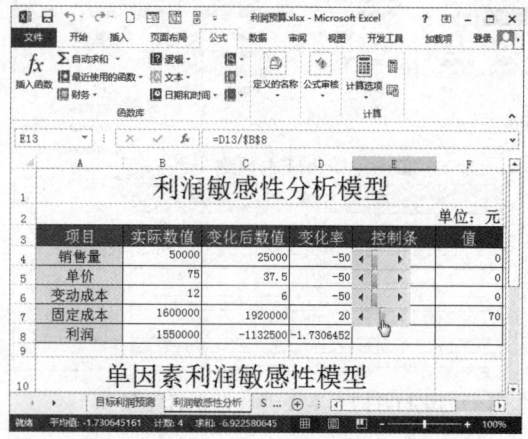

图 11-114 增加"固定成本"变化率

三、成本预测

进行成本预测是企业成本管理的一个极为重要的方面。通过成本预测能够掌握未来的成本水平及其变动趋势，为成本决策和实施成本控制提供依据，有助于减少决策的盲目性，是增强企业竞争力和提高企业经济效益的主要手段。

下面将在 Excel 2013 中利用回归分析法在一元一次模型下进行成本预测，首先需要建立回归分析模型，即将总成本分解成与销售量无关的固定成本和与销售量有关的变动成本，然后根据未来的预计销售量对成本进行预测，具体操作方法如下：

Step 01 打开"成本预测.xlsx"工作簿，选择"开发工具"选项卡，在"加载项"组中单击"加载项"按钮，如图 11-115 所示。

Step 02 弹出"加载宏"对话框，选中"分析工具库"复选框，然后单击"确定"按钮，如图 11-116 所示。

图 11-115 单击"加载项"按钮

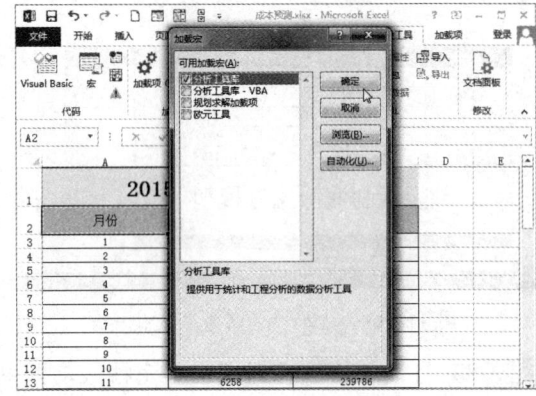
图 11-116 选中"分析工具库"复选框

Step 03 选择"数据"选项卡，在"分析"组中单击"数据分析"按钮，如图 11-117 所示。

Step 04 弹出"数据分析"对话框，在"分析工具"列表框中选择"回归"选项，然后单击"确定"按钮，如图 11-118 所示。

图 11-117 单击"数据分析"按钮

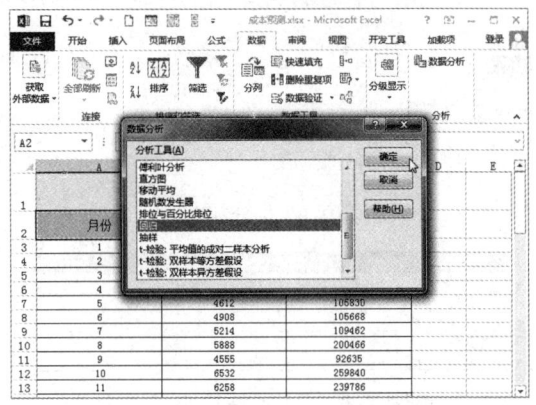
图 11-118 选择"回归"选项

Step 05 弹出"回归"对话框，在"Y 值输入区域"文本框中输入"$C$3:$C$14"，在"X 值输入区域"文本框中输入"$B$3:$B$14"，在"输出选项"组中选择"新工作表组"单选按钮，在"残差"组中选中"线性拟合图"复选框，然后单击"确定"按钮，如图 11-119 所示。

Step 06 在工作簿中将新建一个 Sheet1 工作表存放回归分析结果，如图 11-120 所示。

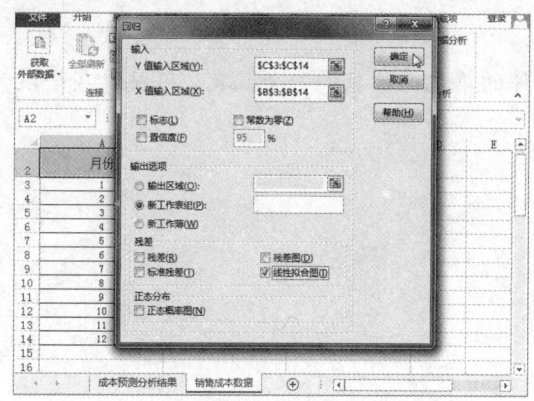

图 11-119　设置参数

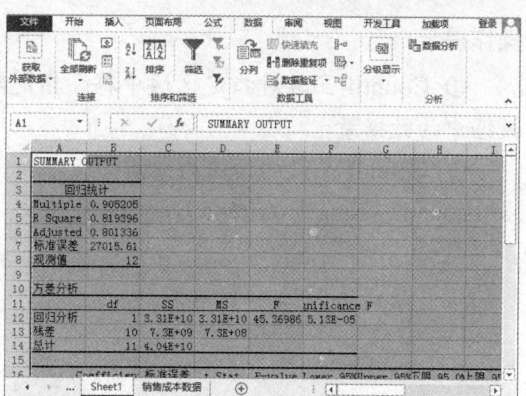

图 11-120　查看回归分析结果

项目小结

通过本项目的学习，读者应重点掌握以下知识：

（1）财务预算主要包括产品的生产数量、材料、人工、设备和资金的需要量、推销及管理费用和其他财务支出的预算，是运行企业财务预算的基础。

（2）销售预算通过分析来确定有可能使企业经济效益最佳的销售量和销售单价，以及分析企业生产能力等因素。

（3）销售预算一般包括 3 个步骤，分别是确定目标、销售预测以及确定范围，三步缺一不可。

（4）销售预测是对产品预计销售量的推测，其原理是企业产品销售量的高低，会受到外界和内部因素的多重影响。

（4）利润敏感性分析的主要任务是计算有关因素的利润灵敏指标，揭示利润与有关因素之间的相对数量关系，并利用灵敏指标进行利润预测。

项目习题

（1）练习宏的使用方法。

操作提示：

所谓宏，就是一组指令集，通过执行类似批处理的一组命令来完成某种功能。例如，对某单元格设置多种格式时将其设置为宏，此后再设置其他单元格格式可直接进行调用，避免了重复操作。

（2）练习 Countif 函数的使用方法。

操作提示：

① Countif 函数对指定区域中符合指定条件的单元格计数的一个函数，可统计某一段数据中的数据量。

② Countif 函数的语法为：

countif（range，criteria）